만들면서 배우는
**러스트 프로그래밍**
다양한 예제로 쉽게 익히고 널리 활용하는
고효율 언어 Rust 실전 가이드

만들면서 배우는
## 러스트 프로그래밍

다양한 예제로 쉽게 익히고 널리 활용하는
고효율 언어 Rust 실전 가이드

지은이 **쿠지라 히코우즈쿠에**

옮긴이 **양현**

펴낸이 **박찬규**  엮은이 **최용**  디자인 **북누리**  표지디자인 **Arowa & Arowana**

펴낸곳 **위키북스**  전화 031-955-3658, 3659  팩스 031-955-3660

주소 경기도 파주시 문발로 115 세종출판벤처타운 311호

가격 32,000  페이지 580  책규격 188 x 240mm

초판 발행 2023년 01월 03일
ISBN 979-11-5839-390-8 (93000)

등록번호 제406-2006-000036호  등록일자 2006년 05월 19일
홈페이지 wikibook.co.kr  전자우편 wikibook@wikibook.co.kr

高効率言語Rust書きかた・作りかた by Kujira hikodukue
Copyright © 2022 Kujira hikodukue
Original Japanese edition published by Socym Co.,Ltd.
All rights reserved.
Korean translation rights © 2023 by WIKIBOOKS
Korean translation rights arranged with Socym Co.,Ltd., Tokyo
through Botong Agency, Korea

이 책의 한국어판 저작권은 Botong Agency를 통한 저작권자와의 독점 계약으로 위키북스에 있습니다.
신저작권법에 의해 한국 내에서 보호를 받는 저작물이므로 무단 전재와 복제를 금합니다.

이 책의 내용에 대한 추가 지원과 문의는 위키북스 출판사 홈페이지 wikibook.co.kr이나
이메일 wikibook@wikibook.co.kr을 이용해 주세요.

만들면서 배우는
# 러스트 프로그래밍

다양한 예제로 쉽게 익히고 널리 활용하는
고효율 언어 Rust 실전 가이드

쿠지라 히코우즈쿠에 지음 / 양현 옮김

위키북스

## 들어가며

러스트는 최근 몇 년간 프로그래머에게 가장 사랑받는 프로그래밍 언어다. 효율적이고 신뢰할 수 있으며 생산성이 높은 언어로 주목받고 있다. 따라서 배울 가치가 가장 높은 언어이지만 프로그래밍 초보자에게는 어려울 수 있다. 따라서 파이썬이나 다른 언어로 프로그래밍의 기초를 다진 뒤 배우는 것이 효과적이다.

프로그래밍을 공부할 때 가장 좋은 것은 작은 규모의 프로그램을 많이 만들어보는 것이다. 언어의 문법 해설을 읽는 것만으로는 그 언어를 마스터할 수 없다. 실제로 스스로 코드를 짜며 어떻게 이 문법이 동작하는지, 왜 에러가 발생하는지 확인하는 것이 중요하다. 이 책에서는 다양한 샘플 소스 코드를 수록해 예제를 통해 러스트를 조금 더 쉽게 배울 수 있도록 했다.

러스트와 파이썬의 코드를 비교하면서도 효율적으로 러스트를 배울 수 있는 콘셉트로 책을 집필했다. 파이썬을 알고 있다는 것을 전제로 하므로 중복 설명이나 불필요한 예제를 생략해 러스트의 매력에 더 집중할 수 있게 했다.

러스트의 특징 중 하나로 '효율성'이 있다. 러스트를 처음 접하면 '왜 이런 제약이 있지?' 하고 궁금할 수 있는데, 러스트는 그러한 각종 제약을 통해 효율성을 높인다. 변수의 값을 함부로 바꿀 수 없게 하거나 값에는 반드시 수명을 설정해 한 번 사용된 변수는 바로 파기하는 등 컴퓨터의 자원을 함부로 낭비하지 않도록 설계돼 있다.

러스트를 배우는 것으로 파이썬의 장점을 재발견하거나 파이썬이 뒤에서 어떻게 동작하는지 이해하는 데 큰 도움이 될 것이다.

'파이썬에서 졸업'이 이 책의 키워드지만 러스트를 배우고 프로그래밍 수준을 높일 수 있다면 파이썬에 대한 수준 역시 높아질 것이다.

러스트는 C/C++ 언어를 대체하려는 목적으로 개발됐다. 그리고 최근 러스트는 OS나 브라우저 개발에 사용되는 사례가 늘었다. 마이크로소프트 역시 러스트에 대대적인 투자를 하고 있다.

이 책을 통해 재밌게 러스트를 배워보길 바란다. 예제를 보며, 실제로 만들어가며 러스트를 익혀보자.

— 쿠지라 히코우즈쿠에

## 이 책의 예제 코드

이 책의 예제 코드는 다음 주소의 깃허브 저장소에 있다.

- https://github.com/wikibook/rust

화면 오른쪽 상단의 녹색 Code 버튼을 클릭하고 'Download ZIP'을 클릭한다.

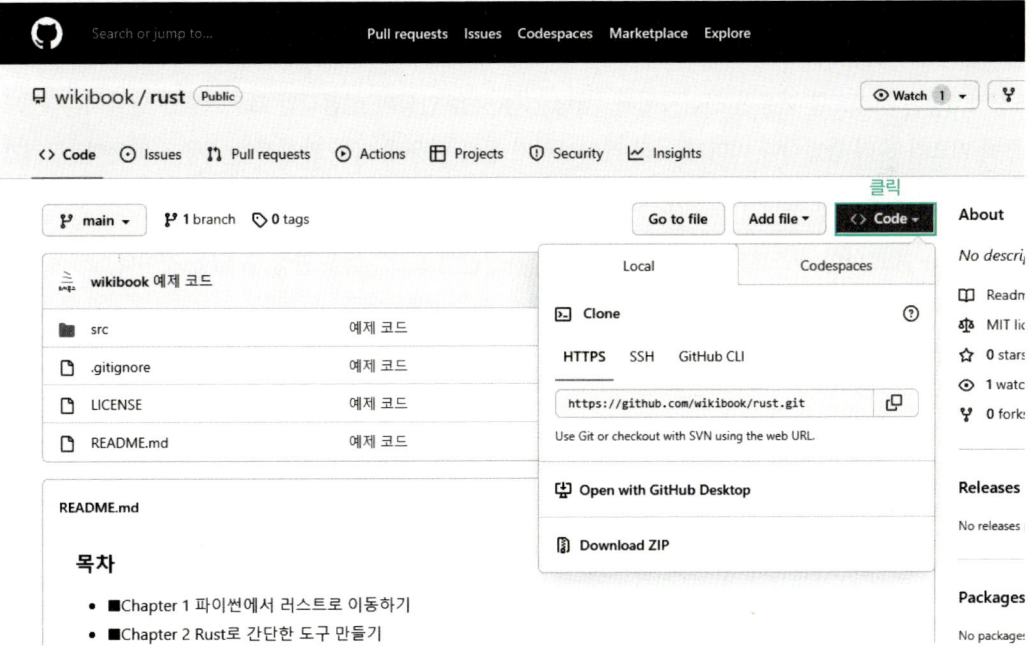

다운로드한 ZIP 파일을 압축 해제하면 'rust-main' 폴더가 있을 것이다. 본서에서 사용한 소스 프로그램이 'src' 폴더에 수록되어 있다.

※ 수록 내용은 버그 수정 등을 위해 변경될 수 있다.

## 이 책의 사용 방법

이 책은 파이썬 프로그래밍과 러스트 프로그래밍을 비교해가며 가볍게 러스트를 배울 수 있도록 하고 있다.

1장과 2장은 러스트의 문법 해설을 최소화하고 짧은 소스 코드를 이용해 러스트에 익숙해지도록 하고 있다. 간단한 수학 문제 풀이와 기초적인 암호화 문제를 통해 러스트에 익숙해질 수 있게 한다.

3장과 4장에서는 러스트의 문법을 설명하고 다양한 기능에 대해 배운다. 단번에 읽어도 좋고, 다른 장을 본 뒤 다시 읽는 것도 좋을 것이다.

5장과 6장은 러스트를 이용한 신디사이저, 채팅 기능 등을 만들며 실전적인 프로그램을 만들어본다. 도중에 메모리 관리 방법이나 이미지 처리 라이브러리 등을 이용해 더욱 발전적인 내용을 배운다. 그리고 C 언어나 파이썬 등과 연계하는 방법, 웹 어셈블리를 만드는 방법에 대해서도 다룬다.

이 책을 다 읽고 나면 러스트의 우수성을 이해하고 자신만의 프로그램을 만들 수 있을 것이다.

예를 들어 연도 표시 방법은 나라에 따라 상이하다. 미국에서는 '월/일/년' 순으로 쓰지만 영국에서는 인수 순서는 변경하지 않고 서식만 변경해서 이런 문제에 대응할 수 있다.

【코드】 file: src/ch3/println_pos.rs

```rust
fn main() {
    let year = 2023;
    let month = 12;
    let day = 1;
    println!("KR:{0}/{1}/{2}", year, month, day); // 한국
    println!("US:{1}/{2}/{0}", year, month, day); // 미국
    println!("UK:{2}/{1}/{0}", year, month, day); // 영국
}
```

- 소스 코드 경로
- 러스트와 파이썬 프로그램을 비교해 설명

컴파일 후 실행해보면 다음과 같이 표시된다.

```
$ rustc println_pos.rs && ./println_pos
KR:2023/12/1
US:12/1/2023
UK:1/12/2023
```

- 프로그램 실행 결과

그리고 다음과 같이 인수에 이름을 붙여서 대입하는 것도 가능하다.

【코드】 file: src/ch3/println_pos.rs

```rust
fn main() {
    let year = 2023;
    let month = 12;
```

## Chapter 1 파이썬에서 러스트로 이동하기 위한 기본 준비

### Section 01 왜 Rust가 필요한가 — 2
- 러스트는 어떤 언어인가 — 2
- 러스트의 특징 — 6
- [Column] 메모리 관리의 어려움 — 7
- [Column] 러스트의 뜻은 '녹' — 7
- 러스트는 어려운가 — 8

### Section 02 파이썬과 러스트의 차이점 — 10
- 파이썬은 인터프리터 언어. 러스트는? — 10
- 둘 다 모던 언어 — 12
- 동적 타입 언어와 정적 타입 언어 — 15
- 파이썬과 러스트의 메모리 관리 — 16

### Section 03 러스트와 러스트 개발 환경 설치 — 18
- OS별 설치 방법 — 18
- 윈도우에 설치 — 18
- macOS / 리눅스에 설치 — 22
- 설치된 러스트를 최신 버전으로 업데이트하는 방법 — 23
- 러스트 개발을 위한 개발 환경 — 24
- Visual Studio Code 설치 — 24
- 파이썬 설치 — 27
- Hello, World! — 28

### Section 04 러스트 시작하기 — 31
- 화면에 문자 표시하기 — 31
- 변숫값을 문자열에 포함시켜 표시하기 — 33
- 사칙 연산 해보기 — 34

## Section 05 러스트와 파이썬으로 FizzBuzz 문제 풀기 … 37

- 러스트와 조금 더 친해지기 … 37
- 파이썬으로 FizzBuzz 문제 풀기 … 38
- 러스트로 FizzBuzz 문제 풀기 … 40
- for 문과 if 문을 이용해 3의 배수와 3이 들어간 숫자를 A로 표시하기 … 44

## Section 06 러스트와 파이썬으로 구구단 만들기 … 46

- 구구단 구성 … 46
- 파이썬으로 구구단 만들기 … 47
- 러스트로 구구단 만들기 … 48
- 완성도 높이기 … 49
- 서력을 조선 연호로 변환 … 51

## Section 07 변수 정의와 피보나치 수열 … 53

- 피보나치 수열이란 … 53
- 러스트에서 변수를 정의하는 방법 … 56
- 변수가 불변일 때의 장점 … 58
- [옮긴이 보충] 임시로 값을 대입하기 위한 변수 … 59
- 제품 가격 비교해보기 … 60

## Section 08 변수 타입과 거스름돈 조합 계산 … 62

- 거스름돈 조합 계산하기 … 62
- 러스트의 변수 타입 … 64
- 이용 가능한 정수 범위를 알아내는 방법 … 67
- 타입 추론을 이용하지 않고 거스름돈 조합 계산해보기 … 68

## Section 09 함수 정의와 시저 암호 … 71

- 시저 암호란 … 71
- 함수 정의와 호출 … 76
- 시저 암호를 조금 더 우아하게 만들기 … 77

## Section 10 배열과 100개의 소수 계산

| | |
|---|---|
| 배열과 100개의 소수 계산 | 81 |
| 소수 계산으로 러스트에 더 익숙해지기 | 81 |
| 참조란? | 85 |
| for 문 문법 | 87 |
| [Column] 가변 배열 – 벡터에 대해 | 89 |
| [Column] 변수에 if를 사용해 값 선언하기 | 90 |

# Chapter 2 러스트로 간단한 도구 만들기

## Section 01 Cargo 이용 방법 및 큰 수 계산

| | |
|---|---|
| Cargo 이용 방법 및 큰 수 계산 | 92 |
| 러스트의 빌드 시스템 'Cargo'는 무엇인가? | 92 |
| Cargo를 이용해 프로젝트 시작하기 | 93 |
| 공개된 크레이트 사용해보기 | 96 |
| [옮긴이 보충] cargo run과 cargo build | 96 |
| [Column] 'extern crate ***' 표기 | 100 |
| [Column] 크레이트의 모듈을 불러오는 'use' | 101 |

## Section 02 주사위 굴리기와 미로 자동 생성

| | |
|---|---|
| 주사위 굴리기와 미로 자동 생성 | 103 |
| 주사위 굴리기를 만들자 | 103 |
| 난수를 이용한 미로 자동 생성 | 107 |

## Section 03 벡터 타입, 빙고 카드 생성

| | |
|---|---|
| 벡터 타입, 빙고 카드 생성 | 115 |
| 빙고 카드를 자동으로 만들어주는 도구 만들기 | 115 |
| 파이썬으로 빙고 카드 만들기 | 116 |
| 러스트로 빙고 카드 만들기 | 117 |
| 크기를 변경할 수 있는 배열, 벡터 타입 | 120 |
| 벡터를 이용해 빙고 카드 만들기 | 123 |

## Section 04 표준 입력과 비만도 측정 — 125

- BMI로 비만도 진단하기 — 125
- [옮긴이 보충] Result 타입 처리 — 129
- 러스트에서 표준 입력 처리하기 — 130
- [Column] 숫잣값 리터럴 — 134

## Section 05 설문 집계 — 136

- 인기 투표 집계 구조 — 136
- HashMap 사용 방법 확인 — 139

## Section 06 명령줄에서 사용할 수 있는 도구 제작 — 144

- 명령줄 인수를 더하는 도구 — 144
- 지정한 텍스트 파일의 내용을 읽어와 표시 — 148
- [옮긴이 보충] 존재하지 않는 파일을 지정했을 때의 처리 추가 — 149
- 텍스트 파일 안에 저장된 숫자 값을 더하는 도구 만들기 — 150

## Section 07 파일 읽기와 영한 사전 만들기 — 154

- 명령줄에서 사용할 사전 만들어보기 — 154
- FizzBuzz의 실행 결과를 파일로 저장해 비교하기 — 155
- [옮긴이 보충] unwrap 메서드 — 157
- 영한사전 만들기 — 158
- 파일에 내용 쓰기 — 162
- 파일을 다룰 때 발생하는 에러 처리 — 166

## Section 08 파일 재귀 검색 도구 만들기 — 169

- 재귀란? — 169
- 파일 재귀 검색 프로그램 만들기 — 171
- 러스트의 파일 경로 표현 — 175
- [Column] 파일 경로 표현은 OS별로 다르다 — 175
- tree 명령을 직접 만들기 — 177

## Chapter 3 문법편 – 소유권 시스템과 데이터 타입

### Section 01 최초의 난관, 소유권 시스템 · 182
- 소유권 시스템이란 무엇인가 · 182
- [Column] 소유권 시스템은 러스트 독자적인 것인가? · 184
- 메모리 관리를 '소유권'으로 생각하는 것 · 185
- 소유권의 3대 기본 원칙 · 185
- [Column] 메모리 할당과 해제의 어려움 · 190
- 소유권 시스템을 적용받지 않는 타입 · 191
- [Column] 복제할 때의 소유권 · 193

### Section 02 빌림과 참조 · 194
- '빌림'이란 · 194
- 함수 호출로 이동하는 소유권 · 194
- 참조자를 반환하는 함수 · 198
- 가변 참조자를 인수로 사용하기 · 199
- [Column] println! 매크로 사용 방법 정리 · 203

### Section 03 러스트의 튜플, 배열, 슬라이스 · 207
- 튜플이란 · 207
- 러스트의 배열 · 210
- 슬라이스 타입이란 · 212

### Section 04 러스트의 구조체 · 216
- 구조체란 · 216
- 구조체를 이용한 BMI 계산 · 219
- 판정 기준을 만들어 비만도 판정하기 · 220
- 구조체와 변수의 명명 규칙 · 224

## Section 05 러스트의 문자열 226

러스트의 문자열 226
러스트의 문자열은 UTF-8 227
&str에 슬라이스 사용 230
&str과 String 상호 변환 231
라이프타임 235

## Section 06 러스트의 문자열 처리에 익숙해지기 237

문자열을 바이너리 에디터 형태로 출력하기 237
부분 문자열 얻기 238
문자열 검색 242
섀도잉 – 스코프 안에서 변수 재선언 245
문자열 분할 246
EUC-KR로 인코딩된 파일 읽고 쓰기 249

## Section 07 전역 변수와 unsafe 253

이상을 추구하며 현실을 직시하는 언어 253
의사 난수 생성 253
난수 발생기 준비 253
'좋은 난수 생성' 구조 254
러스트에서 전역 변수 이용하기 256
unsafe를 이용하지 않고 의사 난수 만들기 259
[옮긴이 보충] Xorshift 261

## Section 08 테스트 프레임워크 263

Cargo로 간편하게 테스트 263
테스트 코드를 만들어 결과 확인 265
배열과 벡터 값 테스트 267
구조체 테스트 268

## Chapter 4 문법편 – 메서드, 제네릭, 트레잇

### Section 01 구조체와 메서드 272
구조체에 메서드 정의하기 272
구조체와 메서드를 이용한 BMI 계산 276
구조체 갱신 279
[Column] 구조체 복사 281
[옮긴이 보충] 구조체 복사 속성 282

### Section 02 공통 동작을 정의하는 트레잇 283
트레잇이란 283
트레잇의 기본 메서드 287

### Section 03 제네릭 291
제네릭 복습하기 291
제네릭 함수 정의 292
구조체에 제네릭 지정 296

### Section 04 반복자 299
반복자의 기본 내용 확인 299
반복자 트레잇 303

### Section 05 열거형과 패턴 매칭 308
'null 안전' 언어 러스트 308
열거형 정의하기 311
패턴 매칭 314

## Section 06 러스트의 모듈, 크레이트, 패키지 — 320
왜 기능별로 분리해야 하는가 — 320
[Column] 연산 오버플로를 무시하는 방법 — 323
모듈을 파일로 분리하는 방법 — 325
[Column] Cargo.toml 파일에 있는 'edition' — 328
[옮긴이 보충] 2 계층 이상의 서브 모듈 — 328
상대 경로로 모듈 지정 — 330
패키지 — 332
[옮긴이 보충] 워크스페이스 — 332

## Section 07 직접 만든 크레이트 공개하기 — 335
crates.io에 크레이트 등록 — 335
RPN(역 폴란드 표기법)이란 — 335
crates.io에 크레이트 공개하기 — 339

# Chapter 5 응용편 – 사진 / 음악 / 네트워크

## Section 01 이미지 처리 도구 만들기 — 348
이미지 파일 다루기 — 348
색상 반전 도구 만들기 — 356
[Column] thumbnail 메서드 — 356

## Section 02 웨이브 합성으로 음악 연주하기 — 360
웨이브 합성과 재생 — 360
sinewave 프로젝트 생성 — 360
음악 만들기 — 362
MML 연주기 만들기 — 365

## Section 03 80년대 게임 음원 만들기 — 374

- 다양한 파형의 신디사이저 만들기 — 374
- 톱니파 — 374
- 파이썬에서 파형 표시하기 — 378
- 방형파 — 379
- 삼각파 — 382
- 화이트 노이즈 — 384
- 펄스파 — 387
- FM 음원 — 390

## Section 04 네트워크와 병렬 처리 — 396

- 스레드란 — 396
- 스레드로 병렬 계산 처리 — 401

## Section 05 간이 채팅 프로그램 만들기 — 405

- 간이 채팅 서비스 — 405
- 스레드 사용 — 406
- 채팅 서버 — 407
- 채팅 클라이언트 — 411

## Section 06 웹 프로그램 만들기 — 415

- 러스트로 웹 프로그램을 만드는 의미 — 415
- 러스트 웹 프레임워크 — 415
- Actix Web — 416
- 빠르게 개발할 수 있는 웹 프레임워크 'Tide' — 423
- [옮긴이 보충] POST 메서드로 전송 1 — 423
- 이름을 입력받아 인사하기 — 426
- [옮긴이 보충] POST 메서드로 전송 2 — 428
- 러스트와 파이썬 웹 개발 비교 — 429

# Chapter 6 응용편 – 메모리 관리 및 다른 언어와의 연계

## Section 01 매크로 만들기 — 432
러스트의 매크로 — 432
매크로 정의하기 — 433
HashMap을 간편하게 초기화하는 매크로 만들기 — 438
매크로 재귀 호출 — 441
실제 매크로가 만들어낸 코드 보기 – 매크로 전개 — 442
[Column] 절차적 매크로 — 444

## Section 02 단방향 리스트로 메모리 관리 이해하기 — 445
단방향 연결 리스트 구현 — 445
단방향 연결 리스트에 메서드 구현 — 453

## Section 03 메모리 참조 카운터 — 457
Box⟨T⟩를 이용한 단방향 연결 리스트의 단점 — 457
Rc⟨T⟩ 타입으로 참조 카운팅 방식 메모리 관리 가능 — 457
RefCell⟨T⟩ 타입 사용 — 460
순환 참조를 피하는 Weak 타입 — 462
Rc⟨T⟩와 Weak⟨T⟩로 양방향 연결 리스트 만들기 — 464
스레드 안전성을 위한 Arc⟨T⟩와 Mutex⟨T⟩ — 468

## Section 04 파서 생성기로 미니 언어 만들기 — 469
왜 언어를 직접 만드는가 — 469
간단한 덧셈 계산기 만들기 — 471
사칙연산이 가능한 계산기 만들기 — 473
미니 언어 만들기 — 475

## Section 05 · C 언어, 파이썬과의 연계 … 488

- FFI … 488
- C 언어의 라이브러리를 러스트에서 호출 … 488
- 러스트에서 만든 라이브러리를 C 언어에서 호출 … 492
- 러스트에서 C 언어 데이터 타입 다루기 … 494
- 동적 라이브러리를 생성해 파이썬에서 사용 … 496

## Section 06 · 웹 어셈블리 … 500

- 웹 어셈블리란 무엇인가 … 500
- 러스트로 웹 어셈블리 사용하기 … 501
- 토마토 언어 플레이그라운드 만들기 … 506

## Section 07 · 비동기 통신과 스크래핑 … 512

- 자주 쓰는 도구를 러스트로 만들기 … 512
- 비동기 처리 … 512
- 러스트의 비동기 처리 … 513
- 비동기 처리 기본 … 513
- 웹 페이지의 이미지를 연속으로 다운로드하기 … 518

## Section 08 · 암호화 도구 만들기 … 524

- 암호화 도구 만들기 … 524
- 명령줄용 암호화 도구 … 525
- 웹 어셈블리로 만들어 브라우저에서 실행 … 532

# 부록

- 부록 A _ 오류 메시지와 해결 팁 … 538
- 부록 B _ 러스트 용어집 … 546
- 부록 C _ 러스트의 기본 구문 요약 … 554

Chapter

1

# 파이썬에서 러스트로 이동하기 위한 기본 준비

먼저 러스트(Rust)에 대한 기본적인 부분을 정리한다. 그러고 나서 러스트를 설치한 뒤 간단한 프로그램을 만들어본다. 파이썬(Python)과 러스트 프로그램을 1대 1로 비교해보며 조금씩 러스트에 익숙해지도록 한다.

Chapter 1 | 파이썬에서 러스트로 이동하기 위한 기본 준비

## Section 01 왜 Rust가 필요한가

세상에는 이미 많은 프로그래밍 언어가 있는데, 러스트가 필요한 이유는 무엇일까? 러스트의 장점과 매력에 대해 알아본다. 인기 있는 언어인 파이썬을 배운 뒤 러스트를 배우는 장점이 있을까?

> **여기서 배우는 것**
> - Rust의 특징

## 러스트는 어떤 언어인가

러스트는 웹 브라우저 파이어폭스(Firefox)를 개발한 모질라(Mozilla) 재단이 지원하는 오픈 소스 프로그래밍 언어로, '안전성', '속도', '동시성(Concurrency)'이라는 3대 요소를 개발 목표로 한다. 그리고 시스템 프로그래밍 분야에서 주로 사용되는 C/C++ 언어를 대체할 수 있는 것을 목표로 개발되고 있다.

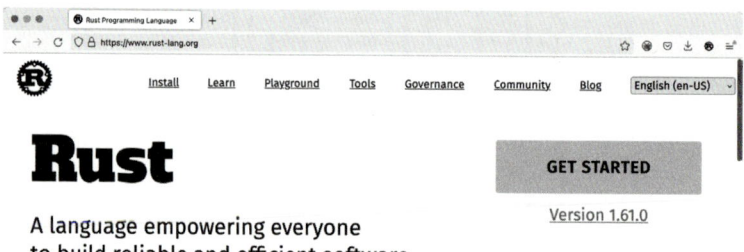
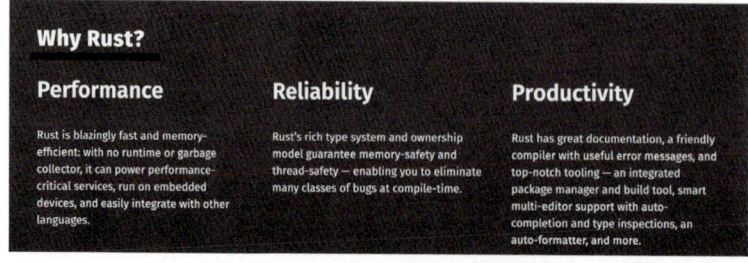

그림 1.1 러스트 웹사이트

> 러스트 웹사이트
> URL https://www.rust-lang.org/

## 파이어폭스 고속화로 주목을 받다

러스트가 처음 사람들의 이목을 끈 것은 2017년 말의 일이다.

웹 브라우저인 파이어폭스의 새로운 버전인 57에서 러스트로 개발해 실행 속도를 2배 빠르게 해 사람들을 놀라게 했다.

그때까지 브라우저 개발과 같은 시스템과 관련된 개발에는 C/C++를 이용하는 것이 일반적이었다. 하지만 브라우저 개발에 C/C++ 외의 프로그래밍 언어인 '러스트'가 대대적으로 사용된 것이다. 게다가 실행 속도 향상에도 크게 기여했기 때문에 러스트는 큰 주목을 끌게 됐다.

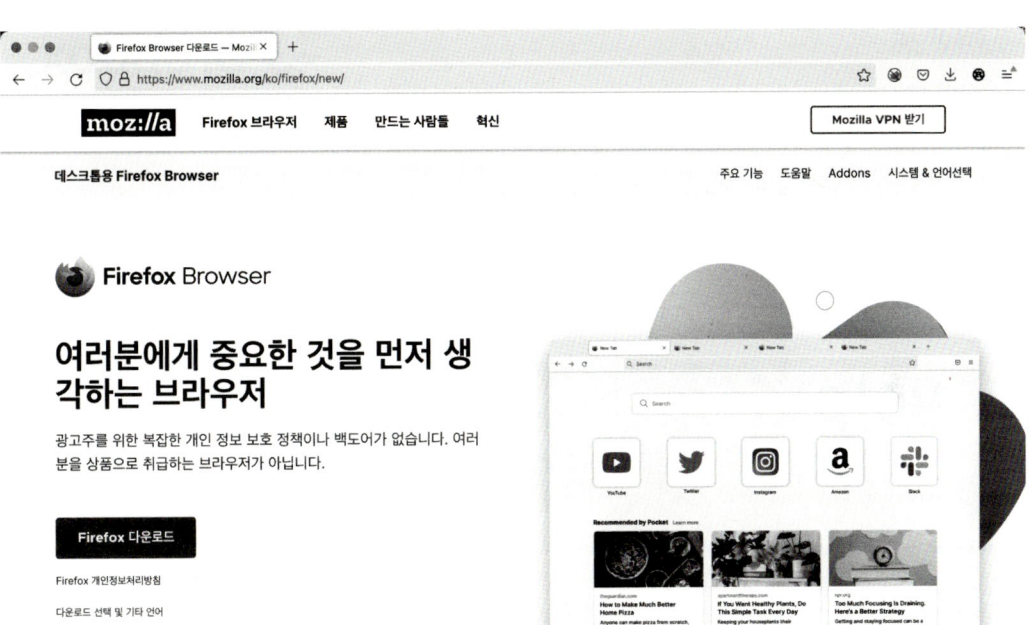

그림 1.2 러스트는 파이어폭스 고속화의 주역으로 주목받았다.

러스트는 2006년 모질라 소속 개발자인 그레이던 호어(Graydon Hoare)가 개발한 언어다.

처음에는 개인 프로젝트였으나 2009년 Mozilla Research(오픈 소스 프로젝트를 지원하는 비영리 단체)의 공식 프로젝트가 됐다.

그리고 2010 모질라 서밋에서 세상에 공개됐다. 그 후 파이어폭스 등의 프로젝트에 이용되는 등 다양한 개발을 통해 개량되고 있다.

현재 러스트 사이트에는 여러 이용 실적이 기재돼 있다. 이미 많은 제품이 러스트를 이용하고 있다.

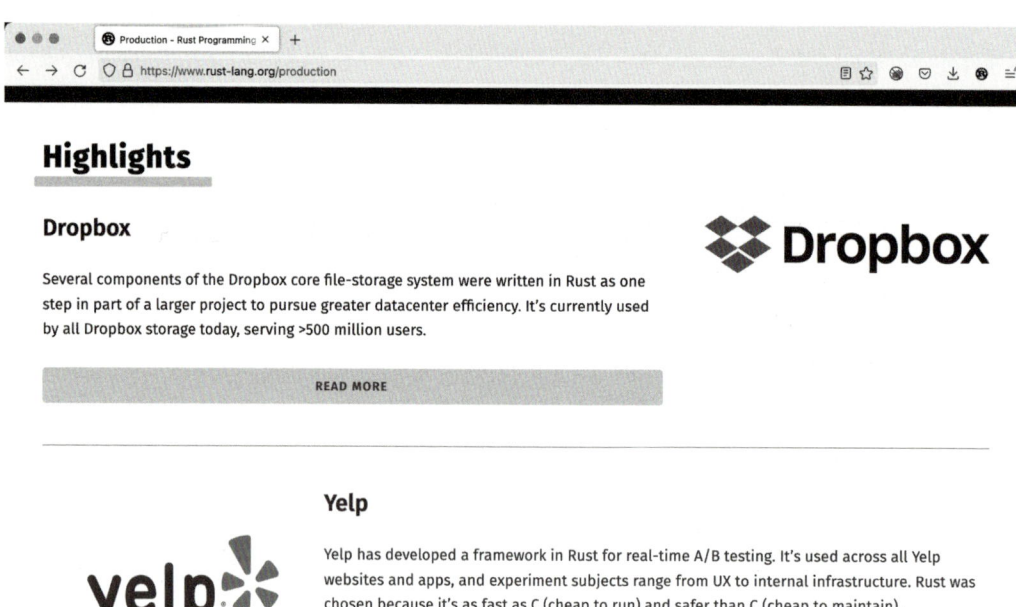

그림 1.3 러스트 활용 사례를 소개하는 페이지

## '가장 사랑받는 프로그래밍 언어'에 선정된 러스트

프로그래밍 관련 커뮤니티로 유명한 'Stack Overflow'에서는 매년 프로그래밍 언어에 대한 설문 조사를 실시하고 있다. 이 설문 조사에서 러스트는 2016년부터 5년 이상 높은 순위를 차지하고 있다.

러스트를 좋아하는 언어라고 선택한 사람들의 이유는 다음과 같다.

- 성능, 제어, 메모리 안전성, 동시성에 강한 점
- 관심 있는 기능을 제공해주는 점
- 개발 프로세스가 공개돼 있다는 점

이 책을 집필하는 시점에 러스트의 점유율은 낮지만 많은 코어 이용자에게 사랑받고 있다. 이처럼 두터운 지지를 받고 있는 러스트는 가까운 미래에 보급이 크게 늘어날 것이라 생각한다.

그림 1.4 5년 이상 '가장 사랑받는 언어'로 선정

## 러스트의 특징

처음에 소개한 '안전성', '속도', '동시성'의 3대 요소라는 개발 목표는 러스트의 특징이 됐다.

'안전성' 면에서는 보안 위협에 직결되는 메모리 관리와 Null 안전성 등 언어 자체의 안전성을 유지해준다.

'속도' 면에서는 프로그래밍 언어 중에서 속도가 빠른 C/C++와 동등한 속도를 보인다.

마지막으로 '동시성' 면에서는 표준 라이브러리에도 스레드 안전을 고려하고 있다.

이 3대 요소가 러스트의 큰 장점이다.

> **메모  스레드 안전이란**
>
> 복수의 처리를 동시에 실행하는 것을 '병렬 처리'라고 한다. 병렬 처리에서는 한 번에 여러 스레드에서 동시에 메모리를 읽거나 쓰는 동작이 발생할 수 있고, 이로 인해 메모리 접근 위반이 발생할 수 있다.
>
> '스레드 안전'이란 메모리 접근 위반이 일어나지 않도록 만드는 것을 의미한다(병렬 처리에 대해서는 5장에서 자세히 설명한다).

### 러스트의 목표는 C/C++ 언어를 대체하는 것이다

오랜 기간 동안 OS나 브라우저와 같이 시스템의 근간이 되는 소프트웨어를 만들 때는 C/C++ 언어가 사용됐다. 이런 시스템 소프트웨어의 개발에는 동작 환경의 자원을 효율적으로 이용하거나 빠른 실행 속도가 요구된다. C/C++ 언어는 하드웨어 친화적이므로 낮은 수준의 프로그래밍이 가능해 오랫동안 사용됐다.

러스트는 C/C++ 언어를 대체하겠다는 목표를 가지고 있다. 이는 언뜻 무모하게 보인다. C/C++ 언어는 1972년에 공개된 이래 OS 개발에서부터 데이터베이스, 네트워크 서버 개발 등 IT 업계에서 오랜 기간 독점적 위치를 차지하고 있었다. 실행 속도, 효율적인 자원 이용, 라이브러리 수와 완성도 등, C/C++에도 많은 장점이 있다.

### C/C++ 언어가 풀어야 할 과제

하지만 최근 C/C++ 언어는 메모리 관리의 복잡성으로 인해 많은 보안 문제가 지적되고 있다.

실제로 2017년 파이어폭스에서 발견된 중대한 버그 69건 중 32건이 메모리 관리와 관련된 버그, 7건이 Null 포인터와 관련된 버그였다. 이는 그해 발견된 중대 버그 중 56%를 차지했다. 메모리 관리와 Null 포인터 관련 버그는 C/C++ 언어가 어렵기 때문에 발생한다고 해도 과언이 아니다.

## C/C++의 과제를 해결할 러스트

여기서 러스트가 등장한다. 러스트는 C/C++ 언어가 가진 메모리 관리와 Null 포인터 문제를 해결했다. 게다가 C/C++ 언어와 동등한 메모리 효율과 처리 속도를 가진다. 즉, 안전하고 속도가 빠른 러스트는 C/C++ 언어를 대체하기에 충분한 가능성을 가지고 있다.

따라서 최근에는 브라우저뿐 아니라 윈도우나 안드로이드, 리눅스(Linux) 커널 개발에도 러스트가 쓰이기 시작했다. C/C++ 언어를 대체하려는 러스트의 목표가 점차 현실화되고 있다.

## 윈도우도 안드로이드도 러스트로

실제로 마이크로소프트사는 2019년 7월 자사의 기술 블로그에 'OS 개발에는 러스트가 적합하다'라는 기고문을 게재했으며, 같은 해 11월에는 윈도우의 일부를 러스트로 구현했다고 밝혔다. 그리고 2021년 4월에는 구글도 안드로이드 OS 개발에 러스트를 이용할 것이라고 발표했다.

지금까지 OS 개발은 C/C++ 언어의 독무대였지만 러스트의 등장으로 변화가 일어나기 시작했다.

> **Column  메모리 관리의 어려움**
>
> 앞에서 파이어폭스의 취약점을 언급했었는데, 구글도 Chrome 취약점을 공개하고 있다. 2015년부터 2020년까지의 기간 중 발견된 심각한 취약점 중 70% 가까이가 메모리 문제로 발생한 것이다[1].
>
> 마이크로소프트사도 자사의 기술 블로그에서 C/C++ 언어를 이용해 개발을 할 때 '대규모 개발에서 메모리를 안전하게 관리할 수 있게 코드를 짜는 것은 거의 불가능하다'고 했다. 이런 점에서 메모리 안전성이 확보된 러스트를 C/C++ 대신 이용하는 움직임이 최근에 더 가속화되고 있다[2].

> **Column  러스트의 뜻은 '녹(綠)'**
>
> 영어 사전에서 'Rust'를 보면 '녹'이라는 의미를 가지고 있다. 언어 개발자인 그레이든 호어에 따르면 그 이름은 '녹균(綠菌)'에서 유래했다고 한다. 인터뷰에서 '녹균은 놀라운 생명체'라고 설명했다.
>
> 그리고 영단어 robust(원기 왕성한), trust(신뢰), frustrating(불만스러운), rustic(소박한), thrust(밀다)에서 문자열 일부를 가져왔다고도 말하고 있다.
>
> 다음 그림과 같은 러스트의 로고는 당시 개발 멤버의 대부분이 자동차를 좋아해서 자동차의 체인링을 바탕으로 디자인한 것이다.
>
>
>
> 그림 1.5 러스트 로고
>
> 러스트 로고의 저작권은 CC-BY로, 비상업적 용도라면 누구나 마음껏 이용할 수 있다.
> URL https://prev.rust-lang.org/ko-KR/legal.html

---

[1] https://atmarkit.itmedia.co.jp/ait/articles/2006/22/news041.html
[2] http://www.codingworldnews.com/news/articleView.html?idxno=1271

## 러스트는 어려운가

앞에서 소개한 것과 같이 러스트는 '가장 사랑받는 프로그래밍 언어'로 선정됐다. 하지만 이 사랑받는 언어를 익히기 위해 공부를 시작한 뒤 좌절하고 포기하는 사람도 있다.

### 프로그래밍 경험자도 좌절하는가

사실 필자도 러스트 공부를 하다가 도중에 포기하려고 생각한 적도 있다. 이 책의 시작 부분에서 소개한 것과 같이 데이터 타입, 소유권 시스템 등 파이썬이나 그 외 다른 언어에서는 신경 쓰지 않아도 됐던 점까지 고려해가며 프로그램을 만들어야 한다. 그리고 다른 언어에서는 당연히 동작하는 것이 러스트에서는 동작하지 않는 경우도 있다. 이런 부분은 개발자에게 꽤 큰 스트레스가 된다.

### 학습의 포인트는 어려운 곳을 파악하는 것

아래 그래프는 필자가 스스로 체험한 러스트 학습 시간과 습득 정도의 체감 추이를 그래프로 표현해 본 것이다. X축이 학습 시간, Y축이 러스트 습득 정도를 나타내며 학습을 할 때 어려운 곳을 중간중간 표시했다.

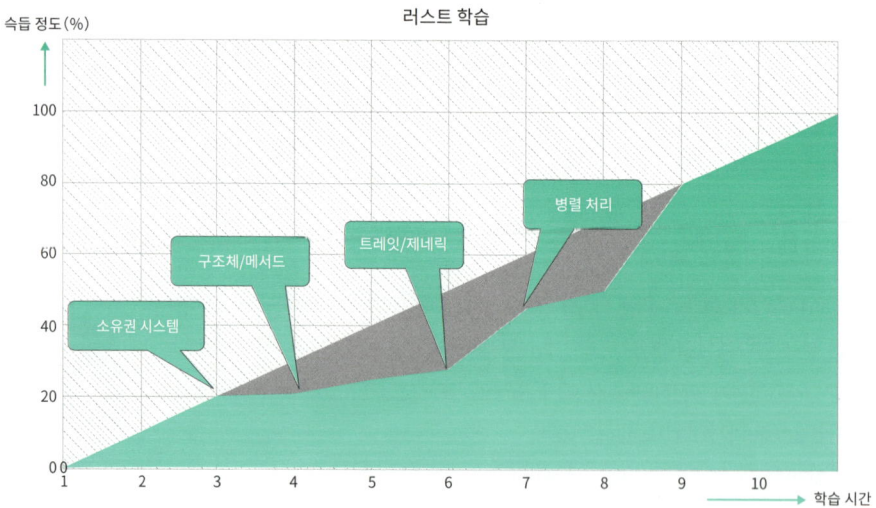

그림 1.6 러스트 학습은 여러 고비를 넘어야 하지만 그 고비를 넘어서면 금방 달성할 수 있다.

이 그래프를 보면 알 수 있겠지만 러스트 학습은 여러 고비가 있다. 러스트에는 타입 추론 기능이 있다. 그 덕에 가벼운 마음으로 러스트를 시작할 수 있다. 즉, 시작은 순조롭다.

하지만 소유권 시스템이 나오면서 실제 동작을 잘 알 수 없게 된다. 그리고 소유권 시스템을 이해하게 되더라도 구조체(structure)와 메서드(method), 그리고 트레잇(trait)과 제네릭(generic) 등 새로운 문법 개념이 나오며 점차 이해하기 어려워진다.

하지만 이런 기능을 이해하기 시작하면 러스트의 재미와 우수함을 알 수 있게 된다. 빠르게 동작하고, 메모리를 효율적으로 사용하는 것에는 이유가 있다. 그래프에서도 보여지듯 어려운 곳을 넘어서면 그 후에는 순조롭게 이해도를 높일 수 있다.

어렵다고 느낄 수 있는 소유권 시스템과 트레잇 등의 기능은 러스트의 우수성과 장점인 부분이다. 이 부분에서 좌절하는 것은 안타까운 일이다. 부디 이 고비를 넘겨 러스트의 우수성과 장점을 맛보길 바란다.

## 어려움을 극복하기 위해

필자도 어려운 부분에서 몇 번의 좌절을 겪었다. 그 경험을 바탕으로 이 책에서는 가능한 한 그 부분을 극복하고자 여러 가지 방법을 이용하고 있다. 알기 쉽게 그림을 넣거나 해당 부분을 이해할 수 있도록 프로그램 코드를 만들어 수록했다. 이런 부분이 이 책을 읽는 독자에게 도움이 되길 바란다.

그리고 이 책에서는 적극적으로 파이썬과 러스트를 비교해 러스트를 조금 더 이해하기 쉽도록 하고 있다. 다음 섹션에서는 파이썬과 러스트의 차이점을 확실히 비교해본다.

> **정리**
> - 러스트는 Mozilla가 주도해 개발한 새로운 프로그래밍 언어다.
> - '안전성', '속도', '동시성'의 3대 요소를 개발 목표로 한다.
> - 시스템 프로그래밍에서는 오랜 기간 C/C++ 언어가 사용됐지만 메모리 관리가 어렵다.
> - 러스트는 C/C++ 언어와 동등한 속도를 구현하면서도 메모리 안전성까지 확보하고 있다.
> - 러스트의 기본적인 문법을 이해한다면 러스트의 장점을 알 수 있다.

Chapter 1 | 파이썬에서 러스트로 이동하기 위한 기본 준비

# 파이썬과 러스트의 차이점

이 책에서는 파이썬과 러스트를 비교하면서 러스트에 대해 배우는 것을 콘셉트 중 하나로 하고 있다. 이 섹션에서는 파이썬과 비교해 러스트의 특징과 장점을 명확히 한다.

**여기서 배우는 것**
- 파이썬
- 인터프리터
- 컴파일러

## 파이썬은 인터프리터 언어. 러스트는?

파이썬과 러스트의 가장 큰 차이점은 '인터프리터 방식과 컴파일러 방식'이라는 점이다. 파이썬은 프로그램을 순차적으로 실행하는 인터프리터 형 언어지만 러스트는 프로그램을 실행하기 전에 OS 네이티브 실행 바이너리로 변환한 뒤 실행하는 컴파일 형 언어다. 두 방식에는 어떤 특색이 있는지 조금 더 자세히 살펴보자.

파이썬과 러스트가 어떻게 실행되는지 그림을 통해 살펴보자. 두 개 모두 프로그램을 실행하기 위해 구문 분석이라는 처리를 수행해 중간 형태로 변환하는 것까지는 같다. 파이썬은 이 중간 형태를 바탕으로 프로그램을 실행한다. 한편 러스트에서는 추가적으로 실행 파일(윈도우에서라면 exe 파일)로 변환하는 컴파일 처리를 수행한다.

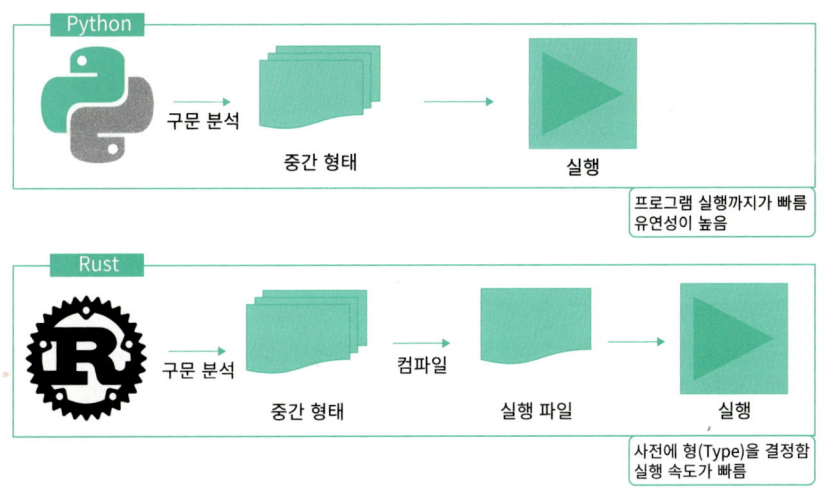

그림 1.7 파이썬과 러스트 실행 방식의 차이

인터프리터 방식과 컴파일러 방식의 차이를 정리해보면 크게 다음과 같다.

### 인터프리터 방식(파이썬)

[장점] 프로그램을 바로 실행할 수 있음. 가볍게 실행할 수 있음. 대화형 실행도 가능. 변수형 등이 동적으로 정해지기에 유연성 높은 처리가 가능.

[단점] 프로그램 동작 속도는 컴파일러 방식보다 느림. 프로그램 실행 시 에러가 발생하는 경우도 많음.

[용도] 사무, 웹 서비스 개발 등

### 컴파일 방식(러스트)

[장점] 프로그램 실행 속도가 빠름. 프로그램 실행 전에 에러를 발견할 수 있음.

[단점] 프로그램을 실행 파일로 변환하는 번거로움. 변수형 체크가 엄격함

[용도] 시스템 기반 프로그램 등을 개발

즉, 일반적으로 컴파일러 방식 언어에서는 사전에 프로그램이 가장 빠르게 동작할 수 있는 형태로 컴파일하는 작업을 거치므로 실행 속도가 빠르다. 하지만 컴파일을 해야 하기 때문에, 바로 실행해 결과를 확인해야 하는 작업에서는 인터프리터 방식 언어에 비해 불리하다.

파이썬은 인터프리터 방식이므로 프로그램을 바로 실행할 수 있다. 실행 속도도 다른 언어에 비해 느리긴 하지만 최근에는 컴퓨터 성능이 좋아서 속도가 문제 되는 경우는 거의 없다. 그렇지만 즉각 실행할 수

있다는 인터프리터 방식의 장점은 매우 커서, 사무 처리에서 웹 프로그램까지 많은 곳에서 파이썬을 활용하고 있다.

반면 러스트는 컴파일 방식이므로 컴파일을 해야 하는 번거로움이 있다. 물론 통합 개발 환경을 구축했다면 컴파일에 드는 수고를 줄일 수 있다.

1. 컴파일 방식이므로 파이썬처럼 가볍게 실행시킬 수 없다. 대신 러스트는 파이썬보다 몇 배는 빠르게 동작한다.
2. 파이썬은 인터프리터 방식 언어이며 가볍게 쓸 수 있는 점이 큰 장점이다. 사무 처리나 웹 서비스 개발 등 폭넓게 이용되고 있다. 반대로 파이썬은 컴파일 방식 언어라는 특성상 OS나 데이터베이스 등 시스템과 관련된 프로그램 개발이 주가 된다. 그리고 러스트는 현대적인 언어이므로 C/C++에 비해 부담 없이 프로그램을 만들 수 있다(물론 파이썬만큼은 아니다).

이러한 언어별 특징은 우열의 문제는 아니다. 어느 한 점만 보고 어느 방식이 우수하다고는 말할 수 없다. 프로그래밍 언어는 적재적소에 사용해야 한다. 필요한 곳에서 필요한 프로그래밍 언어를 사용하는 것이 가장 좋다. 이는 목수가 가구와 집을 만드는 과정과 같으며, 만드는 것에 따라 도구를 바꿔 작업하는 것과 같다.

### 인터프리터 방식이지만 단순하지는 않은 파이썬의 실행 방식

파이썬이 순차적인 '인터프리터' 방식으로 분류된다고 해도 파이썬은 프로그램을 한 줄씩 실행하지는 않는다. 이 섹션의 그림에서 볼 수 있듯, 한 번 추상적인 중간 형식으로 변환한 뒤 가능한 한 고속으로 실행할 수 있도록 최적화 처리가 이루어진 뒤 실행된다. 파이썬에서 모듈을 만들면 바이트 코드(.pyc 파일)가 만들어진다. 이 점을 봐도 파이썬이 가능한 한 고속으로 실행될 수 있게끔 고안된 것을 알 수 있다.

## 둘 다 모던 언어

파이썬은 1991년에 등장한 비교적 새로운 언어이지만 러스트는 그보다 최근인 2010년에 등장했다. 러스트가 파이썬보다 19년 늦게 등장했으므로 러스트가 좀 더 현대적인 언어의 특징을 가지고 있다고 할 수 있다. 하지만 파이썬도 1991년에 처음 등장했을 때와는 크게 바뀌었다. 최신 메이저 버전인 3.0이 등장한 것이 2008년이며, 이전 버전인 2.x과의 호환성을 포기하고 새로운 구조를 도입했다. 2008년이면 러스트의 등장 시기와 거의 차이가 없다.

따라서 파이썬도, 러스트도 모두 모던 언어라고 해도 과언은 아니다.

언어의 사양도 매우 현대적이다. 리스트와 튜플, 사전형(연상 배열) 등 기본적인 데이터 형을 이용할 수 있다. 그리고 함수형 프로그래밍 언어의 특성도 가지고 있어 간결한 프로그램으로 복잡한 문제를 해결할 수 있다.

## 패키지 관리 시스템이 있다

모던 언어는 라이브러리를 인터넷에서 자동으로 다운로드하는 패키지 관리 시스템을 가지고 있다. 파이썬은 PyPI라는 사이트에 많은 라이브러리가 등록돼 있다. `pip` 명령을 이용하면 그 라이브러리의 최신 버전과 의존 관계 라이브러리까지 한 번에 다운로드할 수 있다.

러스트도 마찬가지로 패키지 관리 시스템 'Cargo'가 있다. Cargo는 패키지 관리뿐 아니라 빌드 시스템 역할도 수행한다. Cargo도 파이썬의 pip와 마찬가지로 의존 관계 라이브러리를 판별해 함께 다운로드해준다.

이런 패키지 관리 시스템이 있어 같은 프로그래밍 언어를 사용하는 프로그래머끼리는 비슷한 프로그램을 만드는 낭비를 줄일 수 있다. 편리한 라이브러리를 최소한의 수고로 활용할 수 있는 것이 패키지 시스템의 장점이다.

표 1.1 파이썬과 러스트의 패키지 관리 시스템

| 언어 | 패키지 관리 시스템 |
|---|---|
| 파이썬 | PyPI(pip 명령) |
| 러스트 | Cargo(cargo 명령) |

## 멀티 바이트 언어를 처리할 수 있다

간과하기 쉬운 부분인데, 파이썬과 러스트 모두 한국어를 비롯해 세계 각국의 언어를 문제없이 다룰 수 있다. 파이썬 3부터 프로그래밍을 시작한 사람이라면 믿을 수 없을지도 모르겠지만, 파이썬 2까지는 한국어와 같은 멀티 바이트 언어를 처리하는 데 사용하는 문자 인코딩을 프로그램 내에 명시해야 했다. 현재는 파이썬에서도 러스트에서도 이런 수고를 들이지 않아도 되게끔 유니코드(Unicode)를 처리할 수 있게 됐으며 문자열 처리를 위한 다양한 라이브러리를 갖추고 있다. 멀티 바이트 언어를 문제없이 처리할 수 있다는 점도 현대 언어의 특징 중 하나다.

## 오픈 소스

많은 현대 프로그래밍 언어는 오픈 소스로 개발되고 있다. 파이썬과 러스트도 오픈 소스 프로젝트다. 오픈 소스라는 것은 단순히 자유롭게 이용할 수 있다는 것뿐 아니라 그 개발 과정도 공개돼 있다는 것이다. 따라서 깃허브(GitHub) 등에서 개발 리포지터리(Repository – 저장소)를 확인해 어떻게 개발되고 있는지 소스 코드를 직접 확인하거나 다운로드할 수 있다. 전 세계 개발자들의 협력 체제하에서 개발이 진행되고 있다.

러스트 리포지터리를 보면 **러스트는 러스트 코드로 작성**돼 있는 것을 확인할 수 있다. 이를 통해 러스트가 시스템 프로그래밍 언어이며 기술(記述) 능력이 뛰어나다는 것을 알 수 있다(파이썬은 C 언어로 작성돼 있다). 단, 원고 집필 시점에는 러스트를 소스 코드에서 빌드하기 위해서는 파이썬이 필요하다. 이 부분에서 러스트와 파이썬의 협력 관계를 볼 수 있다.

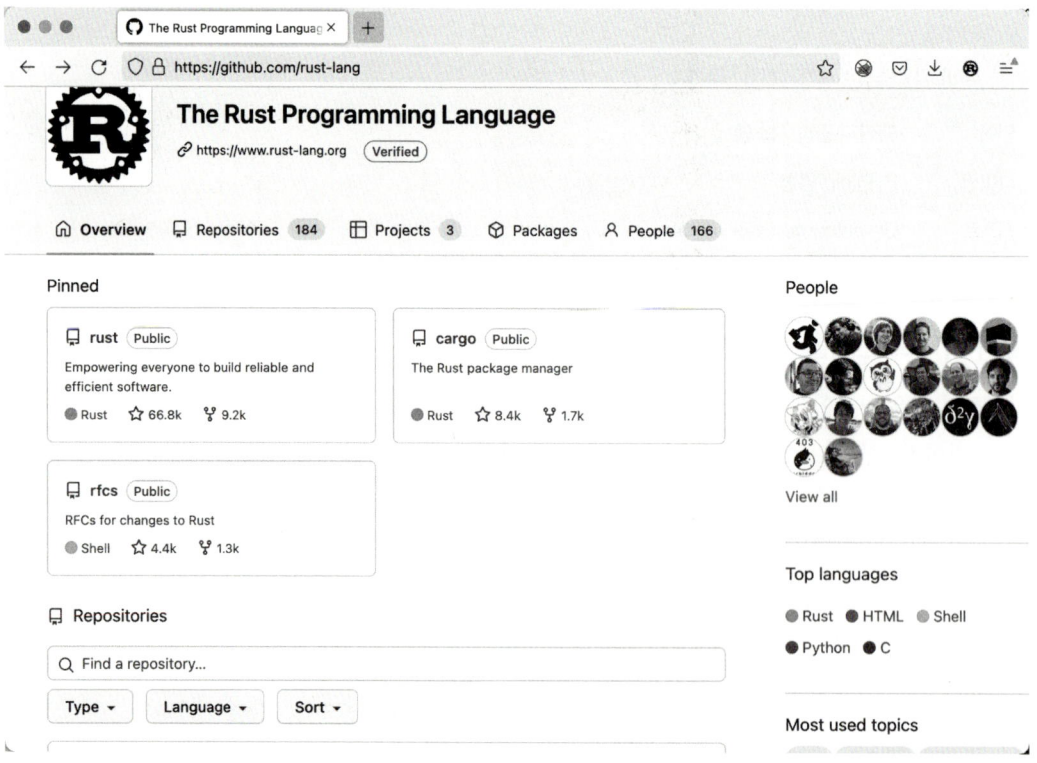

그림 1.8 러스트의 깃허브 리포지터리

## 동적 타입 언어와 정적 타입 언어

인터프리터 방식과 컴파일 방식이라는 특성에도 관계된 것이지만, 파이썬은 '동적 타입 언어'이고 러스트는 '정적 타입 언어'다. 여기서는 두 타입의 차이에 대해 확인해본다.

파이썬의 타입(Type - 형) 시스템은 '동적 타입'을 이용한다. 이는 변수의 값이나 함수의 인수, 반환값이 프로그램 실행 전에 결정되는 것이 아니라 실행 중에 실제 값에 따라서 변한다는 것을 의미한다. 변수에 어떠한 타입의 데이터를 대입할지 프로그래머가 지정하지 않아도 된다. 소스 코드의 양이 줄고 데이터 타입에 대해 깊게 생각하지 않아도 사용할 수 있다. 그러나 타입 지정을 할 때 실수가 있어도 미리 알 방법이 없다. 프로그램이 실행된 후 실행 도중 에러가 발생해야만 해당 부분이 잘못됐다는 것을 알 수 있다.

반면 러스트의 타입 시스템은 '정적 타입'을 이용하고 있다. 이 방식은 변수 타입이 무엇인지 프로그램 실행 전에 명확히 알 수 있다. 프로그래머는 변수와 함수의 인수, 반환 값의 형태를 자세히 지정해야 한다. 대신 엄격한 타입 체크가 가능하므로 프로그램 실행 전에 모든 변수를 체크해 잘못된 값이나 형태가 지정되는 것을 막을 수 있다. 또한 타입을 명확하게 알 수 있으므로 소비 자원을 줄이고 실행 효율을 높일 수 있다.

이처럼 파이썬과 러스트는 타입과 관련된 시스템이 다르다. 두 가지 모두 장단점이 있다. 정적 타입 시스템은 프로그램을 만들 때 실수를 막을 수 있다는 큰 메리트가 있다. 파이썬도 3.6 이후 버전에는 '타입 힌트'라는 기능을 넣는 등 동적 타입 언어에 정적 타입 언어의 장점을 추가하는 흐름으로 진행되고 있다.

### 러스트의 타입 추론

동적 타입 언어의 가장 큰 장점은 변수 선언을 할 때 하나 하나 타입을 지정하지 않아도 된다는 점이다. 러스트에는 타입 추론이라는 기능이 있어 변수에 숫자나 문자열과 같은 명확한 데이터 타입을 지정하면 자동으로 변수의 타입을 판단하므로 타입 지정은 생략해도 된다.

다음 예제는 러스트에서 변수에 값을 대입하는 것이다. 정적 타입 언어지만 타입 추론 기능 덕분에 데이터 타입을 지정하지 않아도 된다.

```
// 러스트에서는 변수 타입 지정을 생략할 수 있다
let apple_price = 3000;
let banana_price = 2500;
let tax_rate = 0.1;
```

## 파이썬과 러스트의 메모리 관리

C/C++ 언어에서의 메모리 관리 어려움에 대해서는 앞 섹션에서 소개했다. C/C++에서는 스스로 메모리를 확보하고 해제해야 한다. 반면 파이썬과 러스트는 명시적으로 메모리를 해제하지 않아도 된다.

하지만 파이썬과 러스트는 다른 방식으로 메모리 관리를 수행한다. 파이썬에서는 'GC(Garbage Collector – 가비지 컬렉터)'를 이용해 메모리를 관리한다. 그리고 러스트는 '소유권 시스템'을 이용해 메모리를 관리한다.

### 파이썬이 이용하는 GC 메커니즘

파이썬을 비롯해 많은 언어에서 이용하고 있는 GC라는 메모리 관리 메커니즘은 메모리 관리에 드는 수고를 많이 줄여준다. 하지만 GC에도 단점은 있다. 바로 실행 시 오버헤드(Overhead – 어떤 처리를 하는 데 소요되는 간접적인 자원)가 크다는 점이다.

GC에도 몇 가지 구현 방법이 있는데, 파이썬은 '참조 카운트'라는 방식을 이용한다. 이것은 메모리를 해제하는 타이밍을 알기 위해 변수가 참조될 때마다 참조 횟수를 센다. 그리고 변수가 사용되지 않는 때를 확인해 메모리를 해제하는 방식이다. 프로그래머는 메모리 관리를 하지 않아도 되지만 GC가 메모리 해제 타이밍을 확인해야 하므로 처리에 시간이 걸린다.

### 러스트의 소유권 시스템

러스트에는 소유권과 라이프타임(Lifetime – 수명)이라는 메커니즘을 이용해 메모리를 관리한다. 자세한 내용은 3장에서 소개하겠지만, 러스트에는 변수의 값이 유효한 범위가 명확히 정해져 있다. 그리고 그 범위에서 벗어나면 메모리가 자동적으로 해제되는 구조다. 그리고 변수의 값에는 소유권을 설정해서 값을 다른 변수에 대입하거나 변수의 인수로 이용하는 식으로 값의 소유권을 이동시킬 수 있다. 이를 통해 최소한의 수고로 메모리를 관리할 수 있으며 C/C++ 언어와 같은 고속 처리를 하면서도 메모리를 안전하게 관리할 수 있게 된다.

## 정리

- 파이썬과 러스트를 살펴봤다.
- 각 언어는 특성에 맞는 우수한 메커니즘을 채택했다.
- 러스트는 컴파일 방식 언어이며 타입 추론 기능을 가진 정적 타입 언어다.
- 파이썬은 메모리 관리를 위해 GC를 이용한다.
- 러스트는 소유권 시스템을 이용해 메모리를 관리한다.
- 프로그래밍 언어에 우열은 없으며 '언제, 어디서, 어떻게 사용하는가'가 중요하다.

Chapter 1 | 파이썬에서 러스트로 이동하기 위한 기본 준비

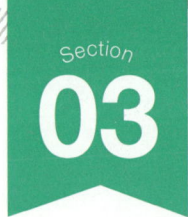

# 러스트와 러스트 개발 환경 설치

러스트 설치 방법을 확인해본다. 어떤 OS를 사용하더라도 크게 어려운 부분은 없이 설치할 수 있을 것이다. 여기서는 OS별로 러스트를 설치하고 개발 환경을 구축하는 방법을 소개한다.

> **여기서 배우는 것**
> - 러스트 설치
> - Visual Studio Code 설치 및 설정
> - Hello, World!

## OS별 설치 방법

대부분의 환경에 러스트를 쉽게 설치할 수 있다. 'rustup'이라는 명령을 실행하면 설치가 끝난다.

윈도우에서는 별도로 빌드 도구가 필요하다. 먼저 윈도우에서의 설치 방법을 소개하겠다.

참고로 윈도우 10부터는 리눅스를 바로 설치해 이용할 수 있는 'WSL(Windows Subsystem for Linux)'을 이용할 수 있다. WSL에도 러스트를 설치할 수 있다. WSL에 러스트를 설치하는 방법은 리눅스에서 러스트를 설치하는 방법과 동일하므로 해당 부분을 참고하기 바란다.

## 윈도우에 설치

마이크로소프트에서는 윈도우에 러스트를 설치할 때 도움이 되도록 전용 페이지를 제공한다. 이 페이지에 있는 내용을 따라가면 큰 문제 없이 설치할 수 있을 것이다.

> **마이크로소프트가 제공하는 러스트 설치 매뉴얼**
> URL https://docs.microsoft.com/ko-kr/windows/dev-environment/rust/setup

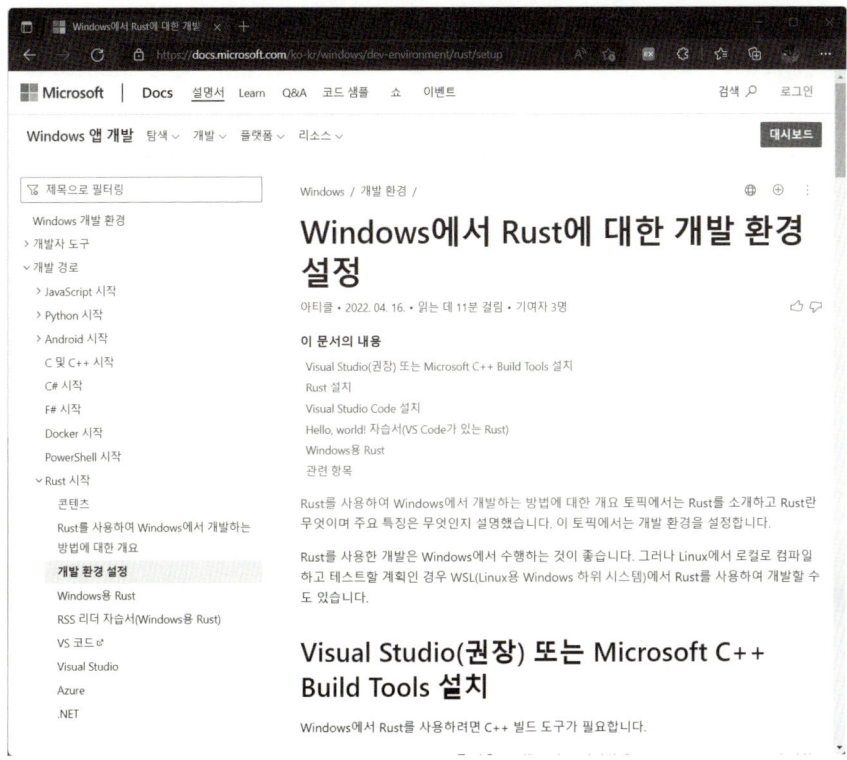

그림 1.9 마이크로소프트가 제공하는 러스트 설치 매뉴얼

여기서는 보다 알기 쉽게 설명해본다.

## Microsoft C++ Build Tools 설치

윈도우에 러스트를 설치하려면 마이크로소프트에서 나온 C++ 빌드 도구를 설치해야 한다. 다음 사이트에서 빌드 도구를 내려받아 설치한다.

---

**Microsoft C++ Build Tools**

URL https://visualstudio.microsoft.com/ko/visual-cpp-build-tools/

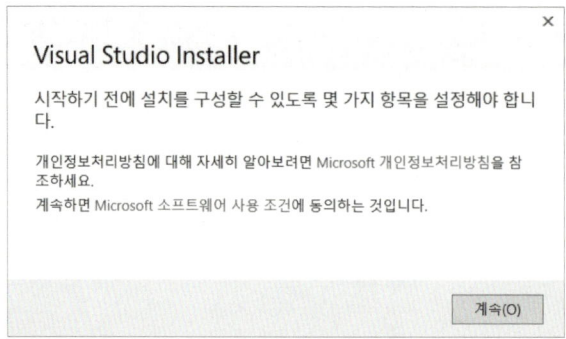

**그림 1.10** C++ Build Tools 설치

설치 파일을 실행하면 설치 전에 워크로드를 선택할 수 있다. 여기서 [.NET 데스크톱 빌드 도구], [C++를 사용한 데스크톱 개발], [유니버설 Windows 플랫폼 빌드 도구]를 선택해 설치를 진행한다.

**그림 1.11** C++ Build Tools 워크로드 선택 화면

## 러스트 설치

빌드 도구 설치가 완료되면 러스트를 설치한다. 다음 웹사이트에서, 사용하는 OS 비트에 맞춰 다운로드한다.

> **러스트 인스톨러 다운로드**
> URL https://www.rust-lang.org/tools/install

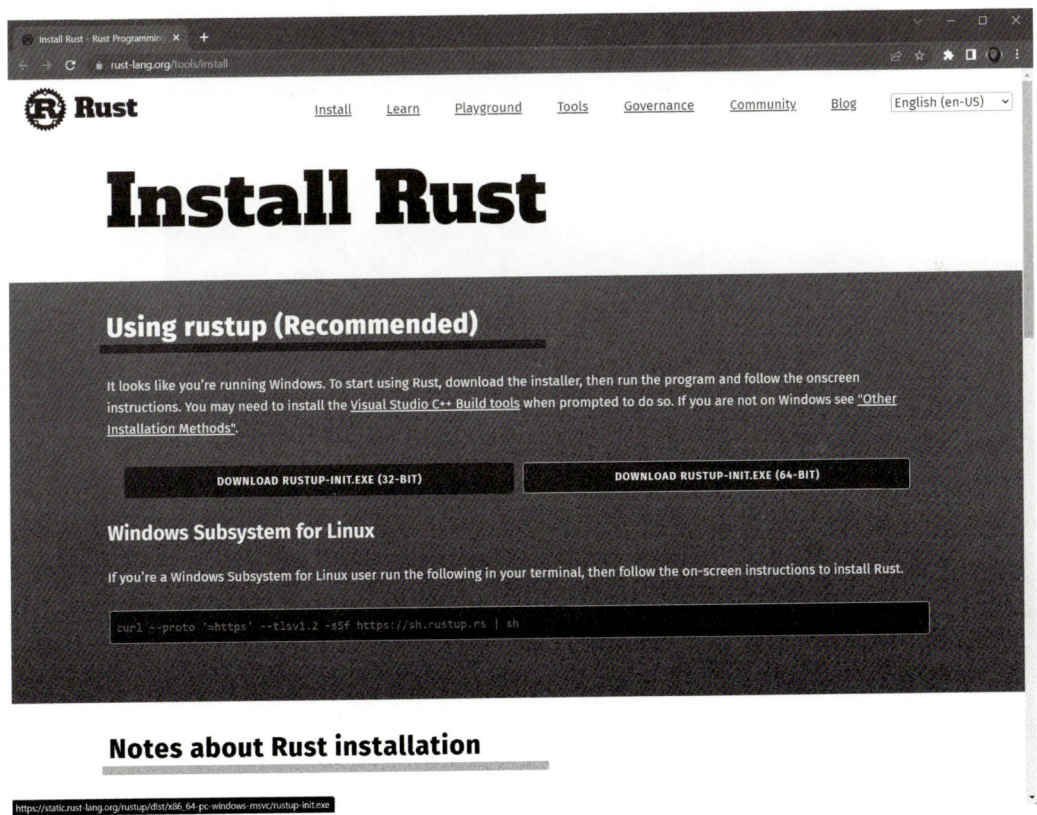

그림 1.12 러스트 인스톨러 다운로드

인스톨러를 실행하면 다음과 같이 커맨드라인 창이 나타난다. 기본 설치를 할 것이므로 '1'을 선택하고 엔터 키를 누르면 바로 설치가 시작된다.

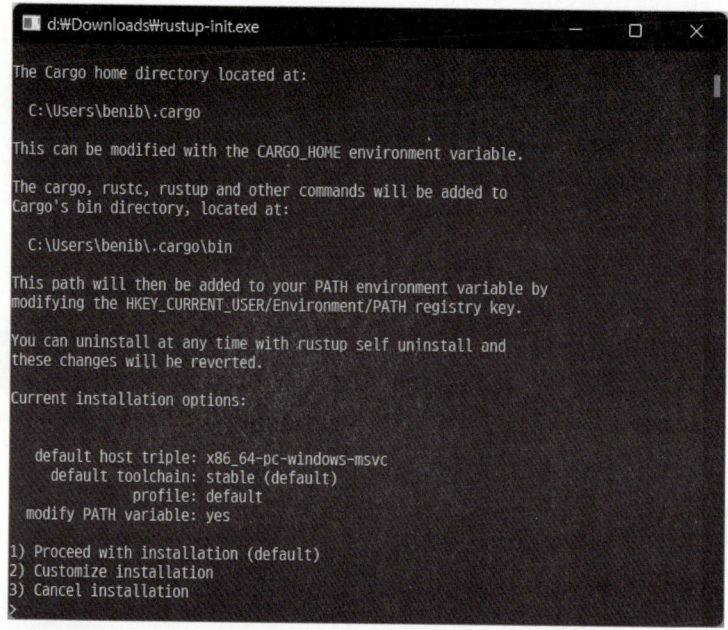

그림 1.13 설치 화면에서 '1'을 선택

## macOS / 리눅스에 설치

macOS나 리눅스에 러스트를 설치하려면 터미널에서 다음 명령을 실행한다.

```
$ curl --proto '=https' --tlsv1.2 -sSf https://sh.rustup.rs | sh
```

이 명령을 실행하면 윈도우와 동일하게 설치 메뉴가 표시된다. 여기서 '1'을 선택하고 엔터 키를 누르면 설치가 시작된다.

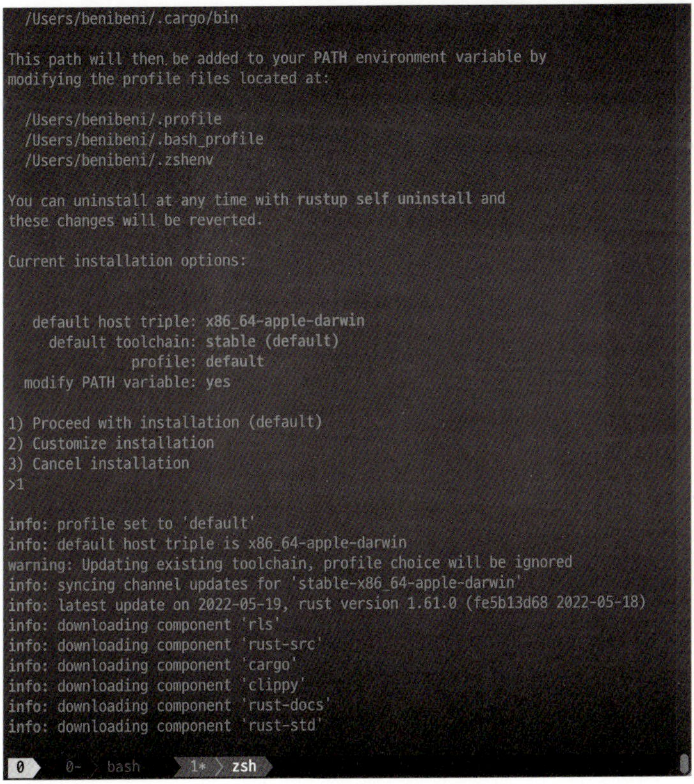

그림 1.14 macOS에서 러스트 설치

아니면 OS별 패키지 관리자를 이용하는 방법을 사용해도 된다. macOS라면 홈브루(Homebrew)를 이용해 설치할 수 있다. 'brew install rust' 명령을 실행하면 러스트가 설치된다. 우분투(Ubuntu)나 데비안(Debian) 계열 리눅스를 이용하고 있다면 'sudo apt install rustc' 명령으로 설치할 수 있다.

## 설치된 러스트를 최신 버전으로 업데이트하는 방법

러스트는 설치도 쉽지만 업데이트도 쉽다. 러스트를 설치하면 rustup 명령도 함께 설치되는데, 이를 이용해서 러스트를 업데이트한다. 명령은 다음과 같다.

```
## 최신 안정 버전으로 업데이트
$ rustup update stable
```

## 러스트 개발을 위한 개발 환경

러스트를 설치했다면 개발 환경을 구축한다.

러스트는 다양한 에디터와 IDE에서 개발할 수 있다. 러스트 공식 홈페이지에서는 다음 개발 도구를 소개하고 있다[3].

표 1.2 개발 환경

| 분류 | 도구 |
| --- | --- |
| 다기능 에디터 | Visual Studio Code |
| | ATOM |
| | Sublime Text 3 ($99) |
| | Geany |
| 통합 개발 환경(IDE) | Eclipse |
| | IntelliJ IDEA(연간 $549.8, 무료 버전 있음) |
| 전통적인 에디터 | Vim |
| | Emacs |

## Visual Studio Code 설치

가장 널리 쓰이는 Visual Studio Code(이후 'VSCode'로 표기)에서 러스트를 쉽게 개발할 수 있는 방법을 설명한다.

VSCode는 다음 사이트에서 내려받을 수 있다.

> Visual Studio Code
> URL https://code.visualstudio.com/

---

[3] https://www.rust-lang.org/tools

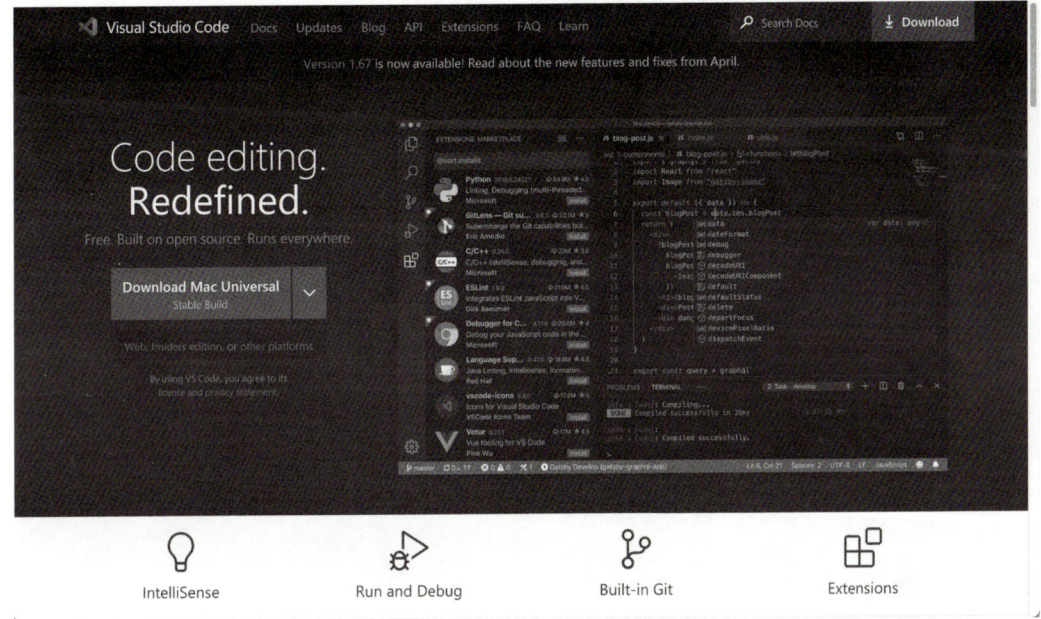

그림 1.15 VSCode 웹사이트

## VSCode에 러스트 확장 기능 설치

VSCode 설치를 완료한 뒤 러스트 확장 기능을 설치한다. VSCode는 러스트 전용 개발 도구가 아니므로 현재 상태로 러스트를 개발하기에는 조금 불편하다. 러스트 확장 기능을 설치하면 인텔리센스 기능 등 다양한 기능을 이용할 수 있어 개발이 한층 편해진다.

메뉴에서 'View > Extensions'를 선택해 확장 기능 마켓플레이스를 연다. 그리고 검색 바에 'rust'를 입력해 검색을 한다. 여러 확장 기능이 나오는데, 그중 'rust-analyzer'를 선택해 'Install' 버튼을 눌러 확장 기능을 설치한다.

그림 1.16 VSCode의 러스트 확장 기능

## 한국어 팩 설치(선택)

영어에 익숙하지 않다면 한국어 언어 팩을 설치한다. 러스트 확장 기능을 설치했을 때처럼 검색 바에 'korean'을 입력해 검색한 뒤 'VSCode용 한국어 팩'을 선택해 설치한다.

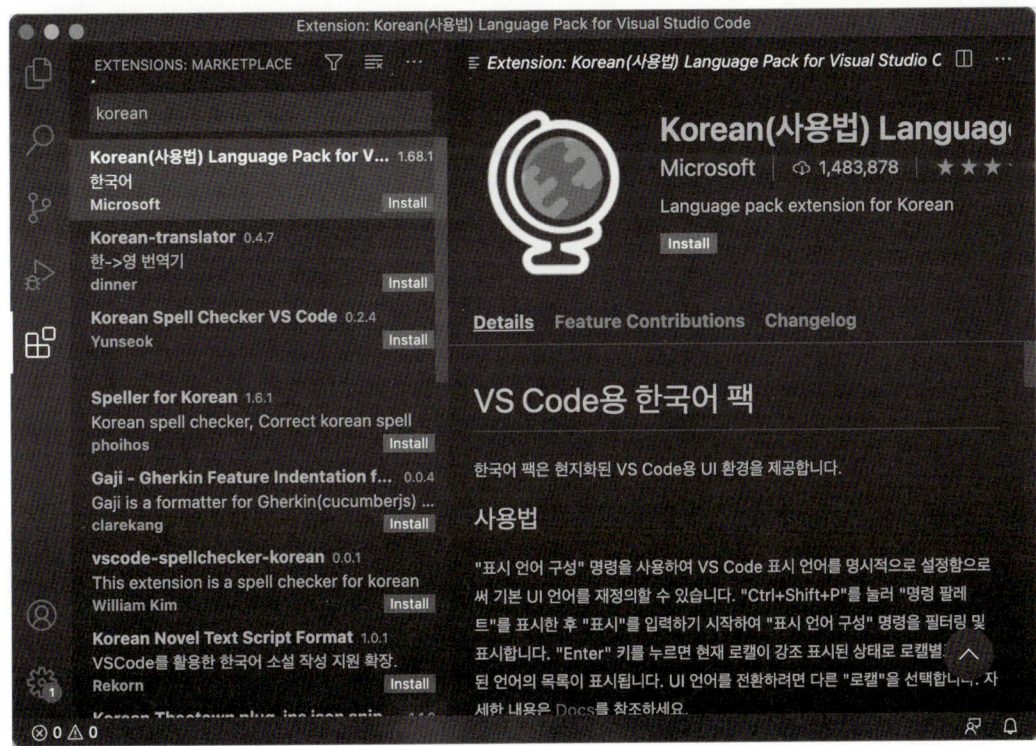

그림 1.17 필요에 따라 한국어 팩 설치

## 파이썬 설치

이 책에서는 러스트 프로그램을 공부하기 위해 파이썬 코드와 비교하는 형식을 취하고 있다. 따라서 시스템에 파이썬이 설치돼 있지 않다면 파이썬을 설치한다. 파이썬은 다음 웹사이트에서 설치 파일을 내려받아 설치할 수 있다.

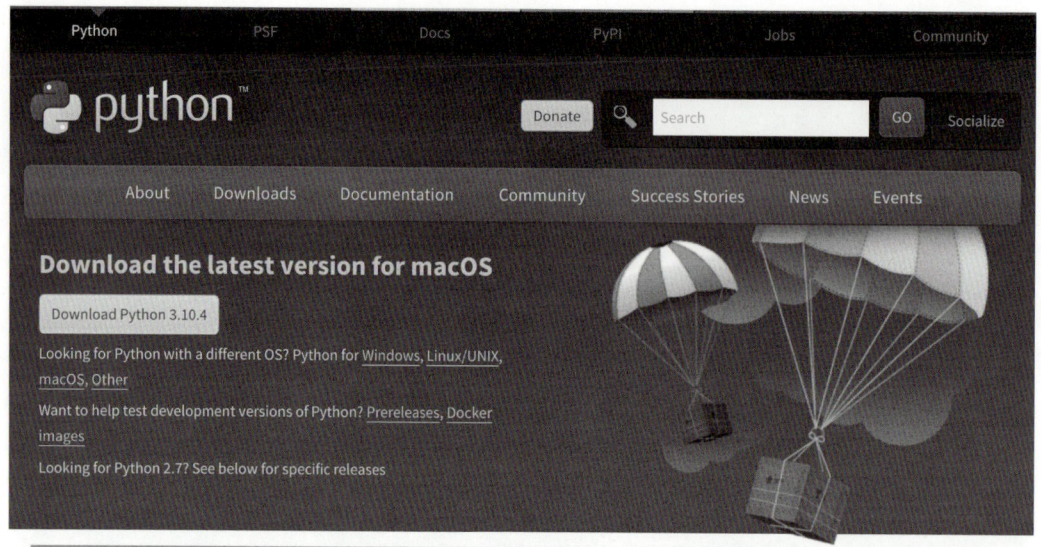

그림 1.18 파이썬 다운로드 사이트

윈도우에서는 파이썬 웹사이트에서 내려받은 설치 파일을 실행해 파이썬을 설치할 수 있다. 또는 PowerShell이나 명령 프롬프트를 실행해 'python'이라고 입력하면 마이크로소프트 스토어가 실행돼 스토어에 올라와 있는 파이썬을 설치할 수 있다. macOS에는 기본적으로 파이썬이 설치돼 있으나 2.7 버전이라서 예제 코드를 실행할 수 없으므로 3.x 버전을 새로 설치해야 한다. 참고로 이 책의 파이썬 예제는 3.7 이후 버전을 기준으로 작성했다.

윈도우에 설치하는 경우 설치 화면에서 PATH를 추가할지를 선택할 수 있다. 명령 프롬프트에서 파이썬을 실행할 수 있도록 해당 옵션을 체크한 뒤 설치한다.

## Hello, World!

러스트 실행을 완료했다면 모든 프로그래밍 언어의 기본인 'Hello, World'를 출력하는 프로그램을 만들어본다.

우선 아래와 같은 내용으로 `hello.rs` 파일을 생성한다. 참고로 러스트 소스 코드의 파일 확장자는 '.rs'다. VSCode를 사용해도 좋고 메모장을 활용해도 무방하다(단, 어떤 경우에도 소스 코드의 문자 인코딩은 UTF-8이어야 한다. VSCode에서는 별로 신경 쓰지 않아도 알아서 처리를 해주므로 세세한 것까지 신경을 쓰고 싶지 않다면 VSCode를 이용하는 것이 좋다).

【코드】 file: src/ch1/hello.rs
```
fn main() {
    println!("Hello, World!");
}
```

러스트는 처음에 프로그램을 컴파일해서 만들어진 실행 파일을 실행한다. 우선 프로그램을 컴파일한다.

윈도우에서는 시작 메뉴에서 'PowerShell'을 찾아 실행한다. macOS 또는 리눅스에서는 터미널을 실행한다.

소스 코드가 저장된 디렉터리로 이동한 뒤 다음 명령을 실행한다. 앞으로 터미널에서 실행하는 명령은 앞에 '$'를 붙이고, 설명을 하는 부분(주석)에는 '#'를 붙여 표시하겠다.

```
$ rustc hello.rs
```

컴파일이 잘됐다면 hello라는 실행 파일이 생성된다. 윈도우에서라면 hello.exe 파일이 생성된다.

터미널에서 다음과 같이 입력해 생성된 파일을 실행한다. 윈도우에서 실행하는 경우 ./ 대신 .\로 입력해도 문제없이 실행된다.

```
$ ./hello
```

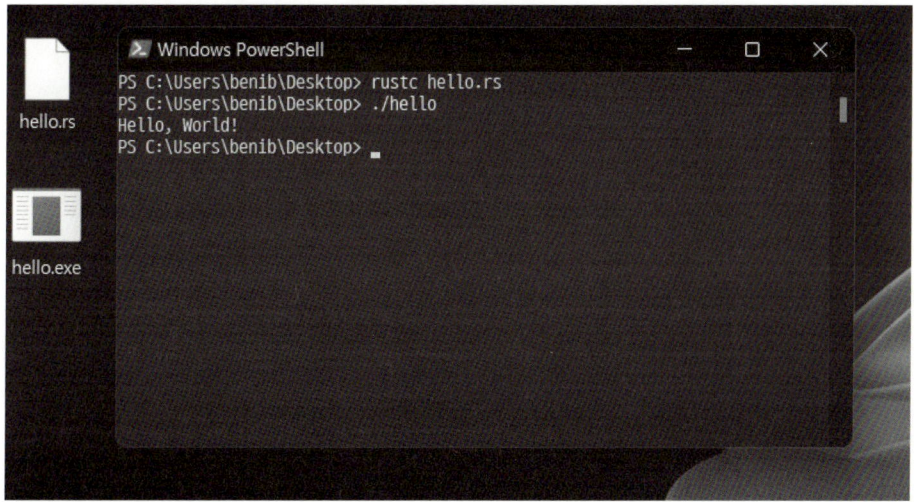

그림 1.19 윈도우에서 hello를 실행

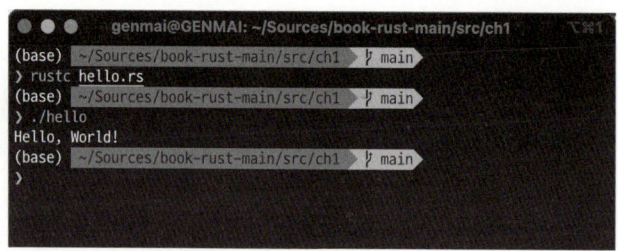

그림 1.20 macOS에서 hello를 실행

## 프로그램이 제대로 실행되지 않을 때

만약 컴파일할 때 에러가 발생한다면 러스트가 제대로 설치되지 않았을 수 있다. 명령줄에서 'rustc'를 입력해 에러가 발생한다면 러스트 설치를 처음부터 다시 수행해본다.

윈도우에서는 Microsoft C++ Build Tools를 반드시 설치해야 하므로 에러가 발생하면 해당 도구가 제대로 설치됐는지 확인한다.

Microsoft C++ Build Tools를 설치하기 귀찮거나 빌드가 제대로 되지 않는다면 WSL을 이용하는 방법도 있다. WSL을 쓰면 윈도우에서 쉽게 리눅스를 이용할 수 있다.

## 이 책에 게재한 이미지

이 책은 주로 macOS에서 실행한 화면을 게재했다. 따라서 윈도우에서 작업하는 독자와는 약간 차이가 있을 수 있지만 실행하는 명령은 기본적으로 OS와 관계없이 동일하다.

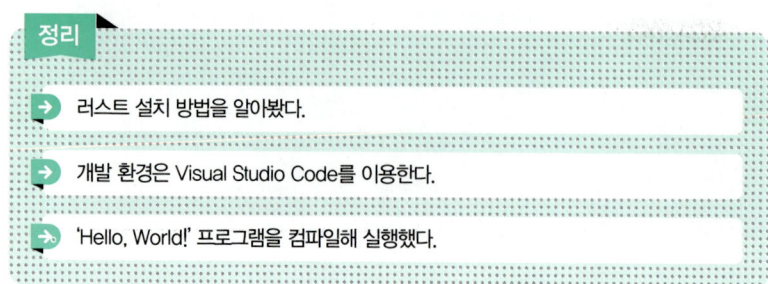

Chapter 1 | 파이썬에서 러스트로 이동하기 위한 기본 준비

## 러스트 시작하기

간단한 프로그램 만들기부터 시작한다. 러스트 프로그램을 만들고 실행하기 위한 기본적인 방법을 익힌다. 그리고 러스트 프로그래밍의 가장 기본적인 부분을 확인한다.

**여기서 배우는 것**
- main 함수
- 표준 출력
- println! 매크로

### 화면에 문자 표시하기

앞 섹션에서 러스트를 설치하고 'Hello, World!'라는 문자열을 표시하는 프로그램 만들기까지를 소개했다. 여기서는 화면 출력 방법, 즉 표준 출력으로 문자를 출력하는 방법을 확인해본다. 그리고 파이썬과 러스트의 차이점에 대해 비교해본다.

먼저 파이썬 소스 코드부터 살펴보자. 다음 프로그램을 실행하면 'Hello, World!'라는 문자열이 화면에 출력된다.

【코드】 file: src/ch1/hello.py

```python
print("Hello, World!")
```

이어서 동일하게 'Hello, World!'라고 출력하는 러스트의 소스 코드다.

【코드】 file: src/ch1/hello.rs

```rust
fn main() {
    println!("Hello, World!");
}
```

한눈에도 차이점이 보일 것이다. 파이썬은 1줄뿐이지만 러스트는 3줄이다. 러스트는 반드시 main 함수를 만들어야 한다. 이 main 함수는 '엔트리 포인트(Entry point)'라고 하며, 프로그램을 실행하면 가장 처음 실행된다.

## 프로그램 실행 방법의 차이

프로그램을 실행해보자. 커맨드라인 창(윈도우는 PowerShell, macOS와 리눅스는 터미널)을 열어 다음 명령을 실행한다.

```
$ python hello.py
Hello, World!
```

한편 러스트는 컴파일을 해야 하므로 먼저 컴파일을 수행한 뒤, 생성된 실행 파일을 실행한다.

```
# 컴파일
$ rustc hello.rs

# 실행
$ ./hello
Hello, World!
```

파이썬과 러스트 둘 다 문제없이 실행됐을 것이다. 다음 화면은 터미널에서 프로그램을 연속해서 실행한 결과다.

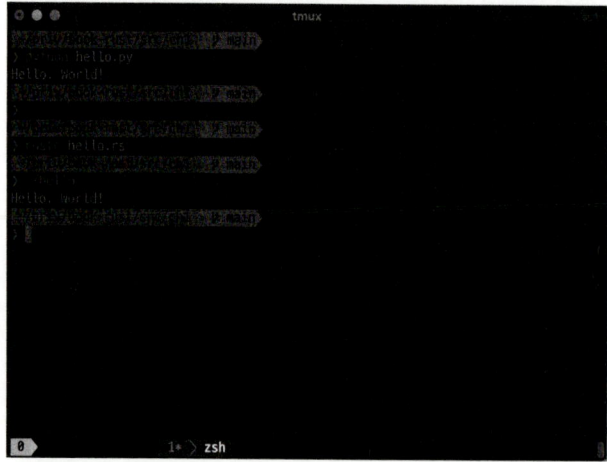

그림 1.21 파이썬 및 러스트 프로그램을 실행한 결과

## 화면 출력을 위해 println! 매크로를 사용

소스 코드를 확인해보자. 러스트에서 화면에 문자열을 출력하기 위해서는 `println!`을 사용한다. `println!("Hello")`라고 쓰면 표준 출력으로 'Hello'라는 문자열이 출력된다.

[서식] 러스트 표준 출력
```
println!("출력할 내용");
```

여기서 println 뒤에 '!'가 붙는다. '!'가 붙는 것은 일반 함수가 아니라 매크로(Macro)로 정의된 것이다. 뒤에서도 설명하겠지만 'vec!'이나 'bind!'같이 뒤에 '!'가 붙는 것은 모두 러스트 매크로를 나타낸다.

'매크로'는 다른 언어에서 '전처리(Preprocess)'라고 하는 기능을 하며, 프로그램을 컴파일할 때 소스 코드의 일부를 대체한다. 복잡하게 구현해야 할 때 매크로를 사용하면 간결한 코드를 작성할 수 있다.

단순히 문자열을 표시하는 데 매크로를 쓰는 이유는 러스트는 엄격한 정적 타입 언어라는 특성과 소유권 시스템이라는 특이한 시스템 때문이다. 즉 매크로를 이용하면 데이터 타입을 손쉽게 화면에 출력할 수 있다.

만약 매크로를 사용하지 않는다면 화면에 어떤 값을 표시하기 위해 방대한 코드를 작성해야 한다. 뒤에서도 소개하겠지만 `println!` 매크로는 기능이 상당히 많다. 변수를 대입하거나 포맷을 변경하는 등 다양한 기능을 가지고 있다. 6장에서 매크로를 자세히 소개하겠지만, 여기서는 '러스트의 매크로는 프로그램을 스마트하게 바꿔준다'고 기억해두자.

## 변숫값을 문자열에 포함시켜 표시하기

다음은 단순히 문자열을 화면에 표시하는 게 아니라 문자열에 변수를 대입해 표시하는 방법을 알아본다. 파이썬에서는 다음과 같이 코드를 작성할 것이다.

[코드] file: src/ch1/show_price.py
```python
# 파이썬에서 숫자를 문자열에 대입해 표시
banana = 300
print("바나나 가격={}원".format(banana))
```

프로그램을 실행해보면 문자열 안에 banana 변수에 지정한 숫자 값이 표시된다.

```
$ python show_price.py
바나나 가격=300원
```

파이썬에서 문자열 안에 변수를 대입하려면 '"문자열".format(변수)'와 같이 작성한다.

이어서 러스트 소스 코드를 확인해본다.

**[코드]** file: src/ch1/show_price.rs

```rust
// 러스트에서 변수를 문자열에 대입해 표시
fn main() {
    let banana = 300;
    println!("바나나 가격={}원", banana);
}
```

프로그램을 컴파일하고 실행해본다.

```
$ rustc show_price.rs
$ ./show_price
바나나 가격=300원
```

러스트에서 문자열에 변수를 대입하기 위해서는 println! 매크로를 이용한다. println! 매크로의 첫 번째 인수로는 문자열로 서식을 지정하고 두 번째 인수부터 변수를 지정한다. 이렇게 하면 '{}' 부분의 값이 변수로 치환돼 표시된다. 파이썬도 format 안의 변수가 '{}' 부분과 치환되므로 사용 방법은 거의 같다.

**[서식]** 러스트에서 어떤 값을 대입해 표시
```
println!("...문자열...{}...", 값);
```

이 프로그램에서는 간단하지만 변수도 정의했다. 이후 자세하게 설명하겠지만 'let 변수명=값' 형태로 변수를 지정한다. 러스트에서는 **값을 변수에 바인딩**한다고도 표현한다.

## 사칙 연산 해보기

간단한 계산을 해본다. 다음 문제를 어떻게 풀어야 할지 생각해보자.

> 【문제】
> 지구에서 달까지의 거리는 384,400km다. 지구에서 달까지 80km/h 속도의 자동차와 300km/h 속도의 KTX로 간다면 각 이동 수단은 며칠이 걸리는지 계산하시오.

파이썬으로 위 문제는 다음과 같이 풀 수 있다.

【코드】 file: src/ch1/moon.py

```python
moon = 384400
car = 80
btrain = 300
print("달까지 자동차로 {}일".format(moon / car / 24))
print("달까지 KTX로 {}일".format(moon / btrain / 24))
```

실행하면 다음과 같은 결과가 나온다.

```
$ python moon.py
달까지 자동차로 200.20833333333334일
달까지 KTX로 53.388888888888886일
```

계속해서 러스트로 같은 문제를 풀어보자.

【코드】 file: src/ch1/moon.rs

```rust
fn main() {
    let moon = 384400.0;
    let car = 80.0;
    let btrain = 300.0;
    println!("달까지 자동차로 {}일", moon / car / 24.0);
    println!("달까지 KTX로 {}일", moon / btrain / 24.0);
}
```

프로그램을 컴파일하고 실행해본다.

```
$ rustc moon.rs
$ ./moon
달까지 자동차로 200.20833333333334일
달까지 KTX로 53.388888888888886일
```

소스 코드를 살펴보자. 파이썬과는 달리 러스트는 실수를 표시하기 위해 '.0'을 붙였다. **러스트는 타입을 엄격하게 체크하는 언어**로, 80은 정수로, 80.0은 실수로 인식한다. 실수라는 것을 명시하지 않으면 정수로 반환돼 각 값은 200일과 53일만 표시된다.

문제에서는 며칠이 걸리는지를 물어봤으므로 소숫점 이하는 표시하지 않아도 상관없겠지만, 파이썬과 동일하게 실수 결과를 출력하기 위해 각 변수를 실수로 선언했다.

이 섹션에서는 간단하고 짧은 프로그램을 소개했다. 다음 섹션부터는 조금 더 긴 프로그램을 다뤄본다.

### 정리

- 러스트는 프로그램을 시작하면 main 함수가 시작된다.
- 화면에 문자열을 표시하기 위해서는 println!을 사용한다.
- println!은 매크로로 정의돼 있다.
- 러스트에서 실수 계산을 하려면 소숫점 이하의 값까지 써야 한다.

Chapter 1 | 파이썬에서 러스트로 이동하기 위한 기본 준비

Section 05

# 러스트와 파이썬으로 FizzBuzz 문제 풀기

프로그래밍하는 사람이라면 한 번쯤 들어봤을 FizzBuzz 문제를 통해 러스트를 좀 더 깊이 알아본다. 파이썬과 비교해가며 러스트의 특징을 익힌다. 파이썬과 비교해 어려워 보이지만 실제로 파이썬보다 많이 어렵지 않다는 것을 알 수 있을 것이다.

**여기서 배우는 것**

- FizzBuzz 문제
- for 문
- if 문

## 러스트와 조금 더 친해지기

앞 섹션에서는 간단한 화면 출력 방법을 소개했다. 이번에는 조금 긴 프로그램을 만들어 러스트에 조금 더 익숙해지도록 한다. 파이썬과 러스트로 동일한 프로그램을 만들어보고 각 언어의 본질을 알아보자. 러스트는 비교적 첫 진입 장벽이 높지만 간단한 프로그램을 실제로 만들어보고 파이썬과 비교해 보면 그렇게 큰 차이는 없다는 것을 느낄 수 있다.

자세한 문법은 뒤에서 소개하니 먼저 가볍게 소스 코드와 설명을 읽어보자.

### FizzBuzz 문제란

영미권에서 장거리 여행을 가거나 회식 때 하는 놀이 중 하나인 FizzBuzz는 프로그래밍 세계에서도 꽤 유명하다. 3의 배수일 때 Fizz, 5의 배수일 때 Buzz, 3과 5의 공배수일 때 FizzBuzz를 출력하게끔 구현해야 하는 FizzBuzz 문제는 실제로 기업에서 프로그래머를 뽑을 때 종종 출제되는 문제다. 이 문제를 해결할 수 있느냐 없느냐에 따라 입사 지원자가 실제로 프로그래밍이 되는 사람인지를 판단할 수 있기 때문이다.

이제부터 프로그래머 채용 시험을 친다는 마음으로 문제를 살펴보자.

**【문제】**

1에서 100까지의 수를 순서대로 출력하는 프로그램을 작성하시오. 단 3의 배수일 때는 숫자 대신 'Fizz'를, 5의 배수일 때는 'Buzz'를 출력하시오. 3과 5의 공배수일 때는 'FizzBuzz'를 출력하시오.

프로그램 출력 결과는 다음과 같아야 한다.

| | | | | |
|---|---|---|---|---|
| 1 | Fizz | 41 | 61 | Fizz |
| 2 | 22 | Fizz | 62 | 82 |
| Fizz | 23 | 43 | Fizz | 83 |
| 4 | Fizz | 44 | 64 | Fizz |
| Buzz | Buzz | FizzBuzz | Buzz | Buzz |
| Fizz | 26 | 46 | Fizz | 86 |
| 7 | Fizz | 47 | 67 | Fizz |
| 8 | 28 | Fizz | 68 | 88 |
| Fizz | 29 | 49 | Fizz | 89 |
| Buzz | FizzBuzz | Buzz | Buzz | FizzBuzz |
| 11 | 31 | Fizz | 71 | 91 |
| Fizz | 32 | 52 | Fizz | 92 |
| 13 | Fizz | 53 | 73 | Fizz |
| 14 | 34 | Fizz | 74 | 94 |
| FizzBuzz | Buzz | Buzz | FizzBuzz | Buzz |
| 16 | Fizz | 56 | 76 | Fizz |
| 17 | 37 | Fizz | 77 | 97 |
| Fizz | 38 | 58 | Fizz | 98 |
| 19 | Fizz | 59 | 79 | Fizz |
| Buzz | Buzz | FizzBuzz | Buzz | Buzz |

그림 1.22 FizzBuzz 정답

## 파이썬으로 FizzBuzz 문제 풀기

먼저 파이썬으로 FizzBuzz 문제를 풀어보자. 특별히 기교를 부리지 않고 프로그램을 만든다면 소스 코드는 다음과 같을 것이다.

【코드】 file: src/ch1/fizzbuzz.py

```python
# 파이썬으로 FizzBuzz 문제 풀기
# 1에서 100까지 반복 ── (※1)
for i in range(1, 101):
    # 조건과 일치하는지 확인 ── (※2)
    if i % 3 == 0 and i % 5 == 0:
        print("FizzBuzz")
    elif i % 3 == 0:
        print("Fizz")
    elif i % 5 == 0:
        print("Buzz")
    else:
        print(i)
```

소스 코드를 살펴보자. 1부터 100까지의 숫자를 이용하므로 (※1) 부분에 for 문을 이용했다. 그리고 for 문을 반복해 실행하는 도중에 변수 i의 값을 확인한다. (※2) 이후의 부분에서는 if 문을 사용해 3개의 조건을 연속으로 확인한다. 각기 3과 5의 공배수인지, 3의 배수인지, 5의 배수인지를 판단한다. 배수인지 확인하기 위해 % 연산자를 이용해 나눈 후의 값이 0인지 확인한다.

프로그램을 실행해보자.

```
$ python fizzbuzz.py
```

실행하면 다음과 같이 문제의 정답이 표시된다.

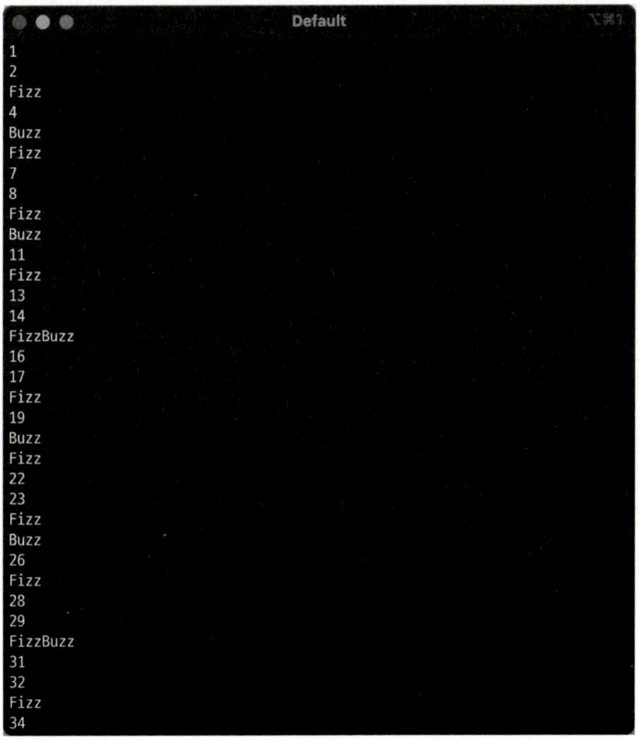

```
1
2
Fizz
4
Buzz
Fizz
7
8
Fizz
Buzz
11
Fizz
13
14
FizzBuzz
16
17
Fizz
19
Buzz
Fizz
22
23
Fizz
Buzz
26
Fizz
28
29
FizzBuzz
31
32
Fizz
34
```

그림 1.23 FizzBuzz 프로그램 실행 결과

## 러스트로 FizzBuzz 문제 풀기

파이썬 예에서 볼 수 있듯이 FizzBuzz 문제를 풀기 위해서는 반복문(for)과 조건 분기문(if~else)이 필요하다. 그래서 기초 프로그래밍 능력을 확인하기에 좋은 문제다. 그러면 러스트에서도 문제를 풀어보자.

【코드】 file: src/ch1/fizzbuzz.rs

```rust
// 러스트로 FizzBuzz 문제 풀기
fn main() {
    // 1에서 100까지 반복 ── (※1)
    for i in 1..101 {
        // 조건과 일치하는지 확인 ── (※2)
        if i % 3 == 0 && i % 5 == 0 {
            println!("FizzBuzz");
        } else if i % 3 == 0 {
            println!("Fizz");
        } else if i % 5 == 0 {
            println!("Buzz");
        } else {
            println!("{}", i);
        }
    }
}
```

소스 코드 자체는 파이썬과 크게 다르지 않다는 것을 알 수 있다. 컴파일 후 프로그램을 실행해보자.

```
$ rustc fizzbuzz.rs
$ ./fizzbuzz
```

(※1) 부분에 for 문을 이용해 변수 i를 1부터 100까지 증가시킨다. (※2) 이후의 부분에서는 if 문을 사용해 3개의 조건을 연속으로 확인한다. 각기 3과 5의 공배수인지, 3의 배수인지, 5의 배수인지를 판단한다. 배수인지 확인하기 위해 % 연산자를 이용해 나눈 후의 값이 0인지 확인한다.

이렇게 파이썬과 러스트 각 언어로 프로그램을 만들어보면 몇 가지 러스트의 특징을 알 수 있다. 하나씩 확인해보자.

## 러스트는 main 함수로부터 시작

파이썬과 러스트의 소스 코드를 비교했을 때 가장 먼저 눈에 띄는 것은 `main` 함수의 존재일 것이다. 이전 섹션에서도 잠시 설명했지만 러스트에는 반드시 `main` 함수가 있어야 한다.

파이썬은 순차적으로 실행되지만 러스트는 위치에 상관없이 `main` 함수가 가장 먼저 실행된다. 함수를 정의하는 예약어는 'fn'이다.

```
[서식] main 함수(그 외 모든 함수) 만들기
fn main() {
    // 이 안에 코드 작성
}
```

## 주석 처리

파이썬에서는 '#'가 한 줄을 주석 처리하는 기호이고 러스트에서는 '//'가 한 줄을 주석 처리하는 기호다. '//' 이후는 주석이므로 프로그램에서 무시된다. 러스트는 C/C++와 동일하게 '/* … */'을 이용해 여러 줄을 주석 처리할 수도 있다.

```
[서식] 주석 처리
// 한 줄 주석
/*
여러 줄 주석
*/
```

## 문장의 끝에 세미콜론(;)이 필요

파이썬에서는 한 줄의 끝에 별다른 구분 기호를 넣지 않아도 됐으나 러스트에서는 반드시 세미콜론을 붙여야 한다.

```
// 문장의 끝에 세미콜론이 필요
println!("지식은 무기보다 가치가 있다") ;
```

하지만 모든 곳에 세미콜론을 붙이는 것은 아니다. 구조체(struct)나 `if` 문 블록에서 값을 반환해야 할 때, 함수에서 **값을 반환해야 할 때는 해당 문장 끝에 세미콜론을 붙이지 않아야 한다**. 이 부분도 뒤에서 자세히 다룬다. 세미콜론을 붙이지 않는 특별한 경우도 있지만 대부분의 경우 세미콜론을 붙여야 한다고 기억해두기 바란다.

## 반복문인 for 문은 거의 동일

특정 범위를 순서대로 반복하는 경우 파이썬에서는 'for 변수 in range(시작값, 종료값+1)'로 지정한다. 러스트의 경우 'for 변수 in 시작값 .. 종료값+1'로 지정한다.

```
[서식] 지정 범위를 반복하는 for 문
for 변수 in 시작값 .. 종료값+1 {
    // 반복할 처리
}
```

약간 차이는 있으나 러스트와 파이썬의 반복문은 거의 같다는 것을 알 수 있다.

## 분기문인 if 문도 거의 동일

파이썬과 러스트 모두 if 문이 있으며 2개 이상의 조건을 확인할 수 있다. 파이썬은 들여쓰기(indent)로 블록을 표시하지만 러스트는 중괄호({})를 이용해 블록을 표시한다. 표현 방법 이외의 차이는 없다.

```
[서식] if 문
if 조건 {
    // 조건이 참일 때의 처리
} else {
    // 조건이 거짓일 때의 처리
}
```

FizzBuzz에서 이용한 것과 같이 조건이 2개를 초과할 때의 작성 방법은 다음과 같다.

```
[서식] 조건이 3개 이상일 때의 if 문
if 조건 1 {
    // 조건 1이 참일 때의 처리
} else if 조건 2 {
    // 조건 2가 참일 때의 처리
} else {
    // 조건 1과 조건 2가 모두 거짓일 경우의 처리
}
```

다중 조건을 처리할 때 파이썬에서는 elif를 사용하지만 러스트는 else if를 사용한다는 사소한 차이가 있다.

### 조건을 괄호로 감쌀 경우 경고

C/C++ 언어나 Java의 경우 if 문을 쓸 때 반드시 조건문을 괄호(())로 감싸야 하지만 러스트에서는 괄호로 감싸면 경고가 표시된다. 가령 다음과 같은 코드를 컴파일하면 컴파일은 완료되지만 중간에 경고가 표시된다.

```rust
fn main() {
    let a = 5;
    if (a == 5) {
        println!("good");
    }
}
```

컴파일이 되고, 실행도 되니 문제없다고 생각할 수 있지만, 경고를 무시하는 것은 프로그래머로서 좋은 습관은 아니다. 러스트의 문법에 익숙해져 경고가 발생하지 않게 코드를 작성하는 것이 바람직하다.

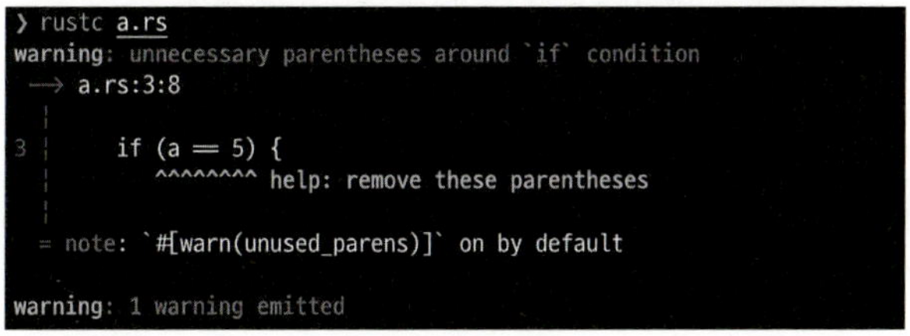

```
> rustc a.rs
warning: unnecessary parentheses around `if` condition
  → a.rs:3:8
  |
3 |     if (a == 5) {
  |        ^^^^^^^^ help: remove these parentheses
  |
  = note: `#[warn(unused_parens)]` on by default

warning: 1 warning emitted
```

그림 1.24 불필요한 괄호로 발생하는 경고

### 화면에 값을 표시하기 위해 사용하는 println!

작은 차이지만 화면에 변수 i의 값을 표시할 때 파이썬은 'print(i)'로 바로 쓰지만 러스트에서는 'println!("{}", i)'와 같이 작성한다. 이는 러스트의 println! 매크로는 첫 번째 인수로 문자열을 지정해야 하기 때문이다. 이전 섹션에서도 설명한 것처럼 println! 매크로는 파이썬의 format 메서드와 비슷하게 작동한다. 따라서 println! 매크로의 첫 번째 인수로는 문자열로 서식을 지정하고 두 번째 인수부터 값을 지정한다.

## for 문과 if 문을 이용해 3의 배수와 3이 들어간 숫자를 A로 표시하기

FizzBuzz 문제 풀이 프로그램을 만들며 기본적인 반복문, 조건 분기문, 화면 출력에 대해 익혔다. 이를 응용해 다음 문제를 풀어보자.

[문제]
1에서 50까지의 수를 순서대로 화면에 출력한다. 단 3의 배수와 3이 포함된 숫자가 올 때는 원래 숫자 대신 'A'를 화면에 출력한다.
현재 문자열을 다루는 법은 다루지 않았으므로 숫자 계산을 이용해 풀어보자.

[포인트]
FizzBuzz 문제에서 사용한 for 문과 if 문을 조합한다. 50 이하의 수에서 'A'를 표시할 조건을 확인해보자. 우선 '3의 배수'라는 것은 3으로 나눈 뒤 나머지가 0이 되는 숫자다. 그리고 '3이 붙은 숫자'라는 것은 30에서 39까지의 수와 13, 23, 43과 같이 10으로 나눈 뒤 나머지가 3인 수다. 이 조건을 고려해 프로그램을 만들어보자.

다음과 같이 풀 수 있을 것이다.

[코드] file: src/ch1/check3.rs

```rust
fn main() {
    for i in 1..51 {
        if i % 3 == 0 || i % 10 == 3 {
            println!("A");
            continue;
        }
        if i >= 30 && i <= 39 {
            println!("A");
            continue;
        }
        println!("{}", i);
    }
}
```

여기서는 continue를 이용해 for 문을 계속해 실행하는 방법을 썼다. FizzBuzz와 같이 if … else if …를 사용해도 문제없지만, 이런 방법을 이용할 수도 있다.

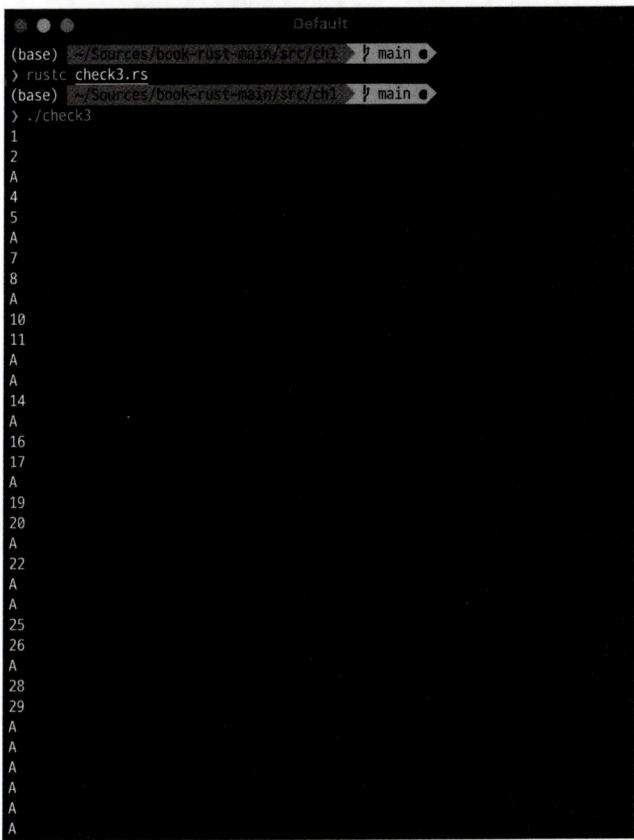

그림 1.25 3의 배수와 30이 포함된 숫자를 A로 변경하는 프로그램

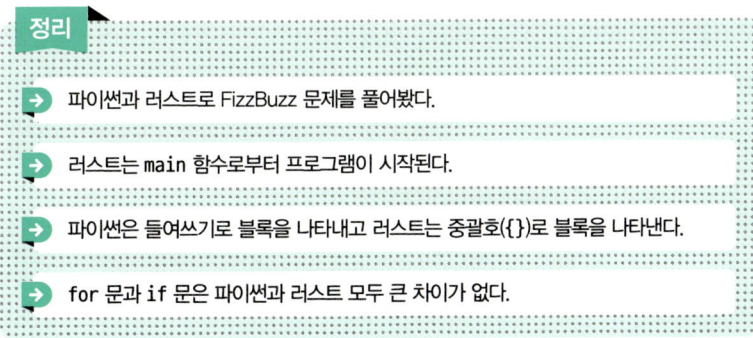

Chapter 1 | 파이썬에서 러스트로 이동하기 위한 기본 준비

Section 06

# 러스트와 파이썬으로 구구단 만들기

이번 섹션에서는 구구단 표를 만들어보자. 여기서 중요한 것은 반복문을 중첩해 이용하는 것과 문자열을 서식으로 지정해 출력하는 것이다.

**여기서 배우는 것**
- 중첩 반복문
- 문자열에 서식 지정
- 구구단 풀이

## 구구단 구성

이번에 만들어볼 구구단 표는 다음과 같다. 이렇게 CSV 형식으로 출력되도록 프로그램을 만들어보자.

**[코드]** file: src/ch1/gugu.csv

```
1,  2,  3,  4,  5,  6,  7,  8,  9,
2,  4,  6,  8, 10, 12, 14, 16, 18,
3,  6,  9, 12, 15, 18, 21, 24, 27,
4,  8, 12, 16, 20, 24, 28, 32, 36,
5, 10, 15, 20, 25, 30, 35, 40, 45,
6, 12, 18, 24, 30, 36, 42, 48, 54,
7, 14, 21, 28, 35, 42, 49, 56, 63,
8, 16, 24, 32, 40, 48, 56, 64, 72,
9, 18, 27, 36, 45, 54, 63, 72, 81,
```

이 표를 엑셀이나 Numbers 등의 스프레드시트 프로그램으로 열면 다음과 같이 표시된다.

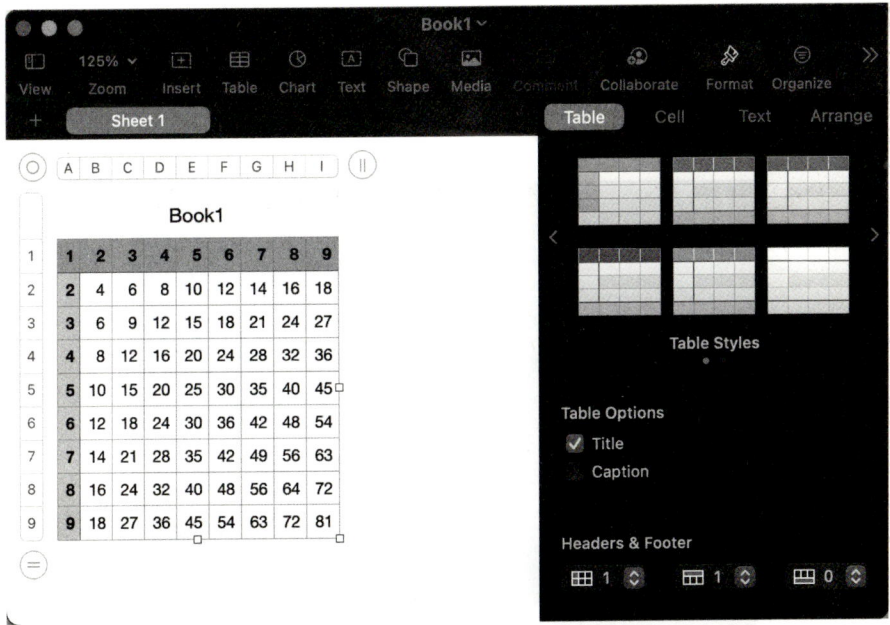

그림 1.26 Numbers로 표를 열었을 때

## 파이썬으로 구구단 만들기

많은 프로그래밍 입문서에 단골 소재로 등장하는 구구단은 그만큼 많은 풀이 방법이 있다. 가장 많이 쓰이는 방식이라면 다음과 같을 것이다.

【코드】 file: src/ch1/gugu.py

```python
# 파이썬으로 구구단 만들기
for y in range(1, 10):
    for x in range(1, 10):
        print("{:3},".format(y * x), end="")
    print("")
```

파이썬의 `print` 문은 별다른 옵션을 지정하지 않으면 출력 후 줄을 바꾼다. 한 글자마다 줄이 바뀌면 표 형태로는 만들 수 없으므로 개행을 막기 위해 end=""를 인수로 지정한다. 그리고 행(`for x in … ` 부분) 출력 후 `print` 문을 넣어 명시적으로 행을 변경한다. 문자열의 `format` 메서드에 "{:3}"을 지정하면 출력될 문자의 길이는 3자리가 된다. 이렇게 하면 간격을 일정하게 만들 수 있다.

그리고 줄 바꿈 제어를 위해서지만, print 문을 두 번 쓰는 부분도 좋은 방법은 아니다.

이 두 가지 문제점을 고쳐보자. 파이썬은 다음과 같이 고칠 수 있다.

【코드】 file: src/ch1/gugu2.py

```python
# 파이썬으로 구구단 만들기(맨 끝의 쉼표 삭제)
for y in range(1, 10):
    a = ["{:3}".format(x * y) for x in range(1, 10)]
    print(",".join(a))
```

위 소스 코드에서는 리스트 내포(List comprehension) 표기를 이용한다. 우선 구구단의 한 행을 리스트로 생성한다. 그리고 join 메서드를 이용해 쉼표를 붙인 뒤 출력하는 것이다. join 메서드는 지정한 문자열(여기서는 ",")을 각 요소 사이에 넣어 하나의 문자열로 만드는 것이다.

러스트도 동일하게 수정해보자.

【코드】 file: src/ch1/gugu2.rs

```rust
fn main() {
    for y in 1..10 {
        let s = (1..10)
                .map(|x| format!("{:3}", x * y))
                .collect::<Vec<String>>().join(",");
        println!("{}", s);
    }
}
```

러스트에서는 조금 복잡하지만 매크로를 사용해 파이썬의 리스트 내포 표기와 같은 표현이 가능하다. map을 이용해 문자열 벡터를 생성한 뒤 join 메서드를 이용해 합치는 방식을 이용했다.

벡터와 러스트의 변수 타입과 클로저(Closure)는 뒤에서 자세하게 설명한다. 여기서는 이런 게 있다는 정도로만 기억해두자.

## 서력을 조선 연호로 변환

이번에도 for 문과 if 문을 이용한 문제다.

【문제】
태조 원년(1392년)부터 세종 32년(1450년)까지의 연호를 서력과 함께 나타낸다.

태조는 1392년부터, 정종은 1399년부터, 태종은 1401년부터, 세종은 1419년부터 시작한다. 연호의 1년째는 '원년'으로 표시한다.

【포인트】
for 문으로 1392~1450년을 표시하고, if 문을 이용해 연호를 판정하면 간단하다.

다음은 이 문제의 정답이다.

【코드】 file: src/ch1/era_name.rs

```rust
fn main() {
    for y in 1392..1451 {
        // 서력을 출력(행을 바꾸지 않음)
        print!("서력 {} 년 = ", y);
        // 대응하는 조선 연호를 출력 후 행을 바꿈
        if y >= 1419 {
            if y == 1419 { println!("세종 원년"); }
            else { println!("세종 {} 년", y-1419+1); }
        } else if y >= 1401 {
            if y == 1401 { println!("태종 원년"); }
            else { println!("태종 {} 년", y-1401+1); }
        } else if y >= 1399 {
            if y == 1399 { println!("정종 원년"); }
            else { println!("정종 {} 년", y-1399+1); }
        } else if y >= 1392 {
            if y == 1392 { println!("태조 원년"); }
            else { println!("태조 {} 년", y-1392+1); }
        }
    }
}
```

프로그램을 실행해보면 서력과 연호의 대응표가 출력된다.

```
$ rustc era_name.rs
$ ./era_name
서력 1392 년 = 태조 원년
서력 1393 년 = 태조 2 년
서력 1394 년 = 태조 3 년

(생략)

서력 1399 년 = 정종 원년
서력 1400 년 = 정종 2 년
서력 1401 년 = 태종 원년
서력 1402 년 = 태종 2 년
서력 1403 년 = 태종 3 년

(생략)

서력 1418 년 = 태종 18 년
서력 1419 년 = 세종 원년
서력 1420 년 = 세종 2 년

(생략)

서력 1450 년 = 세종 32 년
```

줄 바꿈을 하지 않는 'print!' 매크로와 줄 바꿈을 하는 'println!' 매크로, for 문과 if 문을 이용해 비교적 간단히 만들 수 있었다.

### 정리

- 구구단을 CSV 형식으로 출력하는 프로그램을 만들었다.
- for 문 사용 방법을 확인했다.
- 중첩 for 문을 이용했다.
- 파이썬의 format 메서드와 러스트의 print! 매크로는 비슷하게 사용할 수 있다.

Chapter 1 | 파이썬에서 러스트로 이동하기 위한 기본 준비

# 변수 정의와 피보나치 수열

학창시절 수열을 배울 때 잠시 나오는 피보나치 수열은 프로그래밍을 처음 배울 때도 단골로 등장하는 알고리즘이다. 섹션 5에서 다룬 FizzBuzz 문제와 같이 러스트의 기초를 다지기에 좋은 문제다.

**여기서 배우는 것**
- 피보나치 수열
- 변수 선언
- 불변 변수
- 가변 변수

## 피보나치 수열이란

피보나치 수열은 n번째 수가 n-1번째 수와 n-2번째 수를 더한 값으로 이루어지는 수열이다. 즉, 1, 2, 3, 5, 8, 13, 21과 같이 앞의 두 수를 더한 값이 자신의 값이 되는 수가 되는 숫자를 나열한 것이다.

피보나치 수열은 이과에서 자주 다루는 수열이다. 예를 들어 자연에서 꽃씨의 배열이나 나뭇가지의 갈라짐을 설명하기 위해 등장하고, 실제 생물의 번식을 설명하는 데에도 쓰인다.

## 파이썬으로 피보나치 수열 구하기

우선 파이썬을 이용해 피보나치 수열을 구해보자.

**[코드]** file: src/ch1/fib.py

```python
# 피보나치 수열 구하기
a = 1
b = 1
print(a)
print(b)
for _ in range(30):
    print(a + b)
    tmp = a
    a = b
    b = tmp + b
```

프로그램을 실행해본다.

```
$ python fib.py
```

프로그램을 실행하면 다음과 같이 수열이 표시된다. 결과는 피보나치 수열의 정의와 같이 n번째 숫자는 n-1번째 숫자와 n-2번째 숫자의 합이 된다.

그림 1.29 파이썬으로 구한 피보나치 수열

현재의 값을 나타내는 a와 다음 값을 나타내는 b를 이용하고 순서대로 값을 변경하고 대입하며 피보나치 수열을 만들었다. 생각보다 어렵지 않았을 것이다.

## 러스트로 피보나치 수열 구하기

다음은 러스트를 이용한 구현이다.

【코드】 file: src/ch1/fib.rs

```
# 피보나치 수열 구하기
fn main() {
```

```rust
    let mut a = 1;
    let mut b = 1;
    println!("{}", a);
    println!("{}", b);
    for _ in 0..30 {
        println!("{}", a+b);
        let tmp = a;
        a = b;
        b = tmp + b;
    }
}
```

프로그램을 실행해본다.

```
$ rustc fib.rs
$ ./fib
```

파이썬과 동일하게 피보나치 수열이 표시된다.

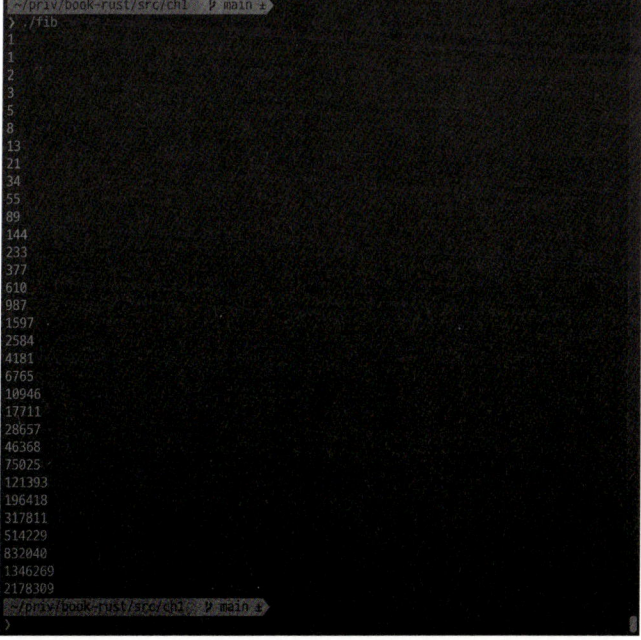

그림 1.30 러스트로 구한 피보나치 수열

두 언어의 소스 코드를 비교해보면 역시 큰 차이는 없다. 언어적인 문법 차이인 **main**의 유무, 블록 표현 등만 차이가 보일 것이다. 하지만 깊게 살펴보면 차이가 있다. 어떤 차이가 있는지 살펴보자.

### 러스트에서 변수를 정의하는 방법

러스트 소스 코드를 한 줄씩 확인해보자. 먼저 변수 선언 부분이다. 파이썬에서는 '변수 이름 = 값'과 같은 형태로 새로운 변수를 선언하고 값을 대입할 수 있다. 러스트에서는 다음과 같이 변수를 선언한다.

```
[서식] 변수 선언 및 값 대입
let 변수명 = 값;
```

변수 이름으로 dog와 cat을 선언하고 각 변수에 값을 대입해 출력하는 프로그램이라면 다음과 같이 작성한다.

[코드] file: src/ch1/let_test.rs

```rust
fn main() {
    let dog = 100;
    let cat = 200;
    println!("dog is {}, cat is {}", dog, cat);
}
```

프로그램을 실행하면 다음과 같이 변수에 대입된 값이 표시된다.

```
dog is 100, cat is 200
```

### 러스트의 변수는 불변

러스트 공식 문서를 보면 러스트에서 변수는 기본적으로 불변이라는 설명이 있다[4]. 이는 소유권과 관련이 있는데, 값에 이름을 붙여서 그 이름을 통해 값을 참조하는 것이다. 파이썬과 마찬가지로 변수에 값을 대입하는 것까지는 동일하지만 러스트의 변수는 값을 변경할 수 없다.

확인을 위해 다음 소스 코드를 컴파일해보자. a라는 변수에 100을 대입하고, a에 1을 더해 출력하는 단순한 프로그램이다. 물론 파이썬에서 이런 방식의 코드는 아무 문제가 없다.

---

[4] https://rinthel.github.io/rust-lang-book-ko/ch02-00-guessing-game-tutorial.html

【코드】 file: src/ch1/let_error.rs

```rust
// 에러 발생
fn main() {
    let a = 100;
    a = a + 1;
    println!("a is {}", a);
}
```

컴파일을 시도하면 다음과 같이 에러가 발생한다.

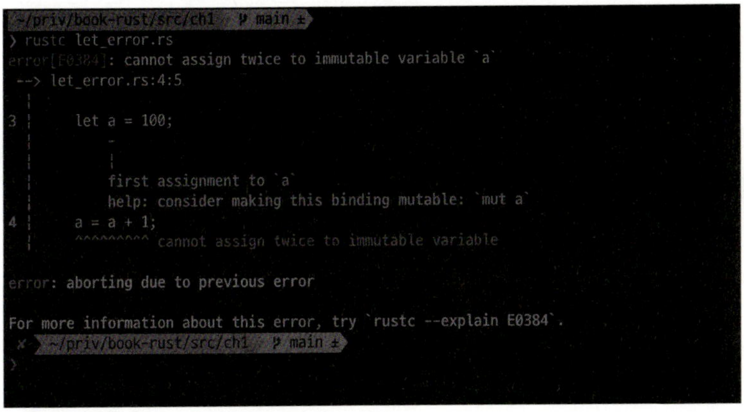

```
~/priv/book-rust/src/ch1    main ±
> rustc let_error.rs
error[E0384]: cannot assign twice to immutable variable `a`
 --> let_error.rs:4:5
  |
3 |     let a = 100;
  |         -
  |         |
  |         first assignment to `a`
  |         help: consider making this binding mutable: `mut a`
4 |     a = a + 1;
  |     ^^^^^^^^^ cannot assign twice to immutable variable

error: aborting due to previous error

For more information about this error, try `rustc --explain E0384`.
x ~/priv/book-rust/src/ch1    main ±
```

그림 1.31 불변 변수에 값을 다시 할당해서 발생하는 컴파일 에러 메시지

러스트 프로그래밍을 하다 보면 컴파일을 할 때 자주 에러 메시지를 접하게 된다. 러스트 컴파일러는 매우 엄격하게 프로그램의 문제를 확인하고 에러 또는 경고를 내보낸다. 그리고 이런 에러나 경고 메시지에는 해당 문제를 어떻게 해결해야 할지에 대한 중요한 정보가 포함돼 있으므로 에러 메시지가 표시되면 주의 깊게 살펴봐야 한다.

위 예제의 에러 메시지를 자세히 읽어보자. 'error[에러코드]' 뒤에 에러가 발생한 이유를 설명하고 있다. 그리고 실제로 몇 번째 줄의 어느 부분에 에러가 발생했는지 확인이 가능하다.

여기서 발생한 에러는 "cannot assign twice to immutable variable a(불변 변수 a에 값을 두 번 할당할 수 없음)"다. 실제로 'let 변수 이름 = 값'으로 선언한 변수는 기본적으로 불변성(immutable)을 띤다.

> **메모**
> 어려운 영어는 아니지만, 영어에 자신이 없다면 구글 번역기를 사용하는 것도 좋은 방법이다. 번역기가 아니더라도 구글에서 해당 에러 메시지를 검색하면 에러 해결에 도움이 될 결과가 많이 나온다.

## 가변 변수 정의

러스트에서는 파이썬과 같이 마음대로 변숫값을 변경할 수 없다. 값 변경이 가능한 '가변 변수'를 정의하려면 다음과 같이 선언해야 한다.

> [서식] 가변 변수 선언 및 값 대입
> let mut 변수명 = 값;

변수 이름 앞에 변경이 가능(mutable)하다는 의미로 'mut'을 붙여 가변 변수를 선언할 수 있다.

일반적인 프로그래밍 언어에서는 값을 변경할 수 없는 변수를 '상수'라고 하고, 변경 가능한 것을 '변수'라고 한다. 하지만 러스트에서는 일반적인 프로그램의 변수처럼 사용하기 위한 변수는 명시적으로 mut를 붙여야 하며, 기본 변수는 불변성을 가진다.

앞에서 에러가 발생했던 소스 코드는 다음과 같이 수정하면 에러가 발생하지 않고 컴파일된다.

【코드】 file: src/ch1/let_ok.rs

```rust
// 에러를 수정한 코드
fn main() {
    let mut a = 100; // 가변 변수 a를 정의
    a = a + 1; // 가변 변수이므로 값 변경이 가능
    println!("a is {}", a);
}
```

## 변수가 불변일 때의 장점

파이썬이나 다른 언어에 익숙하다면 가변 변수 선언을 위해 'mut' 키워드를 명시적으로 붙여야 한다는 것이 이상해 보일 수 있다. 원래 '변수'라는 말은 값이 변한다는 것을 의미하는데, 러스트에서의 변수는 변하는 값이 아니라 어떤 값을 가리키는 이름이다.

다른 언어로 만들어진 많은 프로그램의 버그를 분석해 보면, **개발자의 실수 등으로 변수의 값이 변경**된다면 이것이 버그로 이어지는 경우가 많다.

가령 어느 프로그램에서 상품의 할인율을 0.7로 지정하고, 할인율 0.7을 전제로 나머지 부분을 구현했을 때 이 할인율이 도중에 변경된다면 계산 결과가 제대로 나오지 않는다. 이런 경우 할인율을 상수로 선

언하면 도중에 값이 바뀌지 않으므로 계산과 관련된 버그가 생기지 않는다. 러스트에서라면 불변 변수의 값 변경을 시도하기 때문에 컴파일을 할 때 에러가 발생해 문제가 되는 부분을 바로 찾을 수 있다.

즉, 불변 변수를 기본으로 프로그램을 만들면 의도하지 않은 변숫값 변경으로 발생하는 버그를 줄일 수 있어 좀 더 안전한 프로그램을 만들 수 있다. 실제로 프로그램 안에서 변수의 값을 바꿔야 하는 경우는 많지 않다. 따라서 러스트는 발상을 전환해 **기본적으로 변수의 값을 변하지 않게** 하고 꼭 필요한 것만 mut 키워드를 이용해 가변으로 선언하게끔 하고 있다.

## 피보나치 수열의 소스 코드 다시 보기

러스트로 구현한 피보나치 수열 소스 코드를 다시 한번 살펴보자. 값이 변경돼야 하는 변수 a와 b는 가변 변수 선언 키워드인 'mut'가 붙어있다. 그리고 임시로 값을 대입하기 위한 변수 tmp는 가변이 아니므로 mut 키워드 없이 선언했다.

> **옮긴이 보충** 임시로 값을 대입하기 위한 변수
>
> tmp의 값은 매번 바뀐다고 생각할 수 있지만 불변이다. for 문 블록 안에서 tmp가 선언된 뒤, b = tmp + b; 행까지 실행된 뒤 tmp 변수는 수명이 끝나 파기된다. 그리고 다음 반복을 시작할 때 let으로 새롭게 tmp가 선언된다. 즉, for 문 안에서 tmp는 생성과 소멸을 30번 반복한다. 따라서 가변 변수로 선언하지 않아도 된다. 이 부분은 변수의 스코프(범위)와 소유권(Ownership)과 관련된 내용으로, 러스트 공식 문서 https://rinthel.github.io/rust-lang-book-ko/ch04-01-what-is-ownership.html에서도 확인할 수 있다.
>
> 참고로 tmp를 mut으로 선언하고자 한다면 다음과 같이 작성할 수 있다. 물론 이 방식은 러스트의 철학과 맞지 않으므로 추천하지는 않는다.
>
> ```
> fn main() {
>     let mut a = 1;
>     let mut b = 1;
>     let mut tmp: i32; // tmp를 가변 변수로 선언. 변수 타입만 설정한다.
>     println!("{}", a);
>     println!("{}", b);
>     for _ in 0..30 {
>         println!("{}", a+b);
>         tmp = a; // tmp에 a값을 대입(선언은 하지 않음)
>         a = b;
>         b = tmp + b;
>     }
> }
> ```

## 제품 가격 비교해보기

간단한 계산 문제다. 계산기나 엑셀로 바로 풀 수 있는 문제지만 프로그램으로 만들어보자.

【문제】
어떤 컴퓨터 업체의 PC 가격은 98만 원이다. A 쇼핑몰에서는 배송비가 12,000원이고 20% 할인된 가격으로 판매하고 있다. B 쇼핑몰에서는 배송료가 무료지만 10% 할인된 가격으로 팔고 있다. 두 쇼핑몰 중 어느 쇼핑몰이 싼지 계산하시오.

포인트
할인율은 실수로 표현하지만 가격은 정수다.

【코드】 file: src/ch1/calc_price.rs

```rust
fn main() {
    // 변수 선언
    let pc_price = 980000.0;
    let a_ship_fee = 12000.0;
    let a_rate = 0.8;
    let b_ship_fee = 0.0;
    let b_rate = 0.9;
    // 구입 비용 계산
    println!("A 쇼핑몰={}원", pc_price * a_rate + a_ship_fee);
    println!("B 쇼핑몰={}원", pc_price * b_rate + b_ship_fee);
}
```

프로그램을 실행해 보면 A 쇼핑몰의 가격이 더 싸다는 것을 알 수 있다.

```
$ rustc calc_price.rs && ./calc_price
A 쇼핑몰=796000원
B 쇼핑몰=882000원
```

간단히 풀 수 있었을 것이다. 할인율은 실수이므로 정수인 PC 가격, 배송료와 연산을 시도하면 에러가 발생한다. 따라서 PC 가격과 배송료를 실수 타입으로 맞춰야 한다. 이 프로그램에서 모든 변수는 불변 변수로 선언됐다. 이처럼 러스트로 프로그래밍을 할 때는 가급적 불변 변수를 이용하는 것이 좋다.

> **정리**
>
> → 피보나치 수열을 구하는 프로그램을 만들었다.
>
> → 러스트의 변수는 기본적으로 값 변경이 되지 않는다.
>
> → 값 변경을 해야 하는 가변 변수 선언은 'mut'을 이용한다.
>
> → 불변 변수를 사용하면 버그를 줄일 수 있다.

Chapter 1 | 파이썬에서 러스트로 이동하기 위한 기본 준비

# 변수 타입과 거스름돈 조합 계산

러스트는 정적 타입 언어라는 언급을 했지만 지금까지 변수 타입에 대해 크게 신경 쓰지 않고 프로그래밍을 했다. 이 섹션에서는 동전 조합 문제를 통해 데이터 타입에 대해 설명한다.

> **여기서 배우는 것**
> - 변수 타입

## 거스름돈 조합 계산하기

가게에서 현금으로 물건을 사고 동전으로 거스름돈을 받을 때의 조합을 계산해본다.

> **【문제】**
> 어느 가게의 계산 카운터에 500원짜리 10개, 100원짜리 3개, 50원짜리가 10개 있다. 잔돈으로 3950원을 거슬러 줘야 할 경우 나올 수 있는 모든 조합을 나열하시오.

### 파이썬으로 거스름돈 조합 계산

파이썬을 이용하면 다음과 같이 만들 수 있다. `for` 문을 이용해 조합 가능한 모든 종류를 계산하는 것이다.

**【코드】** file: src/ch1/coin.py

```python
# 파이썬으로 거스름돈 조합 계산
# 거스름돈
price = 3950
# 500원 동전의 수만큼 반복
for i500 in range(0, 11):
    # 100원 동전의 수만큼 반복
    for i100 in range(0, 4):
        # 50원 동전의 수만큼 반복
```

```python
    for i50 in range(0, 11):
        # 동전의 합계를 계산
        total = i50 * 50 + i100 * 100 + i500 * 500
        # 동전의 합계가 거스름돈과 같으면 출력
        if price == total:
            print("500원x{}+100원x{}+50원x{}={}"
                .format(i500,i100,i50,total))
```

프로그램을 실행해보자. for 문을 통해 동전을 세고, 센 동전의 값을 곱하고 더해 거스름돈과 비교한 뒤 거스름돈 액수와 맞으면 출력한다.

```
$ python coin.py
500원x7+100원x0+50원x9=3950
500원x7+100원x1+50원x7=3950
500원x7+100원x2+50원x5=3950
500원x7+100원x3+50원x3=3950
```

실행 결과 거스름돈 조합은 4가지라는 것을 알 수 있다.

## 러스트로 거스름돈 조합 계산

이번엔 러스트로 거스름돈 조합을 계산해보자. 파이썬과 크게 다르지 않다.

【코드】 file: src/ch1/coin.rs

```rust
// 러스트로 거스름돈 조합 계산
fn main() {
    // 거스름돈 ── (※1)
    let price = 3950;
    // 500원 동전의 수만큼 반복 ── (※2)
    for i500 in 0..11 {
        // 100원 동전의 수만큼 반복
        for i100 in 0..4 {
            // 50원 동전의 수만큼 반복
            for i50 in 0..11 {
                // 동전의 합계를 계산 ── (※3)
                let total = i50 * 50 + i100 * 100 + i500 * 500;
                // 동전의 합계가 거스름돈과 같으면 출력 ── (※4)
```

```
            if price == total {
                println!("500원x{}+100원x{}+50원x{}={}",
                    i500, i100, i50, total);
            }
        }
    }
}
```

컴파일 후 프로그램을 실행해보자.

```
$ rustc coin.rs
$ ./coin
500원x7+100원x0+50원x9=3950
500원x7+100원x1+50원x7=3950
500원x7+100원x2+50원x5=3950
500원x7+100원x3+50원x3=3950
```

소스 코드를 확인해보자. (※1)에서는 거스름돈을 정의한다. (※2)에서는 중첩 for 문을 이용해 동전의 개수를 센다. (※3)에서 지금까지 센 각 동전의 합을 계산해 total 변수에 대입한다. (※4)에서는 동전의 합과 거스름돈 액수를 비교해 값이 같으면 해당 조합을 출력한다.

## 러스트의 변수 타입

러스트는 정적 타입 언어라고 설명했지만, 지금까지 진행하며 변수를 선언할 때 변수의 타입을 별도로 지정하지 않았다. 이는 러스트의 타입 추론 기능 덕분이다.

하지만 함수를 정의하거나 구조체를 만드는 경우에는 타입을 지정해야 한다. 즉, 러스트의 타입 추론은 함수 안에서만 유효하다. 지금까지는 main 함수 안에서 변수를 선언했기에 문제없이 타입 추론이 가능했던 것이다.

## 러스트의 수치형

파이썬으로 프로그래밍을 할 때 숫자 타입의 종류나 크기 같은 것을 생각하며 만드는 경우는 많이 없을 것이다.

하지만 시스템 프로그래밍도 가능한 언어인 러스트에서는 다양한 수치형 데이터 타입이 준비돼 있고, 각 타입을 적절히 이용해 메모리를 효율적으로 이용할 수 있다.

러스트에서 취급하는 수치형은 크게 나눠서 '부호가 있는 정수', '부호가 없는 정수', '부동 소수점'의 3가지가 있다.

'부호가 있는 정수'란 양수(0 이상의 수)와 음수(0 미만의 수)를 다루는 정수 타입이다. '부호가 없는 정수'는 양수(0 이상의 수)만을 다룬다. 그리고 '부동 소수점'은 실수를 다룰 수 있는 자료형이다.

부호가 있는 정수에는 사용 비트 수에 따라 i8, i16, i32, i64, i128로 나뉜다. 부호가 없는 변수도 마찬가지로 사용 비트 수에 따라 u8, u16, u32, u64, u128이 있다. 그리고 사용 중인 OS의 비트에 따라 길이가 정해지는 isize(부호가 있는 정수), usize(부호가 없는 정수)가 있다.

각 자료형에 따라 이용할 수 있는 범위를 다음 표에 정리했다. 이 내용은 자세하게 기억하지 않아도 무방하다. 가볍게 어느 자료형이 어느 정도의 값 범위를 가질 수 있는지 봐두자.

**표 1.3 부호가 있는 정수 타입**

| 타입 | 설명 |
| --- | --- |
| i8 | 8비트 정수(–128~127) |
| i16 | 16비트 정수(–32768~32767) |
| i32 | 32비트 정수(–2147483648~2147483647) |
| i64 | 64비트 정수(–9223372036854775808~9223372036854775807) |
| i128 | 128비트 정수(–$2^{127}$ ~ $2^{127}$ – 1) |
| isize | OS의 비트와 동일한 크기의 정수(64비트 OS라면 i64와 동일) |

**표 1.4 부호가 없는 정수 타입**

| 타입 | 설명 |
| --- | --- |
| u8 | 8비트 정수(0~255) |
| u16 | 16비트 정수(0~65535) |
| u32 | 32비트 정수(0~4294967295) |
| u64 | 64비트 정수(0~18446744073709551615) |
| u128 | 128비트 정수(0 ~ $2^{128}$ – 1) |
| usize | OS의 비트와 동일한 크기의 정수(64비트 OS라면 u64와 동일) |

표 1.5 부동 소수점 타입

| 타입 | 설명 |
|---|---|
| f32 | 32비트 부동 소수점(실수) |
| f64 | 64비트 부동 소수점(실수) |

## 비트 수가 커지면 범위도 커진다

u8 타입은 0~255까지의 값을 취급할 수 있다. 255를 넘는 숫자를 다뤄야 한다면 u8이 아니라 u16이나 u32와 같이 큰 비트 수로 변경해야 한다.

컴퓨터 내의 모든 데이터는 0과 1로 이루어져 있다는 것을 알고 있을 것이다. 8비트는 8자리의 0 또는 1을 가진 값으로 표현할 수 있는 값이라는 의미다. 0과 1만으로 숫자를 표현하는 방법을 이진법이라 한다. 그리고 사람들은 십진법을 사용한다.

이진법은 다음과 같이 십진법의 수를 표현한다. 다음은 4비트로 표현할 수 있는 값 0~15까지를 이진법으로 나타낸 것이다.

표 1.6 십진수를 이진수로 표시

| 십진수 | 이진수 | 십진수 | 이진수 |
|---|---|---|---|
| 0 | 0000 | 8 | 1000 |
| 1 | 0001 | 9 | 1001 |
| 2 | 0010 | 10 | 1010 |
| 3 | 0011 | 11 | 1011 |
| 4 | 0100 | 12 | 1100 |
| 5 | 0101 | 13 | 1101 |
| 6 | 0110 | 14 | 1110 |
| 7 | 0111 | 15 | 1111 |

4비트로는 $2^4$=16개의 값(0~15)을 표현할 수 있다. 마찬가지로 8비트는 $2^8$, 즉 256개의 값(0~255)을 표현할 수 있다.

## 기호 유무의 차이

같은 8비트를 이용하더라도 양수와 음수를 모두 다루는 i8은 -128에서 +127까지의 값을 표현한다. 부호 있는 정수는 1바이트를 양수인지 음수인지를 나타내는 데 이용하기 때문이다. 따라서 i8과 u8 타입은 같은 8비트에서도 표현할 수 있는 값의 최댓값이 다르다.

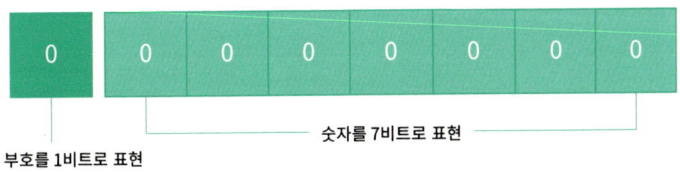

그림 1.32 부호가 있는 정수

## 이용 가능한 정수 범위를 알아내는 방법

앞에서 정수 타입에 따라 표현 가능한 범위를 살펴봤다. 여기서는 각 정수 타입의 최댓값과 최솟값을 구하는 방법을 소개한다.

러스트의 정수 타입의 최댓값과 최솟값을 확인하는 방법은 간단하다. [정수 타입]::MIN으로 최솟값을, [정수 타입]::MAX로 최댓값을 확인할 수 있다. 다음 소스 코드를 확인해보자.

【코드】 file: src/ch1/check_range.rs

```
fn main() {
    println!("--- 부호가 있는 정수 ---");
    println!("i8={}~{}", i8::MIN, i8::MAX);
    println!("i16={}~{}", i16::MIN, i16::MAX);
    println!("i32={}~{}", i32::MIN, i32::MAX);
    println!("i64={}~{}", i64::MIN, i64::MAX);

    println!("--- 부호가 없는 정수 ---");
    println!("u8={}~{}", u8::MIN, u8::MAX);
    println!("u16={}~{}", u16::MIN, u16::MAX);
    println!("u32={}~{}", u32::MIN, u32::MAX);
    println!("u64={}~{}", u64::MIN, u64::MAX);

    println!("--- OS 비트에 따라 달라지는 정수 --- ");
```

```
    println!("isize={}~{}", isize::MIN, isize::MAX);
    println!("usize={}~{}", usize::MIN, usize::MAX);
    println!("usize=u{}", usize::BITS);
}
```

프로그램을 실행해보자. 각 정수 타입에서 표현할 수 있는 범위를 확인할 수 있다. isize와 usize는 사용하는 OS 비트에 따라 다른 값이 표시된다.

```
$ rustc check_range.rs && ./check_range
--- 부호가 있는 정수 ---
i8=-128~127
i16=-32768~32767
i32=-2147483648~2147483647
i64=-9223372036854775808~9223372036854775807
--- 부호가 없는 정수 ---
u8=0~255
u16=0~65535
u32=0~4294967295
u64=0~18446744073709551615
--- OS 비트에 따라 달라지는 정수 ---
isize=-9223372036854775808~9223372036854775807
usize=0~18446744073709551615
usize=u64
```

## 타입 추론을 이용하지 않고 거스름돈 조합 계산해보기

지금까지 러스트의 정수 타입에 대해 알아봤다. 이번에는 타입 추론을 이용하지 않고 앞에서 만들어 본 거스름돈 조합을 만들어본다. 이 예제에서는 모든 숫자를 i64로 지정했다.

【코드】 file: src/ch1/coin_type.rs

```
fn main() {
    // 거스름돈 ── (※1)
    let price: i64 = 3950;
    // 각 동전이 몇 개 있는지 정의 ── (※2)
    let count500: i64 = 10;
    let count100: i64 = 3;
```

```
        let count50: i64  = 10;
        // 반복문을 통해 거스름돈 조합 계산
        for i500 in 0..(count500+1) {
            for i100 in 0..(count100+1) {
                for i50 in 0..(count50+1) {
                    // 동전을 더한 금액을 계산 ── (※3)
                    let total: i64 =
                        i50 * 50 + i100 * 100 + i500 * 500;
                    // 동전을 더한 금액과 거스름돈이 일치하면 출력
                    if price == total {
                        println!("500원x{}+100x{}+50원x{}={}",
                            i500, i100, i50, total);
                    }
                }
            }
        }
    }
```

프로그램을 실행해보면 아까와 같은 값이 나온다는 것을 확인할 수 있다.

```
$ rustc coin_type.rs
$ ./coin_type
500원x7+100원x0+50원x9=3950
500원x7+100원x1+50원x7=3950
500원x7+100원x2+50원x5=3950
500원x7+100원x3+50원x3=3950
```

소스 코드를 확인해보자. (※1)에서는 거스름돈을 지정했다. 변수를 선언할 때 타입 추론을 이용하지 않고 직접 타입을 지정한다는 것을 알 수 있다. 변수를 이용할 때 변수 타입을 명시하려면 다음과 같이 작성한다.

[서식] 변수 타입 명시
 let 변수명: 타입 = 값;

러스트에서는 계산할 때 반드시 계산하는 변수의 타입이 일치해야 한다. 그래서 (※2)에서 각 동전이 몇 개 있는지 정의할 때 i64를 지정했다. 그리고 (※3)에서도 동전을 계산한 뒤 값을 저장할 변수 total도 i64로 지정했다.

### 정리

→ 모든 거스름돈 조합을 구하는 프로그램을 만들었다.

→ 러스트는 변수 타입을 엄격하게 체크하지만 타입 추론이 있으므로 생각할 수 있다.

→ 러스트의 정수 타입에는 부호가 있는 타입과 없는 타입이 있으며 비트 수에 따라 값이 달라지는 타입도 있다.

→ 정수 타입에서 이용할 수 있는 범위를 확인하기 위해서는 `MIN`과 `MAX`를 이용한다.

Chapter 1 | 파이썬에서 러스트로 이동하기 위한 기본 준비

# Section 09 함수 정의와 시저 암호

이번에 만들어 볼 것은 시저 암호(Caesar cipher, 또는 '카이사르 암호')를 푸는 프로그램이다. 시저 암호는 암호학에서 다루는 간단한 방식의 암호다. 프로그램을 만들어보며 함수 정의 및 변수 타입에 대해 알아본다.

## 시저 암호란

시저 암호는 기원전 100년, 로마의 장군인 카이사르가 동맹군과 소통하려고 만든 암호다. 매우 단순한 암호로, 컴퓨터를 이용하지 않더라도 쉽게 암호를 만들고 해독할 수 있다.

### 시저 암호의 구조

시저 암호는 치환 암호를 약간 더 발전시킨 순환 암호로, 평문을 치환할 뿐 아니라 순환하는 형태로 표현하는 방식이다. 암호화하고자 하는 내용을 알파벳별로 일정한 거리만큼 밀어서(shift) 다른 알파벳으로 치환하는데, 마지막 문자는 다시 처음으로 돌아가 치환한다. 예를 들어 'CAT'을 카이사르 암호로 3 글자씩 밀어내면 'FDW'가 되며, 암호화된 문자열을 다시 반대로 3 글자씩 옮기면 해독할 수 있다.

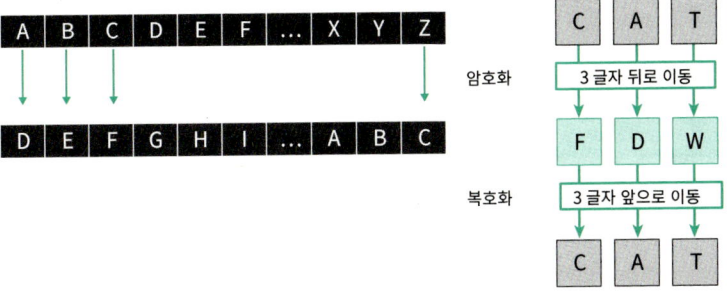

그림 1.33 시저 암호 구조

> **옮긴이 보충**
>
> 마찬가지로 'COME TO ROME'을 암호화하면 'FRPH WR URPH'가 된다.
>
> | C | O | M | E | | T | O | | R | O | M | E |
> |---|---|---|---|---|---|---|---|---|---|---|---|
> | 해당 문자보다 3칸 뒤에 있는 문자로 치환 ||||||||||||
> | F | R | P | H | | W | R | | U | R | P | H |
> | 해당 문자보다 3칸 앞에 있는 문자로 치환 ||||||||||||
> | C | O | M | E | | T | O | | R | O | M | E |

시저 암호를 프로그램으로 구현하려면 문자를 숫자로 변경한 뒤 연산을 하고 다시 숫자를 문자로 변경하는 처리를 한다. 파이썬과 러스트로 프로그램을 만들어보자.

## 파이썬으로 시저 암호 만들기

먼저 파이썬으로 시저 암호를 만들어보자.

【코드】 file: src/ch1/caesar_enc.py

```python
# 암호화 함수
def encrypt(text, shift):
    # 'A'와 'Z'의 문자 코드를 취득 ── (※1)
    code_a = ord('A')
    code_z = ord('Z')
    # 결과를 대입할 변수를 준비
    result = ""
    # 한 문자씩 반복 ── (※2)
    for ch in text:
        # 문자 코드로 변환
        code = ord(ch)
        # A~Z 사이인가 ── (※3)
        if code_a <= code <= code_z:
            # shift만큼 뒤의 문자로 변경한다 ── (※4)
            code = (code - code_a + shift) % 26 + code_a
        # 문자 코드를 문자로 변환 ── (※5)
        result += chr(code)
    return result
```

```
# 함수 호출
enc = encrypt("I LOVE RUST.", 3)
dec = encrypt(enc, -3)
print(enc, "=>", dec)
```

프로그램을 실행시키면 암호로 만들어진 문장과 해당 암호를 복호화한 문장이 표시된다. 여기서는 'I LOVE RUST.'를 시저 암호로 암호화한 뒤 복호화를 했다.

```
$ python caesar_enc.py
L ORYH UXVW. => I LOVE RUST.
```

간단하게 프로그램의 구조를 확인해보자. (※1)에서는 'A'와 'Z'의 문자코드(유니코드)를 알아낸다. 그리고 (※2)에서 for 문을 이용해 한 문자씩 처리한다. 여기서는 알파벳만을 암호화에 이용하는 규칙으로 한다. 그리고 (※3)에서는 A와 Z 사이의 문자인지 확인한다. (※4)에서는 shift 숫자만큼 문자를 이동한다. 이때 26을 넘어가면 문자열 순환이 되지 않으므로 % 연산자를 이용해 26으로 나눈 나머지를 구하게 한다. 이렇게 하면 원래의 문자열 Z(26번째)를 3칸 뒤의 문자로 변경하는 경우 29가 아니라 29를 26으로 나눈 나머지인 3이 나와 C(3번째)로 변경된다. (※5)에서는 문자 코드를 다시 문자로 변환해 result 변수에 추가한다.

참고로 파이썬에서 문자를 문자 코드(유니코드)로 바꿀 때 ord 함수를 이용하고, 문자 코드를 문자로 바꿀 때는 chr 함수를 이용한다.

## 러스트로 시저 암호 만들기

이제 러스트로 시저 암호를 만들어본다. 예제에서는 앞서 파이썬에서 만든 프로그램과 동일하게 만들 것이므로 이 둘을 비교해보면 러스트의 특징을 좀 더 알 수 있을 것이다.

【코드】 file: src/ch1/caesar_enc.rs

```
// 암호화 함수
fn encrypt(text: &str, shift: i16) -> String {
    // 'A'와 'Z'의 문자코드를 i16 타입으로 취득 ── (※1)
    let code_a = 'A' as i16;
    let code_z = 'Z' as i16;
    // 결과를 대입할 변수를 선언
```

```
    let mut result = String::new();
    // 한 글자씩 치환 처리 ── (※2)
    for ch in text.chars() {
        // 문자 코드로 변환
        let mut code = ch as i16;
        // A와 Z 사이에 있는 값인가? ── (※3)
        if code_a <= code && code <= code_z {
            // shift만큼 뒤의 문자로 치환 ── (※4)
            code = (code - code_a + shift + 26) % 26 + code_a;
        }
        // 문자 코드를 다시 문자로 변환 ── (※5)
        result.push((code as u8) as char);
    }
    return result;
}

fn main() {
    // 함수 호출
    let enc = encrypt("I LOVE RUST.", 3);
    let dec = encrypt(&enc, -3);
    println!("{} => {}", enc, dec);
}
```

소스 코드를 컴파일해 실행해본다.

```
$ rustc caesar_enc.rs
$ ./caesar_enc
L ORYH UXVW. => I LOVE RUST.
```

소스 코드를 확인해보자. 이 코드에서는 처음으로 러스트의 함수 encrypt를 정의했다. 지금까지 main 함수만 정의했지만 값을 반환하는 함수를 정의한 것은 이번이 처음이다. 함수의 정의 방법에 대해서는 뒤에서 자세히 소개한다. 우선 encrypt 함수의 내용을 살펴보자.

(※1)에서는 문자 'A'와 'Z'의 문자 코드를 취득한다. 러스트에서 문자를 표현할 때는 작은따옴표로 감싸야 한다. 파이썬에서는 큰따옴표를 써도 상관없지만 러스트에서 큰따옴표는 '문자열'의 표현에 사용한다. **러스트는 '문자'와 '문자열'을 명확하게 구분**하므로 주의해야 한다.

여기서 말하는 '문자'란 1글자로 나타낼 수 있는 데이터 타입을 말한다. 그리고 '문자열'은 2자 이상의 문자를 표현할 때 사용한다. 문자열은 복수의 문자를 가진 배열 형태다. 정리하면 '문자'는 작은따옴표로 감싼 1글자, '문자열'은 큰따옴표로 감싼 0문자 이상의 데이터다.

'문자열 리터럴'은 프로그램 내에 기술된 문자열을 나타내는 상수를 말한다.

러스트에서라면 "abc..."와 같이 기술된 것이 문자열 리터럴이다. 상수이므로 변경할 수 없다. 문자열과 문자열 리터럴에 대해서는 3장에서 자세히 설명한다.

표 1.7 '문자'와 '문자열'의 차이

| 표기 | 타입 | 의미 |
| --- | --- | --- |
| 'A' | char | 문자를 표시 |
| "A" | &str | 문자열 리터럴 |

문자로부터 숫자로 된 문자 코드를 얻으려면 여기서 지정한 것처럼 'code_a = 'A' as i16'과 같이 기술한다. 러스트에서 'as'는 강제적인 타입 변환을 위해 이용하는 기능이다. 즉 문자를 강제적으로 i16(정수 타입)으로 변환한다는 의미다. 'as'는 다음과 같이 사용한다.

[서식] 타입 변환 - as
let 변수명 = 변수 as 타입

앞 섹션에서 소개한 것과 같이 러스트에서 이용할 수 있는 정수 타입으로는 부호가 있는 i8, i16, i32 등이 있고, 부호가 없는 u8, u16, u32 등이 있다. 여기서는 단순히 알파벳만을 표현할 수 있으면 되므로 i16을 이용했다. 만약 알파벳뿐 아니라 유니코드까지 지원하고 싶다면 정수 타입을 u32로 지정해야 한다. C 언어 등에서는 문자(char 타입)를 표현하기 위해 1바이트(8비트)를 이용하지만 러스트는 4바이트(32비트)를 이용하기 때문이다.

(※2)에서는 문자열 text의 문자를 1개씩 반복해 문자열 치환을 한다.

그리고 (※3)에서는 if 문으로 문자가 A와 Z 사이의 문자인지를 확인해 범위 내의 문자라면 (※4)에서 문자 코드를 shift에서 지정한 문자만큼 더해 치환을 수행한다. 파이썬에서는 특정 범위를 나타내기 위해 '최솟값 <= 변수 <= 최댓값'과 같이 기술했으나 러스트에서는 '조건 1 && 조건 2'와 같이 기술해야 한다.

(※5)에서는 'as'를 이용해 다시 강제 형 변환을 해 문자 코드를 문자로 변환한다. 단, i16에서 바로 char로 변환할 수 없으므로 u8로 변환한 뒤 다시 char로 변환한다. 그리고 결과를 result에 추가한다.

여기서 encrypt 함수의 반환값으로는 String을 지정하고 있는데 String은 문자열 타입이다. 러스트에서는 변경 불가능한 문자열 리터럴을 나타낼 때 &str 또는 String을 이용한다. 각 사용 방법에 대해서는 이후 설명한다.

## 함수 정의와 호출

이번 프로그램에서는 처음으로 main 이외의 함수를 정의했다. 러스트에서 반환 값과 인수를 지정하는 함수를 정의하려면 다음과 같이 기술한다.

```
[서식] 함수 정의
fn 함수명 (인수 선언) -> 반환 값 타입 {
    // 변수 선언 및 함수의 동작 정의
}
```

함수를 정의할 때는 반드시 인수와 반환 값의 데이터 타입을 명시해야 한다. 지금까지의 예제에서는 타입 추론 기능을 이용했으므로 변수 타입에 대해 크게 신경 쓰지 않았겠지만 기본적으로 러스트는 정적 타입 언어다. 필요한 곳에서는 반드시 타입 선언을 해야 한다.

### 곱셈 전용 함수 정의해보기

앞 섹션에서 숫자 타입을 알아봤으니 곱셈만 수행하는 함수를 정의해서 이용해보자. 다음은 곱셈 함수를 정의하고 사용하는 예제다.

【코드】 file: src/ch1/multiplication.rs

```rust
// 곱셈 함수 정의
fn multiplication(a: i64, b: i64) -> i64 {
    a * b
}

fn main() {
    // 함수 호출
    let ex1 = multiplication(3, 5);
```

```
        println!("3*5={}", ex1);
        let ex2 = multiplication(8, 4);
        println!("8*4={}", ex2);
}
```

프로그램을 실행해보면 계산된 결과가 표시된다.

```
$ rustc multiplication.rs
$ ./multiplication
3*5=15
8*4=32
```

지금껏 타입 추론을 이용했으므로 타입을 지정하는 것이 익숙하지 않을 수도 있지만, 러스트의 함수는 인수와 반환 값 모두 알맞은 타입을 지정해야 한다.

위 곱셈 함수를 보면 값 반환을 위한 return 구문이 없다. 러스트에서 **함수의 값을 반환할 때는 반환할 값 뒤에 세미콜론(;)을 붙이지 않거나 'return 반환할 값;'을 사용**한다. 이때 주의해야 할 점이 세미콜론이다. return을 이용할 경우 해당 줄은 '문장'이 되므로 세미콜론을 붙여야 한다. 위의 곱셈 함수에서 return 문을 이용하고 싶다면 다음과 같이 작성한다.

```
fn multiplication(a: i64, b: i64) -> i64 {
    return a * b;
}
```

## 시저 암호를 조금 더 우아하게 만들기

앞에서는 시저 암호 알고리즘을 좀 더 이해하기 쉽도록 각 언어의 특징적 기능을 사용하지 않고 작성했지만 다음과 같이 줄여서 작성할 수도 있다.

【코드】 file: src/ch1/caesar_enc2.py

```python
# 암호화 함수
def encrypt(text, shift):
    a = ord('A')
    conv = lambda n: chr((ord(n) - a + shift) % 26 + a)
    enc1 = lambda n: conv(n) if 'A' <= n <= 'Z' else n
```

```
    return ''.join([enc1(n) for n in text])

# 함수를 실행
enc = encrypt("I LOVE RUST.", 3)
dec = encrypt(enc, -3)
print(enc, "=>", dec)
```

주석을 제외하고 30%가량 소스 코드를 줄였다. 프로그램을 실행하면 아까와 동일한 결과를 얻을 수 있다.

```
$ python caesar_enc2.py
L ORYH UXVW. => I LOVE RUST.
```

파이썬에서는 람다 함수(Lambda Function — 익명 함수)를 이용할 수 있다. 여기서는 encrypt 함수 안에 conv와 enc1이라는 람다 함수를 정의하고 있다. 우선 conv는 문자를 치환하는 람다 함수다. 그리고 enc1은 문자가 A와 Z 사이에 위치하는지 확인한 뒤 conv를 호출하는 람다 함수다.

encrypt 함수의 마지막 return에서는 리스트 내포를 이용해 1글자씩 호출한다. 그리고 join 메서드로 문자를 결합한다.

### 러스트의 익명 함수 클로저

파이썬에서 람다 함수를 이용해 암호화 함수를 구현했다. 러스트에도 람다 함수와 같은 익명 함수를 이용할 수 있다. 러스트에서는 이 함수를 '클로저(Closure)'라고 한다.

클로저는 다음과 같이 기술한다.

[서식] 클로저 작성 방법
```
let 이름 = |인수| 정의;
```

가령 숫잣값을 2배로 하는 클로저는 다음과 같이 기술할 수 있다. 클로저를 이용하면 함수를 정의하는 것보다 더 간편하게 프로그램을 만들 수 있다.

【코드】 file: src/ch1/x2_closure.rs
```
fn main() {
    // 값을 2배로 해주는 클로저 정의
```

```rust
    let x2 = |n| n*2;
    // x2 이용
    println!("{}", x2(2));
    println!("{}", x2(8));
}
```

컴파일 후 프로그램을 실행해보면 4와 16이 표시된다.

## 클로저를 이용해 시저 암호 만들기

앞에서 살펴본 클로저를 활용해 시저 암호를 만들어보자. 처음에 만들었던 프로그램보다 소스 코드가 많이 줄어들었다.

【코드】 file: src/ch1/caesar_enc2.rs

```rust
// 암호화 함수
fn encrypt(text: &str, shift: i16) -> String {
    let a = 'A' as i16;
    let is_az = |c| 'A' <= c && c <= 'Z';
    let conv = |c| (((c-a+shift+26)%26+a) as u8)as char;
    let enc1 = |c| if is_az(c) { conv(c as i16) } else { c };
    text.chars().map(|c| enc1(c)).collect()
}

fn main() {
    let enc = encrypt("I LOVE RUST.", 3);
    let dec = encrypt(&enc, -3);
    println!("{} => {}", enc, dec);
}
```

컴파일 후 프로그램을 실행해본다.

```
$ rustc caesar_enc2.rs
$ ./caesar_enc2
L ORYH UXVW. => I LOVE RUST.
```

파이썬에서 람다 함수를 이용했을 때와 비슷한 형태로 만들 수 있었다. 파이썬에서는 리스트 내포를 이용해 마지막에 문자열을 결합했으나 러스트에서는 `chars` 메서드를 이용해 문자열을 하나씩 잘라낸 뒤 하나의 요소(1글자)씩 `map` 메서드로 처리한 뒤 마지막에 `collect` 메서드로 결합한다.

조금 복잡하게 느낄 수 있지만 문자열 처리를 위해 반복자(iterator)[5]와 `String` 타입을 이용했다. 이 부분은 3장에서 자세하게 설명한다. 여기서는 이런 방식도 있다는 것을 알려주려고 사용했다.

### 정리

- 시저 암호 프로그램을 만들었다.
- 러스트에서 함수와 클로저를 정의하는 방법을 소개했다.
- 함수 정의를 할 때 인수와 반환 값을 타입을 지정해야 한다.
- 러스트에는 문자를 표현하기 위한 'char 타입'이 있고 문자열을 표시하기 위한 타입으로는 '&str'과 'String'이 있다.

---

[5] (옮긴이) 순환을 표현할 때 사용하는 디자인 패턴 중 하나로, 보통 컬렉션 같은 타입의 요소를 순서대로 접근할 때 사용한다.

# 배열과 100개의 소수 계산

100개의 소수를 구하는 프로그램을 만들어본다. 소수 계산에는 다양한 방법이 있지만 여기서는 러스트에 익숙해지기 위해 가장 간단한 방법으로 문제를 풀어본다. 만들어진 소수 목록을 저장하기 위한 배열 사용 방법도 설명한다.

**여기서 배우는 것**
- 소수 계산
- 배열
- 소수 판별법(Trial division)
- 역참조
- 반복자

## 소수 계산으로 러스트에 더 익숙해지기

새로운 프로그래밍 언어를 익힐 때 예제로 자주 등장하는 것이 소수 구하기다. 소수란 '1과 자기 자신 외에 약수를 가지지 않는 수'로, '2, 3, 5, 7, 11, 13'과 같은 수를 가리킨다.

소수를 빠르게 계산하는 방법은 여러 가지가 있지만 '에라토테네스의 체'가 가장 유명하고 빠르다. 이런 알고리즘은 재밌지만 우선 '소수 판별법'이라고 하는 가장 단순한 방법으로 100개의 소수를 구해보자.

### 파이썬으로 소수 100개 만들기

소수 판별법은 순차적으로 값을 정수로 나누는 방법이다. 예를 들어 어떤 값 N이 소수인지 알고 싶다면 2에서 N-1까지의 정수를 순서대로 하나씩 나눠보는 것이다. 만약 도중에 나눠지는 숫자가 나오면 소수가 아니고, 나눠지는 숫자가 나오지 않으면 소수이다.

우선 파이썬으로 100개의 소수를 어떻게 만들지 생각해보자.

**[코드]** file: src/ch1/prime100.py

```python
# 소수인지 판단하는 함수 ──（※1）
def is_prime(n):
    for i in range(2, n):
        if n % i == 0:
            return False
```

```python
        return True

# count만큼 소수를 생성 ── (※2)
def get_primes(count):
    res = []
    i = 2
    while len(res) < count:
        if is_prime(i):
            res.append(i)
        i += 1
    return res

# 생성한 소수를 출력
print(get_primes(100))
```

이 프로그램을 실행하면 소수 100개를 출력한다.

```
$ python prime100.py
[2, 3, 5, 7, 11, 13, 17, 19, 23, 29, 31, 37, 41, 43, 47, 53, 59, 61, 67, 71, 73, 79, 83, 89, 97,
101, 103, 107, 109, 113, 127, 131, 137, 139, 149, 151, 157, 163, 167, 173, 179, 181, 191, 193, 197,
199, 211, 223, 227, 229, 233, 239, 241, 251, 257, 263, 269, 271, 277, 281, 283, 293, 307, 311, 313,
317, 331, 337, 347, 349, 353, 359, 367, 373, 379, 383, 389, 397, 401, 409, 419, 421, 431, 433, 439,
443, 449, 457, 461, 463, 467, 479, 487, 491, 499, 503, 509, 521, 523, 541]
```

소스 코드를 살펴보자. (※1)에서는 값 n이 소수인지 확인하는 `is_prime` 함수를 정의했다. 여기서는 단순히 2에서 n - 1까지의 수를 차례대로 계산해 나누어떨어지는지 확인한다. 나머지를 구하는 연산자 `%`를 이용했으므로 0이 나온다면 나누어떨어지는 것, 즉 소수가 아니다.

(※2)에서는 지정한 숫자만큼의 소수를 생성하는 `get_primes`를 정의했다. 단순히 2 이상의 수를 순서대로 `is_prime` 함수로 확인해 `count`에서 정의한 수만큼 소수를 구한다.

## 러스트로 소수 100개 만들기

이제 러스트로 동일한 프로그램을 만들어본다. 러스트에도 파이썬의 리스트 타입과 동일하게 이용할 수 있는 '벡터 타입'이 있지만 여기서는 배열 변수를 이용한다. 이유는 100개라는 길이가 이미 정해져 있기 때문이다.

파이썬으로 만든 프로그램과는 약간 다르지만 러스트로 이 프로그램을 만들면 다음과 같다.

【코드】 file: src/ch1/prime100.rs

```rust
// 소수인지 확인하는 함수 ─── (※1)
fn is_prime(n: usize) -> bool {
    for i in 2..n {
        if n % i == 0 {
            return false
        }
    }
    return true
}

// 소수 100개를 구하는 함수 ─── (※2)
fn get_primes(primes: &mut[usize; 100]) {
    let mut i = 2;
    let mut count = 0;
    // count가 100이 될 때까지 반복 ─── (※3)
    while count < 100 {
        if is_prime(i) {
            primes[count] = i;
            count += 1;
        }
        i += 1;
    }
}

fn main() {
    // 초깃값이 0인 배열 100개를 준비 ─── (※4)
    let mut primes = [0; 100];
    // 소수 100개를 구함 ─── (※5)
    get_primes(&mut primes);
    // 결과 표시 ─── (※6)
    println!("{:?}", primes);
}
```

컴파일 후 프로그램을 실행하면 다음과 같은 결과를 확인할 수 있다.

```
$ rustc prime100.rs
$ ./prime100
[2, 3, 5, 7, 11, 13, 17, 19, 23, 29, 31, 37, 41, 43, 47, 53, 59, 61, 67, 71, 73, 79, 83, 89, 97,
101, 103, 107, 109, 113, 127, 131, 137, 139, 149, 151, 157, 163, 167, 173, 179, 181, 191, 193, 197,
199, 211, 223, 227, 229, 233, 239, 241, 251, 257, 263, 269, 271, 277, 281, 283, 293, 307, 311, 313,
317, 331, 337, 347, 349, 353, 359, 367, 373, 379, 383, 389, 397, 401, 409, 419, 421, 431, 433, 439,
443, 449, 457, 461, 463, 467, 479, 487, 491, 499, 503, 509, 521, 523, 541]
```

소스 코드를 확인해보자. 100개의 소수를 취득하기 위해 길이가 100인 usize 타입 배열을 이용하고 있다. main 함수에서 배열을 준비하고 get_primes 함수에 배열을 전달해 소수 100개를 얻는 형태다. 조금 더 자세하게 이 흐름을 살펴보자.

프로그램의 (※1)에서는 소수인지 여부를 확인하는 is_prime 함수를 정의했다. 이 함수 정의는 파이썬에서 만든 함수와 거의 동일하다. for 문 역시 'range(2, n)'이 '2..n' 형태로 바뀌었을 뿐 파이썬과 같다. 하지만 러스트에서 함수를 만들 때는 인수와 반환값 타입을 지정해야 해서 이 부분은 조금 다르다. 인수에는 usize 타입을 지정하고 반환값으로는 참과 거짓을 판정하는 타입인 bool 타입을 지정했다.

앞에서 이미 소개했듯이 usize 타입은 부호가 없는 정수이며 OS 비트에 따라 크기가 달라진다. 32비트 환경에서는 u32, 64비트 환경에서는 u64가 된다. 이 프로그램은 32비트 환경에서도 문제없이 동작하므로 u32로 지정해도 상관없다. 하지만 여기서는 비트 수를 신경 쓰지 않고도 사용할 수 있어 usize로 지정했다.

(※2)에서는 소수를 100개 구하는 get_prime 함수를 정의했다. 여기서는 함수의 인수 primes의 타입으로 '&mut [usize; 100]'을 지정했다. 아직 러스트에 익숙하지 않다면 이것이 어떤 의미인지 잘 알 수 없을 것이다. '&'은 참조 값이라는 것을 나타내며 'mut'은 그 값이 가변(mutable)이라는 것을 나타낸다. 그리고 '[usize; 100]'은 100개의 usize 타입 배열이라는 것을 나타낸다. 참조 값에 대해서는 뒤에서 설명한다.

(※3)에서는 변수 count가 100이 될 때까지 while 문을 반복해 소수인지를 확인한다. 변수 i를 1씩 증가시키며 i가 소수인지 확인한다. (※1)의 is_prime 함수를 호출해 소수인지를 확인했다면 배열 변수 primes의 count 번째에 소수 값을 대입한다.

main 함수의 (※4)를 보면 길이가 100인 배열 변수를 초깃값 0으로 초기화해 배열 변수 primes에 대입한다.

러스트에서 지정한 길이의 배열 변수를 만들고 싶다면 다음과 같이 작성한다.

[서식] 지정한 길이의 배열을 지정한 값으로 초기화
```
let mut arr = [초깃값; 배열 길이]
```

배열 요소에 값을 대입하거나 배열 요소의 값을 얻어오기 위해서는 다음과 같이 작성한다. 파이썬에서 리스트를 다룰 때와 동일하다. 파이썬에서와 마찬가지로 배열 길이보다 큰 숫자를 대입하면 에러가 발생한다.

[서식] 배열 요소에 값 대입, 값 가져오는 방법
```
arr[요소 번호] = 값;
let v = arr[요소 번호]
```

(※5)에서 'get_primes(&mut primes)'로 get_primes 함수를 호출한다. 변수인 primes를 지정할 때 '&mut'를 함께 지정하는 이유는 가변 참조 값을 지정해 함수를 호출할 경우 호출하는 쪽에서도 가변 값이라는 것을 지정해야 하기 때문이다.

마지막으로 (※6)에서는 100개의 소수를 화면에 출력한다. 배열 타입의 값을 화면에 출력하는 경우 println! 매크로에 '{}'가 아니라 '{:?}'를 지정해야 한다. {}를 이용하면 에러가 발생한다.

## 참조란?

위 소스 코드의 (※2)에 정의한 get_primes 함수에서 인수를 참조 값이라는 것을 나타낸다고 했다. 참조 값은 바로가기 링크나 심볼릭 링크를 생각하면 쉽게 이해할 수 있다. C 언어에서의 포인터와 같은 개념이다. 즉, 값 그 자체가 아니라 값이 있는 곳을 나타내는 정보다. 그리고 이 정보를 함수의 인수로서 이용하는 것이다.

참조를 이용하면 어떤 함수 안에서 생성한 값을 다른 함수에 전달해 변경할 수 있다. 소수 구하기 예제에서는 main 함수 안에서 배열 변수로 primes를 정의했다. 그리고 이 배열 변숫값을 get_primes 함수에서 변경했다.

이 부분을 좀 더 쉽게 이해하기 위해 다른 예를 살펴보자. 다음 프로그램은 변수 v에 10을 대입한다. 그리고 인수 값을 변경하는 set_value 함수를 호출하면 변수 v의 값이 변경되는 것을 확인할 수 있다.

【코드】 file: src/ch1/ref_test.rs

```rust
fn main() {
    // 변수 v를 10으로 설정 ── (※1)
    let mut v = 10;

    // 함수를 호출 ── (※2)
    set_value(&mut v);

    // 변수 v의 값은? ── (※3)
    println!("v={}", v);
}

// 인수의 값을 100으로 변경하는 함수 ── (※4)
fn set_value(arg: &mut u32) {
    *arg = 100;
}
```

컴파일 후 실행해보면 변경된 v 값이 표시된다.

```
$ rustc ref_test.rs && ./ref_test
v=100
```

소스 코드를 확인해보자. (※1)에서는 변수 v에 10을 대입했다. (※2)에서는 `set_value` 함수를 호출한다. 이 함수는 인수의 값을 100으로 변경한다. 함수를 호출할 때 '&mut'을 지정해 해당 값이 가변 참조라는 것을 명시한다. (※3)에서 변수 v의 값을 출력한다. `set_value` 호출로 인해 변수 v의 값이 변경됐다는 것을 알 수 있다.

(※4)의 `set_value` 함수를 보면 인수 arg의 값을 변경하기 위해 인수의 타입을 '&mut u32'로 지정하고 있다. 그리고 인수 arg의 값을 100으로 변경한다. 여기서 **참조 값을 반환할 때 해당 값을 변경**해야 하므로 역참조(dereference)를 나타내는 *를 붙여 '*arg=100'과 같이 기술한다.

3장에서 참조에 대해 조금 더 자세히 설명한다. 여기서는 **함수의 인수를 변경하는 데 참조를 사용**한다는 정도만 이해해두자.

## for 문 문법

소수인지 확인할 때 for 문을 이용해 하나씩 확인했다. 앞에서도 for 문을 사용하긴 했지만 별도로 다루지는 않았기에 여기서는 for 문 사용법을 소개한다.

```
[서식] for 문 문법
for 변수 in 반복자 {
    // 반복 처리
}
```

for 문의 in 뒤에는 '반복자'를 지정한다. 앞에서도 언급됐지만 반복자는 배열 등의 요소를 순차적으로 처리하기 위해 이용하는 데이터 타입이다.

파이썬의 for 문에서도 in 이후에 리터레이터를 지정한다. 파이썬의 for 문을 보면 'for i in range (1, 11)'과 같이 작성하는데, 여기서 range(1, 11) 부분이 반복자 함수다. range(1, 11)은 1에서 10까지의 값에 대해 반복을 수행한다.

이처럼 파이썬과 러스트의 for 문법은 거의 비슷하다. 러스트에서는 범위 지정을 위해 '1..11'과 같이 작성한다. 어떤 면에서는 파이썬보다 조금 더 간단하다.

그리고 러스트도 파이썬과 같이 '1..11'로 작성하면 11까지가 아닌, 10까지 반복하는 반복문을 수행한다.

【코드】 file: src/ch1/sum1to10.rs

```rust
fn main() {
    let mut total = 0;
    for i in 1..11 {
        total += i;
    }
    println!("{}", total);
}
```

컴파일 후 실행해보면 1에서 10까지를 더한 값인 55가 표시된다.

```
$ rustc sum1to10.rs && ./sum1to10
55
```

10까지 계산을 해야 하므로 '1..11'로 지정했다. 다른 언어에서도 마찬가지지만 10까지 계산을 해야 하는데 11을 쓰는 것은 직관적이지 못하다. 러스트에서는 '1..=10'이라고 작성하면 1에서 10까지의 값을 반환하는 반복자를 만들 수 있다.

【코드】 file: src/ch1/sum1to10v2.rs

```rust
fn main() {
    let mut total = 0;
    for i in 1..=10 {
        total += i;
    }
    println!("{}", total);
}
```

이 소스 코드 역시 컴파일 후 실행해보면 앞의 예제와 동일한 값을 얻을 수 있다.

## for 문으로 배열의 요소 반복

for 문을 이용해 배열 안에 있는 요소를 순서대로 이용하는 것도 가능하다. 다음은 1에서 10까지의 값을 직접 추가해 for 문으로 꺼내 계산하는 예제다.

【코드】 file: src/ch1/sum1to10array.rs

```rust
fn main() {
    let nums = [1,2,3,4,5,6,7,8,9,10];
    let mut total = 0;
    for i in nums {
        total += i;
    }
    println!("{}", total);
}
```

이것 역시 실행하면 55를 출력한다. 앞의 두 예제와 다른 점은 직접 배열을 만들어 이용했다는 점이다.

| Column | 가변 배열 – 벡터에 대해 |

다음 장에서 다룰 내용이지만 고정 배열이 아닌, 배열의 요소 수를 변경할 수 있는 가변 배열도 이용할 수 있다. 이것을 벡터라고 한다. 벡터를 이용하는 경우에도 문법은 크게 바뀌지 않는다.

【코드】 file: src/ch1/sum1to10vec.rs

```rust
fn main() {
    let nums = vec![1,2,3,4,5,6,7,8,9,10];
    let mut total = 0;
    for i in nums {
        total += i;
    }
    println!("{}", total);
}
```

벡터 값을 초기화할 때는 'vec![값 1, 값 2, 값 3, …]'과 같이 작성한다. 위 예제를 보면 벡터 역시 배열과 동일한 방법으로 사용할 수 있다는 것을 알 수 있다.

---

### 정리

- → 소수를 100개 구하는 프로그램을 만들었다.
- → 소수의 집합을 표시하기 위해 배열 변수를 이용했다.
- → 배열 변수를 사용하는 방법을 확인했다.
- → for 문에서는 반복자를 지정해 반복을 수행한다.
- → 1에서 10까지 연속해서 계산하는 프로그램을 다양한 반복자로 만들었다.

> **Column** 변수에 if를 사용해 값 선언하기

C 언어와 자바스크립트 등의 언어에는 '삼항 연산자'가 있다. 이것은 `if` 문을 간략화한 것으로, 조건이 참일 때와 참이 아닐 때 반환할 각 값을 지정할 때 많이 사용된다. 러스트에는 이 삼항 연산자는 없지만 비슷한 형태로 작성할 수 있다.

예를 들어 변수 n의 값이 짝수냐 홀수냐에 따라 값을 반환하는 `if` 문을 다음과 같이 작성할 수 있다.

【코드】 file: src/ch1/if_value.rs

```rust
fn main() {
    let n = 5;
    let check_even_odd = if n % 2 == 0 { "짝수" } else { "홀수" };
    println!("{}", check_even_odd);
}
```

컴파일 후 실행해보면 '홀수'라고 표시된다.

```
$ rustc if_value.rs && ./if_value
홀수
```

변수 check_even_odd에 조건에 따라 '짝수' 또는 '홀수'를 반환하는 `if` 문을 사용하고 있다.

이렇게 값을 반환하는 `if` 문을 이용하는 경우 블록의 끝에 세미콜론을 붙여야 한다. 만약 `{"짝수";}`처럼 블록 안에 세미콜론을 넣으면 다음과 같은 에러가 발생한다.

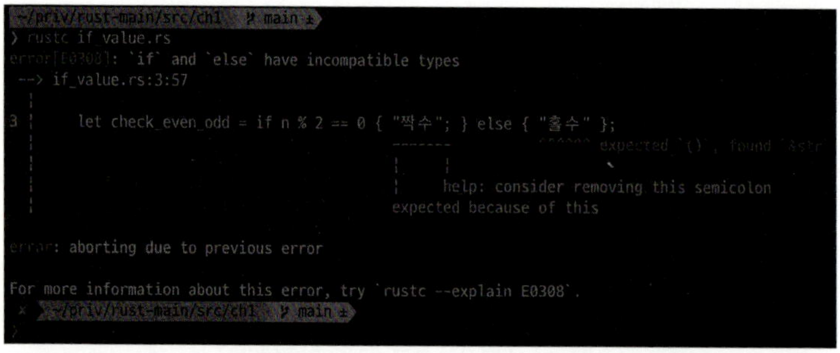

그림 1.34 if 문 안에 세미콜론을 넣으면 에러가 발생한다.

러스트의 에러 표시는 매우 친절하다. 여기서는 실제로 에러가 발생한 부분의 뒷쪽 블록에 에러가 표시되지만, help 부분을 보면 이곳의 세미콜론을 지우라고 표시(help: consider removing this semicolon)된다.

> [서식] if 식 작성 방법
> `let 변수 = if 조건 { 참일 때 } else { 거짓일 때 };`

앞에서도 설명했지만 변수에 if를 이용할 때는 반드시 문장 끝에 세미콜론을 붙여야 한다. if 문이지만 let으로 변수를 선언하는 문법이므로 세미콜론이 붙는 것이다.

Chapter

2

# 러스트로 간단한 도구 만들기

1장에 이어 파이썬과의 비교를 통해 러스트의 특징을 확인한다. 그리고 여기서는 Cargo를 사용해 프로젝트를 만들거나 공개 크레이트를 이용한다. 마지막으로 명령줄에서 이용할 수 있는 도구를 만들며 기본적인 러스트 문법을 익힌다.

# Section 01 Cargo 이용 방법 및 큰 수 계산

러스트를 설치하면 빌드 도구 겸 패키지 관리자인 Cargo도 같이 설치된다. 이 섹션에서는 Cargo의 기능과 간단한 사용 방법을 소개한다. Cargo로 프로젝트를 만들어보자.

**여기서 배우는 것**
- Cargo
- 빌드 시스템
- num-bigint 크레이트
- TOML

## 러스트의 빌드 시스템 'Cargo'는 무엇인가?

러스트를 설치할 때 rustc 컴파일러와 함께 Cargo도 설치된다. Cargo는 러스트 빌드 시스템이지만 패키지 관리 시스템(패키지 관리자) 기능도 있다. 파이썬이라면 pip, Node.js라면 npm에 해당하는 기능이 빌드 시스템에 포함된 것이다.

## Cargo의 기능

Cargo에는 다음 표와 같은 기능이 있다. 이 표에 기재된 기능은 대표적인 기능이며, 자세한 기능은 명령 줄에서 `cargo --help` 명령으로 확인할 수 있다.

표 2.1 Cargo의 주요 기능

| Cargo의 기능 | 명령 |
| --- | --- |
| 프로젝트 및 템플릿 생성 | cargo new [프로젝트 이름] |
| 프로젝트 빌드 | cargo build |
| 프로젝트 실행 | cargo run |
| 프로젝트 내의 러스트 문법 체크 | cargo check |
| 프로젝트 테스트 | cargo test |
| 문서 생성 | cargo doc |
| 라이브러리 공개 | cargo publish |

위 표에서도 알 수 있듯 Cargo는 단순히 빌드 시스템이 아니라 크레이트(Crate)의 관리를 포함해 다양한 기능을 수행하는 도구라는 것을 알 수 있다.

기능별로 여러 명령을 사용하는 것이 아니라 'cargo' 명령 하나만 기억하면 되므로 쉽게 사용할 수 있다. 크레이트 관리 기능도 단순히 크레이트를 추가하는 것이 아니라 크레이트의 다른 의존 관계 크레이트도 파악해 한꺼번에 다운로드한다. 그리고 자신이 만든 크레이트를 crates.io에 등록할 수도 있다. crates.io는 전 세계의 러스트 이용자가 만든 크레이트를 등록하거나 다운로드할 수 있는 웹 서비스다.

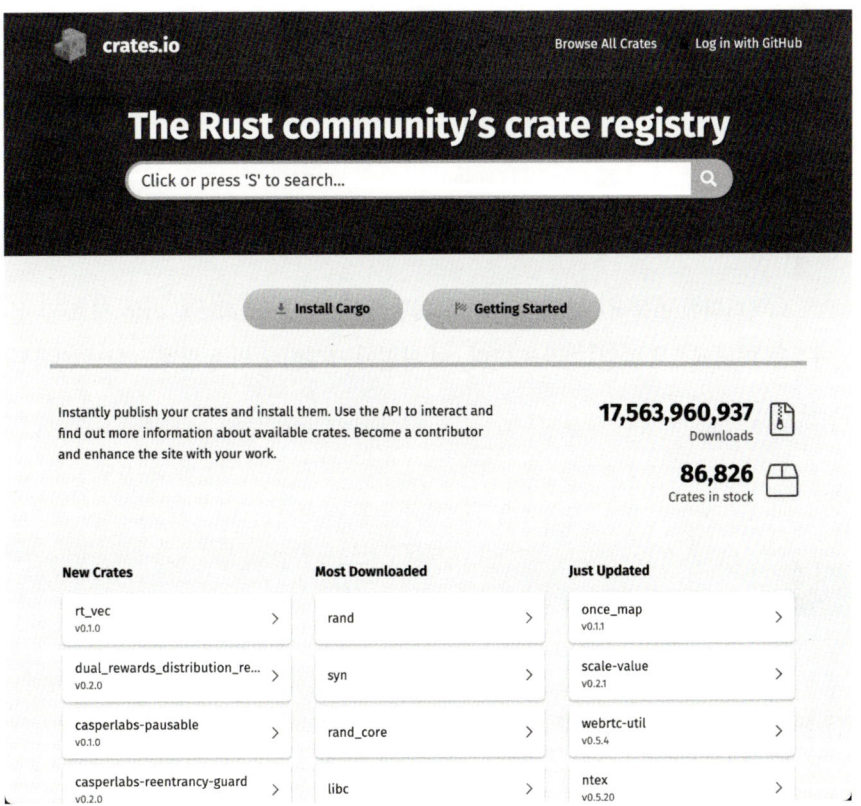

그림 2.1 crates.io에는 다양한 러스트 크레이트가 등록돼 있다.

## Cargo를 이용해 프로젝트 시작하기

Cargo 사용 방법에 익숙해지기 위해 간단한 프로젝트를 만들어보자. 이번에 만들 것은 격언을 화면에 표시해주는 단순한 프로그램이다.

## 신규 프로젝트 생성

다음 명령을 이용해 새로운 프로젝트를 만들 수 있다. 명령을 실행하면 프로젝트 템플릿이 있는 hello라는 디렉터리가 만들어진다.

```
$ cargo new hello
```

생성된 디렉터리로 이동해 만들어진 디렉터리 내용을 살펴보자.

```
$ cd hello
$ tree .
.
├── Cargo.toml
└── src
    └── main.rs
```

프로젝트 루트 디렉터리에 만들어진 'Cargo.toml' 파일에 러스트 프로젝트의 기본 정보 및 설정 정보가 저장된다. 이것을 '매니페스트 파일'[1]이라고 한다. 이 파일에 크레이트 의존 관계도 함께 기록된다.

내용을 확인해보자.

```
$ cat Cargo.toml
[package]
name = "hello"
version = "0.1.0"
edition = "2021"

# See more keys and their definitions at https://doc.rust-lang.org/cargo/reference/manifest.html

[dependencies]
```

상단 [package] 테이블에는 프로젝트 이름과 버전이 기록돼 있다. 이 파일의 확장자에서 알 수 있듯이 설정 파일은 TOML 형식이다. **TOML은 설정 파일 작성을 위한 언어다.** 가독성이 높은 것이 특징으로 필요한 최소한의 기능만을 갖추고 있다.

---

1 (옮긴이) 매니페스트 파일(manifest file)은 컴퓨팅에서 집합의 일부 또는 논리정연한 단위인 파일들의 그룹을 위한 메타데이터를 포함하는 파일이다. 예를 들어, 컴퓨터 프로그램의 파일들은 이름, 버전 번호, 라이선스, 프로그램의 구성 파일들을 가질 수 있다.

윈도우의 INI 파일 형식과 비슷하지만 TOML은 JSON 형식과 같은 구조 데이터도 표현할 수 있다. '#' 로 시작되는 줄은 주석으로 처리된다.

## TOML

TOML의 사양은 GitHub에 공개돼 있다. 몇 페이지 되지 않는 분량의 간단한 사양서로 그만큼 TOML 형식이 단순하다는 것을 나타낸다. 공개 사이트에서는 한국어 문서도 확인할 수 있다. 분량이 적으므로 금방 읽을 수 있으니 가볍게 한번 읽어보기 바란다.

> 📌 GitHub의 TOML 리포지터리
> URL https://github.com/toml-lang/toml.io
>
> 📌 TOML 한국어 문서
> URL https://toml.io/ko/v0.5.0

## 러스트 프로그램 만들기

Cargo 프로젝트에서 러스트 프로그램은 `src/main.rs`에 만든다. 프로젝트를 생성하며 만들어진 `main.rs`에는 'Hello, world!'를 출력하는 기본 소스 코드가 저장돼 있으므로 `main.rs` 파일을 다음과 같이 수정한다.

[코드] file: src/ch2/hello/src/main.rs

```rust
fn main() {
    let msg_list = [
        "모든 것에 대한 열쇠는 인내이다.",
        "계란을 부화시켜야지 깨뜨려서는 닭을 얻을 수 없다.",
    ];
    for msg in msg_list {
        println!("{}", msg);
    }
}
```

문자열을 배열로 만들어 순서대로 화면에 출력하는 프로그램이다. 'cargo run'으로 프로젝트를 바로 빌드해 실행할 수 있다.

```
$ cargo run
```

명령을 실행하면 다음 화면과 같이 빌드 후 프로그램이 실행된다.

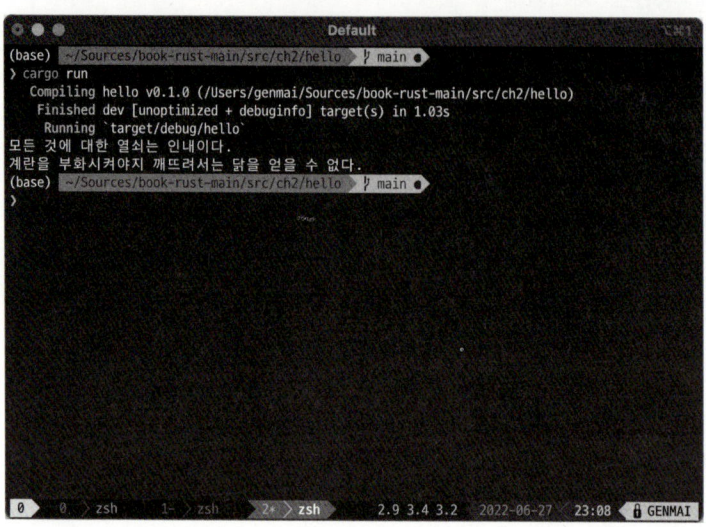

그림 2.2 cargo run 명령으로 빌드 및 실행

빌드를 위한 명령인 'cargo build'가 별도로 있지만 'cargo run'으로 프로젝트를 실행하면 빌드까지 한 번에 수행한다.

> **옮긴이 보충** cargo run과 cargo build
>
> 'cargo run'은 엄밀히는 프로젝트를 빌드하는 명령이 아니다. 프로젝트가 빌드돼야 실행이 되기 때문에 빌드 작업이 이루어질 뿐이다. cargo run으로 한번 빌드된 프로젝트는 target/debug 안에 실행 바이너리가 생성되므로 이후에는 빌드 없이 실행이 가능하다. 물론 소스 코드를 수정한 경우에는 다시 빌드한 뒤 실행된다. cargo build는 순수한 빌드를 위해 실행한다. cargo build --release 옵션으로 빌드를 실행하면 target/release 디렉터리에 실행 바이너리가 생성되며, 최적화도 기본적으로 수행하므로 실행 바이너리의 용량이 더 작아지고 속도도 빨라진다.

## 공개된 크레이트 사용해보기

공개된 러스트의 라이브러리인 크레이트를 사용해보자. 여기서 이용해 볼 것은 num-bigint 크레이트다. 이 크레이트를 사용하면 큰 수에 대한 연산을 할 수 있다.

파이썬에서는 별다른 작업을 하지 않아도 큰 수를 다룰 수 있지만, 러스트는 1장에서 소개한 것 같이 정해진 정수 타입이 있어서 해당 타입으로 표현할 수 있는 정수의 범위 안의 숫자만 표현할 수 있다. 128

비트 정수를 다루는 i128 타입과 u128 타입을 사용하면 꽤나 큰 수를 표현할 수 있지만 그것도 한계가 있다. 이때 사용할 크레이트가 num-bigint다. num-bigint는 메모리가 허용하는 한 얼마든지 큰 수를 다룰 수 있다.

여기서 만들 프로그램은 1234의 5678 제곱을 구하는 프로그램이다. 파이썬에서는 다음과 같이 한 줄로 바로 만들 수 있다.

[코드] file: src/ch2/pow1234_5678.py

```
print(1234 ** 5678)
```

프로그램을 실행시켜보면 다음 화면처럼 굉장히 긴 숫자가 표시된다.

그림 2.3 파이썬에서 1줄로 구현한 1234의 5678 제곱에 대한 값

같은 내용을 러스트로 구현해보자. 러스트에서 거듭제곱을 계산하기 위해서는 정수형에서 사용하는 pow 메서드를 이용한다. 소스 코드는 다음과 같다.

[코드] file: src/ch2/pow1234_5678_err.rs

```
// (주의) 에러가 발생하는 소스 코드
fn main() {
    let v: u128 = 1234;
    println!("{}", v.pow(5678));
}
```

우선 지금은 Cargo를 이용하지 않고 바로 러스트 소스 코드 파일을 컴파일해보자. 컴파일에는 문제가 없다. 문법적으로는 이상이 없기 때문이다.

```
$ rustc pow1234_5678_err.rs
```

하지만 프로그램을 실행하면 에러가 발생한다.

```
$ ./pow1234_5678_err
thread 'main' panicked at 'attempt to multiply with overflow', /rustc/59eed8a2aac0230a8b53e89d4e99d5
5912ba6b35/library/core/src/num/mod.rs:805:5
note: run with `RUST_BACKTRACE=1` environment variable to display a backtrace
```

에러 메시지를 보면 'attempt to multiply with overflow(오버플로가 발생하는 곱셈 시도)'라고 표시된다. 오버플로는 데이터 크기가 커서 다룰 수 없다는 뜻이다. 러스트에서 다룰 수 있는 가장 큰 숫자 데이터 타입은 i128로 1234의 5678 제곱이라는 큰 수를 다룰 수 없다.

### 신규 프로젝트 'pow1234_5678' 생성

큰 수 계산을 위해 crates.io에 공개된 'num-bigint' 크레이트를 이용해보자. Cargo를 이용하면 crates.io에 공개된 크레이트를 쉽게 이용할 수 있다. 여기서는 외부 크레이트를 이용하는 방법을 소개한다.

먼저 신규 프로젝트 'pow1234_5678'을 생성한다.

```
$ cargo new pow1234_5678
```

pow1234_5678 디렉터리와 함께 프로젝트 템플릿이 만들어진다.

### Cargo.toml에 라이브러리 추가

계속해서 매니페스트 파일인 'Cargo.toml'에 이용할 크레이트를 기입해야 한다. 라이브러리(크레이트)를 추가하기 위해서는 'dependencies'라는 테이블에 크레이트 이름과 필요한 버전을 기입한다.

【코드】 file: src/ch2/pow1234_5678/Cargo.toml

```
# 프로젝트 기본 정보를 아래에 기입
[package]
```

```toml
name = "pow1234_5678"
version = "0.1.0"
edition = "2021"

# 의존 라이브러리(크레이트)를 아래에 기입
[dependencies]
num-bigint = "0.4"
```

## 1234의 5678 제곱을 구하는 프로그램

기본 설정이 끝났으면 프로그램을 만들어보자. 여기서는 num-bigint 크레이트의 BigInt를 이용해 계산한다.

[코드] file: src/ch2/pow1234_5678/src/main.rs

```rust
// BigInt를 사용하기 위한 선언 ── (※1)
use num_bigint::BigInt;

fn main() {
    // BigInt 오브젝트를 만들어 값을 설정 ── (※2)
    let v = BigInt::from(1234);
    // 5678 제곱 계산 ── (※3)
    println!("{}", v.pow(5678));
}
```

cargo 명령으로 프로그램을 실행해보자.

```
$ cargo run
```

처음 실행하면 crates.io에서 num-bigint 크레이트를 다운로드한다. 그리고 크레이트를 이용해 프로그램을 빌드한 뒤 실행한다. 문제없이 실행됐다면 다음과 같이 1234의 5678 제곱에 대한 값이 표시된다.

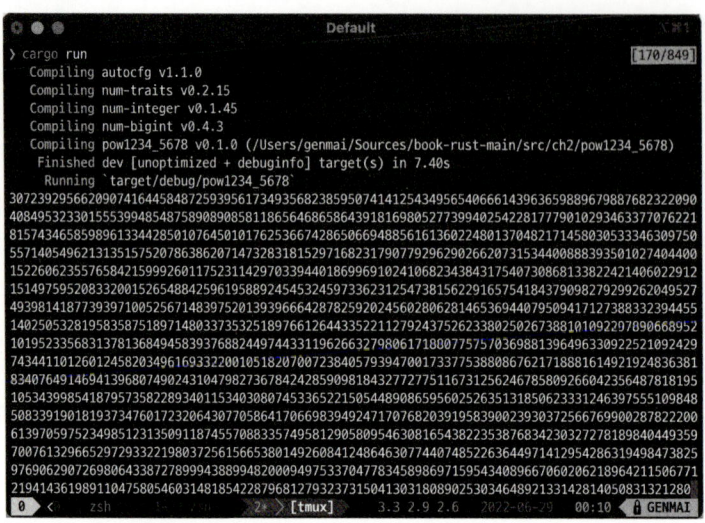

그림 2.4 크레이트 다운로드도 자동으로 이루어진다.

프로그램 소스 코드를 확인해보자. 프로그램의 (※1)에서는 num_bigint 크레이트에서 BigInt 모듈을 이용하기 위한 선언이다. (※2)에서는 숫값 1234를 나타내는 BigInt 오브젝트를 만든다. 그리고 (※3)에서 BigInt의 pow 메서드를 이용해 거듭제곱을 계산한다.

## 크레이트는 Cargo.toml에 추가해서 사용 가능

크레이트를 이용하는 방법을 되짚어보자. 큰 수를 다루는 'num-bigint'라는 크레이트를 이용하기 위해 'Cargo.toml' 파일에 크레이트의 이름과 버전을 기입했다. 그리고 프로그램을 만들고 'cargo run'으로 프로그램을 실행했다. 그 외에는 Cargo가 자동으로 크레이트를 내려받고 프로그램을 빌드한다.

Cargo는 해당 크레이트의 의존 관계를 찾아 필요한 크레이트를 자동으로 설치한다. 복잡한 절차는 모두 알아서 해주므로 편하게 이용할 수 있다.

> **Column**  'extern crate ***' 표기
>
> 공개된 러스트 소스 코드 중에는 'extern crate 크레이트명'과 같이 선언하는 것을 볼 수 있다. 이 선언 방법은 프로젝트 안에서 이용하고 싶은 크레이트를 프로젝트에 링크한다는 것을 나타내는 것이다.
>
> 하지만 러스트 2018 에디션부터는 이 'extern crate'를 생략할 수 있게 됐다. Cargo.toml에 'edition="2021"'과 같이 설정돼 있다면 extern crate 선언을 하지 않아도 자동으로 크레이트를 링크해준다.
>
> 물론 'extern crate' 선언을 생략하지 않아도 에러는 발생하지 않는다. 앞의 예제를 다음과 같이 작성해도 문제없이 동작한다.

```
extern crate num_bigint;
use num_bigint::BigInt;

fn main() {
    let v = BigInt::from(1234);
    println!("{}", v.pow(5678));
}
```

> **Column** 크레이트의 모듈을 불러오는 'use'

'extern crate'가 외부 크레이트를 링크하기 위한 선언이며, 2018 에디션 이후에서는 생략 가능하다고 소개했다. 그렇다면 'use 크레이트'는 어떨까.

use는 반드시 이용할 필요는 없다. 앞의 예제에서 use를 사용하지 않고 다음과 같이 코딩해도 된다.

```
fn main() {
    let v = num_bigint::BigInt::from(1234);
    println!("{}", v.pow(5678));
}
```

소스 코드를 비교해보면 알 수 있겠지만 BigInt::from 부분이 'num_bigint::BigInt::from'으로 변경됐다. 즉 use를 사용해 크레이트의 특정 모듈을 조금 더 간편하게 사용할 수 있다. 파이썬의 from … import …와 비슷하다.

use는 다음과 같이 선언할 수 있다.

[서식] use 사용법
use 크레이트명::모듈;
use 크레이트명::모듈1::모듈1-1;
use 크레이트명::{모듈A, 모듈B};

크레이트와 모듈에 대한 자세한 내용은 4장에서 소개한다. 러스트의 크레이트는 트리 구조로 사용하고자 하는 모듈이 여러 단계 아래에 있는 경우도 있다. use를 이용하면 이런 모듈도 쉽게 사용할 수 있다.

> **정리**
> 
> → Cargo는 빌드 시스템일 뿐 아니라 패키지 관리 시스템이기도 하다.
> 
> → 프로젝트를 만들 때는 'cargo new [프로젝트 이름]' 명령을 실행한다.
> 
> → 빌드와 동시에 실행하고 싶다면 'cargo run' 명령을 실행한다.
> 
> → crates.io에 있는 크레이트를 이용하려면 Cargo.toml에 크레이트 이름과 버전을 기입한다.
> 
> → 128비트를 넘는 큰 수를 다루려면 'num-bigint' 크레이트를 사용한다.

# 주사위 굴리기와 미로 자동 생성

주사위 굴리기와 미로 자동 생성을 만들어보자. 두 가지 프로그램 모두 난수를 사용해야 하므로 rand 크레이트를 이용한다. 처음엔 간단하게 주사위 굴리기를 만들고 그 후에 미로 자동 생성에 도전한다.

**여기서 배우는 것**
- 난수
- rand 크레이트
- 미로 생성
- 이진 트리(Binary tree) 알고리즘
- 이차원 배열 변수
- match 문법

## 주사위 굴리기를 만들자

주사위를 굴리는 것처럼 1부터 6까지의 숫자를 무작위로 출력하는 프로그램을 만든다. 여기서도 러스트와 파이썬으로 각 프로그램을 만들고 소스 코드를 비교해본다.

### 파이썬으로 주사위를 굴리는 프로그램 만들기

먼저 파이썬으로 프로그램을 만들어보자. 주사위를 5번 굴리는 프로그램이다. 즉, 1~6까지의 숫자를 무작위로 5번 출력하게끔 한다.

【코드】 file: src/ch2/dice.py

```python
# 주사위를 5번 굴리기
import random
for i in range(0, 5):
    dice = random.randint(1, 6)
    print(dice)
```

파이썬에서 임의의 수를 만들기 위해서는 random 라이브러리의 randint 메서드를 이용한다. 이용 방법은 'randint(최솟값, 최댓값)'이다. for 문과는 다르게 최댓값이 포함된다.

프로그램을 실행하면 1에서 6까지의 수가 무작위로 5번 표시된다.

```
$ python dice.py
2
2
4
4
6
```

## 러스트로 주사위를 굴리는 프로그램 만들기

이번에는 러스트로 프로그램을 만들어보자. 난수를 이용하기 위해서는 crates.io에 공개된 rand 크레이트를 사용한다.

> ### 귀찮은 작업을 전부 해주는 Cargo
> 
> 앞 섹션에서 Cargo로 프로젝트를 만들고 프로그램을 실행하기까지의 절차를 소개했다. 여기서는 지금까지 나온 Cargo의 사용 방법을 복습해보자.
> 
> 명령줄에 cargo 명령을 실행하면 어떤 일이 일어나는지 간단히 정리해본다.
> 
> ```
> $ cargo new [패키지명]
> ```
> 
> 위 명령을 실행하면 패키지 이름과 동일한 디렉터리가 만들어지고 프로젝트 템플릿이 만들어진다.
> 그리고 프로그래머는 패키지의 루트 디렉터리에 만들어진 매니페스트 파일인 'Cargo.toml'에 의존 크레이트 정보를 기입한다. 그 후 'src/main.rs'에 프로그램을 작성한다.
> 
> ```
> $ cd [패키지명]
> $ cargo run
> ```
> 
> 위와 같이 만든 프로그램을 실행할 수 있지만, 이때 Cargo에서는 다음과 같은 작업이 실행된다.
> 
> - crates.io에서 크레이트를 다운로드
> - 프로그램 컴파일 및 빌드
> - 프로그램 실행

우선 dice 프로젝트를 생성한다.

```
$ cargo new dice
```

생성된 디렉터리를 확인하면 다음과 같다.

```
$ cd dice
$ tree .
.
├── Cargo.toml
└── src
    └── main.rs
```

Cargo.toml 파일에 이용할 크레이트 이름과 버전을 기입한다. 여기서는 rand 0.8.0을 이용하므로 Cargo.toml 파일을 다음과 같이 편집한다.

【코드】 file: src/ch2/dice/Cargo.toml

```
[package]
name = "dice"
version = "0.1.0"
edition = "2018"

[dependencies]
rand = "0.8.0"
```

라이브러리를 추가했다면 프로그램을 만든다.

【코드】 file: src/ch2/dice/src/main.rs

```
// 주사위를 5번 굴리기
// rand 크레이트의 Rng를 이용 ── (※1)
use rand::Rng;

fn main() {
    // 난수 생성기 준비 ── (※2)
    let mut rng = rand::thread_rng();
    // 5번 반복 수행
    for _ in 0..5 {
        // 1~6 사이의 난수를 생성 ── (※3)
        let dice = rng.gen_range(1..=6);
        println!("{}", dice);
    }
}
```

빌드 후 실행을 하면 5개의 난수가 출력된다.

```
$ cargo run
...생략...
1
5
6
3
6
```

소스 코드를 확인해보자. (※1) 부분에서는 rand 크레이트의 Rng 메서드를 이용한다고 선언해서 이 프로그램에서 rand 라이브러리를 이용할 수 있게 했다.

(※2)에서는 난수 생성기를 준비한다. 이 생성기를 이용해 난수를 5번 생성한다. (※3)에서는 gen_range 메서드를 이용해 난수를 생성한다. gen_range 메서드도 파이썬과 마찬가지로 범위를 지정한다. 1..=6은 1에서 6 사이의 범위를 지정한다는 의미다.

### 러스트에서의 범위 지정

앞에서도 잠시 언급했지만 러스트도 파이썬과 마찬가지로 n 이상 m 미만으로 범위를 정의하므로 마지막 숫자는 포함되지 않는다. 즉, 1..10으로 정의하면 10이 아닌 9까지가 대상이 된다. 명시적으로 1에서 10까지의 범위를 지정하고 싶다면 '1..=10'과 같이 작성한다.

표 2.2 범위 지정 방법

| 러스트 | 파이썬 | 실제 의미 |
| --- | --- | --- |
| 1..10 | range(1, 10) | 1에서 9까지의 범위 |
| 1..=10 | range(1, 11) | 1에서 10까지의 범위 |
| 0..10 | range(10) | 0에서 9까지의 범위 |

러스트의 범위 표현은 std::ops::Range에 구조체로 정의돼 있다. 구조체에 대해서는 이후 설명한다. 범위의 첫 번째 값과 마지막 값은 start와 end로 구할 수 있다.

【코드】 file: src/ch2/range.rs

```rust
fn main() {
    let r = 3..15;
    println!("{}..{}", r.start, r.end);
}
```

프로그램을 실행해보면 Range 객체의 처음 값과 마지막 값을 화면에 출력한다.

```
$ rustc range.rs && ./range
3..15
```

## 난수를 이용한 미로 자동 생성

난수를 이용하면 조금 더 재밌는 프로그램도 만들어볼 수 있다. 여기서는 자동으로 미로를 생성하는 프로그램을 만들어본다. 미로를 자동으로 생성하는 알고리즘은 몇 가지 유명한 것이 있지만 여기서는 '이진 트리(Binary tree)'라는 알고리즘을 이용해 미로를 만들어본다.

이진 트리로 미로를 만드는 법은 간단하다.

1. 미로를 만들 영역을 설정한다(초기화)
2. 미로 외부를 벽으로 둘러싼다
3. 미로 영역에서 2칸마다 하나씩 벽을 만든다
4. 각 벽에서 임의의 방향으로 뻗는 벽을 만든다

### 파이썬으로 미로 자동 생성

먼저 파이썬으로 미로를 자동 생성 해본다.

【코드】 file: src/ch2/maze.py

```python
# 미로 생성
import random

# 전체 미로의 크기 지정
MAP_N = 25
```

```
# 미로 초기화
maze = []  # 리스트 변수 선언
for y in range(0, MAP_N):
    maze.append([0 for x in range(0, MAP_N)])  # MAP_N 크기의 2차원 리스트 생성

# 둘레를 벽으로 감싸기
for n in range(0, MAP_N):
    maze[n][0] = maze[n][MAP_N-1] = 1  # 위쪽 벽과 아래쪽 벽을 만든다
    maze[0][n] = maze[MAP_N-1][n] = 1  # 왼쪽 벽과 오른쪽 벽을 만든다

# 2칸마다 1개의 벽을 배치
for y in range(2, MAP_N-2):
    for x in range(2, MAP_N-2):
        if x % 2 == 1 or y % 2 == 1: continue
        maze[y][x] = 1
        # 상하좌우 중 어느 하나를 벽으로 만들기
        r = random.randint(0, 3)
        if r == 0: maze[y-1][x] = 1  # 상
        if r == 1: maze[y+1][x] = 1  # 하
        if r == 2: maze[y][x-1] = 1  # 좌
        if r == 3: maze[y][x+1] = 1  # 우

# 미로를 출력
# 0과 1을 각각 흰색 타일(U+2B1C)과 검은색 타일(U+2B1B)로 치환한다
tiles = ["□", "■"]

for y in range(0, MAP_N):
    for x in range(0, MAP_N):
        print(tiles[maze[y][x]], end="")
    print("")
```

프로그램을 실행하면 다음과 같이 화면에 미로가 표시된다.

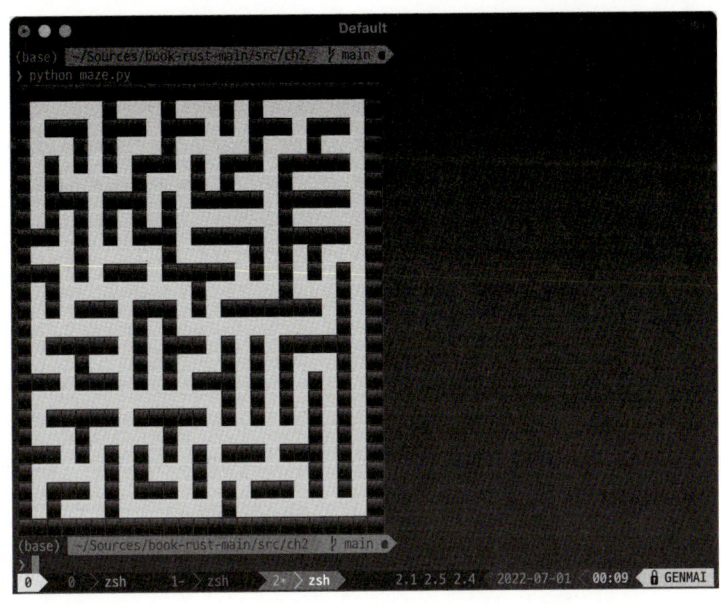

그림 2.5 파이썬으로 생성한 미로

앞에서 설명한 방식을 그대로 구현했으므로 소스 코드를 한 줄씩 확인해보면 어떻게 동작하는지 이해할 수 있을 것이다. 가로와 세로 각각 'MAP_N'인 2차원 리스트를 만들고 0으로 초기화한다. 그리고 벽으로 만들고 싶은 부분을 1로 변경하는 것이다. 마지막에 tiles를 이용해 0이면 흰색 타일, 1이면 검은색 타일로 바꿔주면 이와 같은 미로가 만들어진다.

잘 이해가 되지 않는다면 해당 부분을 주석 처리한 뒤 어떻게 동작하는지 확인해보면 조금 더 쉽게 이해할 수 있을 것이다.

### 러스트로 미로 자동 생성

이번에는 러스트로 미로를 생성해본다. 먼저 프로젝트를 생성하고 생성된 디렉터리로 이동한다.

```
$ cargo new maze
$ cd maze
```

Cargo.toml에 rand 크레이트를 추가한다.

【코드】 file: src/ch2/maze/Cargo.toml

```toml
[package]
name = "maze"
version = "0.1.0"
edition = "2018"

[dependencies]
rand = "0.8.0"
```

크레이트를 추가했으면 프로그램을 만든다. 파이썬으로 만들었을 때와 거의 같다. 차이점이 있다면 파이썬에서는 2차원 리스트를 이용했고, 러스트에서는 2차원 배열을 이용한다는 점이다. 참고로 러스트에서 배열은 순차적인 메모리를 가지는 정적 타입이므로 길이를 한번 지정하면 변경할 수 없다.

【코드】 file: src/ch2/maze/src/main.rs

```rust
use rand::Rng;

// 전체 미로의 크기 지정 ── (※1)
const MAP_N: usize = 25;

fn main() {
    // 난수 생성기 준비 ── (※2)
    let mut rng = rand::thread_rng();
    // 미로 초기화 ── (※3)
    let mut maze = [[0; MAP_N]; MAP_N]; // 배열 변수 선언
    // 둘레를 벽으로 감싸기── (※4)
    for n in 0..MAP_N {
        maze[n][0] = 1; // 위쪽 벽 만들기
        maze[0][n] = 1; // 왼쪽 벽 만들기
        maze[n][MAP_N-1] = 1; // 오른쪽 벽 만들기
        maze[MAP_N-1][n] = 1; // 아래쪽 벽 만들기
    }
    // 2칸마다 1개의 벽을 설치 ── (※5)
    for y in 2..MAP_N-2 {
        for x in 2..MAP_N-2 {
```

```
            if x % 2 == 1 || y % 2 == 1 { continue; }
            maze[y][x] = 1; // 벽
            // 상하좌우 중 어느 하나를 벽으로 만들기 ──(※6)
            let r = rng.gen_range(0..=3);
            match r {
                0 => maze[y-1][x] = 1, // 상
                1 => maze[y+1][x] = 1, // 하
                2 => maze[y][x-1] = 1, // 좌
                3 => maze[y][x+1] = 1, // 우
                _ => {},
            }
        }
    }
    // 미로 출력 ──(※7)
    // 0과 1을 각각 흰색 타일(U+2B1C)과 검은색 타일(U+2B1B)로 치환한다.
    let tiles = ["⬜", "⬛"];
    for y in 0..MAP_N {
        for x in 0..MAP_N {
            print!("{}", tiles[maze[y][x]]);
        }
        println!("");
    }
}
```

프로그램을 실행하면 다음과 같이 생성된 미로가 표시된다.

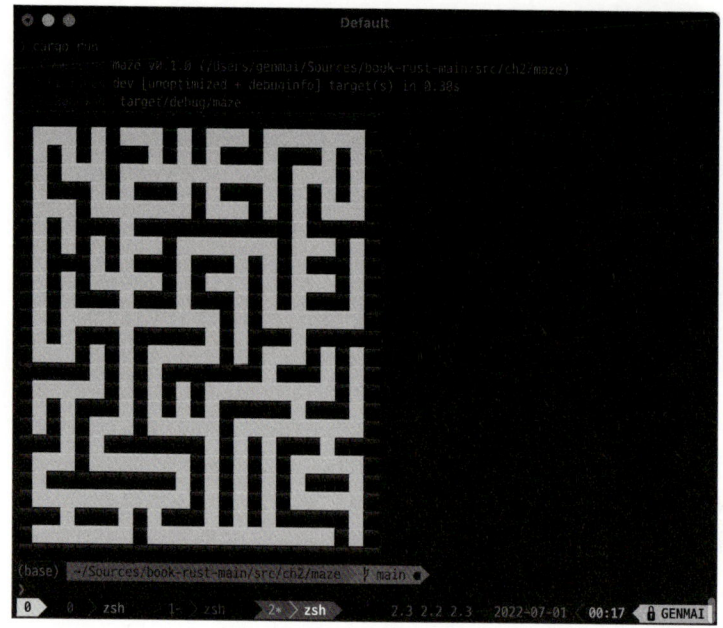

그림 2.6 러스트로 생성한 미로

소스 코드를 확인해보자. (※1)에서 MAP_N 상수에 폭을 지정한다. 이 값을 변경해 미로의 폭을 변경할 수 있다.[2] 참고로 러스트에서 상수는 위 소스 코드와 같이 const를 사용해 선언한다.

상수를 선언할 때는 반드시 타입을 지정해야 한다.

[서식] 상수 선언
const 상수명: 타입 = 값;

(※2)에서 난수 생성기를 준비한다. (※3)에서는 미로로 사용할 MAP_N×MAP_N 크기를 가진 2차원 배열 데이터를 선언하고 모두 0으로 초기화한다. 러스트에서 배열을 초기화할 때는 '[초깃값; 배열 길이]'로 초기화한다는 것을 1장에서 배웠다. 2차원 배열의 경우에는 다음과 같이 초기화한다.

[서식] 2차원 배열 초기화
let mut 변수명 = [[초깃값; 배열 길이]; 배열 길이];

---

2　(옮긴이) 짝수로 지정하면 오른쪽 벽 – 1, 아래 벽 – 1 부분이 모두 흰색 타일이 되므로 홀수로 지정해야 한다.

(※3)에서 선언한 maze는 usize 타입이 된다. 즉, '[[usize; MAP_N]; MAP_N]'이다. 여기서는 타입 추론을 이용하므로 생략할 수 있지만 **별도의 함수로 구현했다면 반드시 정확한 타입을 지정해야 한다.**

(※4)에서는 미로의 외벽을 만든다. 파이썬으로 만든 미로 생성과 마찬가지로 0은 통로, 1은 벽이다.

(※5)에서는 2칸에 하나씩 벽을 만든다. 미로 데이터의 홀수번째가 벽이 된다. 그리고 (※6)에서는 난수를 이용해 벽을 기준으로 상하좌우 중 하나를 벽으로 만드는 처리를 수행한다. 0부터 3까지의 난수를 생성해 0이 나오면 위, 1은 아래, 2는 오른쪽, 3은 왼쪽을 벽으로 설정한다.

러스트의 특이한 문법 중에는 match가 있다. match 문은 값에 따라 처리를 분기할 수 있는 구문이다. 문법은 다음과 같다.

[서식] match 문 사용 방법

```
match 표현식 {
    값 1 => 값 1일 때의 처리,
    값 2 => 값 2일 때의 처리,
    값 3 => 값 3일 때의 처리,
    _ => 그 외일 때의 처리
}
```

변수의 값에 따라 다른 처리를 할 수 있다. if 문과는 사용 방법이 조금 다르다. if 문은 값의 진위(참/거짓)를 판단하지만 match는 값이 일치하는지를 처리한다는 특성이 있다. 파이썬에는 이렇게 분기가 많은 구문을 처리하는 문법이 없으므로 할 수 없이 if 문을 4개 써서 미로의 상하좌우를 나눴지만[3], 러스트에서는 match 문을 이용하면 보다 읽기 쉽게 작성할 수 있다.

(※7)에서는 미로를 출력한다. 윈도우나 리눅스 환경에서는 검정색 타일이나 흰색 타일이 표시되지 않을 수 있다. 이 경우 'tiles = [" ", "##"]'으로 변경하면 #으로 이루어진 미로를 확인할 수 있다. 이때도 고정폭 글꼴이 아니라면 미로가 어그러져 보일 수 있다.

---

3  (옮긴이) 파이썬 3.10 버전에 match-case문이 추가됐다.

### 정리

- 난수를 이용할 때는 rand 크레이트를 사용한다.
- 범위를 나타내는 '0..N'과 '0..=M'의 차이에 대해 확인했다.
- 미로를 자동으로 만드는 프로그램을 만들었다.
- 상수 선언을 할 때는 const를 사용한다.
- 2차원 배열 변수를 사용해봤다.
- match 구문 사용 방법을 확인했다.

Chapter 2 | 러스트로 간단한 도구 만들기

## 벡터 타입, 빙고 카드 생성

빙고 게임에서 빼놓을 수 없는 빙고 카드를 만드는 프로그램을 만들어본다. 데이터를 섞기 위해 앞 섹션에서 이용한 rand 크레이트를 이용한다.

> **여기서 배우는 것**
> - 빙고 카드
> - rand 크레이트
> - 난수
> - 벡터 타입

### 빙고 카드를 자동으로 만들어주는 도구 만들기

빙고 카드는 빙고 게임에서 꼭 필요한 요소다. 일반적으로 빙고 카드는 가로, 세로 5칸씩 총 25칸으로 이루어진 표에 무작위 숫자가 적혀 있다. 가운데를 제외한 24 칸에는 1에서 75 사이의 숫자 중 24개가 중복 없이 채워진다.

한국에서는 쇼핑몰 등에서 판매하긴 하지만 생각보다 가격이 비싸니 여기서 직접 만들어보자.

그림 2.7 빙고 카드

## 파이썬으로 빙고 카드 만들기

빙고 카드는 다음과 같은 방법으로 만든다.

- 1에서 75까지의 숫자가 들어간 리스트를 만든다.
- 리스트의 항목을 섞는다.
- 24개의 요소를 꺼내 빙고 카드에 할당한 뒤 출력한다.

이것을 파이썬으로 구현하면 다음과 같다.

【코드】 file: src/ch2/bingocard.py

```python
import random
# 1에서 75까지의 수로 이루어진 리스트를 만든다
nums = list(range(1, 75+1))
# 섞기
random.shuffle(nums)
nums[12] = "*" # 와일드카드 지정
# 카드 표시
for y in range(0, 5):
    for x in range(0, 5):
        print("{:>3},".format(nums[y*5+x]), end="")
    print("")
```

프로그램을 실행하면 다음과 같은 2차원 배열 형태의 빙고 카드가 출력된다.

```
$ python bingocard.py
 71, 48, 58, 44, 54,
 27, 17, 13, 30,  2,
 75, 69,  *,  4, 73,
 18, 26,  5, 39,  7,
 16, 42,  9,  3, 61,
```

무작위로 섞기 때문에 실행할 때마다 다른 결과가 표시된다.

1장의 구구단과 마찬가지로 CSV 형식으로 출력했기 때문에 이 값을 CSV로 저장한 뒤 엑셀에서 열고 조금만 손을 보면 다음과 같이 훌륭한 빙고 카드가 완성된다.

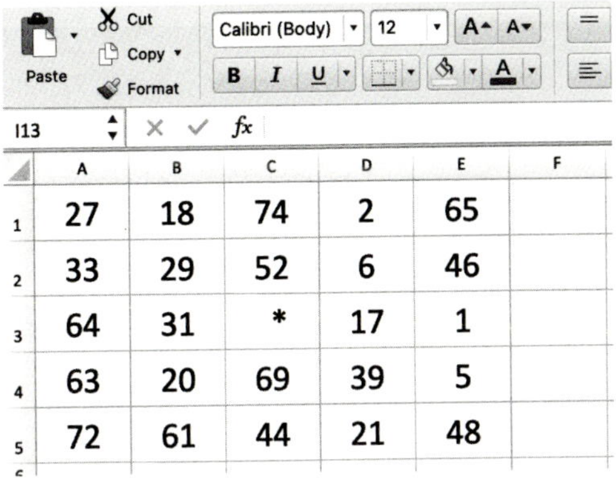

| | A | B | C | D | E | F |
|---|---|---|---|---|---|---|
| 1 | 27 | 18 | 74 | 2 | 65 | |
| 2 | 33 | 29 | 52 | 6 | 46 | |
| 3 | 64 | 31 | * | 17 | 1 | |
| 4 | 63 | 20 | 69 | 39 | 5 | |
| 5 | 72 | 61 | 44 | 21 | 48 | |

그림 2.8 꼭 CSV를 이용하지 않더라도 엑셀의 기능을 통해 바로 표로 만들 수 있다.

## 러스트로 빙고 카드 만들기

다음은 러스트로 빙고 카드를 구현한다. 먼저 Cargo로 프로젝트 템플릿을 만든다.

```
$ cargo new bingocard
$ cd bingocard
```

bingocard라는 프로젝트 디렉터리와 관련 파일이 생성된다.

### rand 크레이트 추가

파이썬에서는 `random` 모듈의 `shuffle` 메서드를 이용해 리스트를 섞을 수 있었다. 하지만 러스트는 표준 메서드에 배열 데이터를 섞는 메서드가 존재하지 않는다.

그래서 앞 섹션에서 이용한 rand 크레이트를 이용한다. rand 크레이트에는 배열을 섞을 수 있는 기능이 존재한다.

`Cargo.toml` 파일에 rand 크레이트를 이용할 수 있도록 추가한다.

【코드】 file: src/ch2/bingocard/Cargo.toml

```
[package]
name = "bingocard"
version = "0.1.0"
edition = "2018"
```

```
[dependencies]
rand = "0.8.0"
```

## 빙고 카드를 만드는 프로그램을 작성

가능한 한 파이썬 프로그램과 동일한 방법으로 프로그램을 만들어보자. 임의로 숫자를 섞고 빙고 카드를 CSV 형태로 출력한다.

【코드】file: src/ch2/bingocard/src/main.rs

```rust
// 배열을 섞기 위한 rand 크레이트 이용 선언 ── (※1)
use rand::seq::SliceRandom;

fn main() {
    // 1에서 75까지의 숫자로 이루어진 배열을 생성 ── (※2)
    let mut nums = [0; 75];
    for i in 1..=75 { nums[i-1] = i; }

    // 섞기 ── (※3)
    let mut rng = rand::thread_rng();
    nums.shuffle(&mut rng);

    // 카드 표시 ── (※4)
    for y in 0..5 {
        for x in 0..5 {
            let i = y * 5 + x;
            if i == 12 { // 와일드카드
                print!("  *,");
            } else {
                print!("{:3},", nums[i]);
            }
        }
        println!("");
    }
}
```

cargo run으로 프로그램을 바로 실행해보자. 첫 실행 때는 rand 크레이트를 내려받아 컴파일을 수행한다. 파이썬 때와 마찬가지로 임의로 숫자를 섞으므로 결과는 실행할 때마다 다르게 표시된다.

```
> cargo run
    Updating crates.io index
(생략)
    Running `target/debug/bingocard`
 11, 42, 47,  7, 45,
 63, 43, 39, 27, 35,
 73, 25,  *, 64, 61,
  9, 21, 17, 51, 22,
  2, 38,  5,  8, 60,
```

프로그램을 확인해보자. rand 크레이트를 이용해 배열을 섞기 위해 (※1)과 같이 선언한다.

그리고 (※2)에서 1부터 75까지의 숫자로 이루어진 배열을 생성한다. 75개의 요소를 가지는 배열을 만든 뒤 각 배열 요소에 1부터 75까지의 숫자를 채운다.

(※3)에서는 생성한 배열을 섞는다. rand:thread_rng 메서드를 이용해 난수 생성기 오브젝트를 생성하고 배열에 shuffle 메서드를 사용하면 배열이 무작위로 섞인다.

이렇게 보면 처음부터 nums라는 배열에 shuffle 메서드를 사용할 수 있는 것처럼 보이지만 제일 위에서 rand::seq::SliceRandom을 선언했기 때문에 shuffle 메서드를 사용할 수 있는 것이다.

shuffle 메서드를 호출할 때 인수로 '&mut rng'를 지정한다. 앞에서 배운 것처럼 &mut은 인수의 값을 가변 참조로 지정한다는 것을 의미한다. 값을 섞는 shuffle 메서드는 몇 번이나 난수를 생성해 배열 요소를 섞는다. 그리고 난수를 생성할 때 난수 생성기 내부의 값은 계속 바뀐다. 따라서 인수가 가변이라는 것을 명시해 shuffle 메서드를 호출해야 한다.

(※4)에서는 섞은 배열 데이터를 화면에 출력한다. 이 처리는 파이썬과 거의 같다.

그리고 (※4) 부분에서 변수 i를 선언할 때 불변이라는 점에 주목하자. 반복할 때 변수 i의 값은 매번 다른 값으로 변경된다. 그렇다면 변수 i를 가변으로 선언하지 않으면 에러가 발생할 것 같지 않은가? 사실 for 문 안의 블록과 밖의 블록은 다른 영역이다. 그러므로 for 문 내부에서 let i=값;이라고 쓰면 매번 새로운 변수 i가 생성돼 지정한 값으로 초기화된다. 즉 for 문의 블록 내에 쓰여진 변수를 불변으로 설정해도 문제가 없는 것이다. 그리고 불변이라면 그 후 불필요하게 값이 변경되거나 해서 실패하지도 않으므로 안심할 수 있다.

## 배열에는 동일한 데이터 타입만 할당 가능

파이썬의 코드와 잘 비교해 보면 카드를 표시하는 처리가 다르다는 것을 알 수 있다. 파이썬의 리스트에는 데이터 타입과 관계없이 값을 넣을 수 있지만, 러스트의 배열은 데이터 타입을 일치시켜야 한다. 따라서 러스트에서는 파이썬 때와는 달리 배열 안에 와일드카드 '*'를 넣을 수 없다.

파이썬과 마찬가지로 13번째 배열 요소에 '*'를 넣으려 하면 다음과 같은 에러를 볼 수 있다.

```
num[12] = "*";
```

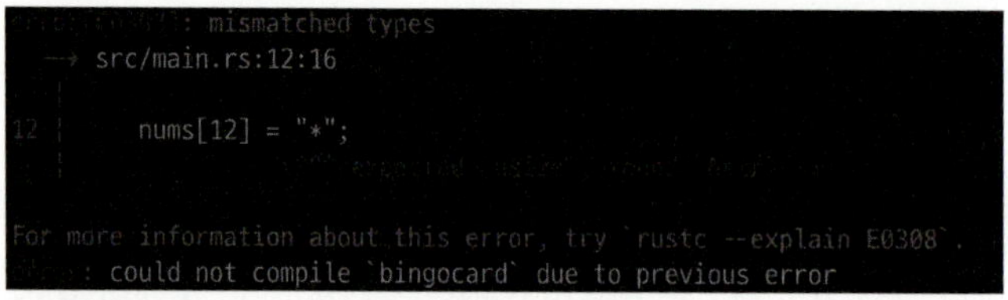

그림 2.9 타입이 달라 발생하는 에러가 표시된다.

usize 타입의 배열에 &str 타입의 값을 넣었기 때문에 이런 에러가 발생한다. 따라서 러스트 예제 코드와 같이 i 변수가 12일 때(즉, 13번째 배열 요소일 때) nums[i] 대신 '*'를 출력하는 것이다.

## 크기를 변경할 수 있는 배열, 벡터 타입

앞에서 소개한 러스트의 배열은 크기가 고정된 것이었다. 그렇다면 프로그램을 실행하기 전까지 크기를 알 수 없는 배열의 경우에는 어떻게 해야 할까. 크기가 정해지지 않은 배열을 다룰 때는 '벡터 타입'을 이용한다.

벡터 타입은 배열과 거의 비슷하게 다룰 수 있다. 러스트에서 'vec![1, 2, 3]'이라고 선언하면 숫자가 3개 있는 벡터 데이터가 만들어진다. 이는 파이썬에서 '[1, 2, 3]'이라고 선언해 3개의 요소를 가지는 리스트 타입 데이터를 만드는 것과 비슷하다. 이 내용을 실제 프로그램으로 확인해보자.

[코드] file: src/ch2/vec_macro.rs

```rust
fn main() {
    let nums = vec![1, 2, 3];
    println!("{:?}", nums);
}
```

컴파일 후 실행해보면 다음과 같이 표시된다.

```
$ rustc vec_macro.rs
$ ./vec_macro
[1, 2, 3]
```

'!'가 붙어있는 것을 보면 알 수 있듯 벡터 타입을 선언하는 'vec!'은 매크로다. vec! 매크로를 사용하지 않고 벡터 타입을 만든다면 다음과 같이 작성해야 한다.

【코드】 file: src/ch2/vec_nomacro.rs

```rust
fn main() {
    let mut nums = Vec::new();
    nums.push(1);
    nums.push(2);
    nums.push(3);
    println!("{:?}", nums);
}
```

vec_macro.rs와 vec_nomacro.rs를 보면 알 수 있듯 vec! 매크로를 이용하면 코드도 짧아지고 편리성도 향상된다는 것을 알 수 있다.

### 다양한 벡터 타입 사용해보기

실제 벡터 타입은 'Vec<T>'라는 데이터 타입이다. 여기서 '<T>'는 '제네릭'이라는, 러스트의 편리한 기능을 이용한다는 것을 뜻한다.

Vec<u32>라고 쓰면 u32 타입으로 벡터 데이터를 만들 수 있으며 Vec<&str>이라고 쓰면 &str 타입으로 벡터 데이터를 만들 수 있다. 예시를 살펴보자.

다음은 Vec<u32>와 Vec<&str>을 이용하는 예다. 각 벡터 데이터에 적당한 값을 대입해 for 문으로 반복해 내용을 표시한다.

【코드】 file: src/ch2/vec_u32_str.rs

```rust
fn main() {
    // u32 타입 벡터 생성
    let a_vec: Vec<u32> = vec![100, 200, 300];
```

```rust
    for i in a_vec {
        println!("{}", i);
    }
    // &str 타입 벡터 생성
    let s_vec: Vec<&str> = vec!["개", "고양이", "닭"];
    for i in s_vec {
        println!("{}", i);
    }
}
```

컴파일 후 실행해보면 다음과 같이 표시된다.

```
$ rustc vec_u32_str.rs && ./vec_u32_str
100
200
300
개
고양이
닭
```

## 제네릭이란?

제네릭(generics)이란 추상적인 타입을 지정해 다양한 데이터 타입을 조작할 수 있게 해주는 프로그래밍 기법이다. C++, Java, C# 등 다양한 정적 타입 언어에서 이용되고 있다. 제네릭의 장점은 이용하고 싶은 타입별로 벡터 데이터를 따로 준비하지 않고도 Vec<타입>이라고 선언해 이용할 타입의 벡터를 만들 수 있다는 것이다.

제네릭을 이용하지 않으면 i32, u32 각기 다른 벡터 타입을 정의해야 한다. 러스트에는 다양한 타입이 있으므로 제네릭이 없다면 각 타입별로 벡터 타입(예를 들면 Vec_i32, Vec_u64, Vec_f32 등)을 만들어야 할 것이다. 이렇게 되면 만드는 쪽도 사용하는 쪽도 기억하기 힘들 것이다. 참고로 <타입>은 임의의 타입이 들어가므로 다른 언어에서는 제네릭이 아니라 '템플릿'이라고 부르기도 한다.

제네릭은 4장에서 조금 더 자세히 다룬다. 여기서는 제네릭 기능을 통해 임의의 타입을 가지는 벡터를 이용할 수 있다는 점만 기억해두자.

## 벡터를 이용해 빙고 카드 만들기

앞에서 만든 빙고 카드 만들기는 배열을 이용하는 방식이었다. 이번에는 벡터를 이용하는 방식으로 구현해본다.

Cargo 명령으로 bingocard_vec 프로젝트를 만들고 해당 디렉터리로 이동한다.

```
$ cargo new bingocard_vec
$ cd bingocard_vec
```

Cargo.toml 파일을 열어 [dependencies]에 rand 크레이트를 추가한다. 그리고 배열이 아닌 벡터를 이용해 빙고 카드를 만들어보자.

[코드] file: src/ch2/bingocard_vec/src/main.rs

```rust
// 배열을 섞기 위한 rand 크레이트 이용
use rand::seq::SliceRandom;

fn main() {
    // 1에서 75까지의 값을 벡터에 대입 ── (※1)
    let mut nums = vec![];
    for i in 1..=75 { nums.push(i); }

    // 섞기 ── (※2)
    let mut rng = rand::thread_rng();
    nums.shuffle(&mut rng);

    // 카드 표시 ── (※3)
    for i in 0..25 {
        if i == 12 {
            print!("  *,");  // 와일드카드
        } else {
            print!("{:3},", nums[i]);
        }
        if i % 5 == 4 { println!(""); }
    }
}
```

프로그램을 빌드해 실행시켜보면 다음과 같이 표시된다.

```
> cargo run
    Updating crates.io index
(생략)
    Running `target/debug/bingocard`
30, 34, 29, 31, 15,
52, 40, 33,  6, 42,
18, 50,  *, 58, 75,
43, 45, 62,  1,  9,
59, 61, 11, 67, 10,
```

소스 코드를 확인해보자. (※1) 부분에서 벡터를 선언한 뒤 1에서 75까지의 숫자를 순서대로 벡터 변수에 추가하고 있다. 벡터에서는 push 메서드를 이용해 값을 추가할 수 있다.

(※2)에서는 벡터 요소를 섞는다. 배열과 마찬가지로 rand::seq::SliceRandom을 통해 shuffle 메서드를 이용할 수 있다. 마지막 (※3)에서는 카드를 표시한다.

이처럼 벡터는 가변이며 요소의 추가도 간단하게 할 수 있으며 배열과 동일하게 사용할 수 있다.

### 정리

- 빙고 카드를 생성하는 프로그램을 만들었다.
- 러스트의 배열과 백터는 2가지 이상의 요소를 넣을 수 없다.
- rand 크레이트의 rand::seq::SliceRandom을 이용하면 배열과 벡터에서 shuffle 메서드를 이용할 수 있다.
- 벡터 타입은 Vec<T>로 정의돼 있으며 러스트의 제네릭 기능을 이용할 수 있다.
- Vec<타입>으로 '타입'을 요소로 갖는 벡터가 만들어진다.

# Section 04 표준 입력과 비만도 측정

BMI를 이용해 비만도를 측정하는 프로그램을 만들어본다. 키와 몸무게는 사람마다 다르므로 프로그램에서 이를 입력받을 수 있게 해야 한다. 표준 입력을 통해 값을 입력받는 방법과 문자열을 숫자로 변환하는 방법에 대해 알아본다.

**여기서 배우는 것**
- BMI
- 표준 입력
- 수치 변환
- 에러 처리

## BMI로 비만도 진단하기

BMI는 키와 몸무게를 이용해 비만도를 나타내는 지수다. 계산 방법은 간단하므로 다양한 곳에서 이용된다. BMI를 구하는 식은 다음과 같다.

BMI = 체중(kg) ÷ (신장 m의 제곱)

이 BMI 값이 22라면 표준 체중에 가장 건강한 상태라고 한다. 그리고 수치에 따라 비만 전단계, 저체중, 고도비만 등으로 분류하고 있다. 대한비만학회에서는 다음과 같은 기준을 진료지침으로 하고 있다.

표 2.3 한국인 체질량지수

| BMI | 진단 결과 | BMI | 진단 결과 |
| --- | --- | --- | --- |
| 18.5 미만 | 저체중 | 25~29.9 | 1단계 비만 |
| 18.5~22.9 | 정상 | 30~34.9 | 2단계 비만 |
| 23~24.9 | 비만전단계(위험체중) | 35 이상 | 3단계 비만(고도 비만) |

이 표를 바탕으로 비만도를 진단해주는 프로그램을 만들어보자.

### 파이썬으로 비만도 진단

키와 몸무게를 입력받아 BMI를 계산해 비만도를 진단하는 프로그램을 만들어보자.

【코드】 file: src/ch2/bmi.py

```python
# 비만도 진단 도구
# 키와 체중 입력
height_cm = float(input('키(cm) : '))
weight = float(input('몸무게(kg) : '))

# BMI 계산
height = height_cm / 100.0
bmi = weight / (height ** 2)
print("BMI={:.1f}".format(bmi))

# 진단 결과 표시
if bmi < 18.5:
    print("저체중")
elif bmi < 23:
    print("정상")
elif bmi < 25:
    print("비만전단계")
elif bmi < 30:
    print("1단계 비만")
elif bmi < 35:
    print("2단계 비만")
else:
    print("3단계 비만")
```

파이썬에서는 `input` 함수를 이용해 사용자 입력을 받을 수 있다. 입력 값을 가지고 BMI를 계산하고, BMI 값을 `if` 문으로 분기해 진단 결과를 표시한다.

파이썬은 타입을 엄격하게 확인하지는 않지만 표준 입력으로 받은 문자열을 그대로 계산할 수 없다. 따라서 입력받은 데이터(키와 몸무게)를 숫자로 변환해야 한다. 따라서 `float` 함수를 이용해 문자열을 부동소수점으로 변환한다.

프로그램을 실행해 제대로 동작하는지 확인해보자. 키와 몸무게를 입력하면 계산된 BMI와 진단 결과가 표시된다. 키 165cm, 60kg이라면 BMI는 22로 정상 판정이 나온다.

```
$ python bmi.py
키(cm) : 165
```

```
몸무게(kg) : 60
BMI=22.0
정상
```

이번엔 다른 값을 입력해본다. 키 165cm, 체중 82kg으로 입력하면 BMI는 대폭 늘어 30.1이 되고 2단계 비만으로 진단 결과가 표시된다.

```
$ python bmi.py
키(cm) : 165
몸무게(kg) : 82
BMI=30.1
2단계 비만
```

## 러스트로 비만도 진단

이어서 러스트로 비만도 진단 프로그램을 만들어보자.

【코드】 file: src/ch2/bmi.rs

```rust
// 비만도 진단 도구
fn main() {
    // 키와 몸무게 입력 ── (※1)
    let height_cm = input("키(cm) : ");
    let weight = input("몸무게(kg) : ");
    // BMI 계산 ── (※2)
    let height = height_cm / 100.0;
    let bmi = weight / height.powf(2.0);
    println!("BMI={:.1}", bmi);
    // 비만도 진단 ── (※3)
    if bmi < 18.5 { println!("저체중"); }
    else if bmi < 23.0 { println!("정상"); }
    else if bmi < 25.0 { println!("비만전단계"); }
    else if bmi < 30.0 { println!("1단계 비만"); }
    else if bmi < 35.0 { println!("2단계 비만"); }
    else { println!("3단계 비만"); }
}

// 표준 입력에서 1줄씩 읽어 f64 타입으로 반환하는 함수 ── (※4)
```

```
fn input(prompt: &str) -> f64 {
    // 메시지 출력
    println!("{}", prompt);
    // 입력 값을 가져옴 ── (※5)
    let mut s = String::new();
    std::io::stdin().read_line(&mut s).expect("입력 에러");
    // 공백을 제거하고 숫자 값으로 변환 ── (※6)
    return s.trim().parse().expect("숫자가 아닙니다.");
}
```

컴파일 후 실행해본다. 앞에서와 마찬가지로 키는 165, 몸무게는 82를 입력하면 BMI는 30.1, 2단계 비만이라는 진단 결과가 표시된다.

```
$ rustc bmi.rs && ./bmi
키(cm) :
165
몸무게(kg) :
82
BMI=30.1
2단계 비만
```

소스 코드를 확인해보자. (※1)에서 키와 몸무게를 입력받는다. 파이썬과는 달리 러스트에는 편리한 input 함수가 없다. 그래서 (※4)에서 input 함수를 정의해 그것을 이용한다.

(※2)에서는 BMI를 계산한다. 러스트에서 부동소수점의 제곱을 계산할 때는 powf 메서드를 이용한다.

(※3)에서는 if 문을 이용해 비만도를 판단한다.

(※4)에서는 (※1)에서 사용할 입력 함수를 정의한다. 표준 입력에서 한 줄씩 읽어 f64 타입으로 반환하는 함수다. (※5)에서 표준 입력에서 한 줄씩 읽어 String 타입 변수 s에 대입한다.

(※6)에서 s 변수의 값에 포함된 공백을 제거한 뒤 f64 타입으로 변환해 반환한다. 러스트에서 문자열을 숫잣값으로 변환할 때는 parse 메서드를 이용한다. 여기서는 그냥 parse 메서드를 이용했지만 실제로 타입 추론 기능이 동작해 함수의 반환값인 f64로 변환이 이루어진다. 즉 String::parse::<f64>라는 메서드가 호출된다. 문자열을 숫자로 변환하는 간단한 프로그램은 다음과 같이 작성할 수 있다. 다음 프로그램은 문자열 "3.1415"를 숫자로 변환해 소수점 이하 2자리까지를 표시한다.

【코드】 file: src/ch2/str_parse_f.rs

```rust
fn main() {
    // 문자열 지정
    let s = "3.1415";
    // f64 타입으로 변환
    let num = s.parse::<f64>().expect("변환 실패");
    // 변환한 값을 서식에 맞춰 출력
    println!("{:.2}", num);
}
```

여기서 중요한 점은 모든 문자열을 숫자로 바꿀 수 없다는 점이다. parse 메서드의 반환 값은 Result 타입이 된다. Result 타입에서 값을 출력하기 위해서는 expect 메서드를 이용한다. 변환에 실패하면 에러가 출력되고 프로그램은 강제 종료된다. parse 메서드 처리는 뒤에서 자세하게 소개한다.

> **옮긴이 보충** Result 타입 처리
>
> Result 타입은 'Result<"데이터 타입", "에러 타입">' 형태로 구성된다. 위 예제에서는 Result<f64, ParseFloatError>가 된다. Result를 화면에 출력하는 방법은 다양하다. expect(에러 메시지)는 에러가 발생할 때 '에러 메시지'를 출력하는 형태이며, 단순하게 unwrap() 메서드를 이용하는 방법도 있다. 이때는 물론 에러 메시지가 표시되지 않는다.
>
> 아니면 println! 매크로에서 "{}" 대신 "{:?}"을 이용하는 방법도 있다. 이때는 Ok() 안에 결과가 표시된다.
>
> 하지만 가장 좋은 방법은 match를 이용하는 것이다. 다음 절에도 나오지만, 에러 처리를 하는 가장 멋진 방법은 match를 이용하는 것이다.
>
> 위의 예제에서 let s에 숫자가 아닌 다른 문자를 입력하면 다음과 같이 에러가 표시되고 종료된다.
>
> ```
> thread 'main' panicked at '변환 실패: ParseFloatError { kind: Invalid }', str_parse_f.rs:5:32
> note: run with `RUST_BACKTRACE=1` environment variable to display a backtrace
> ```
>
> 연습에서라면 상관없지만 실제 서비스에서라면 패닉 메시지가 나오는 것은 아무래도 바람직하지 않다. 위 코드를 다음과 같이 변경해보자.
>
> ```rust
> fn main() {
>     let s = "3.1415a";
>     let num = s.parse::<f64>();
>     match num {
>         Ok(result) => println!("{:.2}", result),
> ```

```
            Err(e) => println!("에러가 발생했습니다. 이유 : '{:?}'", e)
    }
}
```

컴파일 후 실행해보면 다음과 같이 에러가 표시된다.

에러가 발생했습니다. 이유 : 'ParseFloatError { kind: Invalid }'

본문에서는 상황에 따라 unwrap이나 expect를 선택하라는 설명을 하고 있으나 소스 코드가 길어지더라도 가급적 match를 이용하는 것이 좋다.

## 러스트에서 표준 입력 처리하기

러스트에는 파이썬의 input에 해당하는 함수가 존재하지 않는다. 그래서 'bmi.rs'에서는 input 함수를 만들어 이용했다. 여기서는 표준 입력과 관련된 내용을 조금 더 자세히 설명한다.

콘솔로부터의 입력뿐 아니라 파일이나 네트워크로부터의 입출력에는 에러가 빈번하게 발생한다. 그래서 입출력이 있는 프로그램에서는 에러 처리가 중요하다.

표준 입력에서도 러스트의 에러 처리 방법을 알아둬야 한다. 여기서는 간단한 예로 표준 체중을 구하는 도구를 만들어본다. 앞의 프로그램에서는 실수로 숫자가 아닌 문자를 입력하면 에러가 발생해 강제로 종료됐다. 여기서는 강제로 종료되는 것이 아니라 다시 한번 숫자를 입력하게끔 구성했다.

【코드】 file: src/ch2/input_height.rs

```rust
fn main() {
    let mut height;
    // 반복문 ── (※1)
    loop {
        println!("키(cm) : ");
        height = input_f(0.0); // 숫자 값 입력
        if height > 0.0 { break; }
        println!("숫자만 입력 가능합니다.");
    }
    // 표준 체중을 계산해 표시 ── (※2)
    let weight = 22.0 * (height / 100.0).powf(2.0);
    println!("표준 체중은 {:.1}kg입니다.", weight);
```

```
}

// 표준 입력에서 문자열을 얻기 ── (※3)
fn input_str() -> String {
    let mut s = String::new();
    std::io::stdin()
        .read_line(&mut s)
        .expect("입력 에러");
    s.trim_end().to_string()
}

// 표준 입력에서 실수를 얻기(실패 시 def 반환) ── (※4)
fn input_f(def: f64) -> f64 {
    let s = input_str();
    match s.trim().parse() {
        Ok(v) => v,
        Err(_) => def,
    }
}
```

컴파일 후 실행해보자. 키 입력시 숫자 외의 문자를 입력하면 '숫자만 입력 가능합니다'라는 에러 메시지가 표시되고 다시 입력 프롬프트가 표시된다. 숫자만을 입력하면 신장에 대한 표준 체중이 표시된다.

그리고 숫자를 입력하지 않는 이상 프로그램은 종료되지 않는다. 도중에 강제 종료를 하고 싶다면 [Ctrl]+[C]를 입력한다.

```
$ rustc input_height.rs && ./input_height
키(cm) :
19a ← 입력
숫자만 입력 가능합니다.
키(cm) :
182 ← 입력
표준 체중은 72.9kg입니다.
```

소스 코드를 확인해보자. (※1)에서는 loop 문을 이용해 숫자가 입력될 때까지 반복을 하게 구성한 것이다. loop { … }는 while true { … }와 같은 의미다. 하지만 while true라고 쓰는 것은 추천하지 않으므로 loop 문을 이용한다.

(※2)에서는 입력된 값으로 표준 체중을 계산해 결과를 표시한다.

(※3)은 표준 입력으로부터 문자열을 얻는 `input_str` 함수를 정의한 것이다. 이 부분은 BMI 비만도 진단 프로그램과 기본적으로 동일하지만 숫자 값 변환을 하지 않고 문자열을 그대로 반환한다. 1장의 시저 암호 부분에서도 설명했지만, 러스트의 함수에서는 `return`을 이용하지 않고도 값을 반환할 수 있다. 여기서도 `return`을 이용하지 않고 값을 반환한다.

표준 입력에서 값을 얻어오기 위해 `std::io::stdin()` 함수를 이용한다. 이 함수의 `read_line` 메서드가 실제로 값을 얻어온다. 이때 인수로 지정한 `String` 타입 객체에 내용이 저장된다. 따라서 인수는 가변이 돼야 하기 때문에 `&mut`를 붙인다.

`read_line` 메서드는 `Result` 타입의 반환 값을 갖는다. `Result` 타입은 `Ok`(성공) 또는 `Err`(에러) 중 하나를 반환하는 함수다. `Result` 타입에 `expect` 메서드를 이용하면 에러가 발생하는 경우 프로그램은 강제 종료(Panic)된다.

그리고 (※4)는 표준 입력에서 실수를 얻는 `input_f` 함수를 정의한 것이다. `parse` 메서드를 이용해 입력된 값이 숫자인지 판단하며, 숫자 변환에 실패했다면 인수로 지정된 값을 반환하는 구조다. 여기서는 `match` 구문을 이용해 성공과 실패에 대한 분기를 수행한다.

### Result 타입을 반환하는 parse 메서드 다루기

문자열을 다루는 `parse` 메서드를 다시 한번 살펴보자. 이 메서드는 `Result` 타입을 반환한다. `Result` 타입은 성공(`Ok`)과 실패(`Err`) 중 하나를 반환한다. 이것을 처리하기 위해서는 `match` 문을 사용한다.

다음은 문자열을 i32 타입 정수로 변환하는 간단한 프로그램이다. 여기서는 변환에 실패했을 때 0을 반환한다.

【코드】 file: src/ch2/str_parse_i.rs

```rust
fn main() {
    // 문자열에 숫자 값을 대입
    let s = "365";
    // i32 타입 숫자 값으로 변환
    let i: i32  = match s.parse() {
        Ok(v) => v,    // 성공했을 때
        Err(_) => 0,   // 실패했을 때
    };
```

```
    println!("{}", i);
}
```

이처럼 Result 타입을 반환하는 메서드는 match 문을 이용해 성공했을 때(Ok)와 실패했을 때(Err)를 나눠 처리를 수행한다. 하지만 이런 에러 처리를 생략하고 싶다면 expect나 unwrap 메서드를 이용한다. 다음은 unwrap을 이용한 경우다.

**[코드]** file: src/ch2/str_parse_i2.rs

```
fn main() {
    let s = "365";
    let i: i32  = match s.unwrap();
    println!("{}", i);
}
```

unwrap을 사용하면 프로그램은 매우 간단해진다. 하지만 unwrap이나 expect를 이용하면 처리에 실패하는 경우 바로 프로그램이 강제 종료된다. 상황에 따라 어떤 것을 쓸지 선택하자.

이 섹션에서는 러스트로 표준 입력을 받아 처리하는 방법을 설명했다. 파이썬에서라면 'float(input("입력")'과 같이 쉽게 사용할 수 있었지만 러스트에서는 꽤 복잡한 코드를 작성해야 했다. 이 점은 러스트 진입 장벽을 높이는 점이 될 수도 있다. 특히 문자열을 숫자로 변환할 때의 에러 처리는 러스트의 특징을 이해해야 하기 때문에 어렵다.

하지만 이런 부분을 모두 이해해야만 러스트를 사용할 수 있는 것은 아니다. 표준 입력 처리는 예제의 코드를 이용해도 된다. 어느 정도 러스트에 익숙해졌다면 다시 이 장의 소스 코드들을 좀 더 멋지게 수정해 볼 수도 있을 것이다. 우선은 가벼운 마음으로 진도를 따라오기 바란다.

> **정리**
>
> ➡ BMI 계산 도구를 만들었다.
>
> ➡ std::io::stdin의 read_line 메서드로 표준 입력을 얻을 수 있다.
>
> ➡ String 타입의 parse 메서드를 이용해 문자를 숫자로 변환할 수 있다.
>
> ➡ Result 타입을 반환하는 메서드는 match 문을 이용해 성공 여부를 판단해야 하지만 unwrap이나 expect 메서드로 실패 시 강제 종료를 하게 만들 수도 있다.

> **Column** 숫잣값 리터럴

지금까지 몇 개의 예제 프로그램에서는 러스트의 타입 추론을 적극적으로 이용했다. 간편하게 let으로 변수 이름을 만들고 값을 할당하면 그에 맞는 데이터 타입이 지정됐다.

### 타입이 있는 리터럴을 지정할 수 있다

정수를 지정할 때 그 값의 타입을 자연스럽게 지정하고 싶을 때가 있다. 100이라고 쓰고 그 값이 8비트 정수 100으로 취급되게 하고 싶은 경우 '100u8'이라고 기술하면 해당 값은 u8 타입의 100이 된다. 128비트 타입인 i128로 설정하고 싶다면 '100i128'이라고 기술한다. 즉 숫잣값 리터럴 뒤에 타입을 기술해 숫잣값의 타입을 지정할 수 있다.

그리고 정수 리터럴에는 숫잣값의 단위를 구분하기 위해 언더바(_)를 넣을 수도 있다. 1만을 표현하기 위해 '10000' 또는 '10_000'이라고 쓸 수 있으며 동일한 값을 갖는다.

【코드】 file: src/ch2/int_type.rs

```rust
use std::any::type_name;

// 타입 확인을 위한 함수 정의
fn type_of<T>(_: T) -> &'static str {
    type_name::<T>()
}

fn main() {
    let a = 100u8;    // u8 타입 100
    let b = 100i128;  // i128 타입 100
    let c = 10_000;   // 10000과 동일한 의미
    println!("각 타입 확인 : a={}({}), b={}({}), c={}({})", a, type_of(a), b, type_of(b), c, type_of(c));
}
```

컴파일 후 실행해보면 각 변수의 값과 타입을 확인해볼 수 있다.

### ASCII 코드와 문자 코드로 문자를 지정할 수 있다

러스트에서 문자를 나타내는 char 타입을 지정하려면 'a'와 같이 작은따옴표로 문자를 감싸 표시한다. 하지만 문자 코드를 지정하고 싶은 경우 [b'a']와 같이 'a'의 앞에 b를 붙인다. 'a' as u32와 같이 타입 변환을 강제하는 방법으로도 문자 코드를 얻을 수 있다. 16진수로 '\x61'이나 '\u{611b}'와 같이 기술해 문자 코드에서 문자를 지정할 수도 있다.

**[코드]** file: src/ch2/char_type.rs

```rust
fn main() {
    let a = 'a';   // 문자 'a'를 지정
    let b = b'a';  // ASCII 코드 97u8을 지정
    let c = '\x61'; // 16진수로 문자 'a'를 지정
    println!("{},{:2x},{}", a, b, c);

    let d = '곰';   // 문자 '곰'을 지정
    let e = '곰' as u32; // 문자 '곰'의 문자 코드 'acf0'를 지정
    let f = '\u{acf0}'; // 16진수로 문자 '곰'을 지정
    println!("{},{:4x},{}", d, e, f);
}
```

### 16진수와 8진수와 2진수를 지정할 수 있다

여기서 지정 가능한 숫자 값은 16진수 말고도 8진수, 2진수를 지정할 수 있다. 16진수라면 0xFF와 같이 기술하고, 8진수는 0o644로 기술한다. 2진수는 0b11001100과 같이 기술한다.

**[코드]** file: src/ch2/hex_oct_bin.rs

```rust
fn main() {
    let v1 = 0xFF;        // 16진수로 255를 지정
    let v2 = 0o655;       // 8진수로 429를 지정
    let v3 = 0b1101_0101; // 2진수로 213을 지정
    println!("{},{},{}", v1, v2, v3);
}
```

### 부동 소수점 자릿수를 지정할 수 있다

숫자 리터럴에 타입을 지정했을 때와 같이 부동 소수점에도 타입을 지정할 수 있다. 64비트 부동 소수점 f64 타입 10.5라면 10.5f64와 같이 지정한다. 그리고 10.5e+8과 같이 지수 형식 지정도 가능하다.

**[코드]** file: src/ch2/float_type.rs

```rust
fn main() {
    let f1 = 10.5;    // 부동 소수점 숫자 리터럴
    let f2 = 10.5f32; // f32 타입 부동 소수점
    let f3 = 10.5e+8; // 지수 형식으로 1050000000을 지정
    println!("{},{},{}", f1, f2, f3);
}
```

## Section 05 설문 집계

가요 프로그램을 보면 자신이 좋아하는 가수의 곡에 투표를 해 인기 순위를 집계한다. 여기서는 HashMap을 이용해 인기 투표 집계용 프로그램을 만들어본다.

**여기서 배우는 것**
- HashMap
- 설문 집계

### 인기 투표 집계 구조

온라인으로 투표한 것을 실시간으로 집계해 그 결과를 표시해주는 것을 종종 볼 수 있다. 실제 회사에서라면 투표 데이터가 있고 그것을 집계하는 프로그램이 있을 것이다. 여기서는 다음과 같은 문제를 풀어 보자.

【문제】
3명의 가수 A, B, C가 라이브 공연을 했다. 관객은 공연 후 가장 좋았던 가수를 한 명 골라 투표를 했다. 투표 결과는 다음과 같다.

C,C,A,A,A,B,C,C,B,B,B,C,B,C,B,A,C,C,B,C,C,C

이 설문을 집계해 인기 투표의 결과를 표시하는 프로그램을 만드시오.

### 파이썬으로 설문 집계

파이썬의 사전 타입 변수를 이용하면 인기 투표 집계를 할 수 있다.

【코드】 file: src/ch2/counter.py

```
# 인기 투표 집계
# 투표 데이터 ── (※1)
V_DATA = "C,C,A,A,A,B,C,C,B,B,B,C,B,C,B,A,C,C,B,C,C,C"
```

```python
# 집계용 사전 타입 데이터 초기화 ── (※2)
c_dic = {"A": 0, "B": 0, "C": 0}
# 투표 데이터 카운트 ── (※3)
for w in V_DATA.split(","):
    c_dic[w] += 1
# 집계 후 결과 표시 ── (※4)
for key in ["A", "B", "C"]:
    print("{}: {:2d}".format(key, c_dic[key]))
```

프로그램을 실행시켜보면 A, B, C 각 가수에게 투표된 투표 결과를 확인할 수 있다.

```
$ python counter.py
A:  4
B:  7
C: 11
```

소스 코드를 확인해보자. (※1)에서는 문자열로 전달된 투표 데이터를 변수에 대입한다. (※2)에서는 집계용 사전 타입 데이터를 초기화한다.

그리고 (※3)에서 반복문을 이용해 투표 데이터를 카운트한다. 여기서는 문자열을 쉼표로 구분해 각 요소를 for로 반복한다. 여기서 변수 w에는 누구를 선택했는지가 대입된다. 그리고 사전 타입 데이터에서 해당하는 요소의 값을 1 추가한다.

마지막으로 (※4)에서는 가수별로 획득한 표를 출력한다.

### 러스트로 설문 집계

다음은 러스트로 인기 투표를 집계한다. 러스트에는 파이썬의 사전 타입 데이터에 해당하는 'HashMap'이 있다. 다음 소스 코드를 확인해보자.

【코드】 file: src/ch2/counter.rs

```rust
// 인기 투표 집계
// HashMap을 사용하기 위한 선언 ── (※1)
use std::collections::HashMap;

// 투표 데이터를 상수로 선언 ── (※2)
const V_DATA: &str =
```

```rust
    "C,C,A,A,A,B,C,C,B,B,B,C,B,C,B,A,C,C,B,C,C,C";

fn main() {
    // 집계용 HashMap 생성 —— (※3)
    let mut c_map = HashMap::new();
    // HashMap을 0으로 초기화 —— (※4)
    c_map.insert("A", 0);
    c_map.insert("B", 0);
    c_map.insert("C", 0);
    // 투표 데이터 집계 —— (※5)
    for w in V_DATA.split(',') {
        c_map.insert(w, c_map[w]+1);
    }
    // 집계 후 결과 표시—— (※6)
    for k in ["A","B","C"] {
        println!("{}: {:>2}", k, c_map[k]);
    }
}
```

컴파일 후 실행하면 다음과 같이 투표 결과를 확인할 수 있다.

```
$ rustc counter.rs && ./counter
A:  4
B:  7
C: 11
```

소스 코드를 확인해보자. (※1)에서는 HashMap을 이용하기 위한 선언을 한다. 선언을 하지 않아도 되지만, 그때는 소스 코드 내에 `let mut c_map = std::collections:HashMap::new();`와 같이 기술해야 한다. HashMap과 같이 std로 시작되는 라이브러리는 러스트 표준 라이브러리다.

(※2)에서는 투표 데이터를 상수로 선언한다. 러스트에서 상수는 `const`를 이용해 선언한다. 여기서 상수의 타입(&str)을 명시하고 있는데, 상수를 선언할 때는 반드시 타입을 함께 지정해야 한다.

(※3)에서는 집계용 HashMap을 생성한다. 데이터 집계용으로 이용하므로 변수를 선언할 때 `mut`을 붙여 가변 변수가 되도록 한다. (※4)에서는 HashMap에 A, B, C 요소를 추가한다. 이때 값은 0으로 초기화한다. HashMap에 값을 추가할 때는 여기서와 같이 'insert(키, 값)' 형태로 지정한다.

(※5)에서는 문자열 V_DATA를 쉼표로 구분해 for 문으로 반복해 카운트한다. 값을 초기화했을 때와 마찬가지로 insert 메서드를 이용해 키와 값을 갱신한다. HashMap에서 값을 얻기 위해서는 '**변수[키]**'와 같이 지정해 값을 가져온다.

마지막으로 (※6)에서 집계 결과를 순서대로 출력한다. println!의 첫 번째 인수인 서식에 '{:>2}'와 같이 작성해 필드의 넓이를 두 칸으로 지정하고 오른쪽 정렬이 되도록 표시할 수 있다.

## HashMap 사용 방법 확인

HashMap의 사용 방법을 알아보자. HashMap도 앞 섹션에서 소개한 Vec과 마찬가지로 제네릭이며 키와 값에 다양한 타입을 지정할 수 있다. 인기 투표 집계에서는 타입 추론으로 인해 타입을 명시하지 않아도 됐지만 원래 사용 방법은 다음과 같다.

```
[서식] 타입을 지정해 HashMap 생성
let mut 변수명: HashMap<키 타입, 값 타입> = HashMap::new();
```

이해를 돕기 위해 간단한 프로그램을 하나 만들어보자. 월의 이름을 숫자가 아닌 우리말로 바꿔서 표기하는 프로그램이다. 이 한글 표현은 2010년대 SNS에서 유행하던 우리말 월 이름이다.

【코드】 file: src/ch2/korean_month.rs

```rust
use std::collections::HashMap;
fn main() {
    // 우리말 월 이름 목록 ── (※1)
    let months = ["해오름달", "시샘달", "꽃내음달", "잎새달", "푸른달", "누리달",
        "빗방울달", "타오름달", "거둠달", "온누리달", "눈마중달", "매듭달"];

    // HashMap 초기화 ── (※2)
    let mut months_map: HashMap<&str, usize> = HashMap::new();
    // 월의 이름을 HashMap에 추가 ── (※3)
    for (i, v) in months.iter().enumerate() {
        months_map.insert(v, i+1);
    }
    // 요소를 선택해 표시 ── (※4)
    println!("누리달 = {}월", months_map["누리달"]);
    println!("온누리달 = {}월", months_map["온누리달"]);
    println!("매듭달 = {}월", months_map["매듭달"]);
}
```

프로그램을 컴파일하고 실행해보면 다음과 같이 각 월의 이름이 몇 월인지 표시된다.

```
$ rustc korean_month.rs && ./korean_month
누리달 = 6월
온누리달 = 10월
매듭달 = 12월
```

소스 코드의 (※1)에서는 우리말 월 이름 목록을 선언한다. 이렇게 작성하면 지정한 요소를 가지는 배열을 선언해 초기화할 수 있다.

(※2)에서는 HashMap을 초기화한다. 앞에서 소개한 것과 같이 'HashMap<&str, usize>'와 같이 작성하면 키는 문자열 타입, 값은 uszie 타입인 HashMap이 선언된다.

(※3)에서는 우리말 월 이름을 HashMap에 추가한다. 배열 요소를 요소 번호와 함께 for 문에 나열한다. 이때 반복자를 지정하는 부분에 '배열.iter().enumrate()'라고 쓰면 (요소 번호, 값) 튜플을 반환하는 반복자를 얻을 수 있다. (※1)에서 정의한 우리말 월 이름은 1월, 2월, 3월을 대체할 수 있도록 순서대로 작성했으므로 for 문을 이용하면 쉽게 HashMap에 모든 값을 넣을 수 있다.

마지막 (※4)에서 우리말 월과 숫자 월을 출력한다.

### HashMap에 존재하지 않는 키를 취득할 때

HashMap에 존재하지 않는 키를 취득하려고 하면 에러가 발생해 강제 종료된다. 다음 예에서는 존재하지 않는 키를 가져오려고 시도한다.

[코드] file: src/ch2/hashmap_err.rs

```
// 에러가 발생하는 프로그램
use std::collections::HashMap;
fn main() {
    // HashMap을 생성해 초기화
    let mut map = HashMap::new();
    map.insert("A", 30);
    map.insert("B", 50);
    // 존재하지 않는 키를 취득
    let d = map["D"];
    println!("{}", d);
}
```

컴파일 후 실행하면 'no entry found for key(키를 찾을 수 없음)'라는 에러가 발생하고 프로그램이 종료된다.

```
$ rustc hashmap_err.rs && ./hashmap_err
thread 'main' panicked at 'no entry found for key', hashmap_err.rs:9:13
note: run with `RUST_BACKTRACE=1` environment variable to display a backtrace
```

존재하지 않는 키를 취득할 때 '존재하지 않음'이라는 메시지가 나오도록 프로그램을 수정해보자. 다음과 같이 HashMap의 get 메서드를 이용한다. 값이 존재하지 않으면 None을 반환한다.

【코드】 file: src/ch2/hashmap_chk.rs

```
use std::collections::HashMap;
fn main() {
    // HashMap을 생성해 초기화
    let mut map = HashMap::new();
    map.insert("A", 30);
    map.insert("B", 50);
    // 키가 존재하지 않는지 확인
    if map.get("D") == None {
        println!("D는 존재하지 않음")
    } else {
        // 값을 표시
        println!("D={}", map["D"]);
    }
}
```

get 메서드는 Option 타입 값을 반환하는 메서드다. Option 타입은 값이 있는지 없는지를 표시해주는 타입으로 러스트의 안전성을 위해 빠질 수 없는 존재다. 값이 없을 때는 'None', 값이 있을 때는 'Some'이 된다. Some은 '무언가'라는 의미로, '어떠한 값이 있다'라고 생각하면 된다. Option 타입은 다음 두 가지 상태를 나타낼 수 있다.

표 2.4 Option의 2가지 상태

| | |
|---|---|
| None | 값이 존재하지 않음 |
| Some | 무언가 값이 있음 |

Some 상태일 때는 값을 가져올 수 있다. Option 타입은 제네릭으로 정의돼 있어 어떤 타입의 데이터라도 Option 타입으로 이용할 수 있다.

Option 타입도 Result 타입처럼 match 문을 이용하는 것이 일반적이다. match 문은 다음과 같이 이용할 수 있다.

```
[서식] match 문
match Option 타입의 값 {
    Some(v) => 값이 있을 때의 처리,
    None => 값이 없을 때의 처리
}
```

즉 값이 있다면 실젯값 v를 이용해 처리를 수행할 수 있다. 앞의 프로그램에 match 문을 적용해 고쳐 보자.

[코드] file: src/ch2/hashmap_match.rs

```rust
use std::collections::HashMap;
fn main() {
    // HashMap을 생성해 초기화
    let mut map = HashMap::new();
    map.insert("A", 30);
    map.insert("B", 50);
    // 키가 존재하지 않는지 확인
    match map.get("D") {
        Some(v) => println!("D={}", v),
        None => println!("D는 존재하지 않음"),
    }
}
```

## 정리

- 투표 집계 프로그램을 만들었다.
- 파이썬의 사전 타입에 대응하는 러스트의 자료형은 HashMap이다.
- HashMap은 제네릭이므로 모든 데이터 타입을 이용할 수 있다.
- Option은 값이 있느냐(Some) 없느냐(None)를 나타내는 타입으로 match 문과 함께 이용한다.

Chapter 2 | 러스트로 간단한 도구 만들기

## 명령줄에서 사용할 수 있는 도구 제작

명령줄에서 간단히 사용할 수 있는 도구를 만들어본다. 인수로 지정한 숫자를 더하거나 텍스트 파일을 읽어 그 안의 숫자를 계산하는 도구를 만들어본다. 러스트에서 인수를 다루는 방법을 소개한다.

> **여기서 배우는 것**
> - 명령줄 인수
> - 숫자 값 변환
> - 텍스트 파일 읽기

### 명령줄 인수를 더하는 도구

명령줄에서 범용적으로 사용되는 도구를 만들기 위해서는 인수를 다뤄야 한다. 여기서는 명령줄의 인수를 다루는 프로그램을 만들어본다. 먼저 명령줄 인수에 지정한 숫자를 모두 더해서 표시해주는 프로그램을 만들어보자.

#### 파이썬으로 명령줄 인수 다루기

파이썬에서도 명령줄 인수를 다룰 수 있다. 다음 프로그램은 명령줄 인수에 지정한 숫자를 모두 더해 표시해준다.

【코드】 file: src/ch2/sum_args.py

```python
import sys
total = 0
# 명령줄 인수를 순서대로 더한다
for i, v in enumerate(sys.argv):
    if i == 0: continue  # 0번째는 명령어 자신이므로 무시
    try:
        # 문자열을 숫자로 변환
        total += float(v)
    except ValueError:
        pass;
# 결과 표시
print(total)
```

프로그램을 실행해보자. 여기서는 인수로 3개의 숫자 100, 30, 5를 지정했다.

```
$ python sum_args.py 100 30 5
135.0
```

제대로 계산된 결과가 나왔다. 이번에는 문자열을 포함해 실행해보자.

```
$ python sum_args.py 100 abc 30 5
135.0
```

문자열은 무시되고 계산된 것을 확인할 수 있다. 이 프로그램에서 중요한 것은 **명령줄 인수는 문자열이므로 연산을 위해서는 숫자 값으로 변환해야 한다**는 점이다. 파이썬에서는 `float` 함수를 이용하면 문자열을 부동 소수점으로 변환할 수 있지만 변환할 수 없는 경우 `ValueError`라는 예외 오류가 발생한다. 따라서 'try … except …' 구문을 이용해 예외 처리를 해야 한다.

## 러스트로 명령줄 인수 다루기

다음은 러스트로 동일한 프로그램을 만들어보자.

[코드] file: src/ch2/sum_args.rs

```rust
fn main() {
    // 명령줄 인수 취득 ── (※1)
    let args = std::env::args();
    let mut total = 0.0;
    // 명령줄 인수를 순서대로 연산 ── (※2)
    for (i, s) in args.enumerate() {
        // 0번째는 명령어(프로그램) 자신이므로 무시 ── (※3)
        if i == 0 { continue; }
        // 명령줄 인수를 숫자 값으로 변환 ── (※4)
        let num: f64 = match s.parse() {
            Ok(v) => v,
            Err(_) => 0.0,
        };
        total += num;
    }
    // 결과 표시 ── (※5)
```

```
    println!("{}", total);
}
```

컴파일 후 실행해보자.

```
$ rustc sum_args.rs
$ ./sum_args 100 30 5
135
```

파이썬과 동일한 결과가 나온다. 프로그램을 확인해보자.

(※1)에서는 인수를 취득한다. 러스트에서 명령줄 인수를 취득하기 위해서는 `std::env::args` 메서드를 이용한다.

(※2)에서는 `for` 문으로 명령줄 인수를 순서대로 처리한다. `enumerate` 메서드를 호출하면 `args`(인수)의 길이를 구할 수 있다. 즉 인수 길이만큼 반복문이 실행된다.

명령줄 인수의 가장 처음(0번째)에는 명령어 자신의 경로가 들어있다. 그래서 (※3) 부분에서 0번째 요소는 아무것도 하지 않고 넘긴다.

(※4)에서는 입력받은 인수를 숫자로 변환한다. 예제에서는 64비트 부동 소수점 수인 `f64` 타입으로 변환해 변수 `total`에 더한 결과를 대입한다.

파이썬에서는 인수 변환 시 발생할 수 있는 에러 처리를 위해 `try … except` 구문을 이용했다. 러스트의 `parse` 메서드는 `Result` 타입을 반환하므로 이 처리를 위해 `match` 구문을 이용한다. 성공했을 때는 인수 값을 할당하며 실패 시에는 0을 할당한다.

마지막으로 (※5)에서 최종 결과를 출력한다.

## 명령줄 인수를 표시만 하는 프로그램

명령줄 인수가 어떻게 취급되는지 이해하기 위해 인수를 그냥 화면에 표시만 해주는 프로그램을 만들어보자.

【코드】 file: src/ch2/print_args.rs

```
use std::env;

fn main() {
```

```
    let args = env::args();
    for arg in args {
        println!("{}", arg);
    }
}
```

컴파일 후 적당한 인수를 넣어 실행해보자.

```
$ rustc print_args.rs
$ ./print_args RUST is cool language
./print_args
RUST
is
cool
language
```

명령줄 인수의 제일 처음 요소에는 명령어 자신이 대입되고 두 번째부터 인수가 대입된다.

앞서 만든 인수 덧셈 프로그램에서는 인수를 얻을 때 `std::env::args()`라고 기술했는데 이번에는 프로그램의 가장 처음에 use를 이용해 `std::env`를 선언했으므로 env라는 이름만으로 해당 모듈을 이용할 수 있다.

use로 이용 모듈을 선언하는 방법에 대해서는 2장의 섹션 01 말미에 소개했다. 이 예제서와 같이 모듈 이용 선언을 하면 모듈을 이용할 때 전체 경로를 쓰지 않아도 되기 때문에 소스 코드가 조금 더 간결해지고 가독성도 좋아진다.

물론 `use std::env::args;`와 같이 메서드 이름까지 입력해도 된다. 이렇게 하면 코드를 `let args = args();`와 같이 작성할 수 있다. 하지만 이렇게 메서드만 작성하면 이 메서드가 어느 모듈에 속한 것인지 알기 힘들다. 그래서 표준 라이브러리를 제외한 다른 라이브러리를 이용할 때는 '모듈 이름::메서드 이름()'과 같이 기술하는 경우도 있다.

### 명령줄 인수를 벡터 타입으로 만들기

앞의 방법은 매번 for 문 등을 이용해야 하므로 인수를 하나 확인하고 싶은 경우라면 조금 번거로울 수 있다. 그런 경우 Vec<String> 타입으로 변환해서 이용하면 편리하다. 벡터 타입은 N번째 값을 바로 꺼내올 수 있기 때문이다.

【코드】 file: src/ch2/print_args_vec.rs

```rust
fn main() {
    // 명령줄 인수를 Vec<String>으로 취득
    let args:Vec<String> = std::env::args().collect();
    println!("{:?}", args);
}
```

컴파일 후 앞의 예제와 같이 적당한 인수를 넣어 실행해보자.

```
$ rustc print_args_vec.rs
$ ./print_args_vec RUST is cool language
["./print_args_vec", "RUST", "is", "cool", "language"]
```

이처럼 collect 메서드를 이용하면 명령줄 인수의 값을 벡터(Vec<String>) 타입으로 이용할 수 있다.

## 지정한 텍스트 파일의 내용을 읽어와 표시

다음으로 명령줄 인수로 지정한 파일의 내용을 읽어 표시하는 프로그램을 만들어보자.

【코드】 file: src/ch2/read_file.rs

```rust
use std::env; // 명령줄 인수 취득용
use std::fs; // 파일 읽기용

fn main() {
    // 인수를 벡터로 취득 ── (※1)
    let args: Vec<String> = env::args().collect();
    // 인수를 지정했는지 확인 ── (※2)
    if args.len() < 2 {
        println!("읽어올 파일을 지정해주세요.");
        return;
    }
    // 두 번째 요소 ── (※3)
    let filename = &args[1];
    // 파일을 읽어와 출력 ── (※4)
    let text = fs::read_to_string(filename).unwrap();
```

```
    println!("{}", text);
}
```

컴파일 후 적당한 텍스트 파일을 지정해보자. 여기서는 원래 소스 코드 파일인 **read_file.rs**를 지정했다.

```
$ rustc read_file.rs
$ ./read_file read_file.rs
use std::env; // 명령줄 인수 취득용
use std::fs; // 파일 읽기용

fn main() {
    // 인수를 벡터로 취득 ── (※1)
(생략)
```

프로그램을 확인해보자. (※1)에서는 명령줄 인수를 문자열 벡터 타입(**Vec<String>**)으로 취득한다. 벡터를 이용했으므로 인수 값을 이용하기 쉬워진다. **env::args** 메서드로 얻는 것은 반복자이고, 반복자에서 직접 데이터를 취득할 수는 없다. 반복자는 **for** 문 등과 조합해 이용해야 한다. 그러므로 이번 예제와 같이 특정 요소만 이용한다면 벡터로 취득하는 편이 좋다.

(※2)에서는 명령줄에 인수가 지정됐는지 확인한다. 벡터의 **len** 메서드를 이용하면 벡터의 길이를 알 수 있고, 인수가 있는 경우 반드시 길이는 2가 되므로 길이가 2보다 작은지 확인하는 것이다.

(※3)에서는 벡터의 두 번째 요소, 즉 읽어올 파일 이름을 취득한다. 그리고 (※4)에서 **fs::read_to_string** 메서드에 파일명을 지정해 내용을 읽어와 **println!** 매크로로 출력한다. 예제에서와 같이 **fs::read_to_string** 메서드를 이용하면 간단히 텍스트 파일을 읽어올 수 있다.

> **옮긴이 보충** **존재하지 않는 파일을 지정했을 때의 처리 추가**
>
> read_line.rs는 존재하지 않는 파일을 지정했을 경우 다음과 같이 패닉 에러가 발생한다. 즉, 프로그램이 강제 종료된다.
>
> ```
> $ ./read_file notexist
> thread 'main' panicked at 'called `Result::unwrap()` on an `Err` value: Os { code: 2, kind:
> NotFound, message: "No such file or directory" }', read_file.rs:15:45
> ```

이 에러는 (※4) 부분을 다음과 같이 변경해 대응할 수 있다.

```
// 파일을 읽어와 출력. 파일이 존재하지 않는 경우 에러(e) 출력 ── (※4)
let text = match fs::read_to_string(filename) {
    Ok(v) => v,
    Err(e) => e.to_string()
};
```

러스트에서는 변수에도 match를 이용해 분기 처리를 할 수 있으므로 파일이 존재할 때는 파일 내용을 할당하고, 파일이 존재하지 않아 에러가 발생할 때는 해당 에러의 내용을 변수에 할당하는 것이다.

에러 e를 String 타입으로 변경하는 이유는 Ok일 때의 값이 String 타입이기 때문이다. 변수에 match를 이용해 값을 할당할 경우 Ok일 때와 Err일 때의 타입을 일치시켜야 한다. String으로 타입 변환을 하지 않으면 다음과 같이 컴파일 에러가 발생한다.

```
error[E0308]: `match` arms have incompatible types
  --> read_file.rs:17:19
   |
15 |         let text = match fs::read_to_string(filename) {
   |                    -----------------
16 |  |         Ok(v) => v,
   |  |                  - this is found to be of type `String`
17 |  |         Err(e) => e
   |  |                   ^- help: try using a conversion method: `.to_string()`
   |  |                   |
   |  |                   expected struct `String`, found struct `std::io::Error`
18 |  |         };
   |  |_____- `match` arms have incompatible types
```

에러 메시지를 살펴보면 알 수 있겠지만 '.to_string()' 메서드를 추가할 것을 권고하고 있다. 권고와 같이 to_string 메서드를 이용하거나 format! 매크로를 이용해 에러 e를 String 타입으로 변환하면 에러가 발생하지 않는다.

## 텍스트 파일 안에 저장된 숫자 값을 더하는 도구 만들기

명령줄 인수에 지정한 파일을 읽는 방법을 확인했으니 텍스트 파일에 저장된 숫자를 모두 더하는 도구를 만들어보자. 이번에 만들 프로그램에서 쓸 텍스트 파일은 다음과 같이 한 줄에 하나씩 숫자가 적혀 있는 형태다.

【코드】 file: src/ch2/nums.txt

```
; 연수비
12000
12000
; 교통비
8300
8550
```

데이터 형식은 단순하다. 기본적으로 한 줄에 하나의 숫자가 적혀있다. 여기서 세미콜론 등 숫자 외의 문자로 시작하는 줄은 무시하고 숫자만 순서대로 더한다.

## 파이썬으로 텍스트 파일 안의 숫자를 더하는 도구 만들기

먼저 파이썬으로 프로그램을 만들어보자.

【코드】 file: src/ch2/sum_textfile.py

```python
import sys
total = 0
# 명령줄에 지정한 파일을 처리
for i, v in enumerate(sys.argv):
    if i == 0: continue
    # 텍스트 파일을 읽어들임
    with open(v, "rt") as fp:
        text = fp.read()
        # 한 줄씩 읽어들여 계산
        for line in text.split("\n"):
            try:
                total += float(line)
            except ValueError:
                pass;
# 결과 표시
print(total)
```

프로그램을 실행해보자. 명령줄 인수에 지정한 파일 내용을 읽어 숫자만 계산했다는 것을 알 수 있다.

```
$ python sum_textfile.py nums.txt
40850.0
```

세미콜론으로 시작하는 행을 제외하는 구현 방식도 있지만 여기서는 각 행을 숫자로 변경하는 시도를 하기 위해 'try …except…' 구문을 이용해 숫자로 변환이 되면 더하고 그렇지 않으면 무시하고 지나가도록 구현했다.

## 러스트로 텍스트 파일 안의 숫자를 더하는 도구 만들기

이어서 러스트로 같은 프로그램을 만들어보자. 아래의 예제는 주석이 많아서 길어 보이지만 파이썬과 비교해 많이 길지 않다.

【코드】 file: src/ch2/sum_textfile.rs

```rust
use std::{env, fs};

fn main() {
    // 명령줄 인수 취득 ── (※1)
    let args = env::args();
    let mut total:f64 = 0.0;
    // 모든 인수를 처리 ── (※2)
    for (i, fname) in args.enumerate() {
        if i == 0 { continue; }
        // 텍스트 파일을 읽어들임 ── (※3)
        let text = fs::read_to_string(fname).unwrap();
        // 한 줄씩 분리 ── (※4)
        let lines = text.split('\n');
        // 반복해서 계산 ── (※5)
        for line in lines {
            // 숫자 값으로 변경 ── (※6)
            let n:f64 = match line.parse() {
                Ok(v) => v,
                Err(_) => 0.0,
            };
            total += n;
        }
    }
    // 결과 표시 ── (※7)
    println!("{}", total);
}
```

컴파일 후 인수를 지정해 실행해보면 파이썬의 결과와 마찬가지로 숫자가 있는 줄만 계산돼 결과가 표시된다.

```
$ rustc sum_textfile.rs
$ ./sum_textfile nums.txt
40850
```

프로그램을 확인해보자. (※1)에서는 명령줄 인수를 취득한다. 그리고 (※2)에서는 인수로 지정한 모든 파일의 내용을 읽어오도록 반복문을 구성한다. (※3)에서는 실제 텍스트 파일을 읽어온다. (※4)에서는 읽어들인 텍스트 파일을 줄 단위로 잘라낸다. (※5)에서는 한 줄씩 처리를 위해 다시 반복문을 이용한다. (※6)에서는 문자열을 숫자 값으로 변환한다. 숫자 외의 값은 0.0으로 취급한다.

마지막 (※7)에서 숫자 값을 더한 결과를 표시한다.

프로그램의 첫 행의 선언 부분도 살펴보자. 이 부분은 다음과 동일한 의미를 가진다.

```
use std::env;
use std::fs;
```

같은 모듈의 서브 모듈이라면 'use sstd::{env, fs}'와 같이 중괄호로 감싸 기입할 수 있다.

> **정리**
> - 명령줄 인수로 전달한 숫잣값을 계산하는 프로그램을 만들었다.
> - 러스트에서 명령줄 인수를 이용하기 위해서는 sys::env::args 메서드를 이용한다.
> - sys::env::args 메서드로 얻은 값은 반복자 collect 메서드를 이용한다.
> - 텍스트 파일을 읽기 위해서는 std::fs::read_to_string 메서드를 이용한다.
> - use 선언에서 여러 개의 하위 모듈을 한꺼번에 묶어 작성할 수 있다.

Chapter 2 | 러스트로 간단한 도구 만들기

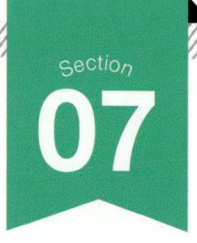

Section 07

# 파일 읽기와 영한 사전 만들기

러스트는 메모리 안전성을 보증하기 위해 '소유권'이라는 개념을 도입했다. 이것은 다른 언어에는 없는 개념이라 이해하기 어려울 수 있다. 여기서 이를 잠시 확인한다.

여기서 배우는 것
- 파일 읽기
- Result 타입
- 에러 처리

## 명령줄에서 사용할 사전 만들어보기

이 섹션에서는 파일 읽기를 소개하며 이를 이용한 영한사전을 만들어본다. 무료 사전 데이터를 이용해 간편하게 사전을 만들 수 있다.

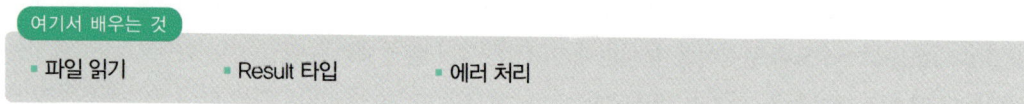

그림 2.10 이 섹션에서 만들 명령줄 영한 사전

사전을 만들기에 앞서 파일을 읽고 쓰는 방법을 확인해두자.

## FizzBuzz의 실행 결과를 파일로 저장해 비교하기

1장에서 FizzBuzz 문제를 푸는 프로그램을 만들었다. 파이썬과 러스트 각 언어로 해당 문제를 풀고 결과가 동일한지 비교했을 것이다. 숫자가 20~30개라면 눈으로 보고 쉽게 비교할 수 있지만 결과가 1000개 이상이라면 별도의 툴을 이용하지 않고서는 힘들다.

여기서는 각 프로그램의 실행 결과를 텍스트로 저장해 2개의 텍스트 파일을 비교하는 프로그램을 만들어본다. 다음과 같이 실행하면 각 언어로 만든 프로그램의 실행 결과가 텍스트 파일로 저장된다. 파이썬 실행 결과는 `fizzbuzz_python.txt`로, 러스트 실행 결과는 `fizzbuzz_rust.txt`로 저장된다. 1장의 프로그램을 다시 실행해 해당 파일을 만들어본다.

```
$ python fizzbuzz.py > fizzbuzz_python.txt
$ ./fizzbuzz > fizzbuzz_rust.txt
```

맥이나 리눅스에서는 `diff` 명령, 윈도우에서는 `fc` 명령을 이용하면 두 개의 파일을 비교할 수 있지만 직접 프로그램을 만들어 비교해보자.

### 파이썬으로 2개의 텍스트 파일 비교하기

파이썬으로 만든 프로그램은 다음과 같다. 2개의 파일을 읽어들여 문자열이 동일한지 판단하는 구조다.

【코드】 file: src/ch2/cmptext.py

```python
# 파일 이름 지정 ── (※1)
afile = "./fizzbuzz_python.txt"
bfile = "./fizzbuzz_rust.txt"

# 파일 내용을 읽어들임 ── (※2)
with open(afile, "r") as fp:
    astr = fp.read()
with open(bfile, "r") as fp:
    bstr = fp.read()

# 불필요한 공백 삭제(trim)
astr = astr.strip()
bstr = bstr.strip()
```

```python
# 비교 ── (※3)
if astr == bstr:
    print("ok")
else:
    print("ng")
```

프로그램을 실행해보자. 소스 코드에서 알 수 있듯 동일한 결과라면 'ok'가 출력된다.

```
$ python cmptext.py
ok
```

'ok'가 출력됐다. 즉 FizzBuzz 프로그램은 파이썬과 러스트 모두 결과가 동일하다는 것을 알 수 있다.

(※1)에서는 비교할 두 파일 이름을 지정하고 (※2)에서 파일 내용을 읽어들인다. 파이썬에서는 **open** 함수를 이용해 파일을 읽기 모드로 열고 **read** 메서드를 이용해 내용을 읽어들인다. (※3)에서는 데이터가 동일한지 비교한다.

## 러스트로 2개의 텍스트 파일 비교하기

다음은 러스트로 만든 파일 내용 비교 프로그램이다. 파이썬과 비교하며 내용을 확인해보자.

【코드】 file: src/ch2/cmptext.rs

```rust
// 파일 조작용 라이브러리 이용 선언 ── (※1)
use std::fs;
fn main() {
    // 파일 이름 지정 ── (※2)
    let afile = "./fizzbuzz_python.txt";
    let bfile = "./fizzbuzz_rust.txt";

    // 파일 내용을 문자열로 읽어들임 ── (※3)
    let astr = fs::read_to_string(afile).unwrap();
    let bstr = fs::read_to_string(bfile).unwrap();

    // 불필요한 공백 삭제
    let astr = astr.trim();
    let bstr = bstr.trim();
```

```
        // 비교 ── (※4)
        if astr == bstr {
            println!("ok");
        } else {
            println!("ng");
        }
    }
```

컴파일 후 프로그램을 실행해보자.

```
$ rustc cmptext.rs && ./cmptext
ok
```

(※1)에서 파일 조작을 위해 `std::fs`라는 표준 라이브러리를 이용하겠다는 선언을 한다. (※2)에서 파일 이름을 지정한다. 그리고 (※3)에서 `fs::read_to_string`을 이용해 파일 내용을 읽어들인다. `fs::read_to_string`을 비롯해 많은 입출력 처리 관련 함수는 작업이 성공했는지 확인해야 하는 구조로 구현돼 있다(Result 타입으로 반환). 이 프로그램에서는 이미 정해진 파일을 이용하기 때문에 에러 처리 관련 구현은 생략한다. 따라서 `fs::read_to_string` 메서드 뒤에 '.unwarp()'을 붙인다.

(※4)에서는 각 파일에서 읽어들인 문자열 데이터를 비교한다. 데이터가 일치하면 'ok', 일치하지 않으면 'ng'가 출력된다.

> **옮긴이 보충 · unwrap 메서드**
>
> 앞 예제에서 에러 처리 생략을 위해 unwrap()을 붙인다는 설명이 있다. unwrap은 영어 단어에서 유추할 수 있듯 어떤 것을 벗겨내는 동작을 한다. unwrap으로 벗겨낼 수 있는 것은 {} 안에 출력할 수 없는 데이터라고 생각하면 이해하기 쉽다.
>
> Result 타입이나 앞으로 나올 Option 타입은 출력해보면 Ok(값), Some(값)과 같이 해당 타입에 대한 내용이 함께 나온다. 이 값에 unwrap 메서드를 이용하면 Ok()나 Some() 안에 있는 '값'만 남는다.
>
> 확인을 위해 앞의 예제를 활용해 값을 출력해보자.
>
> **소스 코드**
> ```
> use std::fs;
> fn main() {
>     let afile = "./fizzbuzz_python.txt";
>     let bfile = "./fizzbuzz_rust.txt";
> ```

```
    let astr = fs::read_to_string(afile);
    let bstr = fs::read_to_string(bfile);
    // 읽어들인 내용을 가공하지 않고 그냥 출력
    println!("RAW DATA : {:?}", astr);
    println!("RAW DATA : {:?}", bstr);
    // unwrap 메서드를 이용 후 출력
    println!("Unwrap() : {:?}", astr.unwrap());
    println!("Unwrap() : {:?}", bstr.unwrap());
}
```

실행 결과

```
RAW DATA : Ok("1\n2\ …생략…")
RAW DATA : Ok("1\n2\ …생략…")
RAW DATA : Some(10)
Unwrap() : "1\n2\…생략…"
Unwrap() : "1\n2\…생략…"
Unwrap() : 10
```

이렇게 unwrap으로 Ok, Some 안의 값만 가져올 수 있다. 매우 편해 보이지만 에러를 처리하지 않으므로 값이 비어있거나 다른 타입의 데이터가 오는 경우 패닉 에러가 발생해 프로그램이 강제로 종료된다.

단순히 데이터 값을 확인하거나 가볍게 코딩할 때에는 unwrap을 이용해도 되지만, 가능하면 안 쓰는 것이 좋다.

## 영한사전 만들기

이번에는 텍스트 파일을 이용해 사전을 만들어보자. 이 책의 깃허브에 있는 `src/ch2/dict.txt` 파일이 사전 데이터다. 텍스트 형식의 데이터 파일로 한 줄에 영어 단어와 한국어 단어를 탭으로 구분하고 있다.

```
영어 단어 1    {탭}    한국어 의미 1
영어 단어 2    {탭}    한국어 의미 2
영어 단어 3    {탭}    한국어 의미 3
…
```

## 파이썬으로 영한 사전 만들기

사전용 데이터 파일이 큰 편이라 느린 PC에서는 동작이 무거워지므로 텍스트 파일을 한 줄씩 읽어들이는 형태로 구현했다.

【코드】 file: src/ch2/dictionary.py

```python
import sys
dicfile = "dict.txt"

# 인수 확인
if len(sys.argv) < 2:
    print("[USAGE] dictionary.py word")
    quit()
# 인수로 넘어온 단어
word = sys.argv[1]

# 사전 데이터를 한 줄씩 비교해 일치하는 것이 있으면 출력
with open(dicfile, "rt", encoding="utf-8") as fp:
    while True:
        line = fp.readline()
        if not line: break
        if word in line:
            print(line.strip())
```

영어 단어를 잘 검색할 수 있는지 확인해보자. 'python dictionary.py [찾을 단어]' 형태로 단어를 찾을 수 있다.

```
$ python dictionary.py attribute
attribute      n.속성
```

## 러스트로 영한 사전 만들기

이어서 러스트로 동일한 프로그램을 구현해보자. 러스트도 파이썬과 동일하게 텍스트 파일을 한 줄씩 비교해 단어를 검색한다.

【코드】 file: src/ch2/dictionary.rs

```rust
use std::fs::File;
use std::io::{BufRead, BufReader};
fn main() {
    // 사전 파일 지정 ── (※1)
    let dicfile = "dict.txt";

    // 명령줄 인수를 벡터에 할당 ── (※2)
    let args: Vec<String> = std::env::args().collect();

    // 인수 확인
    if args.len() < 2 {
        println!("[USAGE] ./dictionary word");
        return;
    }
    // 인수로 전달된 단어 ── (※3)
    let word = &args[1];

    // 사전 파일 열기 ── (※4)
    let fp = File::open(dicfile).unwrap();
    // BufReader로 읽어들임 ── (※5)
    let reader = BufReader::new(fp);
    for line in reader.lines() {
        // 한 줄씩 처리 ── (※6)
        let line = line.unwrap();
        // 지정한 단어가 포함되는 줄인지 확인 ── (※7)
        if line.find(word) == None {
            continue;
        }
        println!("{}", line);
    }
}
```

컴파일 후 단어를 검색해보자.

```
$ rustc dictionary.rs
$ ./dictionary attribute
attribute        n.속성
```

```
$ ./dictionary supervisor
supervisor      n.감독자
supervisory     adj.감독자의
```

소스 코드를 보면 알 수 있겠지만 사전 데이터를 한 줄씩 비교해 검색어가 있는지를 확인하는 구조이므로 영→한뿐 아니라 한→영 검색도 할 수 있다.

```
$ ./dictionary 속성
attribute       n.속성
attributive     a.속성을 나타내는
popularity      인기, 인망 대중성, 통속성
```

프로그램을 확인해보자. (※1)에서 사전 파일을 지정한다. 경로를 지정하지 않았으므로 실행 파일과 같은 위치에 있어야 한다. (※2)에서는 명령줄 인수를 Vec<String> 타입 변수 args에 대입한다. 그리고 인수가 입력됐는지 확인해서 인수가 없다면 사용 방법을 출력한다.

(※3)에서는 인수로 전달된 검색어를 변수 word에 대입한다. arg[0]은 프로그램 자체를 가리키므로 첫 번째 인수인 arg[1]을 이용한다.

(※4)에서는 (※1)에서 지정한 사전 파일을 실제로 열어 변수 fp에 대입한다. (※5)에서는 파일을 읽어 들이기 위해 BufReader 객체를 생성한다. 그리고 for 문과 lines 메서드를 이용해 한 줄씩 추출한다. lines 메서드는 반복자를 반환하므로 한 줄씩 순차적으로 파일을 읽는다. 반복자는 4장의 섹션 04에서 자세히 다룬다.

파일에서 한 줄씩 출력하는 방법만 다시 확인해보자. 코드는 다음과 같다.

```
(생략)
    let fp = File::open(filename).unwrap();
    let reader = BufReader::new(fp);
    // for 문으로 한 줄씩 처리 시작
    for line in reader.lines() {
        // 데이터를 문자열로 꺼내온다
        let line = line.unwrap();
        println!("{}", line);
(생략)
```

(※6)에서 line 변수에 한 줄씩 대입한다. lines 메서드를 이용하면 Result 타입을 반환한다[4]. 해당 줄 불러오기에 성공했는지 실패했는지에 대한 결과를 함께 반환하기 때문이다. 여기서 예제로 준비한 데이터는 문제없이 읽을 수 있으므로 별도의 에러 처리는 하지 않는다. unwrap 메서드를 이용해 에러 처리를 생략한다.

(※7)에서는 인수로 지정한 문자열이 line 변수에 포함되는지 확인해 포함되는 줄을 출력한다.

## 파일에 내용 쓰기

파일에 내용을 저장하는 방법도 확인해보자. FizzBuzz 프로그램을 수정해 화면이 아니라 파일로 출력되게 바꿔보자.

【코드】 file: src/ch2/fizzbuzz_file.rs

```rust
use std::fs::{self, File};
use std::io::{Write, BufWriter};

fn main() {
    // 출력할 파일 이름 지정 ── (※1)
    let filename = "fizzbuzz_file_result.txt";
    // 파일로 저장할 부분을 블록으로 지정(Scope 지정) ── (※2)
    {
        // 파일 생성 및 열기 ── (※3)
        let fp = File::create(filename).unwrap();
        let mut writer = BufWriter::new(fp);
        // FizzBuzz를 100까지 구하기
        for i in 1..=100 {
            let mut line = format!("{}\n", i);
            if (i % 3 == 0) && (i % 5 == 0) {
                line = String::from("FizzBuzz\n");
            } else if i % 3 == 0 {
                line = String::from("Fizz\n");
            } else if i % 5 == 0 {
                line = String::from("Buzz\n");
            }
            // 파일에 쓰기 ── (※4)
```

---

4 (옮긴이) Result<String, std::io::error::Error>

```
            let bytes = line.as_bytes();
            writer.write(bytes).unwrap();
        }
    } // ← 여기서 파일은 자동으로 닫힌다 ── (※5)

    // 저장한 파일의 내용을 읽어들여 출력 ── (※6)
    let s = fs::read_to_string(filename).unwrap();
    println!("{}", s);
}
```

컴파일 후 실행하면 소스 코드에 지정한 파일 `fizzbuzz_file_result.txt`가 만들어지고 그 안에 FizzBuzz 결과가 저장된다. 그리고 해당 파일을 읽어 화면에 출력한다.

```
use std::fs::{self, File};
use std::io::{Write, BufWriter};

fn main() {
    // 저장할 파일 이름 지정 ── (※1)
    let filename = "fizzbuzz_file_result.txt";
    // 파일로 저장할 부분을 블록으로 지정(Scope 지정) ── (※2)
    {
        // 파일 생성 및 열기 ── (※3)
        let fp = File::create(filename).unwrap();
        let mut writer = BufWriter::new(fp);
        // FizzBuzz를 100까지 구하기
        for i in 1..=100 {
            let mut line = format!("{}\n", i);
            if (i % 3 == 0) && (i % 5 == 0) {
                line = String::from("FizzBuzz\n");
            } else if i % 3 == 0 {
                line = String::from("Fizz\n");
            } else if i % 5 == 0 {
                line = String::from("Buzz\n");
            }
            // 파일에 쓰기 ── (※4)
            let bytes = line.as_bytes();
            writer.write(bytes).unwrap();
        }
```

```
    } // ← 여기서 파일은 자동으로 닫힌다 ── (※5)

    // 저장한 파일의 내용을 읽어들여 출력 ── (※6)
    let s = fs::read_to_string(filename).unwrap();
    println!("{}", s);
}
```

컴파일 후 실행해보면 다음과 같이 출력되고 `fizzbuzz_file_result.txt`라는 파일이 생성된 것을 확인할 수 있다.

```
$ rustc fizzbuzz_file.rs && ./fizzbuzz_file
1
2
Fizz
4
Buzz
Fizz
7
8
Fizz
Buzz
(생략)
```

프로그램을 확인해보자. (※1)에서 `filename` 변수에 저장할 파일 이름을 지정한다.

(※2)에서는 저장할 범위를 블록({...})으로 지정한다. 러스트에서는 블록 안에서 생성한 변수는 해당 블록 안에서만 이용할 수 있다. 이는 러스트의 메모리 안전성을 위한 라이프타임(Lifetime)과 관련이 있다. 블록 안에서 선언한 변수는 블록을 벗어나면 자동으로 소멸된다. 따라서 (※2) 블록 안에서 연 파일은 이 블록을 벗어나는 부분 (※5)에서 자동으로 닫힌다.

(※3)에서 `filename` 값을 이용해 파일을 만든다. 여기서는 `for` 문을 이용해 한 줄씩 기록하는 형태이므로 `BufWriter`를 이용해 한 줄씩 저장한다.

(※4)에서는 문자열 변수 `line`에 `as_bytes` 메서드를 이용해 데이터를 바이너리 데이터로 변환한다. 그리고 `write` 메서드를 이용해 실제로 파일에 쓴다.

`for` 문이 종료되면 (※5)로 진행되고 블록이 닫히므로 블록 안에서 연 파일도 닫힌다.

(※6)에서는 파일이 제대로 저장이 됐는지 확인하기 위해 생성한 파일을 다시 읽어들여 전체 내용을 출력한다.

## 파일에 문자열을 한 번에 쓰는 경우

문자열을 그냥 파일에 쓰기만 해도 된다면 BufWriter를 쓰지 않고 file::create로 파일을 생성하고 write_all 메서드를 이용한다. write_all은 메서드 이름에서 추측할 수 있듯 한 번에 전체 내용을 쓴다.

[코드] file: src/ch2/fizzbuzz_file2.rs

```rust
use std::fs::File;
use std::io::Write;
fn main() {
    let filename = "fizzbuzz_file2_result.txt";
    let data = get_fizzbuzz(100);
    // 파일 생성 ── (※1)
    let mut fp = File::create(filename).unwrap();
    // 파일에 쓰기 ── (※2)
    let bytes = data.as_bytes();
    fp.write_all(bytes).unwrap();
}

// FizzBuzz 결과를 구하는 함수
fn get_fizzbuzz(max: u32) -> String {
    let mut result = String::new();
    for i in 1..=max {
        if (i % 3 == 0) && (i % 5 == 0) {
            result += "FizzBuzz\n";
        } else if i % 3 == 0 {
            result += "Fizz\n";
        } else if i % 5 == 0 {
            result += "Buzz\n";
        } else {
            result += &format!("{}\n", i);
        }
    }
    result
}
```

컴파일 후 실행해보면 `fizzbuzz_file2_result.txt`라는 파일이 생성된다.

```
$ rustc fizzbuzz_file2.rs && ./fizzbuzz_file2
```

파일 내용을 읽을 때는 `fs::read_to_string` 함수 하나로 데이터 전체를 읽어올 수 있지만 파일에 문자열을 저장하는 것은 함수 하나로는 되지 않는다. 소스 코드 내용을 살펴보자.

(※1)에서 `file::create` 메서드로 파일을 생성한다. (※2)에서는 `String` 타입 데이터에 `as_bytes` 메서드를 이용해 바이너리 데이터(`&[u8]` 타입)로 변환한다. 그리고 `write_all` 메서드를 이용해 파일에 쓴다.

## 파일을 다룰 때 발생하는 에러 처리

앞에서 소개한 예제는 파일을 처리하다 에러가 발생하면 패닉 에러가 발생해 강제 종료된다. `Result` 타입 데이터에서 단순히 값만을 이용하기 위해 `unwrap` 메서드를 이용했기 때문이다.

지금과 같이 혼자서 기능 테스트를 해보거나 간단한 프로그램을 만드는 경우라면 에러 처리를 신경 쓰지 않고 기능만 동작하게끔 구현해도 문제가 없지만 어느 정도 규모가 있는 프로그램을 만들거나 프로그램이 도중에 강제 종료되면 안 되는 경우라면 `Result` 타입을 제대로 처리해야 한다.

여기서는 `Result` 타입의 처리 방법에 대해 잠시 알아본다. 파일 내용을 읽어들여 문자열로 반환하는 `fs::read_to_string()` 함수를 통해 어떻게 에러를 처리하는지 확인해본다.

### unwrap 메서드를 이용해 에러를 무시하는 방법

`Result` 타입을 반환하는 메서드에 `unwrap`을 사용하면 에러 처리를 하지 않고 처리가 '성공'한 것으로 간주해 해당 값을 반환한다. 실패하면 그 시점에 패닉 에러가 발생하고 프로그램은 강제로 종료된다.

```
// 에러가 발생하면 강제 종료
let text = fs::read_to_string("something.txt").unwrap();
println!("{}", text);
```

에러가 발생했을 때 강제 종료가 아니라 특정 값을 반환하는 `unwrap_or` 메서드도 있다. 이 메서드는 처리에 성공하면 그 값을 반환하고 실패하면 인수에 지정한 값을 반환한다.

```
// 에러가 발생하면 특정 값을 반환
let text = fs::read_to_string("somefile.txt")
            .unwrap_or("실패했을 때의 값".to_string());
println!("{}", text);
```

## match나 if let 문으로 에러를 처리

에러를 확실히 처리하고 싶다면 match 문을 이용해 분기 처리를 한다.

```
[서식] match 문으로 에러 처리
match 파일 처리() {
    Ok(v) => 성공했을 때의 처리,
    Err(e) => 실패했을 때의 처리,
}
```

fs::read_to_string을 사용해 파일 내용을 읽어들인다면 다음과 같이 기술할 수 있다. match 문도 if 문과 마찬가지로 값을 반환할 수 있다.

다음 예에서는 파일을 성공적으로 읽어들였을 때는 파일의 내용을 변수 text에 할당하고 실패했을 때에는 에러 처리를 할 수 있게 한다.

```
// match 문으로 에러 처리 분기
let text = match fs::read_to_string("somefile.txt") {
    Ok(text) => {
        // 성공했을 때의 처리
        text // ← 값을 반환하는 경우
    },
    Err(e) => {
        // 에러 시의 처리.
    }
};
println!("{}", text);
```

아니면 if let 문[5]을 이용할 수도 있다. 이 경우라면 다음과 같이 기술한다. 이 방법에서는 파일 읽기에 성공하면 변수 s에 읽어들인 문자열을 대입한다.

---

[5] https://rinthel.github.io/rust-lang-book-ko/ch06-03-if-let.html

```rust
// if let 문으로 에러 처리 분기
if let Ok(s) = fs::read_to_string("somefile.txt") {
    // 성공했을 때의 처리
    println!("{}", s) // ← 값을 출력하는 경우
} else {
    // 에러 시의 처리
}
```

이처럼 `match`나 `if let` 문을 이용해 `Result` 타입의 에러 처리를 유연하게 할 수 있다.

### 정리

- 명령줄에서 사용할 수 있는 영한사전 프로그램을 만들었다.
- 파일을 읽고 쓰는 방법을 알아봤다.
- `fs::read_to_string` 함수를 이용해 파일 내용을 한 번에 문자열로 읽어들일 수 있다.
- 한 줄씩 파일을 읽어들일 때는 `std::io::{BufRead, BufReader}`를 이용한다.
- 파일에 조금씩 데이터를 쓸 때는 `std::io::{Write, BufWriter}`를 이용한다.
- `Result` 타입과 에러 처리 방법에 대해 간단히 알아봤다.

# Section 08 파일 재귀 검색 도구 만들기

여기서는 하위 디렉터리의 파일까지 검색하는 도구를 만들어본다. 재귀를 이용하면 복잡한 알고리즘도 단순하게 만들 수 있다. 이를 통해 파일 검색 도구를 만든다.

**여기서 배우는 것**
- 재귀
- 파일 검색
- 피보나치 수열

## 재귀란?

재귀(recursive)는 어떠한 것을 정의할 때 자기 자신을 참조하는 것을 뜻한다. 언어와 논리학 등에서도 많이 사용되는 개념으로 프로그래밍에서도 사용된다. 프로그래밍에서의 재귀는 어느 함수에서 그 함수 자신을 호출하는 형태(재귀 호출)로 많이 이용된다. 재귀를 이용하면 복잡한 알고리즘도 간단하게 표현할 수 있다는 장점이 있다.

### 재귀를 이용해 1부터 10까지의 수를 더하기

재귀를 이용한 간단한 예를 살펴보자. 다음은 재귀를 이용해 1부터 10까지의 수를 순서대로 더한 뒤 출력하는 프로그램이다.

[코드] file: src/ch2/rec_sum1to10.rs

```rust
// 재귀적으로 호출할 함수 sum
fn sum(n:i32) -> i32 {
    if n <= 0 { return 0; } // 재귀 종료 조건 ── (※1)
    return sum(n-1) + n; // 재귀 호출 ── (※2)
}

fn main() {
    println!("{}", sum(10));
}
```

컴파일 후 실행해보면 1부터 10까지를 더한 결과인 55가 출력된다.

```
$ rustc rec_sum1to10.rs && ./rec_sum1to10
55
```

소스 코드를 확인해보자. 재귀적으로 호출할 함수 sum을 먼저 정의했다. (※2)를 보면 인수 n-1을 지정해 자기 자신의 이름인 sum을 호출한다. 이를 통해 sum(10) 안에서는 sum(10-1)을 호출한다. 그리고 sum(9)에서는 sum(9-1)이 호출된다. 이 형태로 재귀적인 함수 호출이 이뤄진다.

재귀 함수를 정의할 때 가장 중요한 점은 바로 무한 반복에 빠지지 않아야 한다는 것이다. 이 소스 코드의 (※1) 부분에서는 n이 0 이하가 되면 재귀 호출을 멈추고 종료되도록 하고 있다.

### 재귀를 이용해 피보나치 수열 구하기

1장에서 다룬 피보나치 수열을 재귀 호출로 구현해보자. for 문을 이용하면 간단하게 피보나치 수열을 만들 수 있지만 재귀 호출을 이용하면 n번째 피보나치 수를 구하는 프로그램을 보다 쉽게 구현할 수 있다.

【코드】 file: src/ch2/rec_fib.rs

```rust
// 피보나치 수를 구하는 함수
fn fib(n:i64) -> i64 {
    if n == 1 { return 0; } // 재귀 호출 종료 조건 ── (※1)
    if n == 2 { return 1; } //
    return fib(n-2) + fib(n-1); // 재귀 호출 ── (※2)
}

fn main() {
    for i in 2..=20 {
        println!("{}", fib(i));
    }
}
```

컴파일 후 실행하면 피보나치 수열이 출력된다.

```
> rustc rec_fib.rs && ./rec_fib
1
```

```
1
2
3
5
8
13
(생략)
2584
4181
```

소스 코드를 확인해보자. (※1)에서는 재귀 호출 종료 조건을 지정한다. 그리고 (※2)에서 함수 `fib`를 재귀적으로 호출한다. n번째의 피보나치 수열은 n-2번째 수와 n-1번째 수를 더한 것이다.

(※2) 부분에서 피보나치 수 정의와 프로그램의 알고리즘이 일치한다. 이처럼 재귀를 이용하면 알기 쉽게 프로그램을 작성할 수 있다.

## 파일 재귀 검색 프로그램 만들기

이제 이 섹션의 제목인 파일 재귀 검색 도구를 만들어보자.

### 파이썬으로 파일 재귀 검색하기

먼저 파이썬으로 파일 재귀 검색 프로그램을 만들어본다.

【코드】 file: src/ch2/findfile.py

```python
import sys, os

# 명령줄 인수 확인
if len(sys.argv) < 3:
    print("findfile.py (path) (keyword)")
    quit()
# 명령줄 인수 값 얻기
target_dir = sys.argv[1]
keyword = sys.argv[2]

# 지정한 디렉터리 검색
for dirname, dirs, files in os.walk(target_dir):
```

```python
    for file in files:
        if keyword in file:
            fullpath = os.path.join(dirname, file)
            print(fullpath)
```

이 프로그램은 2개의 인수를 이용한다. 첫 번째 인수는 경로, 두 번째 인수는 파일 이름이다. 현재 디렉터리(./)를 기준으로 그 아래에 있는 'main.rs'라는 파일을 검색해보자.

```
$ python findfile.py ./ main.rs
./pow1234_5678_direct/src/main.rs
./dice/src/main.rs
./maze/src/main.rs
./bingocard_vec/src/main.rs
./hello/src/main.rs
./pow1234_5678/src/main.rs
./bingocard/src/main.rs
./random_essay/src/main.rs
```

파이썬의 os.walk 메서드는 재귀적으로 파일 목록을 나열하는 기능을 가지고 있다. 따라서 재귀 처리를 위한 함수를 별도로 만들지 않아도 된다.

## 러스트로 파일 재귀 검색하기

러스트에도 파이썬의 os.walk와 같은 역할을 하는 편리한 외부 크레이트가 있어 이를 이용하면 보다 쉽게 프로그램을 만들 수 있다. 하지만 러스트 예제에서는 이를 이용하지 않고 러스트 표준 라이브러리만을 이용해 재귀 함수를 만들어 구현해본다.

[코드] file: src/ch2/findfile.rs

```rust
use std::{env, path};

fn main() {
    // 명령줄 인수 확인 ── (※1)
    let args: Vec<String> = env::args().collect();
    if args.len() < 3 {
        println!("findfile (path) (keyword)");
        return;
    }
```

```
    }
    // 명령줄 인수 값 얻기 ── (※2)
    let target_dir = &args[1];
    let keyword = &args[2];
    // PathBuf로 변환 ── (※3)
    let target = path::PathBuf::from(target_dir);
    findfile(&target, keyword);
}

// 재귀적으로 파일을 검색하는 함수 ── (※4)
fn findfile(target: &path::PathBuf, keyword: &str) {
    // 파일 목록을 취득 ── (※5)
    let files = target.read_dir().expect("존재하지 않는 경로");
    for dir_entry in files {
        // PathBuf로 경로 취득 ── (※6)
        let path = dir_entry.unwrap().path();
        // 디렉터리라면 자신을 다시 호출해 파일을 검색 ── (※7)
        if path.is_dir() {
            findfile(&path, keyword);
            continue;
        }
        // 파일 이름을 문자열로 변환 ── (※8)
        let fname = path.file_name().unwrap()
            .to_string_lossy();
        // 검색어(파일 이름)를 포함하는지 확인 ── (※9)
        if None == fname.find(keyword) { continue; }
        // 검색어를 포함하는 경로를 표시
        println!("{}", path.to_string_lossy());
    }
}
```

컴파일 후 앞에서와 마찬가지로 현재 디렉터리(./)를 기준으로 그 아래에 있는 'main.rs'라는 파일을 검색해보자.

```
$ rustc findfile.rs
$ ./findfile ./ main.rs
./pow1234_5678_direct/src/main.rs
./dice/src/main.rs
```

```
./maze/src/main.rs
./bingocard_vec/src/main.rs
./hello/src/main.rs
./pow1234_5678/src/main.rs
./bingocard/src/main.rs
./random_essay/src/main.rs
```

프로그램을 확인해보자. (※1)에서는 명령줄 인수를 Vec<String> 타입으로 취득해 args 변수에 할당한다. 그리고 args 변수의 길이가 3 미만이라면 사용 방법을 출력하고 종료한다.

(※2)에서는 명령줄 인수의 값을 가져온다. args는 Vec<String> 타입이므로 각 요소는 String 타입이다. 그리고 target_dir와 keyword 변수는 String 타입의 참조 값(&str)이 할당된다.

(※3)에서는 명령줄 인수에서 가져온 검색 경로를 PathBuf로 변환한다. 러스트에서 파일 경로를 다룰 때는 std::path의 Path와 PathBuf를 이용한다. 이 모듈은 크로스 플랫폼으로 경로 조작을 할 수 있도록 만들어져 있다[6].

(※4)에서는 재귀 검색을 위한 findfile 함수를 정의한다.

(※5)에서는 지정된 경로에 있는 파일 목록을 가져온다. read_dir 메서드는 Result<RealDir> 타입을 반환한다[7]. 여기서는 expect 메서드를 이용했으므로 에러가 발생하는 경우 '존재하지 않는 경로'라는 메시지가 나오고 강제 종료된다. 에러가 아닌 경우라면 for 문을 이용해 파일 목록을 하나씩 처리한다.

(※6)에서는 경로를 하나씩 처리한다. for 문에서 넘어오는 dir_entry는 Result<DirEntry> 타입이다. 변수가 올바르게 넘어오면 path 메서드를 통해 경로 조작이 가능한 PathBuf 객체를 얻을 수 있다.

(※7)에서는 넘어온 변수가 디렉터리라면 자신을 다시 호출해 재귀적으로 검색하도록 한다.

(※8)에서는 파일 이름을 문자열로 변환한다. (※9)에서는 파일 이름에 검색어가 포함되는지 확인해 검색어가 포함되면 경로를 출력한다.

---

6  https://doc.rust-lang.org/stable/std/path/index.html
7  https://doc.rust-lang.org/stable/std/path/struct.PathBuf.html#method.read_dir

> **Column** 파일 경로 표현은 OS별로 다르다
>
> 파일 시스템은 OS별로 차이가 있다. 그리고 파일 경로를 표현하는 방법도 다르다. 예를 들어 윈도우에서는 경로를 구분할 때 '\'(역슬래시)를 이용하지만 리눅스와 macOS에서는 '/'(슬래시)를 이용한다.
>
> 그래서 문자열을 통해 파일 조작을 하면 OS에 따라 제대로 동작하지 않을 수 있다. 러스트의 `std::path`는 OS에 의존하지 않도록 구현했으므로 경로 구분 문자에 신경을 쓰지 않아도 된다.

## 러스트의 파일 경로 표현

파이썬 프로그램과 비교해보면 러스트 프로그램은 많이 복잡해 보이고 중복된 것처럼 보인다. 하지만 여기에는 파일 경로를 안전하게 조작하기 위한 내용이 포함돼 있다. 조금 더 자세히 살펴보자.

먼저 파일 목록을 표시해주는 간단한 프로그램을 만들어보자. 파일 검색 프로그램인 `findfile.rs`에서는 `std::path::PathBuf`의 `read_dir` 메서드를 이용해 파일 목록을 얻어왔지만 `std::fs::read_dir` 메서드를 이용할 수도 있다. 둘 다 사용 방법은 같다.

다음은 현재 디렉터리의 파일 목록을 표시하는 프로그램이다.

[코드] file: src/ch2/cur_files.rs

```rust
use std::fs;
fn main() {
    // 파일 목록 취득 ── (※1)
    let files = fs::read_dir(".").expect("올바르지 않은 경로입니다");
    for ent in files {
        // 목록을 하나씩 처리 ── (※2)
        let entry = ent.unwrap();
        // PathBuf 오브젝트 얻기 ── (※3)
        let path = entry.path();
        // 파일 이름 출력 ── (※4)
        let fname = path.to_str().unwrap_or("올바르지 않은 파일 이름입니다");
        println!("{}", fname);
    }
}
```

컴파일 후 실행해보면 다음과 같이 현재 디렉터리에 있는 파일 목록이 표시된다.

```
$ rustc cur_files.rs && ./cur_files
./sum_args.rs
./str_parse_i2.rs
./test.rs
./findfile.rs
(생략)
```

프로그램을 확인해보자. (※1)에서는 std::fs::read_dir 메서드를 이용해 파일 전체 목록을 취득한다. 여기서도 expect 메서드를 이용해 에러가 발생할 경우 '올바르지 않은 경로입니다'라는 메시지가 나오고 프로그램이 강제 종료된다. 파일 전체 목록을 취득했다면 for 문으로 파일 목록을 하나씩 처리한다.

(※2)에서는 목록의 내용을 하나씩 처리한다. ent는 Result<DirEntry> 타입이므로 DirEntry 오브젝트만을 가져오기 위해 unwrap을 이용했다. 에러가 발생하지 않으면 entry 변수에 DirEntry 오브젝트가 할당된다. (※3)에서는 path 메서드를 이용해 PathBuf 오브젝트를 얻는다. PathBuf 오브젝트에는 파일 정보를 얻기 위한 다양한 메서드가 준비돼 있다.

(※4)에서는 PathBuf 오브젝트의 to_str 메서드를 이용해 파일 경로를 얻는다. to_str 메서드는 Option 타입으로 경로를 반환하므로 unwrap 등을 통해 후처리를 해야 한다. 여기서는 unwrap_or 메서드를 이용해 에러가 발생하면 '올바르지 않은 파일 이름입니다'라는 메시지가 나오도록 했다.

## 파일 이름 문자열 변환

경로 정보를 문자열로 변환하는 PathBuf의 or_str 메서드는 Option 타입을 반환한다. Option 타입은 Some(무언가) 또는 None(없음)을 표현하는 타입이다. 러스트 문자열은 유니코드(Unicode)로 표현된다. 따라서 파일 이름에 유니코드로 변환할 수 없는 문자가 포함되면 to_str 메서드는 파일 이름을 처리하지 못해 None을 반환한다.

앞의 예제에서는 unwrap_or 메서드를 이용해 유니코드로 변환 가능한 파일 이름이라면 &str 타입으로 파일 이름을, 실패하면 '올바르지 않은 파일 이름입니다'라는 값을 반환한다.

유니코드로 표현할 수 없는 문자를 삭제하고 U+FFFD(�)로 변환해주는 to_string_lossy를 이용할 수도 있다. 가능한 한 원래 파일명에 가깝게 표시해야 하는 경우도 있으므로 이 메서드를 이용하는 것도 좋다.

## unwrap_or 메서드

Option 타입에 unwrap 메서드를 이용하면 match 문을 이용하지 않고도 결과를 가져올 수 있다. 하지만 에러가 발생하면 프로그램은 바로 패닉 에러가 발생해 강제 종료된다. 하지만 unwrap_or 메서드는 강제 종료되는 대신 unwrap_or의 인수로 지정한 타입을 반환한다. 그리고 실패 시 클로저를 실행하는 unwrap_or_else 메서드도 있다. unwrap 관련 메서드의 이용 방법은 다음과 같다.

```
[서식] unwrap, unwrap_or, unwrap_or_else 사용법
// 실패하는 경우 강제 종료(패닉 에러)
let value = 메서드().unwrap();

// 실패하는 경우 인수 값 반환
let value = 메서드().unwrap_or(인수 값);

// 실패하는 경우 인수에 지정한 클로저 실행
let value = 메서드().unwrap_or_else(클로저);
```

## tree 명령을 직접 만들기

디렉터리와 파일 트리를 표시하는 명령으로 'tree'가 있다. 이 명령을 이용하면 다음과 같이 디렉터리 구조가 알기 쉽게 텍스트로 표시된다.

```
$ tree .
.
├── bingocard
│   ├── Cargo.lock
│   ├── Cargo.toml
│   └── src
│       └── main.rs
├── bingocard.py
├── bmi.py
(생략)
├── vec_nomacro.rs
└── vec_u32_str.rs

49 directories, 438 files
```

앞에서 배운 재귀 검색을 이용해 러스트로 이 명령을 만들어보자. tree 명령처럼 멋지게 선이 표시되게 만들어도 좋겠지만 여기서는 최소한으로 구현하기 위해 텍스트만을 이용해 표현한다.

【코드】 file: src/ch2/mytree.rs

```rust
use std::{env, path};
fn main() {
    // 명령줄 인수 취득 ── (※1)
    let args: Vec<String> = env::args().collect();
    // 경로가 없는 경우 현재 디렉터리 지정
    let mut target_dir = ".";
    if args.len() >= 2 { // 경로를 지정하는 경우
        target_dir = &args[1];
    }
    // PathBuf로 변환
    let target = path::PathBuf::from(target_dir);
    println!("{}", target_dir);
    tree(&target, 0);
}

// 재귀적으로 파일 목록 표시 ── (※2)
fn tree(target: &path::PathBuf, level: isize) {
    // 파일 목록 취득 ── (※3)
    let files = target.read_dir().expect("존재하지 않는 경로입니다");
    // 반복해서 표시
    for ent in files {
        // PathBuf를 취득 ── (※4)
        let path = ent.unwrap().path();
        // level만큼 들여쓰기 ── (※5)
        for _ in 1..=level {
            print!("|   ");
        }
        // 파일 이름 취득 ── (※6)
        let fname = path.file_name().unwrap()
            .to_string_lossy();
        // 디렉터리라면 재귀적으로 표시 ── (※7)
        if path.is_dir() {
            println!("|-- <{}>", fname);
            tree(&path, level+1);
```

```
            continue;
        }
        // 파일 이름 표시 ── (※8)
        println!("|-- {}", fname);
    }
}
```

컴파일 및 실행하면 다음과 같이 현재 디렉터리를 트리 형태로 표시해준다. tree 명령과 마찬가지로 인수를 지정하지 않으면 현재 디렉터리의 구조를 출력하도록 구현했다.

```
$ rustc mytree.rs && ./mytree
.
|-- sum_args.rs
|-- str_parse_i2.rs
|-- test.rs
|-- findfile.rs
|-- vec_nomacro.rs
|-- <pow1234_5678_direct>
|    |-- Cargo.toml
|    |-- Cargo.lock
|    |-- <src>
|    |    |-- main.rs
(생략)
```

프로그램을 확인해보자. (※1)에서는 명령줄 인수를 취득한다. 그리고 명령줄 인수 값을 이용해 검색 경로를 PathBuf 객체로 변환한다. 이것을 인수로 지정해 tree 함수를 호출한다.

(※2)에서는 재귀적으로 파일 목록을 표시할 tree 함수를 정의한다. (※3)에서 전체 파일 목록을 취득한다. for 문을 이용해 목록을 하나씩 확인한다.

(※4)에서는 각 요소에서 pathBuf를 취득한다. 그리고 (※5)에서는 인수로 지정된 level만큼 들여쓰기를 한다.

(※6)에서는 파일 이름을 취득한다.

(※7)에서는 디렉터리인지를 판단해 디렉터리라면 재귀적으로 tree 함수를 호출한다. 그 후 (※8)에서 파일 이름을 출력한다.

### 정리

- 재귀를 이용하면 간결한 코딩이 가능하다.

- 파일 재귀 검색 프로그램을 만들었다.

- `std::path`는 크로스 플랫폼으로 구현돼 다른 OS에서도 이용할 수 있다.

- `std::path::PathBuf`의 `read_dir` 메서드 또는 `std::fs`의 `read_dir` 메서드를 이용해 파일 목록을 취득할 수 있다.

- `unwrap_or`를 이용하면 `Result`나 `Option` 타입 데이터 처리에서 에러가 발생했을 때 이용할 값을 지정할 수 있다.

Chapter

3

# 문법편 – 소유권 시스템과 데이터 타입

이 장에서는 러스트의 특징적인 기능을 자세히 살펴본다. 특히 소유권 시스템은 다른 프로그래밍 언어에는 없는 개념이다. 다양한 프로그램을 만들어보며 이해해 나가자. 그리고 튜플, 슬라이스, 문자열과 같은 데이터 타입에 대해서도 소개한다.

Chapter 3 | 문법편 – 소유권 시스템과 데이터 타입

# 최초의 난관, 소유권 시스템

러스트에는 메모리 안전성을 확보하기 위한 '소유권(ownership)'이라는 시스템이 있다. 이는 다른 언어에서는 없는 개념으로 이 부분이 최초의 고비가 된다. 여기서는 이 소유권 시스템에 대해 알아본다.

> **여기서 배우는 것**
> - 메모리 안전성
> - 소유권

## 소유권 시스템이란 무엇인가

1장에서 소개한 것처럼 러스트는 안전성을 가지면서도 효율적인 고속 프로그래밍 언어다. 마찬가지로 효율적인 프로그래밍 언어인 C 언어는 메모리 관리가 어렵고, 메모리와 관련된 버그가 많이 발생한다. 안전성 향상에 큰 역할을 하는 것이 바로 이 소유권 시스템이다. 소유권 시스템은 러스트의 가장 중심이 된다고 해도 과언이 아니다.

### 소유권 시스템을 간단히 표현하면

소유권이라는 이름만으로는 어떤 기능을 하는지 알기 힘들다. 소유권 시스템은 간단히 말하면 **확보한 메모리를 사용이 끝난 시점에 자동으로 파기하는 기능**이다. 확보한 메모리를 이용할 수 있는 범위를 명확히 한정 지어 효율적으로 메모리를 관리한다.

이 구조를 러스트 코드 형태로 확인해보자. 러스트에서는 중괄호를 이용해 임의의 장소에 블록을 선언할 수 있다.

```rust
{
    // 여기서 String 메모리를 확보
    let s = String::from("hello");
    // ...
    // ... 여기서 변수 s를 이용한 처리를 수행
    // ...
}
// ↑ 블록을 벗어나면 변수 s의 메모리를 파기
```

이 예시는 기본적인 소유권 시스템의 동작을 나타낸다. 블록 안에서 확보된 메모리는 블록을 벗어나는 순간 자동으로 파기된다. 이처럼 러스트는 메모리의 유효 범위가 정해져 있다.

메모리를 확보한 후에 그 메모리를 누군가 책임지고 파기해야 하는 부분도 명확하게 정해져 있다.

예를 들어 다음과 같은 코드에서는 변수 s1에서 메모리를 확보한다. 그리고 도중에 변수 s2로 확보된 메모리가 이동된다.

```
{
    // 여기서 메모리를 확보
    let s1 = String::from("hello");
    // 다른 변수에 값을 넘긴다
    let s2 = s1;

}
// ↑ 블록을 벗어나면 변수 s2의 메모리를 파기
```

이 경우 변수 s1에서 확보한 메모리는 s2로 이동된다. 변수 s1과 s2의 메모리를 모두 파기하려고 하면 메모리 이중 해제가 발생한다. 그래서 변수 s1에서 s2로 값을 이동한 것을 러스트 컴파일러가 검출해 변수 s2의 메모리만을 파기하도록 한다.

다음 그림은 프로그램의 동작과 그에 따른 메모리 상태를 나타낸다. 변수 s1에서 변수 s2로 메모리가 이동하면 변수 s1은 더 이상 이용할 수 없다. 그리고 블록을 벗어나면 변수 s2의 메모리가 파기된다. 메모리 이중 해제는 심각한 메모리 에러가 발생한다. 러스트 컴파일러는 변수 s1에서 변수 s2로 값이 이동할 때 s1을 이용할 수 없게 관리하므로 이중 해제는 발생하지 않는다.

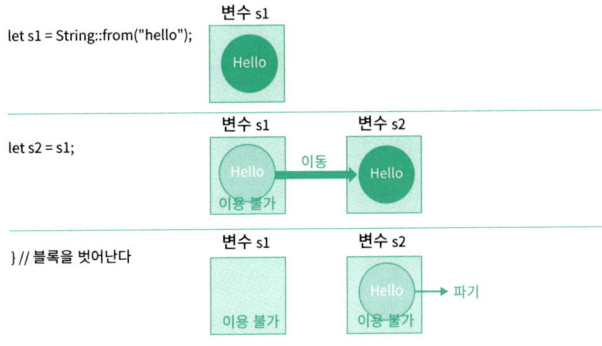

그림 3.1 프로그램 동작과 메모리 상태

이 기본적인 구조를 러스트에서는 '소유권'이라고 한다. 그리고 메모리의 유효성을 검증하는 컴파일러의 이 기능을 Borrow checker(빌림 확인)라고 한다.

## 소유권 시스템의 장점

러스트에는 이 소유권 시스템이 있기 때문에 수동으로 메모리 확보와 해제를 하는 C/C++ 언어에서 종종 발생하는 메모리 관련 오류(이중 해제, 미해제)는 발생하지 않는다. 해제된 메모리를 가리키는 포인터를 '댕글링 포인터(Dangling pointer)'라고 한다. 이 댕글링 포인터에 혹시 접근이 되면 보안 취약점으로 이어지는 경우가 있다. 러스트에서는 기본적으로 댕글링 포인터에 접근할 수 없다. 소유권 시스템으로 인해 메모리가 원인이 되는 문제는 원천적으로 방지되며 메모리 안전성이 확보된다. 이것은 큰 장점이다.

파이썬과 같이 GC(가비지 컬렉터 – Garbage collector)가 있는 언어라면 이런 메모리 관련 문제로 고민하지 않아도 된다. 하지만 GC는 메모리 관리 때문에 실행 속도나 메모리 효율을 희생해야 한다는 단점이 있다. 러스트는 GC를 이용하지 않고 소유권 시스템을 통해 메모리 관리를 하므로 안전하며 효율적으로 고속 프로그램을 만들 수 있다.

## 소유권 시스템의 단점

물론 소유권 시스템에 장점만 있지는 않다.

프로그래머가 소유권 시스템에 대해 제대로 이해해야 한다. 물론 새로운 프로그래밍 언어를 배울 때는 그 언어의 특징을 이해하는 것이 당연하지만 소유권 시스템은 다른 언어에서는 일반적인 개념은 아니므로 이해에 어려움이 따를 수 있다. 그리고 이는 러스트가 어렵다는 인상을 주는 데도 한몫한다.

물론 지금까지 예제를 잘 따라왔다면 어느 정도 러스트에 익숙해졌을 것이다. 이 소유권 시스템에 대해서도 예제를 살펴보며 차근차근 이해하기 바란다.

> **Column  소유권 시스템은 러스트 독자적인 것인가?**
>
> 러스트의 소유권 시스템은 독자적으로 만든 것이 아니라 C++ 언어의 스마트 포인터(Smart pointer)가 그 기원이 된다. C++ 언어의 새로운 규격인 C++ 11(ISO/IEC 14882:2011)에는 표준으로 스마트 포인터를 이용할 수 있으며 소유권과 그 이동에 대한 기능이 포함돼 있다.

## 메모리 관리를 '소유권'으로 생각하는 것

'소유권'이라는 말의 의미는 무엇일까. 사전적인 정의를 보면 '물건을 전면적·일반적으로 지배하는 권리. 물건이 가지는 사용 가치나 교환 가치의 전부를 지배할 수 있는 권리'라고 설명돼 있다. 그리고 '소유자'는 그 소유권을 가진 사람을 말한다.

예를 들어 어떤 집에 대한 소유권을 생각해보자. 집의 소유권을 가진 사람인 소유자는 그 집에서 살 수 있다. 가구 배치도 원하는 대로 할 수 있으며 집 안의 시설을 이용해 쾌적한 생활도 할 수 있다. 하지만 그 집을 누군가에게 팔면 그 집에 대한 아무런 권리도 없으므로 그 집에서 더 이상 살 수 없다.

러스트의 소유권 시스템도 이와 마찬가지다. 변수를 대입하거나 함수를 호출해 소유권을 가질 수 있지만 그 소유권이 한번 이동하면 원래의 변수는 다시 이용할 수 없다.

집은 소유하고 있는 중에 자기가 사는 것이 아니라 다른 누군가에게 세를 줄 수 있다. 이 경우 집의 소유권은 소유자에게 있지만 그 집에 살 수 있는 권리는 세입자에게 있다. 러스트에서도 이렇게 일시적으로 권리를 부여해줄 수 있다. 메모리 관리에 '소유권'이라는 말을 이용하는 것은 꽤 잘 어울린다.

## 소유권의 3대 기본 원칙

러스트의 소유권 시스템에는 기본적인 세 가지 원칙이 있다.

> 원칙 1  값에는 '소유권'이 있으며 변수는 값의 '소유자'가 된다.
>
> 원칙 2  소유권은 이동할 수 있지만 '소유자'는 1개(1개의 변수)뿐이다.
>
> 원칙 3  '소유자'가 유효한 범위(Scope)를 벗어나면 값은 파기된다.

이 원칙을 조금 더 자세히 살펴보자.

원칙 1은 '소유권'과 '소유자'를 규정하는 것이다. 러스트에서 다루는 '값'에는 소유권이 있으며 그 소유권을 가지는 '소유자'가 있다는 것이다.

원칙 2는 값의 소유권은 한 변수에서 다른 변수로 '이동(move)'할 수 있다는 것이다. 소유권이 이동한 뒤에는 그 변수를 이용할 수 없다. 소유권의 이동은 변수에 값을 대입하거나 함수를 호출했을 때 발생한다.

예를 들어 와인과 와인 잔을 가지고 생각해보자. 와인 잔이 '변수'이며 와인 그 자체는 '소유권'이라고 가정한다.

와인 잔 A에 따른 와인을 와인 잔 B에 옮겨 따랐다. 이때 와인 잔 A는 비어 있으므로 마실 수 없는 상태다. 마찬가지로 변수 A에 있는 소유권을 변수 B로 옮기면 변수 A는 값이 없는 상태이므로 사용할 수 없는 것이다.

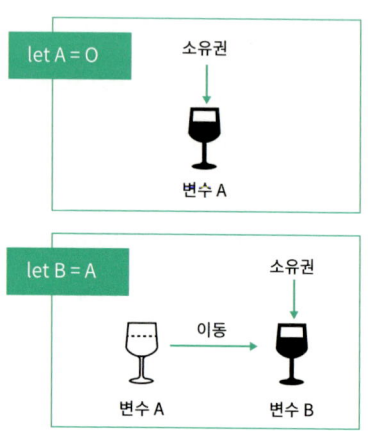

그림 3.2 [원칙 1]과 [원칙 2] 값에는 소유권이 있으며 소유자 간에 이동한다.

원칙 3은 소유권의 파기에 관한 규칙이다. 변수에는 이용 가능한 범위(Scope)가 있다. 변수가 유효한 범위를 벗어나면 자동적으로 변수는 파기된다. 그리고 변수를 파기할 때 변수가 값의 소유권을 가지고 있다면 값 역시 파기된다. 러스트에 소유권 시스템이 있는 것은 이렇게 명확한 메모리 파기 규칙을 위해서다.

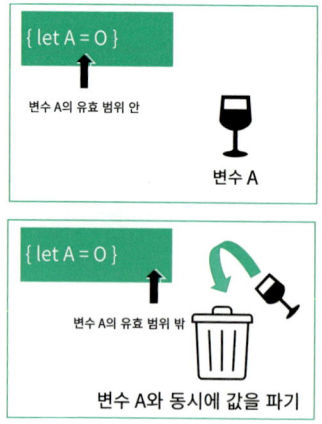

그림 3.3 [원칙 3] 소유자가 유효 범위 밖으로 나갔을 때 값을 파기한다.

## 소유권 시스템 체험하기

소유권 시스템을 프로그램에서 직접 확인해보자. 다음은 소유권 시스템의 간단한 예다.

**[코드]** file: src/ch3/owner_simple.rs

```rust
fn main() {
    let g1 = String::from("온화한 마음은 몸에 좋다."); // ── (※1)
    let g2 = g1; // 소유권을 g2로 이동 ── (※2)
    println!("{}", g2); // ── (※3)
}
```

이 소스 코드는 문제가 없다. (※1)에서 String::from 메서드를 이용해 String 객체를 만들고 변수를 g1에 대입한다. 이때 String 객체의 소유자는 g1이다. g1이 String 객체의 소유권을 가지고 있는 것이다.

그리고 (※2)에서 변수 g2에 g1을 대입한다. 이를 통해 객체의 소유권은 g1에서 g2로 '이동(move)'한다.

(※3)에서는 g2의 내용을 화면에 표시한다. String 객체의 값은 변수 g1에서 g2로 이동됐으므로 g2의 내용을 출력할 수 있다.

와인 잔의 예로 생각해보자. (※1)에서는 와인을 g1이라는 잔에 부었다. (※2)에서는 g2라는 잔에 g1 잔에 들어있던 와인을 부었다. g1 잔은 비어있으므로 마실 수 없다.

그렇다면 비어있는 g1을 이용하고자 하면 어떻게 될까. 위의 소스 코드를 변경해서 확인해보자.

**[코드]** file: src/ch3/owner_simple_err.rs

```rust
fn main() {
    let g1 = String::from("온화한 마음은 몸에 좋다."); // ── (※1)
    let g2 = g1; // 소유권을 g2로 이동 ── (※2)
    println!("{}", g1); // 비어있는 g1을 이용할 수 있을까?
}
```

이 소스 코드를 컴파일하려 하면 다음과 같이 에러가 발생한다.

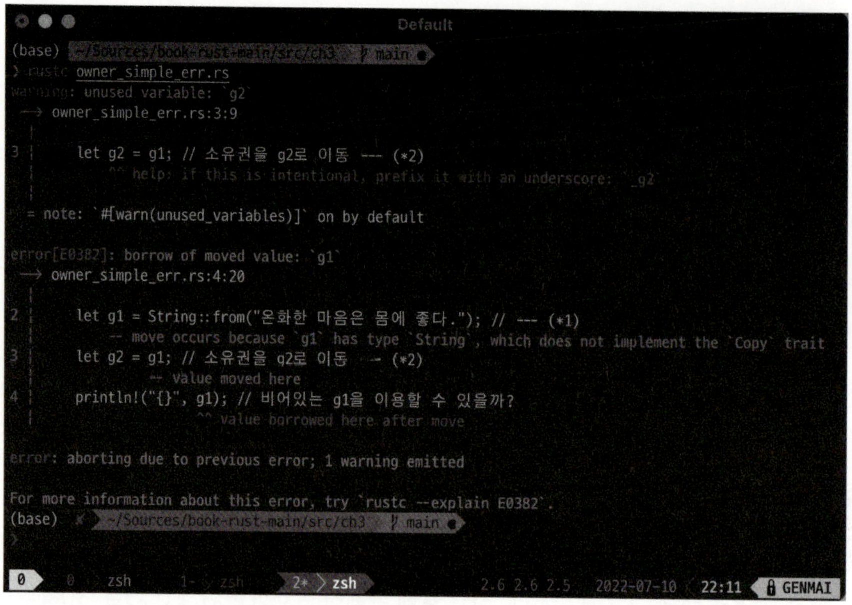

그림 3.4 소유권이 이동된 변수 g1을 이용하려고 하면 발생하는 에러

'error[E0382]: borrow of moved value: g1 (이동된 값 g1을 빌리려 했음)'이라는 에러가 발생한다. 그리고 **g1**에 'value borrowed here after move(이동 후에 여기서 값을 빌림)'라는 에러 메시지가 표시된다. 빌림은 소유권 시스템에서 이용하는 개념 중 하나로 소유자에게 값을 빌리거나 돌려줄 수 있다. 이에 대해서는 뒤에 설명한다. 여기서는 와인 잔의 예에서 **g1**은 이미 빈 잔이므로 와인을 마실 수 없다는 의미로 이해하자.

## 소유자가 유효 범위에서 벗어나면 파기

3번째 원칙인 범위를 벗어나는 경우 값을 파기한다는 점에 대해서도 생각해보자. 러스트에서는 중괄호 { ... }로 블록(범위)을 표현할 수 있다. 즉 중괄호 안에 선언한 변수에 대입한 값은 중괄호를 벗어나면 파기된다. 러스트는 범위를 벗어나면 **범위 안에서 이용한 변수에 대해 자동으로 drop 함수를 호출**한다.

【코드】 file: src/ch3/owner_free.rs

```rust
fn main() {
    // 블록
    {
        let s1 = String::from("재능은 한계가 있지만 노력엔 한계가 없다");
        println!("{}", s1);
```

```
    }
    // 블록을 벗어나면 s1은 파기된다
}
```

여기서는 블록 안에서 String 객체를 생성하고 변수 s1에 대입한다. 이때 변수 s1에 객체의 소유권이 있다. 이 블록을 벗어날 때, 즉 소유자 s1의 유효 범위에서 벗어날 때 s1이 소유권을 가지고 있던 String 객체가 파기된다.

다음 프로그램도 확인해보자. 블록 1 안에서 또 다른 블록 2를 설정했다.

【코드】 file: src/ch3/owner_free2.rs

```rust
fn main() {
    // 블록 1
    {
        let s1 = String::from("인생에 뜻을 세우는 데 있어 늦은 때라곤 없다.");
        let s3 = String::from("계단을 밟아야 계단 위에 올라설 수 있다");
        // 블록 2
        {
            let s2 = s1;
            println!("{}", s2);
        }
        // s2의 값은 여기서 파기된다
        println!("{}", s3);
    }
    // s3의 값은 여기서 파기된다
}
```

블록 1 안에서 s1과 s3에 String 객체를 만들어 대입했다. 블록 2 안에서 s2에 s1을 대입했다. 여기서 s1의 값 소유권이 s2로 이동한다. 그리고 이곳은 다른 블록의 안쪽이므로 이 블록을 벗어나면 변수 s2는 사용할 수 없다. 그와 동시에 s2가 소유권을 가지고 있는 값 '인생에 뜻을 세우는 데 있어 늦은 때라곤 없다.'라는 문자열도 파기된다. 마지막으로 블록 1이 종료될 때 s3의 값도 파기된다.

> **Column** 메모리 할당과 해제의 어려움

소유권 시스템이 어떻게 도움이 되는지 다시 한번 생각해보자. 메모리 할당과 해제를 수동으로 해야 하는 C 언어를 이용해 앞의 프로그램을 만든다면 다음과 같은 형태가 될 것이다. 여기서는 단순히 소스 코드에 대해 설명만 하니 C 언어를 몰라도 상관없다. 단지 `malloc`은 메모리를 할당하는 명령, `free`는 메모리를 해제하는 명령이라는 것만 기억해두자.

【코드】 file: src/ch3/owner_simple.c

```c
#include<stdio.h>
#include<stdlib.h>
#include<string.h>
int main() {
    // 메모리를 할당한 뒤 문자열을 복사 ── (※1)
    char *g1 = (char *)malloc(100);
    strcpy(g1, "온화한 마음은 몸에 좋다.");
    // 변수 g2에 g1을 대입 ── (※2)
    char *g2 = g1;
    // g2의 내용을 출력 ── (※3)
    printf("%s\n", g2);
    // 메모리 해제 ── (※4)
    free(g2);
    // 실수로 다음을 실행하면 메모리 이중 해제
    // free(g1);
    return 0;
}
```

(※1)에서는 변수 g1에 문자열을 이용하기 위해 `malloc`을 이용해 메모리를 할당한다. 그리고 (※2)에서 변수 g2에 g1을 대입한다. (※3)에서는 g2의 내용을 출력한다. C 언어에서는 할당한 메모리를 스스로 해제해야 한다. (※4)에서는 `free`를 이용해 g2의 메모리를 해제한다.

(※1)에서 한 번 메모리를 할당하고 (※4)에서 한 번 메모리를 해제했으므로 이 프로그램은 문제없다. 하지만 (※1)에서 변수 g1에 메모리를 할당했으나 (※4)에서 변수 g2의 메모리를 해제하고 있다.

g1에서 메모리를 할당했으니 g1 메모리를 해제해야 한다고 생각해 g1도 해제하려고 하면 어떻게 될까? g2의 메모리를 해제한 뒤 g1의 메모리를 해제하려고 하면 메모리를 이중으로 해제하려 하기 때문에 프로그램에 문제가 발생한다.

메모리 확보와 해제는 쌍으로 동작해야 하지만 변수를 다른 변수에 대입한 경우 이중 해제가 일어나지 않도록 주의해야 한다. 러스트에서는 소유권 시스템이 이를 자동으로 처리해주므로 이중 해제와 같은 일은 발생하지 않는다. 러스트에서 변수를 다른 변수에 대입하더라도 소유권이 있는 변수만 해제하면 되므로 메모리를 안전하게 관리할 수 있다.

## 소유권 시스템을 적용받지 않는 타입

러스트의 모든 값이 소유권 시스템의 대상이 되는 것은 아니다. 정수, 부동 소수점 등의 숫자 타입, Boolean 타입 등은 소유권 시스템이 동작하지 않는다. 이 타입은 대입(bind - 속박)이나 함수 호출이 될 때 소유권이 이동(move)하는 것이 아니라 자동으로 복사(copy)된다. 따라서 소유권 이동은 일어나지 않는다. 이런 기본 타입은 컴파일할 때 데이터의 크기가 명확하게 결정돼 있어 해당 데이터가 스택 영역에 확보된다.

### 힙 영역과 스택 영역

'힙(heap) 영역'과 '스택(stack) 영역'은 무엇일까. 메모리 관리는 OS의 일이다. OS는 응용 프로그램의 요청에 따라 메모리를 할당하거나 불필요해진 메모리를 회수한다. OS는 메모리를 할당할 때 크게 두 가지 방법으로 메모리를 관리한다. 이것이 힙과 스택이다.

'힙 영역'에 저장된 메모리는 임의의 순서로 메모리를 확보하거나 해제할 수 있다. 원할 때 필요한 만큼 메모리를 확보할 수 있다. 반면 '스택 영역'에 저장된 메모리는 순차적(마지막에 있는 메모리부터)으로만 메모리를 확보하고 해제할 수 있다.

따라서 메모리 크기가 이미 정해진 데이터는 스택 영역에 저장할 수 있지만 크기가 변하는 가변 데이터는 힙 영역에 저장해야 한다. 그래서 문자열(String 타입)이나 구조체 같이 크기가 변하는 데이터는 힙 영역에 저장된다.

반면 숫자 데이터 등의 기본 타입 데이터는 스택 영역에 저장되므로 데이터 복제가 빠르고 쉽다. 그래서 처음부터 소유권 관리를 하지 않고 값을 복사하는 것이다.

### 기본 타입에서 소유권이 이동하지 않는 것을 확인

기본 타입 데이터에서 소유권이 정말 이동하지 않는지 프로그램을 만들어 확인해보자. 다음은 변수 g2에 g1의 값을 대입한 뒤 g1을 계속해서 이용하는 것을 보여주는 예다.

【코드】 file: src/ch3/owner_int.rs

```
fn main() {
    let g1 = 30;
    let g2 = g1; // 값이 자동으로 복사됨 —— (※1)
    println!("{}", g1); // ok
```

```
    println!("{}", g2); // ok
}
```

컴파일 후 프로그램을 실행해보면 g1의 값과 g2의 값이 모두 출력되는 것을 확인할 수 있다.

```
$ rustc owner_int.rs && ./owner_int
30
30
```

컴파일 에러도 발생하지 않고, g1과 g2의 값을 모두 출력했다. 위 소스 코드를 소유권 에러가 발생했던 소스 코드인 `owner_simple_err.rs`와 비교해보자.

에러가 발생한 소스 코드에서는 `String` 타입 데이터를 이용했고 이 소스 코드에서는 `i32` 타입 데이터를 이용했다.

(※1) 부분에서 g1의 값을 g2에 대입한다. 이때 기본 타입 데이터는 스택 영역에 저장되므로 직접 복사된다. 반면 기본 타입 외 데이터는 힙 영역에 보관되므로 소유권 시스템의 관리를 받게 된다. 따라서 복사가 아니라 이동으로 처리된다.

표를 통해 이 내용을 다시 한번 확인해보자. `let` 문을 이용해 대입을 하더라도 기본 타입과 기본 타입이 아닌 데이터는 동작이 다르다.

표 3.1 타입에 따른 동작 차이

| 데이터 타입 | let 문으로 대입했을 때의 동작 |
| --- | --- |
| 기본 타입(Primitive type – 원시 타입) | 복사 (copy) |
| 기본형 외의 타입 | 이동 (move) |

단, 기본형 이외의 데이터 타입에서도 `Copy` 트레잇(Trait)을 구현한 데이터 타입이라면 데이터를 복사할 수 있다. 기본 타입 데이터는 모두 `Copy` 트레잇이 구현돼 있다. 트레잇이란 다른 데이터형에 대해 공통 동작을 정의하는 것이다. 자세한 내용은 4장에서 다룬다.

### 참조 카운터로 값을 관리하는 Rc⟨T⟩와 Arc⟨T⟩

기본 타입 값 이외에도 소유권 시스템에 적용되지 않는 값이 있다. 바로 `Rc<T>`와 `Arc<T>` 타입이다.

이 데이터 타입을 이용하면 참조 카운터를 사용해 메모리 관리를 할 수 있다. 표현 데이터에 따라서는 소유권 시스템보다 참조 카운터를 사용하는 게 메모리 관리에 유리할 수 있는데 그 경우 이 2가지 타입을 이용한다. Rc<T>와 Arc<T> 타입에 대해서는 6장에서 자세히 다룬다.

> **Column** 복제할 때의 소유권
>
> 소유권이 이동하는 타입(문자열과 구조체)이라도 데이터를 복제(clone)해서 소유권 이동을 피할 수 있다. 다음은 String 타입을 복제하는 예다.
>
> 【코드】 file: src/ch3/owner_clone.rs
>
> ```rust
> fn main() {
>     let g1 = String::from("온화한 마음은 몸에 좋다");
>     let g2 = g1.clone(); // 복제하면 소유권은 이동하지 않는다
>     println!("{}", g1); // ok
>     println!("{}", g2); // ok
> }
> ```
>
> g2에 값을 대입하는 부분을 보면 .clone()이라는 메서드가 추가돼 있다. String 타입의 clone 메서드는 값을 복제하는 메서드다. 단순히 대입을 하면 소유권이 이동하지만 복제를 하면 소유권은 이동하지 않는다. 따라서 g1과 g2를 모두 이용할 수 있다.

> **정리**
>
> → 소유권 시스템을 이해하는 것이 러스트 학습의 핵심이다.
>
> → 러스트는 GC가 아니라 소유권 시스템으로 메모리를 관리하므로 효율성이 높다.
>
> → 러스트에서는 메모리 할당과 해제를 수동으로 할 필요가 없어 안전하다.
>
> → 소유권의 3대 요소를 기억해둘 것.
>
> → 기본 타입(원시 타입)의 값은 자동으로 복제되므로 소유권 이동이 발생하지 않는다.

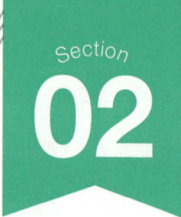

# 빌림과 참조

소유권은 함수를 호출해도 이동한다. 하지만 함수를 호출할 때마다 소유권이 이동하면 프로그래밍이 어려워진다. 그래서 일시적으로 소유권을 빌리는 '빌림'에 대해 알아본다. 빌림 외에도 함수와 소유권의 관계, 참조에 대해서도 알아본다.

> **여기서 배우는 것**
> - 소유권
> - 함수 호출
> - 빌림
> - 참조

## '빌림'이란

'빌림'은 빌려쓴다는 뜻이다. 실생활에서도 자기 것이 아닌 물건을 원 주인의 양해를 받고 가져와 쓰는 것을 빌린다고 한다.

러스트에서 말하는 빌림(borrow / borrowing)도 의미는 같지만 여기서는 물건이 아니라 값의 소유권이다. 그리고 빌리는 것이므로 소유권을 완전히 받는 것이 아니라 일시적으로 가져오고 사용이 끝나면 반납한다.

## 함수 호출로 이동하는 소유권

섹션 1에서는 값을 대입해서 소유권이 이동하는 것을 위주로 소개했다. 하지만 소유권은 값 대입 외 함수 호출로도 이동한다. 함수를 호출할 때 인수로 값을 지정하면 그 값의 소유권은 호출한 함수의 인수로 이동한다.

함수 호출에 따른 소유권 이동에 대해 자세히 살펴보자.

【코드】 file: src/ch3/owner_func_err.rs

```rust
fn main() {
    let g1 = String::from("실수할 줄 아는 사람이 아름답다");
    show_message(g1); // 소유권이 이동한다
    println!("{}", g1); // g1은 사용할 수 없다
```

```rust
}

fn show_message(message: String) {
    println!("{}", message);
}
```

이 프로그램을 컴파일하면 다음과 같이 에러가 발생한다.

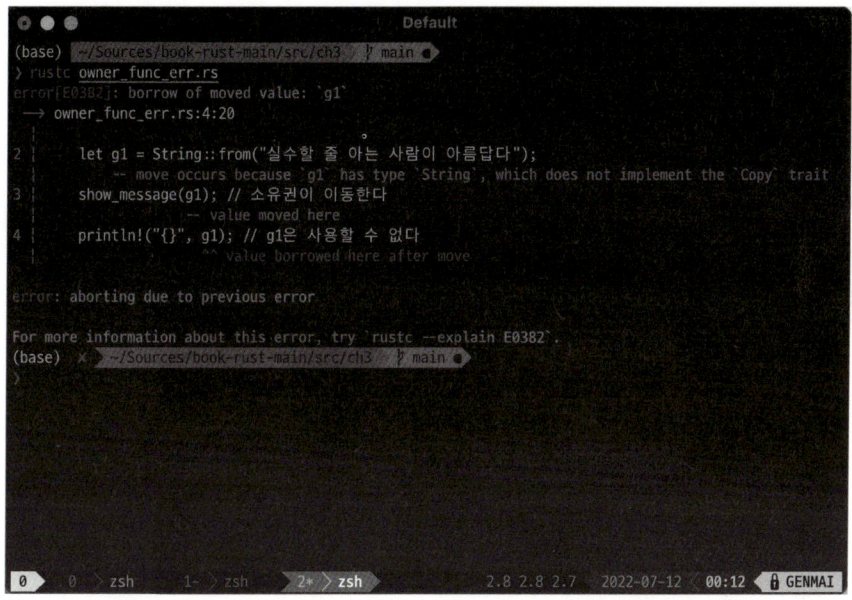

그림 3.5 함수 호출로 소유권이 이동해 에러가 발생한다.

에러 메시지를 확인해보자. 직접적인 에러는 'error[E0382]: borrow of moved value: g1(이동된 값 g1을 빌림)'이다. 이 메시지는 섹션 1에서도 확인했다.

여기서 주목할 점은 어디에서 g1의 값이 이동했는지다. 프로그램의 3번째 줄에서 호출한 함수 show_message의 인수 g1 부분에 'value moved here(여기에서 값이 이동됨)'이라는 힌트가 표시된다.

즉 함수 호출로 소유권 이동이 발생했으므로 4번째 줄의 println!에서 g1의 값을 사용할 수 없게 된 것이다.

## 소유권 돌려주기

앞의 예제에서는 변수 g1의 소유권이 이동했으므로 에러가 발생했다. 이번에는 g1을 이용하면 함수를 호출한 곳에 소유권을 돌려주도록 해보자.

【코드】 file: src/ch3/owner_func_ret.rs

```rust
fn main() {
    let mut g1 = String::from("실수할 줄 아는 사람이 아름답다");
    g1 = show_message(g1); // ── (※1)
    println!("{}", g1); // ok ── (※2)
}

// String을 받아 String을 반환하는 함수 ── (※3)
fn show_message(message: String) -> String {
    println!("{}", message);
    return message;
}
```

컴파일 후 실행해보면 다음과 같이 '실수할 줄 아는 사람이 아름답다'라는 문장이 2번 출력된다.

```
$ rustc owner_func_ret.rs && ./owner_func_ret
실수할 줄 아는 사람이 아름답다
실수할 줄 아는 사람이 아름답다
```

소스 코드를 살펴보자. (※1)에서는 변수 g1의 값을 인수로 지정해 함수를 호출한다. 이를 통해 g1 값의 소유권은 함수로 넘어간다. 하지만 함수의 반환 값을 통해 소유권을 다시 돌려받는다. 그래서 (※2)에서도 g1을 이용할 수 있다.

와인 잔의 예로 생각하면 g1 잔에 따라둔 와인을 show_message 함수의 인수 message라는 잔으로 옮긴 후 다시 g1 잔으로 옮긴 상태다.

여기서 변수 g1을 선언할 때 mut을 붙여 가변 변수로 선언을 했다. 동일한 값인데 mut을 선언한 이유는 내부적으로 대입 동작이 발생하기 때문이다. 대입은 초기화와는 다른 동작이므로 값이 변하는 것으로 간주되기 때문이다.

(※3)의 함수 show_message가 이전 예제와 다른 점은 인수 message를 그대로 반환 값으로 한 것이다. 이를 통해 함수를 호출했을 때 값 소유권을 함수의 변수 message로 이동한 뒤 실행이 종료되면 다시 함수를 호출한 곳으로 돌려줄 수 있다.

## 참조와 빌림 – 함수 호출을 했을 때 소유권을 이동하지 않는 방법

함수 호출만으로 값의 소유권이 이동하는 것은 불편할 때도 있다. 그래서 러스트에는 소유권을 일시적으로 빌려주는 '빌림(borrow)'이라는 시스템을 마련해두고 있다.

값을 빌리기 위해서는 참조자를 나타내는 '&'을 붙인다. 바꿔 말하면 **함수의 인수를 '참조자'로 만드는 것을 '빌림'이라고 한다.**

앞에서 다룬 예제를 빌림을 이용하는 형태로 변경해보자.

【코드】 file: src/ch3/owner_func_ref.rs

```rust
fn main() {
    let g1 = String::from("실수할 줄 아는 사람이 아름답다");
    show_message(&g1); // 참조 값을 전달 ── (※1)
    println!("{}", g1); // 소유권은 이동하지 않음 ── (※2)
}

fn show_message(message: &String) { // ── (※3)
    println!("{}", message);
}
```

컴파일 후 실행해보면 앞서와 마찬가지로 `show_message`에서 한 번, `println!`에서 한 번씩 메시지가 출력돼 총 2개의 메시지가 출력된다.

```
$ rustc owner_func_ref.rs && ./owner_func_ref
실수할 줄 아는 사람이 아름답다
실수할 줄 아는 사람이 아름답다
```

이번 섹션의 가장 앞 부분에서 설명한 에러가 발생하는 소스 코드와 비교해보면 차이점은 단 2글자뿐이다. (※1)에서 함수를 호출할 때 참조자라는 것을 명시하기 위해 '&'를 붙인 것, 그리고 (※3)에서 함수의 인수로 참조자를 전달한다는 것을 명시하기 위해 역시 '&'을 붙인 것이 전부다. 이를 통해 (※2)에서 변수 g1의 값을 이용할 수 있다.

이처럼 참조자를 전달하도록 변경하면 소유권 문제를 해결할 수 있다. **값을 참조해서 사용한다는 것은 값의 소유권을 일시적으로 빌리는 '빌림'이기 때문이다.**

> **메모**
>
> **&String은 &str과 다른가**
>
> 앞의 프로그램에서는 String 타입의 참조 타입인 &String을 썼다. 하지만 문자열 참조 타입으로 &str을 이용할 수도 있다. 러스트의 많은 함수는 문자열 참조 타입으로 &str을 이용한다. &String과 &str은 대부분의 경우 동일하게 사용할 수 있다. 하지만 엄밀히 말하면 &str은 슬라이스다. 슬라이스는 배열과 같은 요소의 일부를 참조하기 위한 타입이다. 자세한 내용은 다음 섹션에서 다룬다.

## 참조자를 반환하는 함수

함수에서 참조자를 반환해야 하는 경우도 있다. 예를 들어 함수 안에서 어떠한 데이터를 만들고, 값이 아니라 그 참조자를 반환해야 하는 경우다. 그런데 러스트에서는 값에 수명(Lifetime)이 있다.

다음 소스 코드는 함수 'gen_message'로 메시지를 만든 뒤 그 참조자를 반환하려는 의도로 만들어진 것이다. 하지만 에러가 발생한다. 어떤 부분이 잘못됐는지 살펴보자.

【코드】 file: src/ch3/owner_lifetime_err.rs

```rust
// 메시지를 생성한 뒤 그 참조자를 반환하는 함수
fn gen_message() -> &str {
    let msg = String::from("실수할 줄 아는 사람이 아름답다");
    return &msg;
}

fn main() {
    let m = gen_message();
    println!("{}", m);
}
```

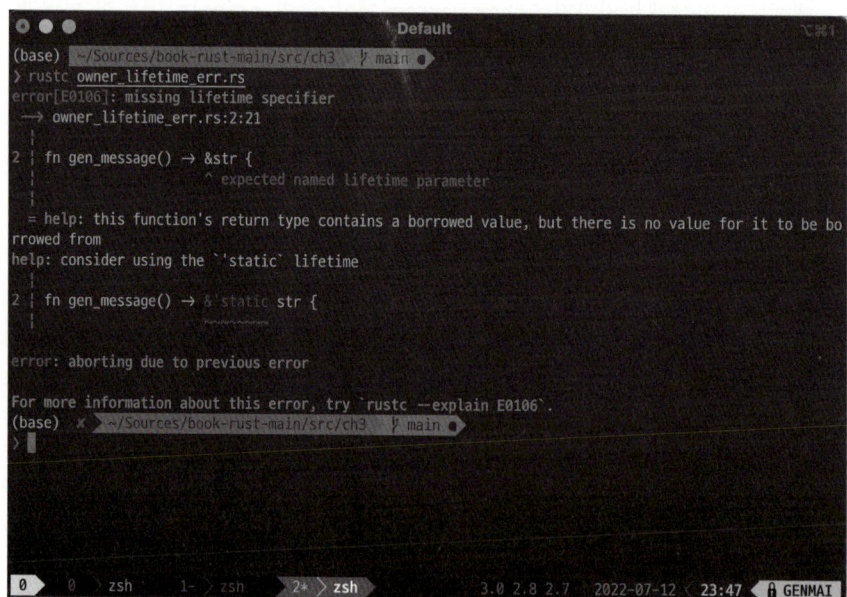

그림 3.6 값의 수명과 관련된 에러

에러 메시지를 확인해보자. 'error[E0106]: missing lifetime specifier(수명 지시자가 없음)'이라고 표시된다. 도움말(help)을 보면 'this function's return type contains a borrowed value, but there is no value for it to be borrowed from(이 함수가 반환하는 값은 빌린 값을 포함하고 있으나 빌림 값이 존재하지 않음)'이라고 표시된다.

즉, 수명을 지정하지 않았기 때문에 에러가 발생한 것이다.

앞에서 '소유자'가 유효한 범위(Scope)를 벗어나면 값은 파기된다'는 소유권 시스템의 기본 원칙을 바탕으로 생각해보자. 함수 gen_message는 하나의 범위다. 변수 msg는 **이 범위 안에서만 유효하며 범위를 벗어나는 순간 msg 값은 파기**되는 것이다. 따라서 msg의 값에 대한 참조를 반환하더라도 msg 값은 파기되므로 값이 사라지기 때문에 에러가 발생한다.

그렇다면 이 소스 코드를 어떻게 고쳐야 할까. **참조가 안 된다면 실젯값을 이용**하면 된다. 즉 참조가 아닌 String 객체의 실젯값을 반환하도록 수정한다.

【코드】 file: src/ch3/owner_lifetime_fix.rs

```rust
// 메시지 생성 함수
fn gen_message() -> String {
    let msg = String::from("실수할 줄 아는 사람이 아름답다");
    return msg; // 소유권이 함수의 반환 값으로 이동 ── (※1)
}
fn main() {
    let m = gen_message(); // 소유권은 m으로 이동 ── (※2)
    println!("{}", m); // ok
}
```

(※1) 부분에서 변수 msg 값의 소유권은 함수의 반환 값으로 이동한다. 즉, (※2) 부분의 변수 m이 msg 값의 소유권을 가지게 된다. 따라서 println! 매크로로 m의 값을 출력할 수 있다.

## 가변 참조자를 인수로 사용하기

함수 호출에 참조자를 사용할 때 함수 안에서 인수의 값을 변경해야 하는 경우도 있다. 이때는 참조자가 가변이라는 것을 명시하면 함수 안에서 인수의 값을 변경할 수 있다.

다음은 인수에 지정한 String 타입 값을 함수 안에서 변경하는 프로그램이다.

**[코드]** file: src/ch3/owner_func_mut.rs

```rust
// 인수의 문자열을 변경하는 함수 ── (※1)
fn add_quote(msg: &mut String) {
    msg.insert(0, '"');
    msg.push('"');
}

fn main() {
    let mut msg = String::from("건강한 신체에 건강한 정신이 깃든다.");
    println!("{}", msg); // ── (※2)
    add_quote(&mut msg); // ── (※3)
    println!("{}", msg); // ── (※4)
}
```

컴파일 후 실행해보면 문자열의 앞뒤에 큰따옴표가 추가된 것을 확인할 수 있다.

```
$ rustc owner_func_mut.rs && ./owner_func_mut
건강한 신체에 건강한 정신이 깃든다.
"건강한 신체에 건강한 정신이 깃든다."
```

함수의 인수로 지정한 값의 참조자를 변경하려면 (※1)의 함수 정의에서 인수를 '&mut 타입' 형태로 지정한다. 이렇게 하면 그 타입이 가변 참조자가 된다. 그리고 (※3)에서와 같이 함수를 호출할 때 &mut을 지정해 함수를 호출한다.

main 함수를 보면 String 타입 값을 만들고 가변 변수 msg에 대입한다. 그리고 (※2)에서 내용을 출력한다. (※3)에서는 add_quote 함수를 호출한다. 호출할 때 인수에 '&mut'을 추가해 가변 참조자라는 것을 명시한다. add_quote 함수는 msg의 앞과 뒤에 큰따옴표를 추가한다. 그리고 (※4)에서 큰따옴표가 추가된 문자열을 출력한다.

여기서 주의할 것은 add_quote 함수를 호출할 때 값 그 자체가 아니라 mut에 '&'를 붙여 가변 참조자를 지정한다는 점이다. 참조자이므로 값을 빌리기만 하므로 (※4)에서 msg를 이용할 수 있다.

## 함수를 호출해서 인수를 변경하는 방법

함수의 인수로 지정한 변수를 변경하는 방법을 다시 한번 확인하자. 문법은 다음과 같다.

```
// 함수 정의
fn 함수 이름(변수명: &mut 타입) {
    // 실젯값을 얻음
    let value = *변수명;
    // 변수를 갱신
    *변수명 = 새로운 값;
}

// 함수 호출
함수(&mut 변수);
```

함수를 정의할 때 변수에 대한 참조자를 전달할 수 있게 '**변수명: &mut 타입**'을 지정한다. 그리고 함수를 호출할 때는 '**함수(&mut 변수)**'와 같이 변수가 가변이며 참조자라는 것을 명시한다.

함수의 실제 내용에는 변수의 참조자로부터 실젯값을 얻기 위해 '**\*변수명**'과 같이 기술한다. 이것을 '역참조(dereference)'라고 한다. 값을 변경하는 경우에도 역참조를 지정해 '**\*변수명 = 새로운 값;**'과 같이 기술한다.

### 인수를 변경하는 예

다음은 가변 변수를 선언한 뒤 함수를 이용해 원래의 변숫값을 변경하는 간단한 예다.

【코드】 file: src/ch3/mutarg.rs

```
// 인수의 값에 2를 곱해 반환하는 함수 ── (※1)
fn x2(arg: &mut i32) {
    *arg = *arg * 2;
}

fn main() {
    let mut v = 16;
    x2(&mut v); // 인수에 2가 곱해진다 ── (※2)
    println!("{}", v);
}
```

컴파일 후 실행해보면 다음과 같이 원래 16이었던 v의 값이 2배가 돼 32가 출력된다.

```
$ rustc mutarg.rs && ./mutarg
32
```

프로그램을 확인해보자. (※1)은 인수로 전달된 값에 2를 곱하는 함수다. 여기서 중요한 점은 가변 참조자를 이용할 수 있도록 인수 타입 앞에 '**&mut**'을 붙이는 것이다.

(※2)에서는 함수를 호출한다. 이 함수에 전달하는 인수는 가변 참조자여야 하기 때문에 '**&mut**'을 붙인다.

### 참조 호출과 값 호출의 차이

함수를 호출할 때 인수를 어떻게 전달하느냐에 따라 값 호출(Call by Value)과 참조 호출(Call by Reference)로 나뉜다. 러스트뿐 아니라 다른 일반적인 프로그래밍 언어에서도 이 두 가지 방법이 사용된다.

값 호출은 값 그 자체를 인수로 전달하는 것이며 참조 호출은 변수의 참조자를 사용하는 것이다.

함수를 호출할 때 '값 전달'이 이루어지면 함수의 인수로 지정된 '값'이 그대로 전달되는 것이 아니라 값이 복사돼 함수로 전달된다. 그러므로 함수 안에서 그 값이 어떻게 가공이 되더라도 변수를 호출한 곳에서는 아무런 영향을 받지 않는다. 즉 안전하다. 물론 함수의 인수로 변수를 지정했을 때도 전달되는 것은 변수가 아니라 변수 '값'의 사본이기 때문에 호출한 곳의 변수는 영향을 받지 않는다.

반면 '참조 호출'은 참조자(변수가 가리키는 주소)가 전달된다. 이 경우 함수 안에서 인수의 내용을 변경하면 함수를 호출한 곳의 값도 바뀐다.

파이썬에서는 숫자 값과 문자열과 같은 값이 함수의 인수로 지정되는 경우 값 전달이 되며 리스트와 같은 객체가 지정되는 경우에는 참조 전달이 된다.

러스트에서 참조 전달을 하는 경우 함수의 인수에 참조를 나타내는 '**&**'를 지정한다. 러스트에서 값 전달을 하는 경우 소유권 시스템의 규칙이 적용된다. 즉 기본 타입(또는 Copy 트레잇이 구현된 타입)이라면 값이 복사되지만 그 외의 타입에서는 소유권이 이동한다.

> **정리**
> 
> → 함수를 호출해도 소유권 이동이 발생한다.
> 
> → 함수의 반환 값을 이용해 변수를 호출한 곳으로 소유권을 이동시킬 수 있다.
> 
> → 참조를 이용하면 소유권을 이동하지 않고 잠시 빌릴(borrow) 수 있다.
> 
> → 함수의 반환 값에 참조를 지정하면 값의 수명(Lifetime)과 관련된 에러가 발생한다.
> 
> → 인수 값으로 가변 참조자도 지정할 수 있다.

## Column — println! 매크로 사용 방법 정리

println!은 표준 출력으로 임의의 서식을 가진 문자열을 출력하는 매크로다. 러스트 프로그래밍을 하는 데 있어 가장 자주 사용하는 기능 중 하나다. 여기서는 println! 매크로 사용 방법을 정리해본다.

### 소유권 문제가 발생하지 않는다

println! 매크로는 소유권과 관련된 문제가 발생하지 않게 구현돼 있다. 다음은 println!을 모방해 echo 함수를 만들어 사용하는 예다. 하지만 이 함수는 소유권이 이동하기 때문에 에러가 발생한다.

【코드】 file: src/ch3/println_err.rs

```rust
fn main() {
    let s = "서로 사랑하면 살고 서로 싸우면 죽는다".to_string();
    echo(s); // ← 소유권이 이동한다
    println!("{}", s);
}
// println!을 모방한 함수
fn echo(s: String) {
    println!("{}", s);
}
```

컴파일을 해보면 소유권과 관련된 에러가 발생한다. 하지만 println! 매크로를 이용하면 문제가 없으며, 다음과 같이 몇 번이나 같은 값을 이용할 수 있다.

【코드】 file: src/ch3/println_fix.rs

```rust
fn main() {
    let s = "서로 사랑하면 살고 서로 싸우면 죽는다".to_string();
```

```
    println!("{}", s); // 소유권이 이동하지 않는다
    println!("{}", s); //
}
```

### 값을 임의의 장소에 넣을 수 있다

변수나 값을 문자열 안의 임의의 장소에 넣을 수 있다. 그리고 값을 순서대로 채워넣는 것이 아니라 '...{2}...{1}...{0}...'과 같이 순서를 임의로 지정할 수도 있다.

예를 들어 연도 표시 방법은 나라에 따라 상이하다. 미국에서는 '월/일/년' 순으로 쓰지만 영국에서는 '일/월/년' 순으로 쓴다. 인수 순서는 변경하지 않고 서식만 변경해서 이런 문제에 대응할 수 있다.

【코드】 file: src/ch3/println_pos.rs

```
fn main() {
    let year = 2023;
    let month = 12;
    let day = 1;
    println!("KR:{0}/{1}/{2}", year, month, day); // 한국
    println!("US:{1}/{2}/{0}", year, month, day); // 미국
    println!("UK:{2}/{1}/{0}", year, month, day); // 영국
}
```

컴파일 후 실행해보면 다음과 같이 표시된다.

```
$ rustc println_pos.rs && ./println_pos
KR:2023/12/1
US:12/1/2023
UK:1/12/2023
```

그리고 다음과 같이 인수에 이름을 붙여서 대입하는 것도 가능하다.

【코드】 file: src/ch3/println_name.rs

```
fn main() {
    let year = 2023;
    let month = 12;
    let day = 1;
    println!("{yy}년 {mm}월 {dd}일",
             dd=day, mm=month, yy=year);
}
```

## 서식(format)을 지정할 수 있다

앞에서도 소개했지만 파이썬 문자열의 format 메서드처럼 정렬, 채우기, 소수점 지정 등을 할 수 있다.

| 서식 | 설명 | 사용 예 | 입력 | 결과 |
|---|---|---|---|---|
| {:<n} | n자리 왼쪽 정렬 | _{:<5}_ | 30 | _30   _ |
| {:>n} | n자리 오른쪽 정렬 | _{:>5}_ | 30 | _   30_ |
| {:^n} | n자리 가운데 정렬 | _{:^5}_ | 3 | _  3  _ |
| {:0<n} | n자리 왼쪽 정렬 후 0으로 채움 | _{:0<5}_ | 12 | _12000_ |
| {:>0n} | n자리 오른쪽 정렬 후 0으로 채움 | _{:>05}_ | 12 | _00012_ |
| {:b} | 2진수 | {:b} | 4 | 100 |
| {:0nb} | 2진수에서 n만큼 0으로 채움 | {:08b} | 4 | 00000100 |
| {:o} | 8진법 | {:o} | 438 | 666 |
| {:x} | 16진수 | {:x} | 255 | ff |
| {:0nx} | 16진수에서 n만큼 0으로 채움 | {:04x} | 15 | 000f |
| {:.n} | 소수점 이하 n자리 표시 | {:.2} | 3.1415 | 3.14 |
| {:e} | 지수 표시 | {:e} | 12.34 | 1.234e1 |
| {:?} | 디버그 출력 | {:?} | [1,2,3] | [1, 2, 3] |
| {:#?} | 디버그 출력(형태 정렬) | {:#?} | [1,2] | [(줄바꿈) 1,（줄바꿈) 2,（줄바꿈)] |
| {{ | {를 출력 | {{ | 없음 | { |
| }} | }를 출력 | }} | 없음 | } |
| {:p} | 포인터 | {:p} | abc | (예)0x1022c2970 |
| \" | "를 출력 | \" | 없음 | " |
| \\ | \를 출력 | \\ | 없음 | \ |

서식을 이용해 보자.

**【코드】** file: src/ch3/println_fmt.rs

```rust
fn main() {
    // 오른쪽 정렬 및 16진수 출력
    println!("|{:>8}| #{:06x}", "red", 0xFF0000);
    println!("|{:>8}| #{:06x}", "green", 0x00FF00);
    println!("|{:>8}| #{:06x}", "blue", 0x0000FF);
```

```
    // 디버그 출력
    println!("|{:>8}| RGB{:?}", "yellow", (255,255,0));
}
```

컴파일 후 실행해보면 다음과 같이 표시된다.

```
$ rustc println_fmt.rs && ./println_fmt
|     red| #ff0000
|   green| #00ff00
|    blue| #0000ff
|  yellow| RGB(255, 255, 0)
```

이렇게 println!은 다양한 표현을 할 수 있으므로 활용도가 높다. println!은 표준 출력 용도이지만 문자열을 출력하지 않고 String 타입으로 만들어주는 format! 매크로도 있다. format! 매크로 역시 println! 매크로와 사용 방법은 동일하다. format! 매크로 역시 활용도가 높으므로 사용법을 잘 익혀두자.

Chapter 3 | 문법편 – 소유권 시스템과 데이터 타입

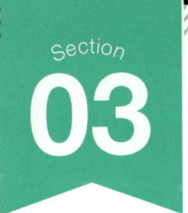

# 러스트의 튜플, 배열, 슬라이스

튜플(tuple)을 이용하면 다양한 타입을 가지는 몇 개의 타입을 모아 하나의 복합 타입으로 만들 수 있다. 러스트에서도 물론 이 튜플을 이용할 수 있다.

> 여기서 배우는 것
> - 튜플
> - 배열
> - 슬라이스

## 튜플이란

튜플을 이용하면 서로 다른 데이터 타입을 하나로 모을 수 있다. 튜플은 다음과 같이 정의하고 사용할 수 있다. 튜플은 값을 괄호로 감싸 만들 수 있다.

[서식] 튜플 정의
```
// 튜플 만들기
let 변수 = (값 1, 값 2, …);

// 튜플의 값 참조
println!("{}, {}", 변수.0, 변수.1);
```

다음은 '(상품 이름, 금액)' 형태의 튜플을 2개 만들어 합계 금액을 표시하는 예다.

【코드】 file: src/ch3/tuple_goods.rs
```
fn main() {
    // 튜플 만들기 ── (※1)
    let banana = ("바나나", 300);
    let apple = ("사과", 200);
    // 튜플을 참조해 합계 금액 구하기 ── (※2)
    let total = banana.1 + apple.1;
    // 튜플 내용 표시 ── (※3)
    print_tuple(&banana);
```

```
        print_tuple(&apple);
        println!("합계는 {}원입니다.", total);
    }
    // (상품 이름, 금액) 튜플을 표시하는 함수 ── (※4)
    fn print_tuple(item: &(&str, i64)) {
        println!("{}를 {}원에 구입.", item.0, item.1);
    }
```

컴파일 후 실행해보면 다음과 같은 결과를 확인할 수 있다.

```
$ rustc tuple_goods.rs && ./tuple_goods
바나나를 300원에 구입.
사과를 200원에 구입.
합계는 500원입니다.
```

프로그램을 확인해보자. (※1)에서는 '(상품 이름, 금액)' 형태의 튜플을 2개 만들었다. 여기서 만든 튜플은 (&str, i64) 복합 타입 튜플이다. (※2)에서는 튜플의 금액 부분을 더해 합계 금액을 구한다. '튜플.0', '튜플.1'과 같은 형식으로 N번째 튜플의 값을 구할 수 있다. 튜플도 배열과 마찬가지로 순서는 0부터 시작한다.

(※3)에서는 튜플 참조자를 지정해 함수 print_tuple을 호출한다. 튜플의 값도 함수 호출로 인해 소유권 이동이 발생하므로 여기서는 '&'을 붙여 참조자를 지정한다.

(※4)에서는 튜플을 인수로 전달해 화면에 표시하는 함수 print_tuple의 정의다. 함수 정의의 인수 부분을 보면 item의 데이터 타입을 '&(&str, i64)'와 같이 지정한다. 1장에서도 설명했지만 인수로 지정할 때는 타입 추론을 하지 않으므로 데이터 타입을 정확히 명기해야 한다. 이 튜플은 (&str, i64) 타입으로 만들어져 있으므로 동일하게 기술해야 하며 참조자로 튜플을 이용하므로 &를 붙인다.

## 함수를 호출해서 인수를 변경하는 방법

자주 이용하는 튜플이라면 구조체로 정의하는 것도 좋은 방법이다. 튜플을 구조체로 정의하는 것은 다음과 같다.

```
[서식] 튜플을 구조체로 정의
struct 구조체명 (타입 1, 타입 2, …);
```

앞의 예제에서 이용한 튜플을 Item이라는 구조체로 정의해보자. 그리고 이 Item 구조체를 벡터에 추가해 합계 금액을 계산하는 함수도 만들어보자.

【코드】 file: src/ch3/tuple_goods_struct.rs

```rust
// Item 구조체(튜플) 정의 ── (※1)
struct Item(String, i64);

fn main() {
    // 튜플 만들기 ── (※2)
    let banana = Item("바나나".to_string(), 300);
    let apple = Item("사과".to_string(), 200);
    let mango = Item("망고".to_string(), 500);
    // Item을 벡터에 추가 ── (※3)
    let items = vec![banana, apple, mango];
    // 합계 금액 구하기 ── (※4)
    let total = print_and_sum_items(&items);
    println!("합계는 {}원입니다.", total);
}
// 튜플을 표시하는 함수
fn print_tuple(item: &Item) {
    println!("{}를 {}원에 구입.", item.0, item.1);
}
// 아이템을 순서대로 표시하고 합계 금액 구하기 ──(※5)
fn print_and_sum_items(items: &Vec<Item>) -> i64 {
    let mut total = 0;
    for it in items {
        print_tuple(&it);
        total += it.1;
    }
    total // 합계 금액 반환
}
```

컴파일 후 실행해보면 다음과 같은 결과를 확인할 수 있다.

```
$ rustc tuple_goods_struct.rs && ./tuple_goods_struct
바나나를 300원에 구입.
사과를 200원에 구입.
```

```
망고를 500원에 구입.
합계는 1000원입니다.
```

(※1)에서 튜플인 Item 구조체를 정의한다. 구조체를 정의하는 경우 문자열은 &str이 아니라 String 타입을 이용한다.

(※2)에서는 Item 객체를 생성한다. 튜플 구조체를 초기화할 때는 다음과 같이 '**구조체 이름(필드 1: 값 1, 필드 2: 값 2, … )**' 형식으로 초기화한다.

```
let banana = Item{0: "바나나".to_string(), 1: 300};
let apple = Item{0: "사과".to_string(), 1, 200};
```

(※3)에서는 Item을 벡터에 추가한다. 여기서는 vec! 매크로를 사용해 벡터를 생성했다. 타입 추론이 있으므로 데이터 타입을 명시하지는 않았지만 Item 구조체 객체를 Vec에 추가했으므로 변수 items는 Vec<Item> 타입이 된다.

(※4)에서는 함수 print_and_sum_items에 벡터 참조자를 인수로 지정해 호출한다. 벡터 역시 함수를 호출하면 소유권이 이동되므로 참조자를 지정해 값을 빌리도록 하는 것이다.

(※5)는 Vec<Item> 참조자를 인수로 받아 각 물품의 내용을 표시하고 합계를 계산하는 함수 print_and_sum_items의 정의다.

## 러스트의 배열

배열이란 여러 값의 집합이다. 튜플은 서로 다른 타입의 데이터로 구성할 수 있지만 **배열은 모든 요소의 타입이 동일해야 한다**. 러스트의 배열은 파이썬의 리스트에 해당한다. 하지만 파이썬의 리스트와는 달리 한 번 결정된 배열의 요소 개수를 변경할 수 없다. 요소 개수를 나중에 변경해야 한다면 배열이 아니라 벡터 타입을 이용해야 한다.

배열은 스택 영역에 메모리가 확보된다. 스택 영역에 확보된 메모리는 빠르게 접근이 가능하므로 벡터 타입보다 빠른 처리를 할 수 있다.

【코드】 file: src/ch3/array_init.rs

```
fn main() {
    let points = [80, 40, 50, 90, 84];
```

```
        println!("{:?}", points); // 요소 목록 표시
        println!("len={}", points.len()); // 요소 개수 표시
    }
```

프로그램을 실행하면 배열 요소가 출력된다. 앞에서도 소개한 것처럼 println! 매크로로 출력할 때 "{:?}"를 지정하면 벡터나 Result 타입과 같이 일반 문자열 타입이 아닌 타입도 출력할 수 있다. 배열의 경우는 배열의 전체 요소가 출력된다.

```
$ rustc array_init.rs && ./array_init
[80, 40, 50, 90, 84]
len=5
```

여기서도 마찬가지로 타입은 생략했다. 타입 추론을 이용하지 않고 직접 타입을 지정한다면 다음과 같이 '[i32; 5]' 형태로 지정해야 한다. 즉 배열 변수의 타입은 '[타입; 요소 수]'가 된다. 앞에서 설명한 것처럼 배열은 요소 개수가 고정되므로 타입을 지정한다면 반드시 요소 개수도 함께 지정해야 한다.

[코드] file: src/ch3/array_init2.rs

```
fn main() {
    let points:[i32;5] = [80, 40, 50, 90, 84];
    print_array(&points);
}
fn print_array(e: &[i32;5]) {
    println!("{:?}", e); // 요소 목록 표시
    println!("len={}", e.len()); // 요소 개수 표시
}
```

배열 요소의 값을 얻는 방법은 기본적으로 '배열 변수 이름[번호]'다. 다음은 배열에서 첫 번째와 두 번째 요소의 값을 출력하는 예다.

[코드] file: src/ch3/array_get.rs

```
fn main() {
    let month = ["Jan", "Feb", "Mar", "Apl", "May"];
    println!("{}", month[0]); // Jan
    println!("{}", month[1]); // Feb
}
```

컴파일 후 실행해보면 배열의 첫 번째와 두 번째 값이 출력된다.

```
$ rustc array_get.rs && ./array_get
Jan
Feb
```

## 슬라이스 타입이란

슬라이스(slice)란 배열이나 벡터, 문자열 같은 데이터 타입의 요소 중 일부를 참조하기 위한 것이다. 기본적으로 참조자이므로 슬라이스에는 소유권이 없다.

예를 들어 'beep'이라는 문자열에서 앞 3글자의 슬라이스를 얻는다면 'bee'라는 문자열의 참조자를 얻게 된다. 그리고 배열에 대한 슬라이스라면 배열의 n번째에서 m번째까지의 요소에 대한 참조자를 표현할 수 있다.

슬라이스는 '&변수명[n..m]' 형태로 이용한다. 문자열이라면 n번째에서 m번째까지의 문자열을 얻을 수 있고, 배열이라면 n번째에서 m번째까지의 문자열을 얻을 수 있다.

다음은 문자열에서 앞 3글자의 슬라이스를 얻어 출력하는 예다.

【코드】 file: src/ch3/slice_str.rs

```rust
fn main() {
    // 문자열 생성 ── (※1)
    let s = String::from("beep");
    // 슬라이스 생성 ── (※2)
    let ss = &s[0..3];
    // 슬라이스 내용 표시 ── (※3)
    println!("{}", ss);
}
```

컴파일 후 실행하면 'beep'이라는 문자열의 앞 3글자인 'bee'가 표시된다.

```
$ rustc slice_str.rs && ./slice_str
bee
```

(※1)에서 'beep'이라는 문자열을 생성하고 (※2)에서는 해당 문자열에서 앞 3글자의 슬라이스를 얻는다. 그리고 (※3)에서는 슬라이스를 출력한다.

계속해서 문자열이 아닌 배열을 슬라이스하는 방법을 확인해보자.

【코드】 file: src/ch3/slice_show.rs

```rust
fn main() {
    // 배열 초기화
    let a = [0, 1, 2, 3, 4, 5];
    // 배열 a의 앞 3개 요소의 슬라이스를 얻음 ── (※1)
    let a_slice = &a[0..3];
    println!("{:?}", a_slice); // [0, 1, 2]
    // a에서 4번째부터 5번째까지의 슬라이스를 얻음 ── (※2)
    println!("{:?}", &a[3..5]); // [3, 4]
    // a에서 4번째 이후의 슬라이스를 얻음 ── (※3)
    println!("{:?}", &a[4..6]); // [4, 5]
}
```

결과를 확인해보자.

```
$ rustc slice_show.rs && ./slice_show
[0, 1, 2]
[3, 4]
[4, 5]
```

변수 a에 할당한 요소는 알기 쉽도록 배열 번호와 동일하게 생성했다. 이 변수 a에 '**&변수명[n..m]**' 형태로 a 요소의 값을 얻을 수 있다.

(※1)에서는 '**&a[0..3]**'이라고 기술해 '[0, 1, 2]'를 얻었다. 앞의 0은 생략해 '**&a[..3]**'과 같이 기술할 수도 있다.

(※2)에서는 '**&a[3..5]**'로 기술해 [3, 4]를 얻는다.

(※3)에서는 '**&a[4..6]**'로 기술해 [4, 5]를 얻는다. 이 부분은 '**&a[4..]**'과 같이 마지막 인덱스를 생략할 수 있다.

참고로 '**&a[..]**'과 같이 입력하면 전체 슬라이스 값을 얻을 수 있다.

문자열에 관련된 슬라이스는 다음 섹션에서도 이어서 다룬다.

## 슬라이스를 함수의 인수로 지정하기

배열과 문자열 외 벡터에 대해서도 슬라이스를 얻을 수 있다. 슬라이스를 함수의 인수로 지정하는 방법을 확인해보자.

다음 프로그램은 i64 타입 슬라이스인 '&[i64]'의 합계를 계산하는 함수 sum_slice를 정의하고 이용하는 예제다.

【코드】 file: src/ch3/slice_sum.rs

```rust
// 슬라이스의 각 요소를 더하는 함수 ── (※1)
fn sum_slice(items: &[i64]) -> i64 {
    let mut total = 0;
    for i in items {
        total += i;
    }
    total // 합계 반환
}

fn main() {
    // 배열 초기화 ── (※2)
    let a = [1,2,3,4,5,6,7,8,9,10];
    println!("a={}", sum_slice(&a[..]));
    // 벡터 초기화 ── (※3)
    let b = vec![1,2,3,4,5,6,7,8,9,10];
    println!("b={}", sum_slice(&b[..]));
}
```

이 소스 코드를 컴파일한 뒤 실행하면 다음과 같이 배열로 이루어진 값의 총합과 벡터로 이루어진 값의 총합을 확인할 수 있다.

```
$ rustc slice_sum.rs && ./slice_sum
a=55
b=55
```

(※1)에서는 슬라이스의 각 요소를 더하는 함수 sum_slice를 정의했다. (※2)에서는 배열 변수 a를 인수로 sum_slice를 호출한다. (※3)에서는 벡터 변수 b를 인수로 sum_slice를 호출한다. 두 번의 호출 모두 '[..]'를 이용해 전체 슬라이스 값을 이용한다.

변수 a는 길이가 고정된 배열이며 변수 b는 가변 길이를 가지는 벡터다. 두 타입 모두 슬라이드를 이용할 수 있고 동일한 참조자 타입 '&[i64]'를 얻을 수 있으므로 sum_slice 함수를 호출할 수 있다.

앞에서 설명한 것처럼 참조자는 소유권이 이동하지 않으므로 함수를 호출한 뒤에도 변수를 이용할 수 있다.

### 정리

- 튜플을 이용하면 여러 타입의 값을 이용할 수 있다.
- 튜플을 구조체로 정의할 수 있다.
- 배열은 요소 개수가 고정된 동일한 타입의 데이터 집합이다.
- 슬라이스는 참조자로 이용되며 배열 또는 벡터 데이터의 값을 가져올 수 있다.

# 러스트의 구조체

구조체를 이용하면 여러 개의 데이터를 한 번에 처리할 수 있다. 구조체에 이름을 붙여 그것을 별도의 데이터 타입으로 이용하는 것도 가능하다. 여기서는 구조체의 선언과 사용 방법을 소개한다.

> **여기서 배우는 것**
> - 구조체
> - 변수와 구조체 등의 명명 규칙

## 구조체란

파이썬에서는 클래스를 이용해 자체 데이터 타입을 정의한다. 러스트에서는 '구조체(structure)'를 이용한다. 다양한 타입의 데이터를 한 번에 처리하기에 편하므로 자주 이용된다.

### 구조체 정의하기

러스트의 구조체 사용 방법을 자세히 알아보자.

구조체를 만들면 그 구조체는 자체 데이터 타입으로 취급된다. 러스트의 구조체에는 몇 가지 종류가 있지만 가장 기본적인 이름을 붙인 필드 타입 구조체를 먼저 알아본다. 다음은 구조체를 정의하는 방법이다.

```
[서식] 구조체 정의
struct 구조체명 {
    필드 1: 타입 1,
    필드 2: 타입 2,
    필드 3: 타입 3,
    …
    필드 N: 타입 N,    // 마지막의 쉼표는 생략해도 상관없음[8]
}
```

---

[8] (옮긴이) rustfmt를 이용하면 자동으로 쉼표가 붙는다.

구조체는 '필드 이름: 타입,' 형태로 정의한다. 마지막 필드 뒤의 쉼표는 생략해도 상관없다.

자동차의 모델(model)과 배기량(cc), 색상(color)이라는 데이터를 가지는 **CarSpec** 구조체라면 다음과 같이 정의할 수 있다.

```
// CarSpec 구조체 정의
struct CarSpec {
    model: i32, // 모델
    cc: i32,    // 배기량
    color: i32, // 색상
}
```

## 구조체 이용하기

정의한 구조체를 이용하기 위해서는 각 필드에 값을 대입해야 한다. 구조체는 일종의 포맷이므로 구조체 자체만 정의해서는 이용할 수 없다. 각 필드에 값을 지정해야 객체가 만들어진다.

```
[서식] 구조체 생성
let 변수 = 구조체 이름 {
    필드 1: 값 1,
    필드 2: 값 2,
    필드 3: 값 3,
    …
};
```

자동차 공장을 예로 생각해보자. 구조체를 정의한다는 것은 자동차의 설계도를 만드는 것이다. 그리고 구조체를 만드는 것은 구체적인 설계도를 바탕으로 자동차를 생산하는 것이라고 할 수 있다. 차를 실제로 운전하기 위해서는 설계도가 아니라 설계도를 바탕으로 만든 차가 필요하다.

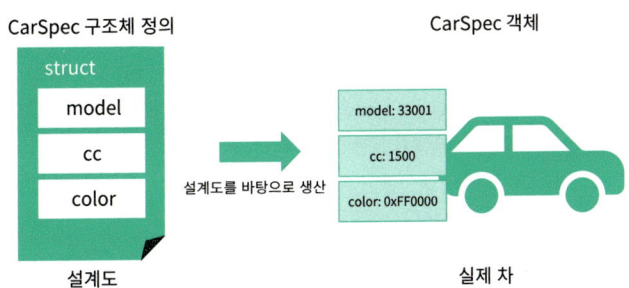

그림 3.7 구조체 정의와 생성

다음은 앞서 정의한 CarSpec 구조체를 이용해 객체를 생성하는 예다.

```rust
let car = CarSpec {
    model: 33001,
    cc: 1500,
    color: 0xFF0000,
}
```

이해를 돕기 위해 간단한 프로그램을 만들어보자. 다음은 자동차 구조체를 정의하고 객체를 만들어 내용을 출력하는 예다.

**[코드]** file: src/ch3/struct_car.rs

```rust
// CarSpec 구조체 정의 ── (※1)
struct CarSpec {
    model: i32, // 모델
    cc: i32, // 배기량
    color: i32, // 색상
}

fn main() {
    // CarSpec 객체 생성 ── (※2)
    let car1 = CarSpec {
        model: 3001,
        cc: 1500,
        color: 0xFF0000,
    };
    let car2 = CarSpec {
        model: 3002,
        cc: 1200,
        color: 0x0000FF,
    };
    // 객체의 각 필드를 출력 ── (※3)
    println!("car1: {}, {}cc, {:06x}",
        car1.model, car1.cc, car1.color);
    println!("car2: {}, {}cc, {:06x}",
        car2.model, car2.cc, car2.color);
}
```

컴파일 후 실행하면 생성한 구조체의 객체 값이 화면에 출력된다.

```
$ rustc struct_car.rs && ./struct_car
car1: 3001, 1500cc, ff0000
car2: 3002, 1200cc, 0000ff
```

(※1)에서는 구조체 **CarSpec**을 선언한다. 그리고 (※2)에서 이 구조체에 초깃값을 할당해 객체를 생성한다. (※3)에서는 이 객체의 필드 값을 출력한다.

## 구조체를 이용한 BMI 계산

2장에서 다룬 BMI 계산 프로그램의 계산식을 이용하는 구조체 프로그램을 만들어보자.

다음은 '홍길동'과 '임꺽정'의 키와 몸무게를 구조체 **Body**로 만든 뒤 BMI 측정을 하는 프로그램이다.

【코드】 file: src/ch3/struct_wh.rs

```rust
// 키와 몸무게 데이터를 가지는 구조체 ── (※1)
struct Body {
    weight: f64,
    height: f64,
}

fn main() {
    // 구조체 초기화 ── (※2)
    let hong = Body {
        weight: 80.0,
        height: 165.0,
    };
    let lim = Body {
        weight: 65.0,
        height: 170.0,
    };
    // 함수 호출 ── (※3)
    println!("홍길동 = {:.1}", calc_bmi(&hong));
    println!("임꺽정 = {:.1}", calc_bmi(&lim));
}
```

```rust
// BMI를 계산하는 함수 ── (※4)
fn calc_bmi(body: &Body) -> f64 {
    let h = body.height / 100.0;
    body.weight / h.powf(2.0)
}
```

컴파일 후 실행해보면 구조체에 지정한 인물의 BMI가 계산돼 표시된다.

```
$ rustc struct_wh.rs && ./struct_wh
홍길동 = 29.4
임꺽정 = 22.5
```

프로그램을 확인해보자. (※1)은 몸무게(weight)와 신장(height) 필드를 가진 구조체 정의다. 그리고 (※2)에서 각 인물의 키와 몸무게로 Body 객체를 초기화한다. 구조체를 초기화할 때는 모든 필드의 값을 지정된 타입으로 대입해야 한다. 빠진 필드가 있는 경우 다음과 같이 에러가 발생한다.

```rust
// 구조체 초기화를 할 때 빠진 필드가 있는 경우
let hong = Body {
    weight: 80
};
```

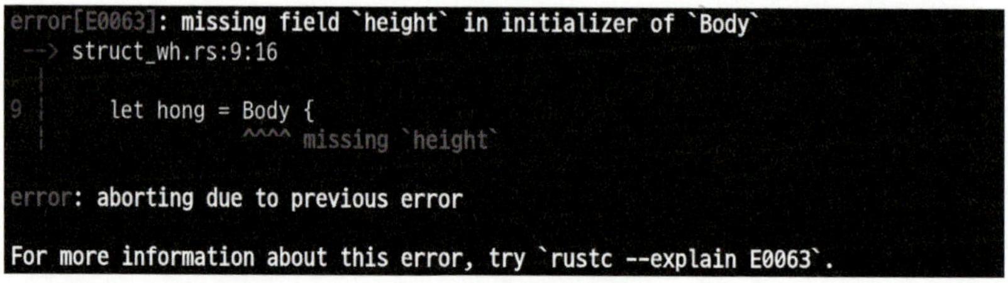

```
error[E0063]: missing field `height` in initializer of `Body`
  --> struct_wh.rs:9:16
   |
 9 |         let hong = Body {
   |                    ^^^^ missing `height`

error: aborting due to previous error

For more information about this error, try `rustc --explain E0063`.
```

그림 3.8 구조체 필드를 모두 채우지 않으면 발생하는 에러

(※3)은 객체를 인수로 해 BMI를 계산하는 함수를 호출해 출력한다. (※4)는 Body 구조체를 인수로 받아 BMI를 계산하는 함수다.

## 판정 기준을 만들어 비만도 판정하기

이번에는 판정 기준을 이용해 비만도 판정을 하는 프로그램을 만들어보자.

## 파이썬에서 판정표를 이용해 BMI 판정

2장에서 만들었던 프로그램에서는 if 문을 여러 번 이용해 비만도를 표시했다. 여기서는 사전 타입과 리스트 타입을 이용하고 for 문으로 판정표를 검색하도록 변경했다.

【코드】 file: src/ch3/bmi_struct.py

```python
# 키와 몸무게 입력
height_cm = float(input('키(cm) : '))
weight = float(input('몸무게(kg) : '))

# BMI 계산
height = height_cm / 100.0
bmi = weight / (height ** 2)

# 비만도 판정표 - 판정용 사전 타입 리스트
bmi_list = [
    {"min": 0, "max": 18.5, "label": "저체중"},
    {"min": 18.5, "max": 23, "label": "정상"},
    {"min": 23, "max": 25, "label": "비만전단계"},
    {"min": 25, "max": 30, "label": "1단계 비만"},
    {"min": 30, "max": 35, "label": "2단계 비만"},
    {"min": 35, "max": 99, "label": "3단계 비만"}]

# 판정
result = "계산 불가"
for range in bmi_list:
    if range["min"] <= bmi < range["max"]:
        result = range["label"]

# 결과 표시
print("BMI = {:.1f}, 비만도 = {}".format(bmi, result))
```

프로그램을 실행해 다음과 같이 값을 입력하면 BMI와 비만도를 확인할 수 있다.

```
$ python bmi_struct.py
키 (cm) : 180
몸무게(kg) : 78
BMI = 24.1, 비만도 = 정상
```

이 프로그램에서 주의 깊게 봐야 할 부분은 비만도 판정을 하기 위한 사전 타입 리스트다. 각 단계별로 최솟값(min)과 최댓값(max), 판정(label) 요소를 지정했다. 그리고 for 문을 이용해 BMI가 어느 범위에 속하는지 확인 후 결과를 표시한다.

### 러스트에서 BMI 판정표를 이용해 BMI 판정

이어서 러스트로 BMI 판정 프로그램을 만들어보자. 파이썬에서는 사전 타입 리스트로 구현한 부분을 구조체 벡터로 구현한다.

【코드】 file: src/ch3/bmi_struct.rs

```rust
// BMI 판정용 구조체 ── (※1)
struct BmiRange {
    min: f64,           // min 이상
    max: f64,           // max 미만
    label: &'static str, // 판정
}
fn main() {
    // 키와 몸무게 입력\ ── (※2)
    let height_cm = input("키(cm) : ");
    let weight = input("몸무게(kg) : ");
    // BMI 계산
    let height = height_cm / 100.0;
    let bmi = weight / height.powf(2.0);
    // 비만도 판정표를 벡터 타입으로 생성 ── (※3)
    let bmi_list = vec![
        BmiRange {
            min: 0.0,
            max: 18.5,
            label: "저체중",
        },
        BmiRange {
            min: 18.5,
            max: 23.0,
            label: "정상",
        },
        BmiRange {
            min: 23.0,
```

```rust
            max: 25.0,
            label: "비만전단계",
        },
        BmiRange {
            min: 25.0,
            max: 30.0,
            label: "1단계 비만",
        },
        BmiRange {
            min: 30.0,
            max: 35.0,
            label: "2단계 비만",
        },
        BmiRange {
            min: 35.0,
            max: 99.0,
            label: "3단계 비만",
        },
    ];
    // 비만도 판단 ── (※4)
    let mut result = "계산 불가";
    for range in bmi_list {
        if range.min <= bmi && bmi < range.max {
            result = range.label;
            break;
        }
    }
    // 결과 표시
    println!("BMI = {:.1}, 비만도 = {}", bmi, result);
}
// 한 줄씩 읽어 f64 타입으로 반환 ── (※5)
fn input(prompt: &str) -> f64 {
    println!("{}", prompt);
    let mut s = String::new();
    std::io::stdin().read_line(&mut s).expect("입력 에러");
    s.trim().parse().expect("숫자 변환 에러")
}
```

컴파일 후 실행해 파이썬으로 만든 프로그램에 입력했던 값을 그대로 입력해보자. 동일한 결과가 표시된다.

```
$ rustc bmi_struct.rs && ./bmi_struct
키(cm) :
180
몸무게(kg) :
78
BMI = 24.1, 비만도 = 비만전단계
```

소스 코드를 확인해보자. (※1)은 비만도 판단을 위한 정보를 입력할 구조체를 선언한 것이다. 파이썬과 마찬가지로 최솟값(min)과 최댓값(max), 판정 필드를 지정했다.

(※2)에서는 사용자로부터 입력받은 키와 몸무게 정보를 이용해 BMI를 계산한다. 이 부분은 파이썬과 크게 다르지 않다.

(※3)에서는 비만도 판정을 위한 BmiRange 구조체를 벡터로 초기화한다. vec! 매크로는 'vec![요소 1, 요소 2…]'와 같이 초기화한다는 것을 이미 앞에서 설명했다. 구조체도 초기화 방법은 동일하다. 구조체는 모든 필드의 값을 지정해야 하므로 vec! 매크로에 들어갈 각 요소는 'BmiRange {min:최솟값, max:최댓값, labe:판정}' 형태로 지정해야 한다.

(※4)는 vec 변수 bmi_list에서 for 문으로 조건을 검색한다. BMI가 범위 안에 들어가는 단계의 비만도가 표시된다.

(※5)는 사용자 입력을 위한 함수다. 사용자가 입력한 숫자는 이 함수를 통해 f64 타입으로 변환된다.

## 구조체와 변수의 명명 규칙

러스트에서 구조체나 변수, 함수 등의 이름을 붙일 때의 규칙이 있다. 지키지 않더라도 컴파일은 되지만 경고 메시지가 표시된다.

```
warning: variable `RESULT` should have a snake case name
  --> bmi_struct.rs:48:13
   |
48 |     let mut RESULT = "계산 불가";
   |             ^^^^^^ help: convert the identifier to snake case: `result`
   |
   = note: `#[warn(non_snake_case)]` on by default

warning: 1 warning emitted
```

그림 3.9 명명 규칙을 지키지 않았을 때 표시되는 경고

표 3.2 러스트 명명 규칙

| 명명 규칙 | 예 | 사용처 |
| --- | --- | --- |
| 카멜 방식[9] | CamelCase | 구조체, 타입, 열거형, 타입 매개변수 |
| 스네이크 방식(소문자)[10] | snake_case | 크레이트, 모듈, 함수, 메서드, 지역 변수 |
| 스네이크 방식(대문자)[11] | SNAKE_CASE | 상수, 고정 변수 |

자세한 내용은 러스트의 RFC에 정리돼 있다.

General naming conventions (일반 명명 규칙)
URL https://github.com/rust-lang/rfcs/blob/master/text/0430-finalizing-naming-conventions.md

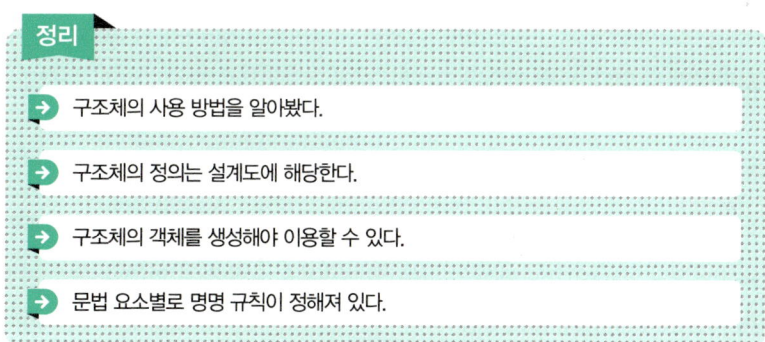

정리
- 구조체의 사용 방법을 알아봤다.
- 구조체의 정의는 설계도에 해당한다.
- 구조체의 객체를 생성해야 이용할 수 있다.
- 문법 요소별로 명명 규칙이 정해져 있다.

---

9  (옮긴이) 단어의 첫 글자만 대문자로 하고 공백 없이 붙여쓰는 것.
10 (옮긴이) 전체가 소문자이며 단어 사이에 언더바(_)를 넣는다.
11 (옮긴이) 전체가 대문자이며 단어 사이에 언더바(_)를 넣는다.

# Section 05 러스트의 문자열

러스트의 문자열인 String과 &str이 어떻게 다른지 알아본다. 그리고 아시아 언어에서 주로 사용되는 멀티 바이트 문자는 어떻게 다뤄야 할지 확인해본다.

**여기서 배우는 것**
- 문자열
- String
- &str
- UTF-8
- 수명(Lifetime)

## 러스트의 문자열

러스트에서 문자열을 다룰 때 'String' 타입 또는 '&str' 타입을 이용한다. 소스 코드에서 **큰따옴표(")로 문자열을 감싸는 경우 문자열 리터럴 타입은 &str이 된다.**

&str은 변경이 불가능하다. 그래서 값을 변경하거나 함수의 반환 값으로 사용해야 하는 경우에는 String 타입을 사용한다.

### String 타입은 벡터

String 타입은 러스트 내부에서 'Vec<u8>' 타입으로 취급된다. **Vec은 가변 길이의 배열인 벡터 타입이다.** 그리고 u8은 부호가 없는 8비트 정수, 즉 1바이트 정수다. 즉 String 타입은 1바이트 단위로 데이터를 확장할 수 있다. 벡터 타입은 힙 메모리에 저장되므로 확장 가능한 문자열 객체이다.

### &str 타입은 슬라이스

소스 코드에서 큰따옴표로 감싼 문자열이 &str이다. &str은 러스트 내부에서 슬라이스인 '&[u8]' 타입으로 취급된다. 슬라이스는 배열의 일부 또는 전체를 참조자로 이용할 수 있는 데이터 타입이다. 그리고 참조자이므로 소유권과 관련이 없다.

## C/C++와의 차이점

C 언어에서도 문자열은 1바이트 단위의 가변 배열 데이터로 취급한다. 하지만 러스트는 C 언어와 달리 문자열 끝에 NULL('\0')이 없다. 벡터 타입이므로 바이트 수가 기록돼 안전하게 관리된다.

그림 3.10 러스트와 C 언어의 문자열 표현 차이

- C 언어에서는 문자열의 끝이 NULL('\0')이므로 문자열 크기를 알려주지 않으면 알 수 없음
- 러스트에서는 처음부터 문자열의 실제 길이(length)와 메모리에 저장되는 크기(capacity)가 기록됨

## 러스트의 문자열은 UTF-8

러스트에서 다루는 문자열은 String 타입이건 &str 타입이건 문자 인코딩은 UTF-8로 정해져 있다. UTF-8은 Unicode/UCS로 정의된 문자 집합을 표현하는 문자 인코딩(부호화 방식/문자 코드)이다.

UTF-8의 특징 중 하나는 1글자를 표시하기 위해 1바이트에서 6바이트 사이의 가변 길이를 이용한다는 점이다. 알파벳이나 숫자는 1바이트를 차지하지만 한글이나 일본어는 3바이트를 차지한다[12].

String이 Vec<u8>이고 &str이 &[u8]이므로 문자열에서 임의의 1바이트에 접근하는 것도 가능하다. 하지만 **바이트 단위로 접근할 때에는 N바이트째가 N글자에 해당하지 않을 수 있다**는 점도 기억해둬야 한다.

---

[12] (옮긴이) 유니코드로는 2바이트지만 UTF-8로 표현할 때 3바이트가 된다. 따라서 UTF-8 인코딩을 기본으로 사용하는 러스트에서는 인덱스보다 인덱스의 범위를 지정할 수 있는 슬라이스를 기본적으로 사용한다.

영어 문자열과 바이트열이 대응하는 것을 확인해보자. 'Rust'라는 문자는 다음과 같이 대응된다. 바이트열은 16진수로 표기된다.

표 3.3 'Rust'라는 문자열을 바이트로 표시

| 문자열 | R | u | s | t |
| --- | --- | --- | --- | --- |
| 바이트열 | 52 | 75 | 73 | 74 |

영어와 숫자는 UTF-8과 ASCII 코드가 동일하다. 그리고 N바이트째 문자는 N번째 문자가 된다.

다음은 '위키북스'라는 UTF-8 문자열을 바이트로 표시한 것이다.

표 3.4 '위키북스'라는 문자열을 바이트로 표시

| 문자열 | 위 | 키 | 북 | 스 |
| --- | --- | --- | --- | --- |
| 바이트열 | ec 9c 84 | ed 82 a4 | eb b6 81 | ec 8a a4 |

'위'는 16진수 바이트로 표시하면 'ec 9c 84'의 3바이트, '키'는 'ed 82 a4'의 3바이트다. 즉 문자열에서 2바이트째 값을 가져와도 '키'라는 문자에 해당하는 것이 아니라 '위'의 2바이트째인 '9c'라는 데이터를 가져오는 것이다.

러스트의 문자열 String 및 &str에는 문자 단위로 데이터를 가져오는 chars 메서드와 바이트 단위로 데이터를 가져오는 bytes 메서드가 있다. 이 두 메서드의 차이점에 대해 알아보자.

## 문자열에서 문자 한 개씩 가져오기

문자열을 하나 만든 뒤 임의의 곳에서 문자 한 개를 가져오는 프로그램을 만들어보자. 파이썬이나 다른 프로그래밍 언어에서는 '변수[n]' 형태로 n번째 문자열을 가져올 수 있다. 예를 들어 파이썬에서는 s라는 변수에 '안녕하세요'라는 문자열이 있다면 'print(s[0])'과 같이 작성하면 '안'이라는 문자가 출력된다.

하지만 러스트는 문자열이 Vec<u8> 타입이라는 것을 생각해야 한다. u8은 부호가 없는 8비트 정수이므로 영어나 숫자 1문자를 저장할 수 있지만 한글은 3바이트(32비트)이므로 저장할 수 없다. 즉 러스트에서 파이썬과 같이 문자열을 가져오고자 하면 s[0] 에러가 발생한다.

【코드】 file: src/ch3/str_index_err.rs

```rust
fn main() {
    let s = "안녕하세요";
    println!("{}",s[0]); // 직접 n번째 문자를 가져올 수 없다.
}
```

위 소스 코드를 컴파일하면 에러가 발생한다.

```
error[E0277]: the type `str` cannot be indexed by `{integer}`
  --> str_index_err.rs:3:19
   |
 3 |     println!("{}",s[0]); // 직접 n번째 문자를 가져올 수 없다.
   |                   ^^^^ string indices are ranges of `usize`
   |
   = help: the trait `SliceIndex<str>` is not implemented for `{integer}`
   = note: you can use `.chars().nth()` or `.bytes().nth()`
           for more information, see chapter 8 in The Book: <https://doc.rust-lang.org/book/ch08-02-str
ings.html#indexing-into-strings>
   = note: required because of the requirements on the impl of `Index<{integer}>` for `str`

error: aborting due to previous error
```

**그림 3.11** 직접 s[n]이라는 인덱스를 지정할 수 없다.

이 에러 메시지에서 눈여겨볼 부분은 'note' 부분이다.

```
= note: you can use `.chars().nth()` or `.bytes().nth()`
```
(`.chars().nth()` 또는 `.bytes().nth()`을 이용할 수 있다.)

러스트에서는 문자열을 저장한 변수에 직접 s[N]과 같은 형태로 접근할 수 없으니, 그 대신 chars 또는 bytes 메서드를 이용하라는 조언이다.

chars 메서드는 문자열을 UTF-8 기반으로 1글자씩 분할한 반복자를 반환한다. 그리고 bytes 메서드는 문자열을 단순히 1바이트 단위로 분할한 반복자를 반환한다.

즉, 1글자씩 가져올 것인지 1바이트씩 가져올 것인지를 명확히 해 그에 맞는 메서드를 선택해야 한다.

러스트의 **컴파일 에러 메시지는 이처럼 자세한 정보를 알기 쉽게 표시**해주므로 에러 메시지를 읽는 것만으로 대부분의 에러를 해결할 수 있다. 이제 이 조언을 바탕으로 프로그램을 수정해보자. 다음은 chars 메서드를 이용해 1글자를 가져와 출력하는 예다.

【코드】 file: src/ch3/str_index_fix.rs

```rust
fn main() {
    let s = "안녕하세요";
    // 첫 1글자를 가져온다.
    let ch = s.chars().nth(0).unwrap();
    println!("{}", ch); // 안
    // 3번째 글자를 가져온다.
    let ch = s.chars().nth(2).unwrap();
    println!("{}", ch); // 하
}
```

컴파일 후 실행해보면 1번째 문자 '안'과 3번째 문자 '하'가 출력된다.

```
$ rustc str_index_fix.rs && ./str_index_fix
안
하
```

## &str에 슬라이스 사용

앞의 문제를 다르게 해결하는 방법도 있다. &str에 대해 슬라이스를 이용하는 방법이다. 문자 단위가 아니라 바이트 단위로 지정한 문자열을 가져올 수 있다. &str에서 특정 부분의 값을 가져올 때 사용한다.

【코드】 file: src/ch3/str_index_fix2.rs

```rust
fn main() {
    // 첫 번째 글자를 출력 ── (※1)
    let s2 = "abcdefg";
    println!("{}", &s2[0..1]); // a

    let s = "안녕하세요";

    // 첫 번째 1글자를 출력 ── (※2)
    let ch = &s[..3];
    println!("{}", ch); // 안

    // 세 번째 1글자를 출력 ── (※3)
    let ch = &s[6..9];
```

```
    println!("{}", ch); // 하
}
```

컴파일 후 실행하면 &str을 슬라이스해 취득한 데이터가 문자열로 출력된다. 이때 바이트 단위를 잘 지정해야 한다. 올바르지 않게 지정한 경우 컴파일 단계에서 에러가 발생한다.

```
$ rustc str_index_fix2.rs && ./str_index_fix2
a
안
하
```

(※1)은 영문 문자열이므로 [0..1] 또는 [..1]과 같은 형태로 첫 번째 글자의 바이트를 가져올 수 있다.

(※2)는 한글이므로 첫 3바이트(1글자)를 가져온다. 그리고 해당 3바이트를 문자로 출력한다.

(※3) 부분은 3번째 글자인 '하'를 출력하기 위해 [6..9]를 지정해 해당 3바이트를 가져와 문자로 출력한다.

## &str과 String 상호 변환

&str과 String 타입은 상호 변환이 가능하다. 실제 프로그램으로 확인해보자. 일반적으로 다음과 같은 프로그램은 타입 추론을 이용하므로 타입을 명시하지 않아도 상관없지만 여기서는 타입을 확실히 하기 위해 변수별로 타입을 명시했다.

[코드] file: src/ch3/str_string.rs

```
fn main() {
    // 문자열 리터럴은 &str 타입 ── (※1)
    let ss: &str = "베풀면 반드시 돌아온다";
    // &str을 String으로 변환 ── (※2)
    let so1: String = String::from(ss);
    let so2: String = ss.to_string();
    // String을 &str로 변환 ── (※3)
    let ss2: &str = &so1;
    let ss3: &str = so1.as_str();
    // 출력
```

```
    println!("{}\n{}\n{}\n{}", so1, so2, ss2, ss3);
    // 참조 타입 포인터 주소를 표시 ── (※4)
    println!("{:p}\n{:p}", ss2, ss3);
}
```

컴파일 후 실행해보면 다음처럼 지정한 문장이 4번 출력되고 &str이 가리키는 참조 주소가 표시된다.

```
$ rustc str_string.rs && ./str_string
베풀면 반드시 돌아온다
베풀면 반드시 돌아온다
베풀면 반드시 돌아온다
베풀면 반드시 돌아온다
0x60000393d060
0x60000393d060
```

(※1)에서는 문자열 리터럴을 변수 ss에 대입한다. 이때 문자열 리터럴 타입은 &str이다.

(※2)에서는 &str 타입을 String 타입으로 변환한다. &str 타입을 String 타입으로 변환하는 방법은 소스 코드와 같이 2가지가 있다. 이렇게 해서 String 객체(인스턴스)를 생성한다.

(※3)에서는 String을 다시 &str 형식으로 변환한다. 이처럼 &str과 String 변환은 쉽게 할 수 있다.

(※4)는 참조자 확인용 코드로 (※3)에서 참조 타입 &str이 현재 가리키는 주소를 출력한다. println! 에 "{:p}"를 지정하면 포인터가 가리키는 주소를 출력할 수 있다. '포인터 주소'란 해당 값이 할당된 메모리상의 주소를 말한다.

String 타입은 힙 메모리에 저장되므로 할당된 주소는 실행할 때마다 달라진다. String 타입의 참조자와 as_str 메서드로 얻을 수 있는 참조자가 같은 주소를 가리키므로 두 값이 같음을 알 수 있다.

### 문자열을 1바이트씩 출력

상황에 따라서는 문자열을 1바이트씩 잘라 이용하거나 바이너리 데이터를 이용해야 하는 경우도 있다. 여기서는 문자열을 1바이트씩 잘라 내용을 표시해보자. 앞에서 언급한 bytes 메서드를 이용해 문자열을 1바이트씩 표시해본다.

【코드】 file: src/ch3/str_tobytes.rs

```rust
fn main() {
    let pr = "구슬이 서 말이라도 꿰어야 보배";
    // 1바이트씩 출력 ―― (※1)
    for c in pr.bytes() {
        print!("{:2x} ", c);
    }
    // 바이트 수 구하기 ―― (※2)
    println!("\n바이트 = {}B", pr.len());
}
```

프로그램을 실행하면 문자열이 바이트 데이터로 출력된다.

```
$ rustc str_tobytes.rs && ./str_tobytes
ea b5 ac ec 8a ac ec 9d b4 20 ec 84 9c 20 eb a7 90 ec 9d b4 eb 9d bc eb 8f 84 20 ea bf b0 ec 96 b4
ec 95 bc 20 eb b3 b4 eb b0 b0
바이트 = 43B
```

(※1)에서 for 문으로 bytes 메서드를 이용해 문자열을 1바이트씩 출력한다. bytes 메서드는 반복자를 반환하므로 for 문을 이용할 수 있다.

(※2)에서는 len 메서드를 이용해 바이트 수를 표시한다. 러스트에서 실수하기 쉬운 것 중 하나는 &str의 len 메서드다. &str의 len 메서드는 문자 길이가 아니라 바이트 길이를 반환한다.

> **메모 ― 러스트에서 착각하기 쉬운 점 – 문자 수와 바이트 수**
> 
> &str의 len 메서드는 문자열이 아니라 바이트 길이를 반환한다. 'abc'와 같이 영어 문자열에 len 메서드를 이용하면 3을 반환하지만 '맛있다'라는 한글에 len 메서드를 이용하면 9를 반환한다.

### 문자열을 1자씩 출력

이번에는 문자열에서 문자 단위로 구분해 출력해보자. 문자 단위를 다루기 위해서는 chars 메서드를 이용한다.

【코드】 file: src/ch3/str_tochars.rs

```rust
fn main() {
    let pr = "구슬이 서 말이라도 꿰어야 보배";
    // 1자씩 표시 ―― (※1)
    for c in pr.chars() {
```

```
        print!("[{}]", c);
    }
    // 글자 수를 세기 ── (※2)
    println!("\n글자 수 = {}자", pr.chars().count());

    // Vec<char>로 변환해 처리 ── (※3)
    let pr_chars: Vec<char> = pr.chars().collect();
    println!("Vec<char> : {:?}", pr_chars);
    for c in pr_chars.iter() {
        print!("({})", c);
    }
    println!("\n글자 수 = {}자", pr_chars.len());
}
```

컴파일 후 실행해보면 문자열 안의 문자가 1자씩 출력된다.

```
$ rustc str_tochars.rs && ./str_tochars
[구][슬][이][ ][서][ ][말][이][라][도][ ][꿰][어][야][ ][보][배]
글자 수 = 17자
Vec<char> : ['구', '슬', '이', ' ', '서', ' ', '말', '이', '라', '도', ' ', '꿰', '어', '야', ' ', '보', '배']
(구)(슬)(이)( )(서)( )(말)(이)(라)(도)( )(꿰)(어)(야)( )(보)(배)
글자 수 = 17자
```

(※1)은 &str의 chars 메서드와 for 문을 이용해 대괄호([])에 넣어 1자씩 출력한다.

(※2)에서는 글자 수를 센다. chars 메서드는 반복자를 반환하므로 count 메서드를 이용하면 요소의 수를 셀 수 있다.

(※3)은 chars 메서드를 이용해 Vec<char> 타입으로 변환한 뒤 문자열을 처리한다. 벡터의 iter 메서드와 for 문을 이용해 1자씩 처리할 수 있다. 여기서 변수 pr_chars는 이미 글자별로 분리된 벡터 타입이므로 len 메서드를 이용하면 바이트 수가 아니라 글자 수(즉 벡터의 길이)를 반환한다.

u8이 기호 없는 8비트 정수(1바이트)로 문자를 표현하는 반면 char 타입은 32비트(4바이트)로 1문자를 표시한다. 이 부분에서도 러스트의 언어적 성격을 엿볼 수 있다. 처음부터 Vec<char>를 문자열 내부 표현으로 하는 것이 아니라 Vec<u8>을 문자열로 표현한다. 그리고 필요에 따라 Vec<char>로 변환해 처리한다.

## 라이프타임

수명(Lifetime)이라면 보통 생애, 생존 기간을 의미한다. 러스트에서의 라이프타임은 값을 참조할 수 있는 범위(Scope)를 의미한다. 라이프타임은 아포스트로피(')를 붙여 표현한다. 그리고 대부분 소문자만을 이용하며 짧은 영문자 한 개(a 등)를 이용하는 경우가 많다.

값이 일반적인 라이프타임 범위를 가지고 있다면 컴파일러는 값의 유효 범위(라이프타임)를 추론할 수 있다. 따라서 라이프타임 지시자를 생략할 수 있다. 하지만 라이프타임 지시자를 반드시 지정해야 하는 경우도 있다.

참고로 가장 긴 라이프타임을 가지는 것은 ''static'이다. 이것은 러스트 프로그램이 시작할 때부터 종료될 때까지 존재한다. 문자열 리터럴의 타입은 '&str'이지만 라이프타임을 명시하는 경우 '&'static str'과 같이 기술한다.

다음은 echo 함수를 정의해서 이용하는 프로그램으로 &'static str 타입을 인수로 받아 처리한다.

【코드】 file: src/ch3/str_static.rs

```rust
// &'static str을 이용하는 함수 ── (※1)
fn echo(s: &'static str) {
    println!("{}", s);
}
fn main() {
    // 문자열 리터럴(&'static str)을 지정 ── (※2)
    echo("웅변은 은이요");
    echo("침묵은 금이다");

    // 아래 주석 부분은 에러가 발생한다 ── (※3)
    // let s = String::from("테스트");
    // echo(&s);
}
```

컴파일 후 실행해보면 다음과 같이 echo 함수 안에 지정한 문자열이 출력된다.

```
$ rustc str_static.rs && ./str_static
웅변은 은이요
침묵은 금이다
```

(※1) 부분의 함수를 보면 라이프타임 지시자를 붙여 &'static str을 인수로 지정했다. 즉 &str 타입이며 'static 라이프타임을 가진 참조자만을 인수로 사용할 수 있다.

(※2)에서는 큰따옴표로 이루어진 문자열을 지정했는데 이는 &str 타입이다. 그리고 &str 타입은 'static이 생략됐다. 즉 함수의 인수로 라이프타임이 'static인 문자열 리터럴을 지정했다. 따라서 문제없이 문자열 리터럴 내용이 출력된다.

주석 처리된 (※3) 부분의 주석을 해제한 뒤 실행해보자. 변수 s의 참조자인 &s는 main 함수 안에서만 살아있을 수 있다. 따라서 'static보다 짧은 라이프타임을 가지므로 echo 함수에서 호출하면 에러가 발생한다. 함수의 인수에 라이프타임 지시자를 지정한 경우 그보다 짧은 라이프타임을 가진 값을 사용할 수 없기 때문이다.

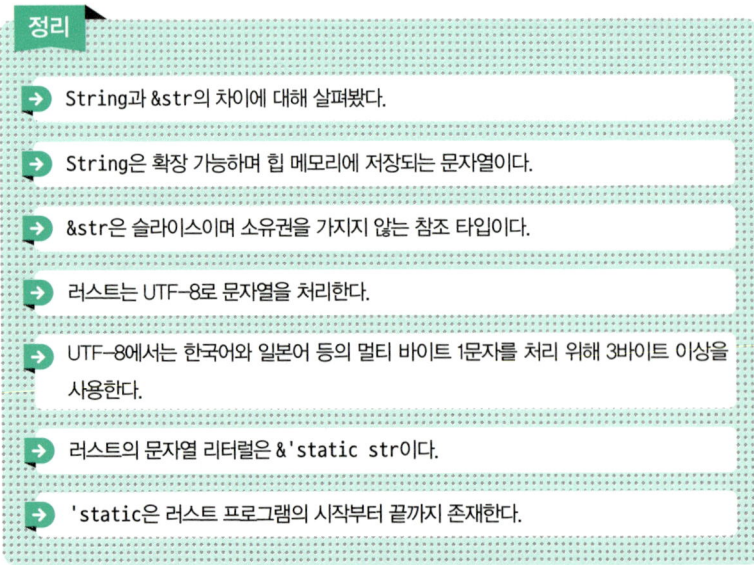

그림 3.12 함수를 정의할 때 인수로 지정한 라이프타임보다 짧은 값을 대입하면 에러가 발생한다.

> **정리**
> 
> → String과 &str의 차이에 대해 살펴봤다.
> 
> → String은 확장 가능하며 힙 메모리에 저장되는 문자열이다.
> 
> → &str은 슬라이스이며 소유권을 가지지 않는 참조 타입이다.
> 
> → 러스트는 UTF-8로 문자열을 처리한다.
> 
> → UTF-8에서는 한국어와 일본어 등의 멀티 바이트 1문자를 처리 위해 3바이트 이상을 사용한다.
> 
> → 러스트의 문자열 리터럴은 &'static str이다.
> 
> → 'static은 러스트 프로그램의 시작부터 끝까지 존재한다.

# 러스트의 문자열 처리에 익숙해지기

앞 섹션에서는 String과 &str을 이용한 기본적인 문자열 처리를 다뤘다. 이 섹션에서는 앞에서 배운 내용을 바탕으로 조금 더 실용적인 문자열 처리 방법을 알아본다.

> 여기서 배우는 것
> - 부분 문자열
> - 치환
> - 검색
> - 섀도잉
> - EUC-KR 읽고 쓰기

## 문자열을 바이너리 에디터 형태로 출력하기

먼저 문자열을 바이너리 편집기에서처럼 출력하는 프로그램을 만들어보자. 지정한 문자열을 16진수로 변환해 4바이트씩 끊어 출력하는 것이다.

【코드】 file: src/ch3/str_hex.rs

```
fn main() {
    hex_dump("성공하는 사람은 송곳처럼 어느 한 점을 향하여 일한다.");
}

fn hex_dump(s: &str) {
    // 1 바이트씩 표시 ── (※1)
    for (i, c) in s.bytes().enumerate() {
        // 주소를 표시
        if i % 16 == 0 {
            print!("{:08x}|", i);
        }
        // 4자리씩 끊어 문자를 표시
        if i % 4 == 3 {
            print!("{:02x}|", c);
        } else {
            print!("{:02x} ", c);
        }
    }
```

```
        // 16바이트마다 줄바꿈
        if i % 16 == 15 {
            println!("");
        }
    }
    println!("");
}
```

컴파일 후 실행해보면 다음과 같이 문자열을 1바이트씩 잘라 한 줄에 16바이트의 16진수 데이터를 출력한다.

```
$ rustc str_hex.rs && ./str_hex
00000000|ec 84 b1 ea|b3 b5 ed 95|98 eb 8a 94|20 ec 82 ac|
00000010|eb 9e 8c ec|9d 80 20 ec|86 a1 ea b3|b3 ec b2 98|
00000020|eb 9f bc 20|ec 96 b4 eb|8a 90 20 ed|95 9c 20 ec|
00000030|a0 90 ec 9d|84 20 ed 96|a5 ed 95 98|ec 97 ac 20|
00000040|ec 9d bc ed|95 9c eb 8b|a4 2e
```

앞 섹션에서 설명한 것처럼 &str 타입의 bytes 메서드는 UTF-8 문자열을 1바이트씩 자른 반복자를 반환한다. 반복자에 enumerate 메서드를 이용하면 반복자에 인덱스를 붙인 데이터를 반환한다. 이는 파이썬의 enumerate 함수와 비슷하다.

## 부분 문자열 얻기

문자열에서 부분 문자열을 추출하는 방법을 살펴보자. 문자열 처리를 할 때 부분 문자열만을 이용하는 경우는 자주 일어난다.

부분 문자열을 얻는 방법은 다양하지만 가장 간단한 슬라이스를 이용한 방법을 소개한다.

[코드] file: src/ch3/str_slice.rs

```
fn main() {
    let pr = "지혜는 무기보다 가치가 있다.";
    // 앞의 2글자(6바이트)를 얻기 ── (※1)
    println!("앞 2글자: {}", &pr[0..6]);
    // '무기' 부분을 얻기 ── (※2)
    println!("4-5번째 글자: {}", &pr[10..16]);
}
```

프로그램 실행 결과는 다음과 같다.

```
$ rustc str_slice.rs && ./str_slice
앞 2글자: 지혜
4-5번째 글자: 무기
```

(※1)에서는 문장의 제일 앞 2글자를 가져와 출력한다. &str의 슬라이스는 문자열이 아니라 바이트를 지정한다. 앞에서 설명한 것처럼 한글은 1글자당 3바이트다. 따라서 &pr[0..6]으로 6바이트까지의 데이터를 지정한다.

(※2)에서는 약간 다른데, 공백이 한 칸 들어있으므로 9..15가 아니라 10..16이 된다. 공백은 영어나 숫자와 같이 1바이트이기 때문이다.

현재 프로그램에는 문제가 있다. 띄어쓰기는 1바이트가 사용되므로 문장이 변경되는 경우 어디에서 띄어쓰기가 발생하느냐에 따라 제대로 처리가 안 될 수 있다. 그리고 이모지의 경우 3~4바이트를 이용하므로 역시 문제가 발생할 가능성이 있다.

표 3.5 1문자당 바이트

| 문자 종류 | 예 | 바이트 |
|---|---|---|
| 영어, 숫자, 특수문자 | a / b / A / # | 1바이트 |
| 한국어 | 가 / 양 / 화 | 3바이트 |
| 일본어(가나 / 한자) | あ / ン / 愛 / 切 | 3바이트 |
| 이모지 | 😀 / 🍰 / 👪 / 🏅 | 3~4바이트 |

### 슬라이스에서 잘못된 범위를 지정한 경우

문자 범위 지정이 잘못됐다면 프로그램은 패닉 에러가 발생해 강제로 종료된다.

다음은 범위를 잘못 지정한 예다.

【코드】 file: src/ch3/str_slice_err.rs

```
fn main() {
    let pr = "😀🍰👪🏅😀";
    // 앞의 2글자(6바이트)를 얻기 ── (※1)
```

```
    println!("앞 2글자: {}", &pr[0..6]);
}
```

컴파일은 문제없이 완료되지만 프로그램을 실행하면 패닉 에러가 발생하고 종료된다.

```
$ rustc str_slice_err.rs     // 컴파일은 문제없이 완료된다
$ ./str_slice_err
thread 'main' panicked at 'byte index 6 is not a char boundary; it is inside '🍞' (bytes 4..8) of
`😀🍞👦🎖🎨`', str_slice_err.rs:4:31
note: run with `RUST_BACKTRACE=1` environment variable to display a backtrace
```

그렇다면 어떻게 문자열의 일부분을 취득해야 할까?

## chars와 enumerate를 이용해 부분 문자열을 얻는 방법

간단한 해결 방법은 chars 메서드를 이용해 문자 단위로 다루는 것이다. 다음은 enumerate 메서드를 이용해 인덱스를 만들어 문자열을 취득하는 예다.

【코드】 file: src/ch3/str_substr.rs

```rust
fn main() {
    let pr = "😀🍞👦🎖🎨";

    // 앞의 2글자를 얻기 ── (※1)
    let mut sub1 = String::new();
    for (i, c) in pr.chars().enumerate() {
        if i < 2 { sub1.push(c); continue; }
        break;
    }
    println!("앞 2글자: {}", sub1);

    // '🎖🎨' 부분 얻기 ── (※2)
    let mut sub2 = String::new();
    for (i, c) in pr.chars().enumerate() {
        if 3 <= i && i <= 4 { sub2.push(c); }
    }
    println!("4-5번째 문자: {}", sub2);
}
```

이번에는 문제없이 실행된다.

```
$ rustc str_substr.rs && ./str_substr
앞 2글자: 😀🐱
4-5번째 문자: 🐛🐢
```

(※1)에서는 앞의 2글자를 얻는다. enumerate 메서드를 사용하면 char 데이터와 몇 번째 문자인지를 나타내는 인덱스를 얻을 수 있다. 이 인덱스(변수 i)를 확인해 2 미만이면 부분 문자열을 저장할 변수 sub1에 1문자씩 추가한다. String 타입의 push 메서드를 이용하면 char 타입 문자를 추가할 수 있다.

(※2)에서도 마찬가지 방법을 사용한다. 여기서는 4~5번째 문자를 얻어와야 하므로 for 문 안에 있는 if 조건이 바뀐다. 조건에 맞는 위치에 존재하는 문자를 변수 sub2에 추가한다.

## 조금 더 영리하게 부분 문자열 얻기

enumerate 메서드를 사용하는 방법도 나쁘지는 않지만 for 문을 이용해 반복해야 하며, 코드가 중복된다. 이번에는 조금 더 영리한 방법을 2가지 소개한다. 2가지 다 문자열을 문자 단위로 조작하므로 chars 메서드를 이용한다.

【코드】 file: src/ch3/str_substr2.rs

```rust
fn main() {
    let pr = "지혜는 무기보다 가치가 있다.";

    // 앞의 2글자 부분 문자열 얻기 ── (※1)
    let sub3: String = pr.chars().take(2).collect();
    println!("앞 2글자: {}", sub3);

    // '무기' 부분 문자열 얻기 ── (※2)
    let pr_chars: Vec<char> = pr.chars().collect(); // 변환
    //   4-5번째 문자열 얻기
    let sub_chars = &pr_chars[4..=5]; // 슬라이스
    // 슬라이스를 문자열로 변환
    let sub4: String = sub_chars.into_iter().collect();
    println!("4-5번째 글자: {}", sub4);
}
```

실행해보면 '지혜', '무기'가 출력되는 것을 확인할 수 있다.

```
$ rustc str_substr2.rs && ./str_substr2
앞 2글자: 지혜
4-5번째 글자: 무기
```

(※1) 부분에서는 앞의 2글자를 부분 문자열로 가져와 출력한다. &str의 chars 메서드는 반복자를 반환하므로 여기서 take(2)라고 지정하면 앞의 2글자를 가져올 수 있다. 변수는 아직 반복자 상태이므로 collect 메서드를 이용해 문자열로 변환한다.

take 메서드를 이용해 짧은 코드로 처리를 할 수 있었다. take는 반복자에서 지정한 개수만큼의 데이터를 불러오므로 데이터 일부를 가져오는 데 유용하다.

(※2) 부분에서는 '무기' 부분의 문자열을 가져오기 위해 5번째와 6번째 문자열을 가져온다. 공백도 하나의 문자로 카운트되기 때문에 5번째 글자가 '무'가 된다. &str 데이터를 Vec<char>로 변환한 뒤 &pr_chars[4..=5]와 같이 슬라이스해 데이터를 가져온다. 이때의 데이터는 ['무', '기']가 되므로 into_iter().collect 메서드를 이용해 String으로 변환한다.

여기서 중요한 부분은 Vec<char>로 변환하는 것이다. 이렇게 해서 문자 단위로 조작할 수 있다. 그리고 Vec<char>의 슬라이스를 문자열로 변환하는 방법도 잘 기억해두자.

참고로 &pr_char[4..=5]는 &pr_char[4..6]으로 써도 같은 의미다.

## 문자열 검색

다음으로 &str 타입 문자열을 검색해보자. find 메서드를 이용하면 검색을 할 수 있다. 다음은 문자열 안에서 '귤'(char 타입)이라는 글자가 어디에 있는지, 그리고 '바나나'(&str 타입)라는 단어가 어디에 있는지 검색하는 예다.

【코드】 file: src/ch3/str_find.rs

```
fn main() {
    let s = "제주도의 특산품 중 귤은 겨울에 많이 먹을 수 있다.";

    // '귤'을 검색 ─ (※1)
    match s.find('귤') {
        Some(i) => println!("귤 = {}B", i),
```

```
            None => println!("'귤'이라는 단어는 없습니다."),
        };
        // "바나나"를 검색 ──── (※2)
        match s.find("바나나") {
            Some(i) => println!("바나나 = {}B", i),
            None => println!("'바나나'라는 단어는 없습니다."),
        };
}
```

컴파일 후 실행해보면 '귤'이라는 글자가 어디에 있는지 표시해준다.

```
$ rustc str_find.rs && ./str_find
귤 = 27B
'바나나'라는 단어는 없습니다.
```

(※1)에서 find 메서드를 이용해 '귤'(char 타입)이 어디에 있는지 검색한다. find 메서드는 Option 타입이므로 Some(위치) 또는 None을 반환한다. 그래서 match 문을 이용해 처리한다. Some(위치)는 해당 글자가 위치한 곳의 '바이트 - 1'을 반환한다(배열과 같이 0바이트에서 시작한다). 즉 '제'라는 문자를 검색하면 Some(0)이 반환된다.

(※2)에서는 find를 이용해 '바나나'(&str 타입)를 검색한다. 문자열에 '바나나'가 포함되지 않았으므로 None이 반환된다.

### 클로저를 지정한 검색

find 메서드에는 클로저를 지정할 수도 있다. 영단어 등을 검색할 때 알파벳을 모두 소문자로 변경해 대소문자를 신경 쓰지 않고도 검색이 되게 하는 등 유연한 검색 기능을 만들 수 있다.

다음은 문자열을 대문자로 변환한 뒤 검색해 가장 처음에 나오는 'S'의 위치를 찾는 예다.

【코드】 file: src/ch3/str_find_upper.rs

```
fn main() {
    // 변수 s에 문장을 대입 ──── (※1)
    let s = format!("{}{}",
            "There is more happiness in giving ",
            "than there is in receiving.");
    // 클로저로 검색 ──── (※2)
```

```
        let res = s.find(|c:char| c.to_ascii_uppercase() == 'S');
        match res {
            Some(i) => println!("S={}B", i),
            None => println!("None"),
        };
    }
```

컴파일 후 실행해보면 영어 문장에서 가장 처음 'S'가 등장하는 위치가 표시된다.

```
$ rustc str_find_upper.rs && ./str_find_upper
S=7B
```

프로그램을 확인해보자. (※1)에서는 format! 매크로를 이용해 두 문장을 하나로 합쳤다. 큰따옴표로 둘러싸인 문자열 리터럴은 모두 &str이므로 '+' 연산자로는 결합할 수 없지만 format! 매크로를 이용하면 쉽게 결합할 수 있다.

(※2)에서는 find 메서드에 클로저를 이용해 검색한다. 여기서 클로저에 '문장에 있는 알파벳을 대문자로 바꿔서 S가 되는 것'을 찾는다는 조건을 넣었다. 이처럼 find 메서드에 클로저를 이용하면 for 문이나 if 문을 조합하지 않고도 쉽게 검색할 수 있다.

## 문자열 치환

다음으로 문자열 치환에 도전해보자. 문자열에서 1문자만 치환하려면 replace 메서드를 이용한다.

다음은 문자열 치환 예다. 원래 문장에서 2곳을 치환한다.

【코드】 file: src/ch3/str_replace.rs

```
fn main() {
    let s = "내 자신에 대한 자신감을 잃으면 온 세상이 나의 적이 된다.";
    // 문자열 치환 ── (※1)
    let s2 = s.replace("잃으면", "가지면");
    let s3 = s2.replace("적이", "편이");
    // 치환 전과 후를 출력 ── (※2)
    println!("수정 전 : {}\n수정 후 : {}", s, s3);
}
```

프로그램을 실행해보자.

```
$ rustc str_replace.rs && ./str_replace
수정 전 : 내 자신에 대한 자신감을 잃으면 온 세상이 나의 적이 된다.
수정 후 : 내 자신에 대한 자신감을 가지면 온 세상이 나의 편이 된다.
```

(※1) 부분에서 &str의 replace 메서드를 이용해 문자열의 일부를 치환한다. 그리고 (※2) 부분에서는 치환 전과 치환 후의 문자열을 출력한다.

&str 타입은 값을 변경할 수 없으므로 치환한 후의 문자열은 String 타입이 된다. 즉, s2와 s3은 String 타입이다. 여기서 알 수 있듯 &str 타입과 String 타입 모두 replace 메서드를 사용할 수 있다.

## 섀도잉 – 스코프 안에서 변수 재선언

앞의 예에서 치환 후의 문자열만 사용한다면 치환할 때마다 변수를 다시 선언하는 것은 비효율적이다. 러스트에는 섀도잉(Shadowing)이라는 기능이 있어 같은 스코프 안에서 이전에 선언한 변수와 같은 이름의 새 변수를 선언할 수 있다. 같은 이름을 가진 변수를 선언하면 이전에 선언한 변수의 값이 숨겨지고(shadowed) 새로 선언된 변수의 값을 갖게 된다.

다음은 앞 예제에서 섀도잉을 이용해 변수 이름을 바꾸지 않고 값을 바꾸는 예다.

【코드】 file: src/ch3/str_replace2.rs

```rust
fn main() {
    let s = "내 자신에 대한 자신감을 잃으면 온 세상이 나의 적이 된다.";
    let s = s.replace("잃으면", "가지면");
    let s = s.replace("적이", "편이");
    println!("{}", s);
}
```

프로그램을 실행해보자. 섀도잉으로 인해 같은 이름의 변수를 여러 번 사용했지만 문제없이 실행되는 것을 알 수 있다.

```
$ rustc str_replace2.rs && ./str_replace2
내 자신에 대한 자신감을 가지면 온 세상이 나의 편이 된다.
```

섀도잉을 이용하면 잠시 사용하기 위한 변수를 만드는 수고를 덜 수 있다. 그리고 가변 변수를 이용하는 부분을 줄일 수도 있다.

예를 들어 변수 v에 덧셈을 한 번 하기 위해 v를 가변 변수로 선언하는 것은 좋은 생각은 아니다. 이럴 때 섀도잉을 이용하면 불필요한 가변 변수를 쓰지 않고도 해결할 수 있다.

【코드】 file: src/ch3/shadowing.rs

```rust
fn main() {
    // 섀도잉을 이용하지 않음 ── (※1)
    {
        let mut v = 300; // v를 가변 변수로 선언
        v = v + 5;
        println!("{}", v);
    }
    // 섀도잉을 이용 ── (※2)
    {
        let v = 300; // v는 불변 변수
        let v = v + 5;
        println!("{}", v);
    }
}
```

위 소스 코드의 (※1) 부분에서는 변수 v를 가변 변수로 선언했다. 덧셈 한 번을 위해 가변 변수를 선언하면 나중에 실수로 v의 값을 변경하는 등 버그의 원인이 될 수 있다.

하지만 (※2) 부분에서는 섀도잉을 이용하므로 불변 변수를 이용해도 문제가 없다. 섀도잉을 하면 섀도잉 전의 값은 이용할 수 없지만 변수는 여전히 불변이므로 안전하다.

## 문자열 분할

문자열을 자를 때는 특정 위치에서 자르거나 구분자로 사용할 문자로 자를 수 있다.

다음은 위키북스의 전화번호 031-955-3658에서 지역번호 031을 제외한 '955-3658'을 국번과 사번으로 나누는 예다. 슬라이스를 제외하고 3가지 메서드를 이용해 분할한다.

**[코드]** file: src/ch3/str_split_telno.rs

```rust
fn main() {
    // 전화번호 지정
    let telno = "955-3658";

    // 슬라이스로 분할 ── (※1)
    println!("-- 슬라이스 --");
    println!("국번: {}", &telno[..3]);
    println!("사번: {}", &telno[4..]);

    // split_at으로 분할 ── (※2)
    println!("--- split_at ---");
    let (telno1, telno2) = telno.split_at(3);
    let (telno2, telno3) = telno2.split_at(1);
    println!("국번: {}", telno1);
    println!("구분: {}", telno2);
    println!("사번: {}", telno3);

    // split_off로 분할 ── (※3)
    println!("-- split_off --");
    let mut telno1 = String::from(telno);
    let mut telno2 = telno1.split_off(3);
    let telno3 = telno2.split_off(1);
    println!("국번: {}", telno1);
    println!("구분: {}", telno2);
    println!("사번: {}", telno3);

    // split으로 분할 ── (※4)
    println!("-- split --");
    let telno_a: Vec<&str> = telno.split('-').collect();
    println!("국번: {}", telno_a[0]);
    println!("사번: {}", telno_a[1]);
}
```

컴파일 후 실행해보면 국번과 사번이 나뉘어 출력되는 것을 확인할 수 있다.

```
$ rustc str_split_telno.rs && ./str_split_telno
-- 슬라이스 --
```

```
국번: 955
사번: 3658
--- split_at ---
국번: 955
구분: -
사번: 3658
-- split_off --
국번: 955
구분: -
사번: 3658
-- split --
국번: 955
사번: 3658
```

(※1)은 슬라이스를 이용한 분할이다. 직접 범위를 지정해 추출한다.

(※2)에서는 split_at 메서드를 이용한다. 임의의 위치를 지정해 해당 위치를 기준으로 문자열을 분리해 튜플 (&str, &str) 타입을 반환한다.

(※3)은 split_off 메서드를 이용한 방법이다. split_off를 이용하면 인수로 지정한 바이트 수를 남겨[13] 그 값을 반환한다. 먼저 첫 변수 telno1에 String::from을 이용해 전화번호 문자열을 대입한다. 그리고 telno1.split_off(3)을 하면 처음 3바이트인 955가 telno1에 남고 나머지(-3658) 부분은 telno2에 대입된다. 그리고 telno2.split_off(1)로 telno2에 하이픈(-)을 남기고 telno3에 나머지 부분인 3658이 대입된다. 즉 다음과 같이 값이 변경된다.

```
let mut telno1 = String::from(telno);
// telno1 = 955-3658

let mut telno2 = telno1.split_off(3);
// telno1 = 955
// telno2 = -3658

let telno3 = telno2.split_off(1);
// telno2 = -
// telno3 = 3658
```

---

13 (옮긴이) 변수 telno1의 값도 변하므로 mut으로 변수를 선언해야 한다.

(※4)는 split 메서드를 이용하는 방법이다. split 메서드는 구분할 기준 문자를 지정하면 해당 문자를 기준으로 문자열이 분리된다. split 메서드는 Vec<&str> 타입을 반환한다. 이 메서드는 구분자는 출력하지 않는다.

## EUC-KR로 인코딩된 파일 읽고 쓰기

러스트는 UTF-8을 이용해 문자열을 처리하므로 EUC-KR 같이 UTF-8로 인코딩되지 않은 파일을 다루기 위해서는 변환 작업을 해야 한다. 지금은 대부분 UTF-8을 이용하지만, 예전 버전 윈도우에서는 별도로 지정하지 않는 이상 EUC-KR 인코딩으로 저장된다. 여기서는 EUC-KR 문서를 다루기 위해 encoding_rs라는 크레이트를 이용한다.

먼저 cargo를 이용해 enc_save_load라는 프로젝트를 만든다.

```
$ cargo new enc_save_load
```

encoding_rs를 사용할 수 있도록 Cargo.toml 파일에 추가한다.

【코드】 file: src/ch3/enc_save_load/Cargo.toml

```toml
[package]
name = "enc_save_load"
version = "0.1.0"
edition = "2021"

[dependencies]
encoding_rs = "0.8.28"
```

src 디렉터리에 있는 main.rs를 다음과 같이 수정한다. 이 프로그램은 러스트의 문자열을 'EUC-KR'로 인코딩한 뒤 파일로 저장한다. 그리고 EUC-KR로 저장된 텍스트 파일을 읽어 화면에 출력한다.

【코드】 file: src/ch3/enc_save_load/src/main.rs

```rust
use encoding_rs;
use std::fs;
use std::fs::File;
use std::io::Write;
```

```rust
fn main() {
    // 저장할 파일 이름 지정
    let filename = "test-euckr.txt";
    // EUC_KR로 저장 ── (※1)
    save_euckr(filename, "맛있게 먹으면 0칼로리");
    // EUC_KR 파일 읽어오기 ── (※2)
    let s = load_euckr(filename);
    println!("{}", s);
}

fn save_euckr(filename: &str, text: &str) {
    // EUC_KR로 인코드 ── (※3)
    let (enc, _, _) = encoding_rs::EUC_KR.encode(text);
    let buf = enc.into_owned();
    // 파일 생성 및 내용 쓰기 ── (※4)
    let mut file = File::create(filename).expect("생성");
    file.write(&buf[..]).expect("쓰기");
}

fn load_euckr(filename: &str) -> String {
    // 파일을 한 번에 읽어들임 ── (※5)
    let buf = fs::read(filename).expect("읽기");
    // EUC_KR로 디코드 ── (※6)
    let (dec, _, _) = encoding_rs::EUC_KR.decode(&buf);
    return dec.into_owned();
}
```

프로그램을 빌드한 뒤 실행해보자. 파일이 하나 생성되고 파일의 내용이 출력된다.

```
$ ls
Cargo.lock Cargo.toml src        target
$ cargo run
(생략)
    Running `target/debug/enc_save_load`
맛있게 먹으면 0칼로리
$ ls
Cargo.lock    Cargo.toml    src       target       test-euckr.txt
```

실행 전에는 없던 'test-euckr.txt' 파일이 생성된 것을 확인할 수 있다. VSCode 등의 에디터를 통해 파일을 열어보면 다음 그림과 같이 EUC-KR로 인코딩됐다는 것을 알 수 있다.

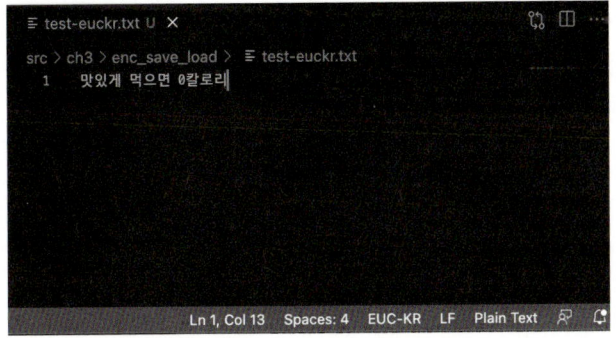

**그림 3.13** EUC-KR로 저장된 것을 확인할 수 있다.

소스 코드의 (※1)과 (※2)는 지정한 파일 이름으로 저장하는 함수와 저장된 파일을 불러오는 함수를 호출하는 부분이다.

(※3)에서는 리스트의 문자열을 EUC-KR로 인코딩한다. `encoding_rs`는 다양한 언어로 인코딩을 할 수 있다.[14] `encode` 메서드를 이용해 인코딩을 하면 (Cow<[u8]>, Encoding, bool) 형태의 튜플을 반환한다. 이 중 Cow<[u8]>은 EUC-KR로 인코딩된 바이너리 배열 슬라이스다. Cow는 데이터 참조와 소유가 모두 가능한 객체다. `into_owned` 메서드를 호출해 소유권을 가져올 수 있다.

(※4) 부분에서는 바이너리 배열을 파일로 저장한다. `File::create`로 파일을 생성하고 `file.write`를 이용해 데이터를 파일에 쓴다. `create`와 `write` 메서드에 `expect`를 지정해 작업이 실패하면 어느 부분에서 에러가 발생했는지 바로 알 수 있게 했다.

(※5)에서는 `fs::read`를 이용해 파일에서 바이트 배열을 읽는다.

마지막 (※6)에서는 EUC-KR의 `decode` 메서드를 이용해 바이너리 배열을 UTF-8로 디코드한다. `decode`의 반환값은 (Cow<str>, Encoding, bool) 형태의 튜플이다. Cow<str>에 `into_owned` 메서드를 이용해 소유권을 취득하면 `String` 타입 문자열을 얻을 수 있다.

---

14　(옮긴이) https://docs.rs/encoding_rs/0.8.31/encoding_rs/

### 정리

- 부분 문자열의 취득, 치환, 검색, 분할, 다른 인코딩 문서의 읽기와 쓰기 등 기본적인 문자열 처리 방법을 배웠다.

- 러스트는 UTF-8을 이용해 문자열을 처리하므로 신경 써야 하는 부분이 많지만 문자 단위로 처리할 수 있는 다양한 메서드가 존재한다.

- &str의 chars 메서드는 반복자를 반환하는데, 이 반복자를 잘 처리해야 한다.

- 같은 스코프에서 변수의 재선언을 하는 섀도잉을 이용해 가변 함수 사용을 줄일 수 있다.

- 문자열 인코딩 크레이트를 이용해 다양한 언어 인코딩이 가능하다.

Chapter 3 | 문법편 – 소유권 시스템과 데이터 타입

# 전역 변수와 unsafe

전역 변수와 같이 러스트에서 추천하지 않는 기능이라도 unsafe 블록으로 감싸면 이용할 수 있다. 이 섹션에서는 의사 난수를 계산하는 프로그램을 구현해본다.

> **여기서 배우는 것**
> - 난수 생성
> - Xorshift
> - unsafe
> - 전역 변수

## 이상을 추구하며 현실을 직시하는 언어

러스트의 메모리 관리는 이상적인 형태로 구현돼 있다. 하지만 이런 이상을 위해 어느 정도의 제한도 존재한다. 가변 전역 변수, 메모리 변조 위험성이 있는 포인터 역참조, 다른 언어로 구현된 라이브러리 등 러스트의 안전성을 해칠 가능성이 있는 것은 컴파일러가 에러를 발생시킨다. 즉 러스트 컴파일러는 위험성이 있는 행위나 기능은 금지한다.

하지만 추천하지 않는 행위에 대해 안전하지 않다는 것을 명시하면 이를 이용할 수 있다. 이것이 바로 unsafe다.

## 의사 난수 생성

여기서는 가변 전역 변수를 이용해 의사 난수를 만들며 unsafe를 사용해본다.

2장에서는 rand 크레이트를 이용해 난수를 생성하는 프로그램을 만들었으나 여기서는 외부 공개 크레이트 없이 의사 난수를 만드는 방법을 소개한다.

## 난수 발생기 준비

rand 크레이트로 난수를 만들 때 난수 발생기를 먼저 선언한 뒤 해당 난수 생성기를 이용해 난수를 만들었다. 그리고 난수 생성기를 변수에 대입하기 위해 변수에 &mut를 지정해 가변 변수로 선언해야 했다.

```
// 난수 생성기 준비
let mut rng = rand::thread_rng()

// 1~6 사이의 난수를 생성
let dice = rng.gen_range(1..=6);
```

난수 생성의 원리를 모른다면 난수를 만드는 객체가 왜 가변이 돼야 하는지 이해하기 힘들 것이다. 간단한 난수 생성 프로그램을 만들어보며 내용을 확인하자.

## '좋은 난수 생성' 구조

대부분의 프로그래밍 언어에는 난수를 생성하는 라이브러리가 준비돼 있지만 구현 방법은 프로그램마다 다르다. 난수는 컴퓨터가 가진 기능을 이용해 생성하는 것이 아니라 프로그램이 특정한 계산을 통해 의사(Pseudo) 난수를 만드는 것이다.

좋은 난수 생성이라는 것은 예측 불가능하게 만드는 것이다. 예전에 어느 환경에 내장된 난수 생성 함수는 일정 기간을 주기로 같은 값이 나오는 것이었다. 이 난수 생성 함수를 이용해 만든 게임은 반복 플레이를 하다 보면 이후의 흐름을 알 수 있었다. 최근에는 게임뿐 아니라 암호 등 다양한 곳에 의사 난수를 만들어 사용한다. 하지만 어떤 곳에 쓰더라도 결과를 예측할 수 있는 난수는 문제가 발생한다. 그러므로 좋은 난수를 만들려면 많은 노력이 필요하다.

그렇다면 예측 불가능한 난수를 생성할 수 있을지 프로그램을 만들어 확인해보자.

### 파이썬으로 의사 난수 생성

여기서는 Xorshift라는 알고리즘을 이용해 의사 난수를 생성한다. 간단하지만 꽤 좋은 난수를 생성할 수 있는 알고리즘이다.

【코드】 file: src/ch3/rand_xorshift.py

```
import time

# 난수 생성을 위한 Seed를 전역 변수로 선언 ── (※1)
SEED = 0

# start부터 end 사이의 난수를 생성 ── (※2)
```

```
def rand(start, end):
    global SEED
    # 난수 초기화
    if SEED == 0:
        # 현재 시각으로 Seed를 초기화
        SEED = int(time.time() * 1000)
    # 난수 생성
    SEED ^= (SEED << 13) & 0xFFFFFFFF
    SEED ^= (SEED >> 17) & 0xFFFFFFFF
    SEED ^= (SEED << 5) & 0xFFFFFFFF
    return SEED % (end - start + 1) + start

# 난수 100개를 생성 ── (※3)
for _ in range(100):
    print(rand(1, 6))
```

프로그램을 실행해보면 난수를 100개 생성해 출력한다. 주사위와 같이 1에서 6까지의 난수를 생성한다. 생성된 값이 특정 수에 가깝게 편향되지 않은 것을 알 수 있다.

```
> python rand_xorshift.py
5
6
1
(생략)
6
1
5
4
```

(※1)에서는 의사 난수를 생성하기 위해 사용되는 기본 값(Seed)을 지정한다. 이 Seed가 같다면 난수가 정해져 일정 주기로 동일한 값이 나게 된다. 그래서 여기서는 현재 시각을 이용해 Seed를 초기화한다.

(※2)는 Seed에 비트 시프트(bit shift) 또는 XOR 연산을 통해 난수를 생성한다. 이 부분이 Xorshift의 중요한 부분이다. (※3)에서는 난수를 100개 생성하고 출력한다.

XOR 연산과 비트 시프트만을 이용한 단순한 알고리즘이지만 비교적 좋은 난수를 얻을 수 있다.

## 러스트에서 전역 변수 이용하기

러스트에서 의사 난수 생성을 하기 전에 먼저 알아야 하는 것이 있다. 바로 '전역 변수'다. 파이썬에서는 전역 변수 SEED를 이용해 난수의 초깃값을 만든 후 난수를 생성했다.

하지만 앞에서 설명한 것과 같이 러스트에서 가변 전역 변수를 사용하기 위해서는 안전하지 않다는 것을 명시하는 unsafe를 선언해야 한다.

전역 변수를 사용해야 하므로 난수 생성 프로그램을 만들기에 앞서 전역 변수 사용 방법을 확인해보자.

### 가변 전역 변수 사용하기

다음은 가변 전역 변수 TAX를 정의해 사용하는 프로그램이다. 러스트에서 전역 변수를 선언할 때는 지시어 static을 이용한다.

【코드】file: src/ch3/globalvars.rs

```rust
// 전역 가변 변수 선언 ── (※1)
static mut TAX: f32 = 0.1;

fn main() {
    // 안전하지 않다는 것을 명시 ── (※2)
    unsafe {
        // 가변 전역 변수 사용 ── (※3)
        println!("Price: {}", TAX * 300.0);
        // 가변 전역 변수의 값 변경 ── (※4)
        TAX = 0.08;
        println!("Price: {}", TAX * 300.0);
    }
}
```

프로그램을 실행하면 전역 변수 TAX를 이용해 계산한 결과가 출력된다.

```
$ rustc globalvars.rs && ./globalvars
Price: 30
Price: 24
```

(※1)에서 이 프로그램에서 이용할 가변 전역 변수를 선언했다. 가변 전역 변수를 정의할 때는 unsafe를 명시하지 않아도 된다.

하지만 실제로 이 변수를 이용하는 (※2) 부분은 unsafe 블록을 이용해 감싸야 한다. (※3)과 (※4)에서는 가변 변수 TAX를 이용해 계산을 수행한다. 여기서 기억해야 할 점은 전역 변수의 값을 바꾸는 게 문제가 아니라 '가변 전역 변수'를 사용한다는 것 자체가 문제가 된다는 것이다. 따라서 변수의 값을 직접 변경하는 (※4) 부분만이 아니라 변수의 값을 사용하는 (※3)도 포함해 unsafe 블록으로 감싸야 한다.

unsafe 블록으로 감싸지 않으면 컴파일할 때 다음과 같은 에러가 표시된다.

```
error[E0133]: use of mutable static is unsafe and requires unsafe function or block
(가변 정적 변수를 사용하는 것은 안전하지 않으며 unsafe 함수 또는 블록이 필요함)
```

이처럼 가변 전역 변수는 unsafe 블록을 통해 이용할 수 있다.

### 전역 변수를 이용해 난수 생성

가변 전역 변수를 이용해 파이썬에서 만들었던 것과 동일한 난수 생성 프로그램을 만들어보자.

**[코드]** file: src/ch3/rand_global.rs

```rust
use std::time::{SystemTime, UNIX_EPOCH};

// 전역 변수로 이용할 난수 Seed 지정 ―― (※1)
static mut SEED: u32 = 0;

// start부터 end 사이의 난수를 생성하는 unsafe 함수 ―― (※2)
unsafe fn rand_global(start: u32, end: u32) -> u32 {
    // 필요하다면 Seed 값을 초기화 ―― (※3)
    if SEED == 0 {
        // 현재 시각을 이용해 난수를 초기화
        let epoc = SystemTime::now()
            .duration_since(UNIX_EPOCH).unwrap();
        SEED = epoc.as_millis() as u32;
    }
    // Seed를 이용해 난수 생성 ―― (※4)
    SEED ^= SEED << 13;
    SEED ^= SEED >> 17;
```

```
        SEED ^= SEED << 5;
        return SEED % (end - start + 1) + start;
    }

    fn main() {
        // 난수 100개 생성
        for _ in 0..100 {
            // 안전하지 않다는 것을 명시 ── (※5)
            unsafe {
                // 난수를 생성해 출력
                let v = rand_global(1, 6);
                println!("{}", v);
            }
        }
    }
```

컴파일 후 실행해보면 파이썬 때와 마찬가지로 난수가 생성된다.

```
$ rustc rand_global.rs && ./rand_global
5
6
2
3
5
4
```

프로그램을 확인해보자. (※1)에서 난수의 시작 값이 될 변수 SEED를 가변 전역 변수로 선언한다. 이 변수에 접근하는 것은 안전하지 않으므로 unsafe로 감싸야 한다.

(※2)에서는 안전하지 않은 전역 변수 SEED에 접근하기 위해 함수 자체를 unsafe로 지정한다. 'unsafe fn 함수 이름'과 같이 지정하면 가변 전역 변수에 접근할 수 있다. (※3)에서 SEED를 초기화해야 하는 경우가 발생하면 현재 시각을 이용해 초기화한다. (※4)에서는 초깃값을 이용해 난수를 생성한다. 이 난수의 생성 처리는 파이썬과 거의 같다.

(※5) 부분에서는 unsafe 블록을 지정해 unsafe 블록 안에서 안전하지 않은 함수 rand_global을 호출할 수 있게 한다. 이처럼 unsafe 함수를 호출할 때도 반드시 unsafe를 명시해야 한다.

### 유닉스(에포크) 시간을 얻는 방법

유닉스 시간(Unix time)은 시각을 나타내는 방식이다. POSIX 시간이나 에포크(Epoch) 시간이라고 부르기도 한다. 1970년 1월 1일 00:00:00 협정 세계시(UTC)부터의 경과 시간을 초로 환산하여 정수로 나타낸 것이다. 러스트에서는 다음과 같은 절차로 유닉스 시간을 취득할 수 있다.

1. `now` 메서드로 현재 시각을 나타내는 객체 취득
2. `duration_since` 메서드를 이용해 유닉스 시간 취득 시도
3. `as_millis` 메서드를 이용해 실젯값 취득

`duration_since` 메서드는 값을 제대로 취득했는지 확인할 수 있도록 Result 타입(Result<Duration, SystemTimeError>)을 반환한다. 여기서는 `match`로 에러 처리를 하지 않고 `unwrap` 메서드로 단순히 값만 가져오도록 했으므로 값을 가져오는 데 실패하면 패닉 에러가 발생해 시스템이 강제 종료된다.

### unsafe 이용을 최소화할 것

이처럼 러스트에서도 전역 변수 자체는 이용할 수 있지만 `unsafe`(안전하지 않은) 취급을 한다. 일부러 `unsafe`를 지정해야 한다는 것을 생각하면 이용하지 않는 것이 좋다는 것을 알 수 있다. 결론적으로 `unsafe` 이용은 최소한으로 하는 것이 좋다.

## unsafe를 이용하지 않고 의사 난수 만들기

앞의 예제에서는 가변 전역 변수를 이용해 난수를 만들었다. 하지만 `unsafe`를 명시해야 하는, 추천하지 않는 방법을 이용했다. 그런 의미에서 난수 생성 라이브러리인 `rand` 크레이트는 러스트 구현의 모범적인 모습이라고 할 수 있다. 가변 전역 변수를 사용하지 않고 구현됐기 때문이다.

다음 예에서는 `rand` 크레이트도, 가변 전역 변수도 이용하지 않고 난수를 생성한다.

【코드】 file: src/ch3/rand_xorshift.rs

```
use std::time::{SystemTime, UNIX_EPOCH};

fn main() {
    // 난수 초기화 —— (※1)
    let mut seed = rand_init();
```

```rust
    // 100개의 난수를 만들기 위한 반복문
    for _ in 0..100 {
        // 난수 생성 ── (※2)
        let v = rand(&mut seed, 1, 6);
        println!("{}", v);
    }
}

// 난수 초깃값을 만드는 함수 ── (※3)
fn rand_init() -> u32 {
    // 현재 시각을 이용해 난수 초깃값을 만든다
    SystemTime::now()
        .duration_since(UNIX_EPOCH).unwrap()
        .as_millis() as u32
}

// start부터 end 사이의 난수를 생성하는 함수 ── (※4)
fn rand(seed: &mut u32, start: u32, end: u32) -> u32 {
    *seed ^= *seed << 13;
    *seed ^= *seed >> 17;
    *seed ^= *seed << 5;
    return *seed % (end - start + 1) + start;
}
```

컴파일 후 실행해보면 다른 예제와 같이 난수가 출력된다.

```
$ rustc rand_xorshift.rs & ./rand_xorshift
2
6
5
1
3
(생략)
```

소스 코드를 확인해보자. (※1) 부분에서 난수 초깃값을 만드는 함수를 호출해 초깃값을 생성하고 (※2)에서 난수 생성 함수를 호출해 난수를 만든 뒤 출력한다.

(※3) 부분은 난수 초깃값을 만드는 함수다. 현재 시각을 유닉스 시간으로 변환해 난수의 초깃값을 만든다.

(※4)는 (※3)에서 만든 초깃값을 이용해 난수를 생성하는 함수다. 첫 번째 인수(seed)로 받은 난수의 초깃값을 이용해 의사 난수를 생성한다. 여기서 눈여겨봐야 할 것은 '*seed' 부분이다. seed는 가변 참조자 타입으로, '*'를 붙여 실젯값을 가져올 수 있다. 이 함수를 잘 보면 인수로 받은 seed의 값에 직접 xorshift 연산을 한다. 따라서 한번 rand 함수가 호출되면 seed 값이 바뀐다. 따라서 난수를 생성할 때마다 다른 초깃값을 이용한다.

난수 생성에서 중요한 점은 초깃값을 만드는 것이다. 여기서는 유닉스 시간을 이용해 초기화한 뒤 rand 함수를 호출할 때마다 초깃값을 바꾸므로 안정적으로 난수를 생성할 수 있다.

> **옮긴이 보충** **Xorshift**
>
> Xorshift는 XOR 연산과 비트 시프트(Bit Shift) 연산을 하는 알고리즘이다.
>
> 비트 시프트 연산은 2진수의 비트를 옮기는 것을 말한다.
>
> 연산은 다음 연산자를 이용해 수행한다.
>
> | 연산자 | 설명 |
> | --- | --- |
> | >> | 비트값을 주어진 숫자만큼 오른쪽으로 이동 |
> | << | 비트값을 주어진 숫자만큼 왼쪽으로 이동 |
>
> 왼쪽으로 이동시키는 경우 2배수의 곱이 되며, 오른쪽으로 이동하는 경우 2배수의 나눗셈이 된다. 예를 들어 10진수의 10을 2진수로 변경하면 00001010이 된다. 여기서 왼쪽으로 1비트를 움직이면 00010100이 된다. 이를 10진수로 다시 변환하면 20이 된다. 그리고 00010100을 다시 왼쪽으로 1비트 움직이면 00101000이 되고 이는 10진수의 40이다. 즉, 왼쪽으로 1비트가 움직일 때마다 2배씩 크기가 커진다.
>
> 반대로 오른쪽으로 1비트가 움직일 때마다 크기는 절반이 된다.
>
> XOR 연산은 비트 연산의 하나인 OR 연산에서 겹치는 값을 0으로 계산하는 것이다. 배타적 논리합이라고도 한다.
>
>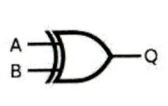
>
> 그림 3.14 XOR 연산
>
> 예제 소스 코드와 같이 비트 시프트(>>, <<)를 한 뒤 XOR 연산(^=)을 하는 것이 Xorshift다.
>
> 연산자에 대한 자세한 내용은 https://rinthel.github.io/rust-lang-book-ko/appendix-02-operators.html에서 확인할 수 있다.
>
> Xorshift는 간편하고 빠르게 난수를 생성할 수 있지만 몇 난수 품질 테스트를 통과하지 못하는 경우도 있어 이를 보강한 다양한 변종이 나와 있다.

## 정리

- 난수 생성 알고리즘을 구현했다.
- 러스트에서 가변 전역 변수를 사용하기 위해서는 unsafe를 명시해야 한다.
- unsafe는 최소한으로만 이용하는 것이 좋다.
- 함수의 인수로 지정한 값을 변경하는 방법을 확인했다.

# Section 08 테스트 프레임워크

신뢰할 수 있는 프로그램을 만들기 위해 테스트는 반드시 필요하다. 러스트에는 테스트를 위한 프레임워크가 준비돼 있다. docs.rs 등에서 확인할 수 있는 매뉴얼에서 자주 등장하는 assert_eq!의 사용 방법을 알아본다.

> **여기서 배우는 것**
> - 프로그램 테스트
> - assert_eq! 매크로
> - 속성

## Cargo로 간편하게 테스트

러스트 표준 테스트 함수를 이용해 프로그램 테스팅을 수행할 수 있다. 그리고 Cargo에도 테스트 전용 보조 명령인 test가 있어 간편하게 프로그램 전체의 테스팅도 할 수 있다.

### 테스트 프로그램 만들기

프로그램의 라이브러리를 만들어 테스팅 준비를 한다. Cargo로 신규 프로젝트를 만들 때 '--lib' 옵션을 붙이면 해당 프로젝트는 라이브러리로 생성된다.

```
$ cargo new mytest --lib
$ cd mytest && tree .
.
├── Cargo.toml
└── src
    └── lib.rs
```

옵션을 붙이지 않으면 'src/main.rs'가 생성되지만 '--lib' 옵션을 붙이면 'src/lib.rs'가 생성된다.

### 테스트 프로젝트 템플릿

Cargo로 라이브러리를 만들면 생성되는 src/lib.rs 파일은 다음과 같은 내용이 저장돼 있다. 처음부터 테스트를 위해 필요한 요소가 포함돼 있으므로 여기에 실제 테스트할 내용을 넣기만 하면 된다.

【코드】 file: src/ch3/mytest/src/lib.rs

```rust
#[cfg(test)]
mod tests {
    #[test]
    fn it_works() {
        let result = 2 + 2;
        assert_eq!(result, 4);
    }
}
```

여기서는 생성된 템플릿을 빌드해 테스트를 실행해본다. 테스트는 'cargo test' 명령으로 수행할 수 있다. 테스트를 해보면 자세한 테스트 결과가 표시된다.

```
$ cargo test
(생략)
running 1 test
test tests::it_works ... ok

test result: ok. 1 passed; 0 failed; 0 ignored; 0 measured; 0 filtered out; finished in 0.00s
(생략)
```

이 템플릿에 있는 요소를 간단하게 확인해보자. 먼저 소스 코드의 첫 번째 줄에 '#[cfg(test)]'라는 구문이 있다. 이는 테스트 명령인 'cargo test' 명령이 실행될 때 빌드될 대상이 되는 프로그램이 있다는 것을 명시하는 것이다.

'#[ ... ]' 형태로 기술하는 부분은 '속성(Attribute)'이라는 메타 정보[15]다. 이를 통해 컴파일러에 다양한 정보를 줄 수 있다.

이어서 나오는 `mod tests { ... }`는 모듈 tests를 선언하는 것이다. 러스트에서 모듈은 소스 코드를 그룹화하는 역할을 한다. 1개의 파일에서 여러 개의 모듈을 정의할 수 있다.

모듈 안에 있는 '#[test]'는 테스트 명령으로 실행돼야 할 함수를 나타내는 것이다.

함수 안에는 `assert_eq!`라는 매크로가 있는데, 이것은 첫 번째 인수와 두 번째 인수가 같은지를 확인하는 것이다. 값이 다르다면 테스트는 실패한다. 여기서는 2 + 2와 4를 비교해 같은지 확인하는 테스트를 수행한다.

---

15 (옮긴이) https://runebook.dev/ko/docs/rust/reference/attributes

## 테스트에 이용되는 매크로

테스트에 사용되는 매크로는 3가지가 있다. 이 3개의 매크로만 기억하면 프로그램 테스트를 만들 수 있다.

표 3.6 테스트에서 사용하는 매크로

| 매크로 | 설명 |
|---|---|
| assert!(값) | 값이 true이면 테스트 성공 |
| assert_eq!(값 1, 값 2) | 값 1과 값 2가 같으면 테스트 성공 |
| assert_ne!(값 1, 값 2) | 값 1과 값 2가 다르면 테스트 성공 |

## 테스트 코드를 만들어 결과 확인

실제로 테스트 코드를 만들어보자. mytest2 프로젝트를 생성한다.

```
$ cargo new mytest2 --lib
```

이어서 다음과 같이 간단한 테스트 코드를 작성한다. 여기서는 테스트를 위해 2개의 함수를 만들었다. 첫 번째 함수인 calc_test1은 단순한 계산을 검증한다. 2번째 함수인 calc_test2는 일부러 틀린 값을 넣어 테스트가 실패하도록 작성했다.

【코드】 file: src/ch3/mytest2/src/lib.rs

```rust
#[cfg(test)]
mod tests {
    #[test]
    fn calc_test1() {
        // 단순한 계산 테스트 1
        assert_eq!(100 * 2, 200);
        assert_eq!((1 + 2) * 3, 9);
        assert_eq!(1 + 2 * 3, 7);
    }
    #[test]
    fn calc_test2() {
        // 단순한 계산 테스트 2
```

```
        assert_eq!(2 * 3, 6);
        // 일부러 틀린 값을 설정
        assert_eq!(2 * 3, 7);
    }
}
```

`cargo test` 명령으로 테스트를 실행해보자. 다음과 같이 테스트 결과가 출력된다.

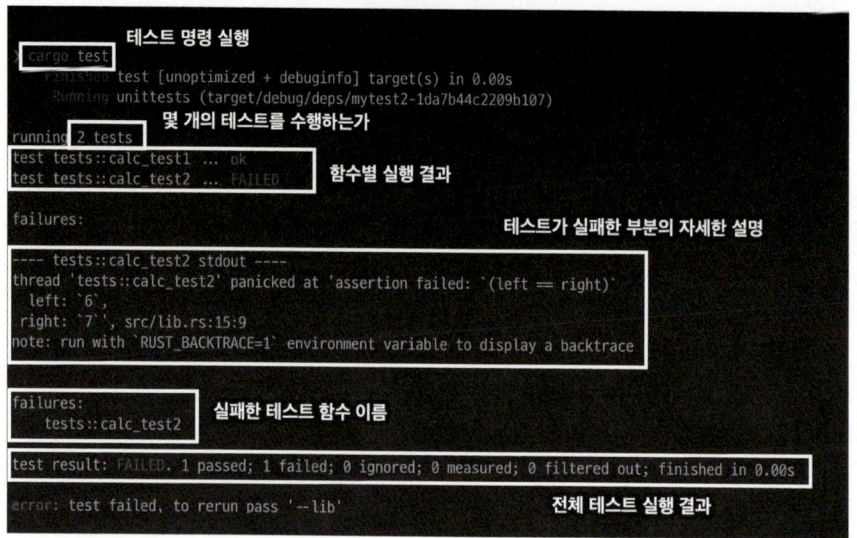

그림 3.15 테스트 실행 결과 화면

테스트 명령을 실행하면 2개의 테스트를 실행한다고 표시된다. 그리고 `tests::calc_test1`은 성공(ok), `tests::calc_test2`는 실패(FAILED)했다는 것을 알 수 있다.

그 아래 부분에는 테스트에 실패한 함수에서 어느 부분에 문제가 있는지 출력해준다. 왼쪽(6)과 오른쪽(7)의 값이 다르기 때문에 실패했다는 것을 알 수 있다.

이처럼 테스트에 실패한다면 어느 부분인지, 왜 실패했는지에 대해 표시해주므로 고쳐야 할 부분을 쉽게 확인할 수 있다.

## 배열과 벡터 값 테스트

테스트용 매크로는 배열과 같은 데이터도 비교할 수 있다. 확인을 위해 `mytest_data` 프로젝트를 만들어 테스트를 해보자.

```
$ cargo new mytest_data --lib
```

데이터 비교를 위해 다음과 같이 테스트 코드를 만든다.

【코드】 file: src/ch3/mytest_data/src/lib.rs

```rust
#[cfg(test)]
mod tests {
    #[test]
    fn array_test() {
        // 숫자 값 배열 생성 및 비교 ── (※1)
        let a1 = [100, 200, 300];
        let a2 = [100, 200, 300];
        assert_eq!(a1, a2);
        // String 배열 생성 및 비교 ── (※2)
        let a3 = [
            "사과".to_string(),
            "바나나".to_string()];
        let a4 = [
            String::from("사과"),
            String::from("바나나")];
        assert_eq!(a3, a4);
    }
    #[test]
    fn vec_test() {
        // 벡터(Vec<&str>) 생성 및 비교 ── (※3)
        let v1 = vec!["apple", "banana", "mango"];
        let mut v2:Vec<&str> = Vec::new();
        v2.push("apple");
        v2.push("banana");
        v2.push("mango");
        assert_eq!(v1, v2);
    }
}
```

테스트를 수행해보면 다음과 같이 모든 테스트가 성공하는 것을 확인할 수 있다.

```
$ cargo test
(생략)

running 2 tests
test tests::vec_test ... ok
test tests::array_test ... ok

test result: ok. 2 passed; 0 failed; 0 ignored; 0 measured; 0 filtered out; finished in 0.00s
(생략)
```

테스트 내용을 확인해보자. (※1)에서는 숫자 값 배열을 비교한다. 동일한 값으로 구성된 배열 변수 a1과 a2를 비교한다. 서로 다른 변수지만 값이 같으므로 테스트는 성공한다.

(※2)에서는 배열 요소에 String 타입 데이터를 대입해 비교한다. 변수 a3에는 to_string 메서드를 이용해 String 객체를 만들어 대입했고, a4에는 String::from 메서드를 이용해 String 객체를 만들어 대입했다. 두 메서드는 모두 String 객체를 만들므로 이 테스트 역시 성공한다.

(※3)에서는 벡터의 요소를 비교한다. 변수 v1은 vec! 메서드를 이용해 3개의 요소가 있는 Vec<&str> 타입 변수를 선언했다. 그리고 변수 v2를 비어 있는 형태의 벡터 타입 변수로 선언한 뒤 push 메서드로 각 요소를 추가했다. 이렇게 생성된 두 변수 v1과 v2의 내용을 비교한다. 두 벡터의 요소는 같은 문자열로 구성돼 있으므로 테스트가 성공한다.

## 구조체 테스트

이번에는 구조체를 테스트해본다. 구조체 테스트를 위해 mytest_struct 프로젝트를 생성한다.

```
$ cargo new mytest_struct --lib
```

데이터 비교를 위해 다음과 같이 테스트 코드를 만들었다.

【코드】 file: src/ch3/mytest_struct/src/lib.rs

```
// 구조체 정의 ―― (※1)
#[derive(Debug,PartialEq)]
struct GItem {
```

```rust
        name: String,
        price: i64,
}

#[cfg(test)]
mod tests {
    use super::*; // 모듈 밖의 요소를 이용한다는 것을 선언 ── (※2)
    #[test]
    fn item_test() {
        // 구조체 초기화 ── (※3)
        let apple1 = GItem{
            name: String::from("사과"),
            price: 2400,
        };
        let mut apple2 = GItem{
            name: "사과".to_string(),
            price: 0,
        };
        apple2.price = 2400;

        // 구조체 필드 비교 ── (※4)
        assert_eq!(apple1.name, apple2.name);
        assert_eq!(apple1.price, apple2.price);

        // 구조체 자체를 비교 ── (※5)
        assert_eq!(apple1, apple2);
    }
}
```

테스트를 수행해보면 무사히 통과하는 것을 확인할 수 있다.

```
$ cargo test
(생략)
running 1 test
test tests::item_test ... ok

test result: ok. 1 passed; 0 failed; 0 ignored; 0 measured; 0 filtered out; finished in 0.00s
(생략)
```

테스트 코드를 확인해보자. (※1)에서는 상품 이름과 상품의 단가를 나타내는 구조체를 정의했다. 여기서 눈여겨볼 것은 속성 부분이다. 이번에 정의한 구조체에는 '#[derive(Debug, PartialEq)]'라는 속성이 선언돼 있다. 여기서 Debug는 포매터(formatter — format!이나 println! 등의 매크로의 '{}' 부분)로 값을 출력할 수 있게 하는 지시자다. 그리고 'PartialEq'는 구조체의 각 요소를 비교할 수 있게 하는 지시자다.

(※2)는 모듈 밖에 정의된 구조체나 값을 이용하기 위해 선언하는 구문이다. 이 테스트 코드는 구조체가 테스트 모듈의 밖에 선언돼 있으므로 모듈 안에서 이를 사용하기 위해서는 이렇게 선언해야 한다.

(※3)에서는 구조체를 초기화해 객체로 만든다. 변수 apple1과 apple2는 서로 다른 방법으로 초기화했지만 값은 동일하다. 따라서 (※4)에서 테스트를 수행하면 성공한다.

마지막으로 (※5)에서는 구조체 자체를 직접 지정해 비교한다. (※1)에서 속성에 PartialEq를 지정하면 구조체의 각 필드를 자동으로 비교할 수 있다. 두 구조체는 동일한 값을 가졌으므로 직접 구조체를 비교하는 테스트 역시 성공한다.

> **정리**
>
> → 러스트에는 기본적으로 테스트를 위한 프레임워크가 포함돼 있어 쉽게 테스팅이 가능하다.
>
> → assert_eq!를 이용하면 배열과 벡터, 구조체 테스트도 쉽게 할 수 있다.
>
> → 테스트 결과는 다양한 정보가 표시되며, 에러가 발생하면 문제가 발생한 지점을 자세히 설명해준다.
>
> → 속성은 러스트 컴파일러에 전달하는 지시로, 테스트나 구조체의 기능 추가 등 다양한 지시를 내릴 수 있다.

Chapter

# 4

# 문법편 – 메서드, 제네릭, 트레잇

러스트에 대해 조금 더 깊이 알아본다. 구조체나 열거형을 정의하는 방법, 트레잇과 제네릭 같은 내용에 대해 살펴본다. 그리고 지금까지의 예제보다 조금 더 규모가 큰 프로그램을 만드는 데 빼놓을 수 없는 모듈 시스템을 설명한다.

Chapter 4 | 문법편 – 메서드, 제네릭, 트레잇

# 구조체와 메서드

자체 데이터 타입을 정의할 수 있는 구조체를 정의하는 방법은 3장에서 소개했다. 여기서는 구조체를 다루는 메서드를 정의하는 방법에 대해 소개한다.

> **여기서 배우는 것**
> - 구조체
> - 메서드
> - impl
> - 관련 함수
> - 구조체 변경 방법

## 구조체에 메서드 정의하기

앞 장에서는 러스트의 기본적인 문법을 알아봤다. 이번 장에서는 러스트의 기능을 조금 더 깊이 파고든다. 지금까지 깊이 생각하지 않고 사용했던 기능도 러스트의 문법 요소를 알면 이해가 될 것이다.

우선 구조체의 메서드를 정의하는 방법을 알아보자. 앞 장에서 구조체의 기본을 소개했다. 구조체를 정의해 여러 타입의 데이터를 한 번에 다룰 수 있다. 이 섹션에서는 구조체를 정의하는 것뿐 아니라 구조체의 데이터를 조작하기 위한 전용 메서드를 만드는 방법을 알아본다.

메서드를 정의하기 위해서는 다음과 같이 `impl` 지시자를 사용한다.

```
[서식] 구조체 메서드 정의
struct 구조체명 {
    필드 정의
}

impl 구조체명 {
    fn 메서드 1(&self, 인수 1, 인수 2, …) {
        // 메서드 1의 정의
    }

    fn 메서드 2(&self, 인수 1, 인수 2, …) {
        // 메서드 2의 정의
    }
}
```

impl 안에 정의한 메서드의 첫 번째 메서드인 self는 자기 자신을 가리킨다. 인수가 필요할 때는 self 뒤에 지정한다.

## BMI 계산을 하는 구조체와 메서드 만들기

실제로 구조체와 메서드를 정의해 프로그램을 만들어보자.

BMI를 구하는 프로그램은 앞에서와 마찬가지로 신장과 체중을 이용한다. 하지만 이번에는 변경을 가해 비만 판정 결과를 표시하는 것이 아니라 BMI 지수 22를 기준으로 얼만큼 살이 쪘는지를 퍼센티지로 표시한다.

따라서 신장과 체중을 지정하는 구조체를 정의하고 BMI 값과 비만율을 구하는 메서드를 추가한다.

【코드】 file: src/ch4/method_bmi.rs

```rust
// 키와 몸무게 항목을 가지는 구조체 Body를 정의 ── (※1)
struct Body {
    height: f64, // 키 cm
    weight: f64, // 몸무게 kg
}
// Body 구조체의 메서드를 정의 ── (※2)
impl Body {
    // BMI를 계산하는 메서드 ── (※3)
    fn calc_bmi(&self) -> f64 {
        let h = self.height / 100.0;
        // BMI를 계산해 값을 반환
        self.weight / h.powf(2.0)
    }
    // 비만율을 계산하는 메서드 ── (※4)
    fn calc_per(&self) -> f64 {
        self.calc_bmi() / 22.0 * 100.0
    }
}

// Body 구조체를 이용 ── (※5)
fn main() {
    let yang = Body {
        height: 160.0,
        weight: 70.0,
```

```
    };
    println!("BMI = {:.2}", yang.calc_bmi());
    println!("비만율 = {:.1}%", yang.calc_per());
}
```

프로그램을 컴파일한 뒤 실행해보면 다음과 같이 BMI 지수와 비만율이 계산돼 출력된다.

```
$ rustc method_bmi.rs && ./method_bmi
BMI = 27.34
비만율 = 124.3%
```

소스 코드를 확인해보자. (※1)은 구조체 Body를 정의한 부분이다. 키(height)와 몸무게(weight)라는 2개의 필드를 가지는 구조체다.

(※2)는 Body 구조체의 메서드를 정의하기 위한 부분이다. 메서드와 함수는 거의 같지만 메서드는 impl 블록 안에서 정의된다. 그리고 첫 번째 인수 &self가 있다. &self는 구조체 자신을 참조자로 한다는 것을 나타낸다.

(※3)과 (※4)는 BMI와 비만율을 구하는 메서드다. 구조체의 필드에는 '.'으로 접근할 수 있다. 여기서는 self이므로 'self.height', 'self.weight'와 같이 작성해 키와 몸무게 값을 가져올 수 있다.

(※5)에서는 구조체에 값을 넣어 객체화한 뒤 BMI 값과 비만율을 출력한다.

이처럼 러스트의 구조체에는 전용 메서드를 추가해 다른 프로그래밍 언어의 클래스 정의와 비슷하게 이용할 수 있다.

## 구조체의 생성자와 연관 함수

러스트에서 몇 가지 타입은 그 구조체의 인스턴스(객체)를 만들어 반환하는 new 함수가 정의돼 있다. 예를 들어 벡터 타입의 데이터를 생성하기 위해서는 'Vec::new()'와 같이 기술한다. 이는 다른 언어에서 생성자(Constructor)에 해당하는 것이다.

구조체는 단지 형태만 있을 뿐 실체가 없다. 따라서 실제로 이용하기 위해서는 실체를 만들어야 한다. 객체 지향 언어에서는 생성자를 이용해 객체를 생성해야 하지만 러스트에서는 일부러 생성자를 정의하지 않아도 구조체를 생성해 이용할 수 있다. 그래도 객체 초기화 처리를 더욱 간략하게 하려고 new 함수를 정의하는 경우가 있다.

다음은 이름(name)과 나이(age) 필드를 가지는 Person 구조체를 정의해 이용하는 예다. 구조체의 생성자 new를 정의해 이용하고 있다.

【코드】 file: src/ch4/struct_new.rs

```rust
// 구조체 Person을 정의
struct Person {
    name: String,
    age: i32,
}
// Person의 메서드를 정의
impl Person {
    // Person을 생성하는 함수를 정의 ── (※1)
    fn new(name: String, age: i32) -> Self {
        Person { name, age }
    }
}

fn main() {
    // 연관 함수 new를 이용해 객체 생성
    let yang = Person::new("양현".to_string(), 18);
    // 객체 출력
    println!("{}씨는 마음만은 {}살", yang.name, yang.age);
}
```

컴파일 후 실행해보면 구조체가 생성돼 해당 값이 출력되는 것을 확인할 수 있다.

```
$ rustc struct_new.rs & ./struct_new
양현씨는 마음만은 18살
```

이 프로그램에서 중요한 부분은 (※1)의 연관 함수 new다. 이 연관 함수를 통해 Person 구조체가 생성된다.

new 함수는 원래 다음과 같이 작성해야 한다.

```rust
impl Person {
    fn new(name: String, age: i32) -> Self {
        Person {
```

```
            name: name,
            age: age,
        }
    }
}
```

하지만 필드 이름과 변수 이름이 동일한 경우 필드 초기화 축약법(field init shorthand)을 이용할 수 있다. 이는 구조체와 변수의 필드이름이 {name: name, age: age}와 같이 같을 때 {name, age}처럼 필드를 생략하는 기법이다. 여기서 함수의 반환 값으로 Self를 지정했는데, 여기서의 Self는 Person 구조체를 가리킨다.

new 함수와 같이 impl 블록 안에 정의되고 self 인수가 없는 함수를 '연관 함수'라고 한다. 연관 함수를 호출하려면 '**구조체 이름::함수 이름()**'과 같이 기술한다[1].

## 구조체와 메서드를 이용한 BMI 계산

이번에는 앞에서 다룬 BMI 계산 및 비만 판정을 구조체와 메서드를 이용해 다시 구현해본다.

【코드】 file: src/ch4/bmi_checker.rs

```rust
// BMI 비만도 파악 ── (※1)
fn main() {
    let body = Body::new(163.0, 75.2, "성은");
    body.print_result();
    let body = Body::new(158.2, 55.0, "가빈");
    body.print_result();
    let body = Body::new(174.2, 54.2, "채연");
    body.print_result();
}

// 비만도 판정용 구조체 ── (※2)
struct BmiRange {
    min: f64,
    max: f64,
    label: String,
```

---

[1] (옮긴이) 연관 함수는 해당 구조체와 연관됐기 때문에 다른 구조체에서는 이용할 수 없다. String::from의 from 역시 String 구조체의 연관 함수다.

```rust
}
impl BmiRange {
    // 객체 생성 메서드 ── (※3)
    fn new(min: f64, max: f64, label: &str) -> Self {
        BmiRange {
            min,
            max,
            label: label.to_string(),
        }
    }
    // 범위 안에 있는지 테스트하는 함수 ── (※4)
    fn test(&self, v: f64) -> bool {
        (self.min <= v) && (v < self.max)
    }
}

// 키와 몸무게, 이름을 저장할 구조체 ── (※5)
struct Body {
    height: f64,  // cm
    weight: f64,  // kg
    name: String, // 이름
}
impl Body {
    // 객체를 생성해 반환 ── (※6)
    fn new(height: f64, weight: f64, name: &str) -> Self {
        Body {
            height,
            weight,
            name: name.to_string(),
        }
    }
    // BMI 계산
    fn calc_bmi(&self) -> f64 {
        self.weight / (self.height / 100.0).powf(2.0)
    }
    // 비만 판정 출력 ── (※7)
    fn print_result(&self) {
        // BMI 구하기
```

```
        let bmi = self.calc_bmi();
        // 판정용 객체를 배열로 생성 ── (※8)
        let bmi_list = [
            BmiRange::new(0.0, 18.5, "저체중"),
            BmiRange::new(18.5, 23.0, "정상"),
            BmiRange::new(23.0, 25.0, "비만전단계"),
            BmiRange::new(25.0, 30.0, "1단계 비만"),
            BmiRange::new(30.0, 35.0, "2단계 비만"),
            BmiRange::new(35.0, 99.9, "3단계 비만"),
        ];
        let mut result = String::from("계산 불가");
        // 배열을 하나씩 테스트 ── (※9)
        for range in bmi_list {
            if range.test(bmi) {
                result = range.label.clone();
                break;
            }
        }
        println!("{}님, BMI = {:.1}, 결과 = {}", self.name, bmi, result);
    }
}
```

컴파일 후 실행해보면 3명의 BMI와 결과가 출력된다.

```
$ rustc bmi_checker.rs && ./bmi_checker
성은님, BMI = 28.3, 결과 = 1단계 비만
가빈님, BMI = 22.0, 결과 = 정상
채연님, BMI = 17.9, 결과 = 저체중
```

(※1)에서는 (※3)에서 정의한 new 메서드를 이용해 3명의 정보(이름, 키, 몸무게)를 넣어 Body 구조체를 만든 뒤 (※7)에서 정의한 비만 판정 출력을 통해 결과를 출력한다.

(※2)에서는 비만도 판정을 위한 구조체인 BmiRange를 정의했다. 이는 판정용 구조체로 BMI 값이 min 이상, max 미만인 경우의 결과를 label에 저장하게끔 구성했다.

(※3)에서는 BmiRange 객체를 생성하기 위한 new 메서드를 정의했다. 반환값으로 Self를 지정하는 것은 해당 구조체인 BmiRange를 지정하는 것과 같다. 여기서는 앞에서 언급한 것과 같이 필드 이름과 변수 이름이 동일하므로 필드 이름을 생략한다.

(※4)는 BmiRange의 min 이상, max 이하를 확인하는 메서드다. 앞에서도 설명한 것처럼 &self는 BmiRange 구조체의 참조자이므로 self.min과 self.max로 BmiRange 구조체의 min과 max 필드의 값을 참조할 수 있다.

(※5)는 키와 체중, 이름을 나타내는 구조체다. 그리고 (※6)은 해당 구조체를 생성하기 위한 new 메서드다.

러스트의 구조체에 문자열을 넣어야 하는 경우 해당 필드는 String 타입으로 지정하는 것이 편하다. 구조체를 만들기 위해 매번 String::from이나 to_string 메서드를 이용하지 않아도 되기 때문이다. 그래서 여기서는 &str 타입을 인수로 받아 메서드 안에서 String 객체를 생성해 구조체로 지정하게끔 했다.

(※7)의 print_result 메서드는 Body 구조체의 값을 바탕으로 BMI 값을 구하고 비만도 판정 결과를 문자열로 출력한다.

(※8)에서는 비만도 판정을 위해 6단계의 최솟값, 최댓값, 판정 결과를 지정해 BmiRange 객체를 생성한다. 그리고 그것을 배열로 만들어 bmi_list에 대입한다.

(※9)에서는 계산된 BMI 값에 for 문을 이용해 BMI 값이 BmiRange의 어느 부분에 속해 있는지 확인한다. BMI 값이 지정된 영역 사이에 있다면 해당 영역의 라벨을 출력하고 for 문을 빠져나온다. 그 후 결과를 출력한다.

## 구조체 갱신

프로그래밍을 하다 보면 구조체 객체를 부분적으로 복사해야 하는 경우가 생긴다. 이럴 경우 어떻게 해야 하면 좋을지 생각해보자.

먼저 다음 예제를 보자. 이름(name)과 나이(age) 필드를 가진 Person 구조체가 있다. 그리고 Alex와 Betty는 같은 나이이므로 1개의 구조체를 생성한 뒤 그것을 복사해서 이름만 변경하려고 한다.

【코드】 file: src/ch4/struct_copy_err.rs

```
struct Person {
    name: String,
    age: i32,
}
impl Person {
    fn new(name: &str, age: i32) -> Self {
```

```rust
        Self { name: name.to_string(), age }
    }
}

fn main() {
    // Alex 생성
    let alex = Person::new("Alex", 18);
    // Betty는 Alex를 복사해 이름만 변경하고자 함 ── (※1)
    let mut betty = alex;
    betty.name = String::from("Betty");
    // Alex와 Betty를 출력
    println!("{},{}", alex.name, alex.age); // ← 에러 ── (※2)
    println!("{},{}", betty.name, betty.age);
}
```

컴파일하면 에러가 발생한다. 구조체에 다른 값을 대입하는 것으로는 복제가 되지 않는다.

(※1) 부분에서 alex를 betty에 대입하는 부분을 살펴보자. 여기서 alex 객체의 소유권이 betty로 이동하므로 alex는 이용할 수 없다.

물론 다음과 같이 인물별로 객체를 생성하면 문제가 없지만 구조체의 필드가 많거나 객체를 많이 생성해야 하는 경우 하나하나 초기화하는 것은 꽤나 번거로운 일이다.

```rust
let alex = Person::new("Alex", 18);
let betty = Person::new("Betty", 18);
```

이럴 때 사용할 수 있는 구조체 갱신 방법이 있다. 다음은 구조체 갱신 방법을 이용해 앞의 문제를 해결한 예다.

【코드】 file: src/ch4/struct_copy_fix.rs

```rust
struct Person {
    name: String,
    age: i32,
}
impl Person {
    fn new(name: &str, age: i32) -> Self {
        Self { name: name.to_string(), age }
```

```rust
        }
    }

    fn main() {
        // Alex 생성
        let alex = Person::new("Alex", 18);
        // betty는 alex를 복제해 이름만 변경
        let betty = Person {
            name: String::from("Betty"),
            ..alex // 갱신 방법 ──── (※1)
        };
        // alex와 betty를 출력
        println!("{},{}", alex.name, alex.age);
        println!("{},{}", betty.name, betty.age);
    }
```

컴파일 후 실행해보면 Alex와 Betty가 잘 표시되는 것을 확인할 수 있다.

```
$ rustc struct_copy_fix.rs && ./struct_copy_fix
Alex,18
Betty,18
```

여기서 주목해야 할 부분이 (※1)이다. 구조체 초기화를 할 때 '..**구조체 객체**'와 같이 기술하면 지정한 필드 이외의 부분을 복제한다. 여기서는 `alex`의 `name` 필드를 지정했으므로 `age` 필드를 복사한다. 이를 구조체 갱신법이라고 한다[2].

> **Column** **구조체 복사**
>
> 구조체를 복사하는 다른 방법은 구조체에 Copy 트레잇을 구현해 명시적으로 구조체를 복사하는 것이다. 그리고 구조체 선언을 할 때 '#[derive(Clone)]'을 기술하면 자동적으로 Clone 트레잇이 구현돼 구조체를 복제할 수 있다.

---

[2] https://rinthel.github.io/rust-lang-book-ko/ch05-01-defining-structs.html

> **옮긴이 보충** **구조체 복사 속성**
>
> 칼럼에서 설명한 것처럼 구조체에 '#[derive(Clone)]' 속성을 붙이면 해당 구조체를 복사할 수 있게 된다. 따라서 struct_copy_err.rs를 다음과 같이 수정하면 문제없이 프로그램이 동작한다.
>
> ```rust
> #[derive(Clone)]
> struct Person {
>     name: String,
>     age: i32,
> }
> (생략)
>
> fn main() {
>     let alex = Person::new("Alex", 18);
>     let mut betty = alex.clone();
>     betty.name = String::from("Betty");
>     println!("{},{}", alex.name, alex.age);
>     println!("{},{}", betty.name, betty.age);
> }
> ```

### 정리

- 구조체는 `impl`을 이용해 메서드를 추가할 수 있다.
- 구조체의 메서드에는 `Self` 타입의 `self`를 첫 번째 인수로 지정한다.
- `impl` 안에는 메서드 외에도 연관 함수를 지정할 수 있으며 '구조체 이름::연관 함수 이름' 형태로 호출한다.
- 러스트에서 구조체의 객체를 생성하는 함수는 관습적으로 `new`라고 이름 짓는다.
- 구조체 초기화를 할 때 객체 복제를 위해 '구조체 갱신법'을 사용한다.

# 공통 동작을 정의하는 트레잇

트레잇은 공통 동작을 정의하기 위한 것이다. 타입을 엄격히 체크하는 러스트에서 같은 트레잇을 구현해둔다면 타입이 달라도 같은 동작을 하게 만들 수 있다. 여기서는 트레잇의 역할과 사용 방법에 대해 알아본다.

**여기서 배우는 것**
- 트레잇
- 기본 메서드

## 트레잇이란

트레잇(Trait)을 영어 사전에서 찾아보면 '특성'이라는 뜻을 찾을 수 있다. 러스트에서의 트레잇은 **다른 타입에 대해 공통된 동작(메서드)을 정의하기 위해 사용**된다. 트레잇은 자바나 C#에 있는 인터페이스의 기능과 유사하다.

트레잇의 장점은 다른 구조체의 동작을 공통화할 수 있다는 점이다. 예를 들어 버튼과 체크박스를 표시하는 구조체를 만든다면 그것을 배치한 좌표를 얻는 메서드를 따로 구현해야 한다. 하지만 버튼의 좌표를 얻는 메서드의 이름을 get_pos라고 하고 체크박스에는 get_xy라는 이름을 붙였다. 그렇다면 프로그래머는 매번 이를 확인해야 하고, 심지어는 메서드를 잘못 쓸 수도 있다. 여기서 버튼이건 체크박스건 상관없이 동일한 메서드로 사용할 수 있게 공통의 동작을 하는 사양을 만들면 편하다. 이 사양을 강제하는 것이 트레잇의 역할이다. 쉽게 말하면 타입에 관계없이 공통적으로 가질 수 있는 동작을 추상화해 어디에서도 쓸 수 있게 하는 것이다.

## 트레잇 선언과 구현 방법

트레잇은 다음과 같이 trait 블록 안에 함수의 이름과 인수, 반환값만을 작성해 정의한다.

```
[서식] 트레잇 정의
trait 트레잇명 {
    fn 메서드명1(&self, 인수 1, 인수 2 …) -> 반환 타입;
    fn 메서드명2(&self, 인수 1, 인수 2 …) -> 반환 타입;
```

```
    …
}
```

그리고 이 트레잇을 구조체로 구현하려면 다음과 같이 작성한다.

```
[서식] 트레잇 구현
impl 트레잇명 for 구조체명 {
    fn 메서드명(&self, 인수 1, 인수 2, …) -> 반환 타입 {
        // 메서드 처리
    }
}
```

## 던전 안에 있는 보물 상자 열기

던전을 탐험해 보물 상자를 찾는 게임을 만든다고 가정해보자. 던전에 있는 보물 상자 안에는 반드시 보물이 들어있지는 않다. 보물 대신 모험가를 공격하는 덫이 설치돼 있을 수도 있다. 그렇지만 모험가가 보물 상자를 열고 안을 확인한다는 절차는 동일하다. 소지한 열쇠를 이용해 보물 상자를 열고(open) 안을 확인(check)하는 절차다.

여기서 보물 상자와 관련된 동작을 하는 **TreasureBox라는 트레잇을 정의**하고 보물 상자를 나타내는 구조체에는 open과 check라는 메서드를 구현해야 할 것이다.

그리고 보물이 들어있는 상자(JewelryBox)와 함정이 설치된 상자(TrapBox)를 나타내는 2개의 구조체를 준비해 **TreasureBox 트레잇을 구현**해야 한다.

여기서 만들 트레잇과 구조체의 관계는 다음과 같이 될 것이다. 공통 사양이 되는 TreasureBox를 준비하고 그것을 바탕으로 JewelryBox와 TrapBox를 구현한다.

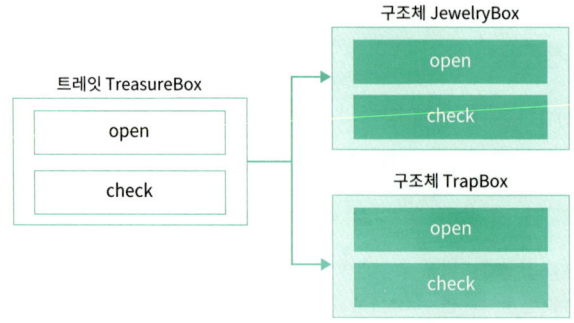

그림 4.1 트레잇과 구조체의 관계

이 내용을 코드로 작성해 확인해보자.

【코드】 file: src/ch4/trait_treasurebox.rs

```rust
// 보물 상자의 동작을 정의하는 트레잇 ── (※1)
trait TreasureBox {
    fn open(&self, key_no: i32) -> bool;
    fn check(&self);
}

// 보석이 든 상자의 구조체를 정의 ── (※2)
struct JewelryBox {
    price: i32,   // 몇 골드가 있는가
    key_no: i32, // 몇 번째 열쇠가 있어야 열리는가
}
impl TreasureBox for JewelryBox {
    fn open(&self, key_no: i32) -> bool {
        // 지정한 열쇠로만 상자가 열림
        self.key_no == key_no
    }
    fn check(&self) {
        println!("보석 상자였다. {} 골드 입수.", self.price);
    }
}

// 함정 상자의 구조체를 정의 ── (※3)
struct TrapBox {
    damage: i32,
}
impl TreasureBox for TrapBox {
    fn open(&self, _key: i32) -> bool {
        return true; // 어떤 키를 가지고 있어도 열림
    }
    fn check(&self) {
        println!("함정이었다. HP가 {} 감소했다", self.damage);
    }
}

// 모험가가 상자를 여는 동작 ── (※4)
```

```rust
fn open_box(tbox: &impl TreasureBox, key_no: i32) {
    if !tbox.open(key_no) {
        println!("열쇠가 맞지 않아 상자가 열리지 않는다.");
        return;
    }
    tbox.check();
}

fn main() {
    // 다양한 상자를 준비 ── (※5)
    let box1 = JewelryBox {
        price: 30,
        key_no: 1,
    };
    let box2 = TrapBox { damage: 3 };
    let box3 = JewelryBox {
        price: 20,
        key_no: 2,
    };
    // 모험가가 가진 열쇠로 상자를 연다 ── (※6)
    let my_key = 2;
    open_box(&box1, my_key);
    open_box(&box2, my_key);
    open_box(&box3, my_key);
}
```

소스 코드를 컴파일한 뒤 실행해보자. 모험가는 수중의 열쇠를 이용해 준비된 3개의 상자를 열었다. 실행 결과는 다음과 같다.

```
$ rustc trait_treasurebox.rs && ./trait_treasurebox
열쇠가 맞지 않아 상자가 열리지 않는다.
함정이었다. HP가 3 감소했다.
보석 상자였다. 20 골드 입수.
```

러스트는 타입을 엄격하게 확인하는 언어다. JewelyBox 타입과 Trapbox 타입의 데이터 타입이 다르면 같은 open_box 함수를 호출할 수 없다. 하지만 여기서는 트레잇을 통해 상자 종류에 관계없이 open_box 함수를 호출해 상자를 열어 내용물을 확인할 수 있다.

(※1)은 보물 상자의 동작을 정의하는 트레잇 TreasureBox의 정의다. 보물 상자는 열기(open)와 확인 (check)이라는 2개의 행동을 해야 한다고 정의한다. 즉 트레잇을 구현할 때 open 메서드와 check 메서드를 반드시 구현해야 한다.

(※2)는 보석이 든 상자인 JewelryBox의 정의다. 보석이 든 상자에는 얼마가 들어있는지를 나타내는 price와 해당 박스를 열 수 있는 키를 나타내는 key_no 필드를 준비했다. 그리고 보석이 든 상자의 동작을 구현한다. JewelryBox에 대한 TreasureBox를 구현하므로 impl TreasureBox for JewelryBox라고 기술해야 한다. 이 구현 블록 안에 open 메서드와 check 메서드를 하나씩 구현한다. open 메서드는 열쇠의 번호가 맞으면 상자를 열도록 구현하고, check 메서드에는 얼마가 들어있는지를 나타낼 수 있도록 구현한다.

(※3)은 함정 상자인 TrapBox의 정의다. 함정 상자는 모험가에게 줄 피해인 damage 필드를 준비했다. 그리고 함정 상자의 동작을 impl TreasureBox for TrapBox에 기술한다. 함정 상자는 맞는 열쇠가 없어도 열려야 하기 때문에 open 메서드는 열쇠에 관계없이 열리도록 구현했다. 따라서 인수인 '_key'는 이용하지 않는다. 러스트에서는 사용하지 않는 인수가 있는 경우 컴파일을 할 때 경고가 표시된다. 이를 해결하기 위해 변수 이름 앞에 언더바(_)를 붙인다. 언더바가 붙은 변수는 사용하지 않더라도 경고가 표시되지 않는다.

(※4)의 함수 open_box는 모험가가 상자를 여는 작업을 정의한 것으로 가지고 있는 열쇠를 이용해 인수로 지정한 보물 상자를 열고 내용을 확인한다. 인수에 TreasureBox 트레잇을 구현한 객체를 지정할 수 있도록 인수 타입으로 &impl TreasureBox를 지정했다.

(※5)에서는 보석이 든 상자와 함정 상자에 값을 설정해 객체를 생성한다. 그리고 (※6)에서 open_box 함수를 호출해 보물 상자를 연다. JewelryBox와 TrapBox 구조체가 TreasureBox 트레잇을 구현했으므로 open_box의 인수에 두 가지 상자를 모두 지정할 수 있다. TreasureBox 트레잇을 구현하지 않은 구조체를 인수로 지정하려고 하면 에러가 발생한다.

이처럼 트레잇을 이용하면 구조체의 동작을 정의할 수 있다. 그리고 트레잇을 구현한 구조체를 한꺼번에 조작할 수 있으므로 프로그램은 일관성을 유지할 수 있다.

## 트레잇의 기본 메서드

트레잇은 필요로 하는 메서드를 강제하는 것뿐 아니라 트레잇을 구현하는 구조체에 자동적으로 메서드를 추가하는 '기본 메서드'를 정의할 수 있다.

예를 들어 앞의 예제에서 보물 상자를 여는 open 메서드는 지정된 열쇠로만 열리게 돼 있다. 이는 모든 상자가 가지는 공통적인 동작이다. 그렇다면 open 메서드를 기본 메서드로 정의해 모든 상자에 적용할 수 있다.

앞의 예제를 변경해보자. 이번에는 함정 상자 Trapbox 대신 빈 상자 EmptyBox를 이용한다. 그리고 트레잇 TreasureBox는 open 메서드를 기본 메서드로 하므로 JewelryBox와 EmptyBox에 대한 구현을 할 때 open 메서드는 정의하지 않아도 된다.

【코드】 file: src/ch4/trait_treasurebox_def.rs

```rust
// 보물 상자의 동작을 정의하는 트레잇 ── (※1)
trait TreasureBox {
    // 기본 메서드 ── (※2)
    fn open(&self, key_no: i32) -> bool {
        // 열쇠 번호가 맞으면 열림
        self.get_key_no() == key_no
    }
    fn check(&self);
    fn get_key_no(&self) -> i32;
}

// 보석이 든 상자 정의 ── (※3)
struct JewelryBox {
    price: i32,
    key_no: i32,
}
impl TreasureBox for JewelryBox {
    fn check(&self) {
        println!("보석 상자였다. {} 골드 입수.", self.price);
    }
    fn get_key_no(&self) -> i32 {
        self.key_no
    }
}

// 빈 상자 ── (※4)
struct EmptyBox {
    key_no: i32,
```

```rust
}
impl TreasureBox for EmptyBox {
    fn check(&self) {
        println!("상자는 비어 있다.");
    }
    fn get_key_no(&self) -> i32 {
        self.key_no
    }
}

// 모험가가 상자를 여는 동작 ── (※5)
fn open_box(tbox: &impl TreasureBox, key_no: i32) {
    if !tbox.open(key_no) {
        println!("열쇠가 맞지 않아 상자가 열리지 않는다.");
        return;
    }
    tbox.check();
}

fn main() {
    // 상자 생성 ── (※6)
    let box1 = JewelryBox {
        price: 30,
        key_no: 1,
    };
    let box2 = EmptyBox { key_no: 1 };
    let box3 = JewelryBox {
        price: 50,
        key_no: 2,
    };
    // 상자 열기 ── (※7)
    open_box(&box1, 1);
    open_box(&box2, 1);
    open_box(&box3, 1);
}
```

컴파일 후 실행해보면 다음과 같이 3개의 상자를 연 결과가 표시된다.

```
$ rustc trait_treasurebox_def.rs && ./trait_treasurebox_def
보석 상자였다. 30 골드 입수.
상자는 비어 있다.
열쇠가 맞지 않아 상자가 열리지 않는다.
```

(※1)은 보물 상자의 동작을 정의하는 `TreasureBox` 트레잇 정의다. 이번에는 상자를 여는 `open` 메서드, 상자 안을 확인하는 `check` 메서드, 열쇠 번호를 반환하는 `get_key_no` 메서드를 구현하도록 정의했다. 하지만 (※2)의 `open` 메서드는 기본 메서드로 정의했으므로 별도로 정의하지 않아도 된다.

(※3)에서 보석이 든 상자인 `JewelryBox` 구조체를 정의한다. 앞의 예제와 거의 비슷하지만 `open` 메서드를 생략해 `TreasureBox` 트레잇에서 구현한 `open` 메서드를 이용할 수 있다.

(※4)는 빈 상자인 `EmptyBox` 구조체 정의 부분이다. 빈 상자이지만 열쇠 번호가 맞지 않으면 열리지 않는다. 그리고 (※5)는 모험가가 보물 상자를 여는 동작인 `open_box` 함수 정의다. 앞의 예제와 같이 열쇠 번호가 맞으면 상자가 열리고 상자 안을 확인(check)한다.

(※6)에서 `JewelryBox`와 `EmptyBox` 구조체를 생성하고 (※7)에서 `open_box` 함수를 실행해 준비된 상자를 연다.

이처럼 트레잇에 기본 메서드를 구현해두면 각 구조체에서 해당 메서드를 구현하지 않아도 되므로 프로그램 구현이 편해진다.

### 정리

→ 트레잇의 역할을 확인하고 트레잇을 이용하는 프로그램을 만들었다.

→ 트레잇을 이용하면 구조체가 구현해야 할 동작을 강제할 수 있다.

→ 트레잇을 이용하면 다른 타입의 구조체 객체라도 동일하게 조작할 수 있다.

→ 기본 메서드를 구현하면 트레잇을 구현한 구조체에 메서드를 구현하지 않고도 해당 메서드를 이용할 수 있다.

# 제네릭

제네릭은 다른 타입이라도 동일하게 조작할 수 있게 해주는 기능이다. 이미 Vec과 HashMap을 통해 기본적인 사용 방법은 알고 있다. 여기서는 제네릭을 이용한 구조체와 변수의 정의 방법을 소개한다.

**여기서 배우는 것**
- 제네릭
- 트레잇
- 트레잇 경계

## 제네릭 복습하기

제네릭(generic)은 추상적인 타입을 지정해 다양한 데이터 타입 조작을 가능하게 하는 프로그래밍 기법이다. 이미 Vec과 HashMap을 이용해 프로그램을 만들어 봤으므로 제네릭에 대해서 어느 정도 이해는 하고 있을 것이다.

복습을 위해 Vec을 이용한 간단한 프로그램을 만들어보자. 다음은 i32 타입과 char 타입 벡터를 만들고 그 조작 방법을 비교하는 것이다.

**【코드】** file: src/ch4/vec_i32_char.rs

```rust
fn main() {
    // i32 타입 Vec을 사용
    let mut v1: Vec<i32> = Vec::<i32>::new();
    v1.push(10); // 요소를 v1에 추가 ── (※1a)
    v1.push(20);
    v1.push(30);
    v1.pop(); // 마지막 요소를 꺼내기 ── (※1b)
    // v1 변수의 요소를 하나씩 출력 ── (※1c)
    for i in v1.iter() {
        println!("{}", i);
    }
}
```

```
    // char 타입 Vec을 사용
    let mut v2: Vec<char> = Vec::<char>::new();
    v2.push('a'); // 요소를 v2에 추가 ── (※2a)
    v2.push('b');
    v2.push('c');
    v2.pop(); // 마지막 요소를 꺼내기 ── (※2b)
    // v2 변수의 요소를 하나씩 출력 ── (※2c)
    for i in v2.iter() {
        println!("{}", i);
    }
}
```

소스 코드의 전반은 i32 타입 벡터를 만들고 후반에는 char 타입 벡터를 만든다. (※1a)와 (※2a)에서 push 메서드를 이용해 요소를 벡터 끝에 추가한다. 그리고 (※1b)와 (※2b)에서 pop 메서드를 이용해 가장 끝에 있는 요소를 빼낸다. (※1c)와 (※2c)에서 iter 메서드를 이용해 반복자의 원소를 하나씩 출력한다.

여기서 봐야 할 것은 각 벡터의 데이터 타입은 i32 타입과 char 타입으로 서로 다르지만 동일한 메서드, 동일한 방법을 이용해 조작된다는 점이다. 제네릭을 이용하면 이렇게 타입이 달라도 동일한 동작을 할 수 있으므로 편리하다.

### 제네릭 함수 정의

제네릭을 이용하면 함수나 메서드의 사용 방법을 통일할 수 있다는 장점 외에도 코드 중복을 줄일 수 있다는 장점도 있다.

i32 타입 값을 더하기만 하는 add_i32 함수와 f32 타입 값을 더하기만 하는 add_f32 함수를 만들어야 한다면 다음과 같이 만들 수 있다.

【코드】 file: src/ch4/add_i32.rs

```
fn add_i32(a: i32, b: i32) -> i32 {
    a + b
}

fn add_f32(a: f32, b: f32) -> f32 {
    a + b
```

```rust
}

fn main() {
    println!("{}", add_i32(10, 25));
    println!("{}", add_f32(10.0, 25.0));
}
```

add_i32 함수와 add_f32 함수를 보면 타입 선언이 다를 뿐이지 구조는 같다.

러스트는 타입 체크를 엄격하게 하므로 타입이 다르면 컴파일이 되지 않는다. 하지만 타입이 다르기 때문에 다른 함수를 추가로 만들어야 한다는 건 꽤 불편한 일이다. 게다가 이렇게 비슷한 함수가 여러 개 있다면 실수가 발생할 가능성도 높다.

이럴 때 이용하는 것이 제네릭이다. 위 예제를 제네릭을 이용하는 형태로 바꿔보자.

[코드] file: src/ch4/add_generics.rs

```rust
// 제네릭을 이용해 add 정의
fn add <T: std::ops::Add<Output=T>> (a:T, b:T) -> T {
    a + b
}
// 함수 사용하기
fn main() {
    println!("{}", add(10, 25));
    println!("{}", add(10.0, 25.0));
    println!("{}", add::<i32>(10, 25)); // 타입을 명시할 때
    // println!("{}", add('a', 'a')); --- char 타입은 미구현이므로 에러 발생
}
```

컴파일 후 실행해보면 f32와 i32 타입 상관없이 add 함수 하나로 계산할 수 있다는 것을 확인할 수 있다.

```
$ rustc add_generics.rs && ./add_generics
35
35
35
```

제네릭 함수 정의는 꽤 복잡해 보이지만 내용을 숙지하면 어려움 없이 만들 수 있다.

```
[서식] 제네릭 함수 정의
fn 함수명 <T: 트레잇>(인수1: T, 인수2: T, ...) -> 반환값 {
    ...
}
```

제네릭 함수에서는 함수명 뒤에 따라오는 `<T: 트레잇>` 부분이 중요하다. 제네릭을 사용할 때 이 T 타입 부분이 임의의 타입으로 변경된다.

서식을 확인하며 다시 한번 제네릭인 add 함수를 살펴보자. 서식과 실제 코드를 비교하며 이렇게 구현됐는지 확인해보자. 실제 T 부분이 임의의 타입으로 변경된다.

```
fn add <T: std::ops::Add<Output=T>> (a: T, b: T) -> T {
    a + b
}
```

러스트는 그 특성상 컴파일러에서 거의 모든 문제를 처리한다. 제네릭도 예외는 아니다. 여기서 인수와 반환 값 타입 T가 임의의 타입으로 변경될 때 프로그램이 올바르게 컴파일되는지 확인해야 한다.

여기서 T 타입인 'std::ops::Add<Output=T>'는 덧셈과 관련된 트레잇이다. std::ops는 오버로드(overload) 가능한 연산자 트레잇을 정의한 모듈이고, Add 트레잇이 덧셈 트레잇이다.

즉 제네릭에 지정 가능한 타입으로 std::ops::Add 트레잇을 지정하면 그 제네릭은 '덧셈을 할 수 있는 타입'을 지정할 수 있다는 의미다.

정수 타입 i32와 부동 소수점 타입 f32는 당연히 덧셈이 가능한 타입이다. 하지만 문자열인 char는 덧셈이 불가능하므로 주석 처리된 add('a', 'a')는 에러가 발생한다.

### 트레잇 제한하기

제네릭 타입에 대해 트레잇을 지정하는 것을 '트레잇 바운드(trait bound — 트레잇 경계)'라고 한다. 어떤 타입에도 지정할 수 있어야 하는 제네릭 타입에 트레잇을 지정한다는 것은 '지정한 트레잇을 구현해야 한다'는 제약을 거는 것이다.

### 인수의 값을 2배로 하는 제네릭 함수 정의

제네릭 함수를 만드는 연습을 위해 인수로 지정한 값을 2배로 만드는 함수를 만들어보자.

【코드】 file: src/ch4/x2_generics.rs

```rust
// 인수 값을 2배로 만드는 제네릭
fn x2 <T: std::ops::Add<Output=T> + Copy> (n: T) -> T {
    n + n
}
fn main() {
    println!("{}", x2(3));
    println!("{}", x2(3.0f64));
    println!("{}", x2::<u64>(3));
}
```

컴파일 후 실행해보면 인수로 지정한 i32, f32 타입 '3'이 모두 6을 반환하는 것을 확인할 수 있다.

```
$ rustc x2_generics.rs && ./x2_generics
6
6
6
```

2배로 만들기 위해 인수로 받은 값을 한 번 더 더하는 것이므로 앞의 예제와 같이 **std::ops::Add** 트레잇을 지정한다. 이와 동시에 한 변수를 2번 이용하므로 **Copy** 트레잇을 구현해야 한다. 2개 이상의 트레잇을 지정하는 경우 '+'를 이용한다.

### 제네릭 함수에서 where 사용

제네릭 함수를 만들 때 다음과 같이 where를 이용하는 것도 가능하다. 긴 트레잇 선언을 써야 한다면 where를 이용해 가독성을 좋게 할 수 있다.

[서식] 제네릭 함수 정의(where를 사용하는 경우)
```
fn 함수명 <T>(인수1: T, 인수2: T, ...) -> 반환값
    where T: 트레잇
{
    ...
}
```

다음은 where를 이용하는 방식으로 add_generics.rs를 수정한 것이다.

[코드] file: src/ch4/add_generics_where.rs

```rust
fn add <T> (a:T, b:T) -> T
    where T: std::ops::Add<Output=T>
{
    a + b
}

fn main() {
    println!("{}", add(10, 25));
    println!("{}", add(10.0, 25.0));
}
```

## 구조체에 제네릭 지정

함수뿐 아니라 구조체를 선언할 때도 제네릭을 지정할 수 있다. 다음 프로그램은 좌표 x와 y 필드를 가진 Point 구조체에 제네릭을 지정하는 예다.

[코드] file: src/ch4/struct_generics.rs

```rust
#[derive(Debug)]
struct Point<T> {
    x: T,
    y: T,
}

fn main() {
    let pt_i = Point { x: 20, y: 50 };
    let pt_f = Point { x: 20.5, y: 15.3 };
    println!("{:?}", pt_i);
    println!("{:?}", pt_f);
}
```

컴파일 후 실행해보면 Point 구조체를 초기화하기 위해 지정한 값에 따라 자동적으로 타입이 결정돼 출력된 것을 확인할 수 있다.

```
$ rustc struct_generics.rs && ./struct_generics
Point { x: 20, y: 50 }
Point { x: 20.5, y: 15.3 }
```

구조체 정의를 할 때 붙인 속성 '#[derive(Debug)]'가 있으므로 구조체의 각 필드 값을 println! 매크로로 출력할 수 있다. 구조체에 제네릭을 지정하기 위해서는 다음과 같이 기술한다.

[서식] 구조체에 제네릭 지정
```
struct 구조체명 <T, U> {
    필드 1: T,
    필드 2: U,
    …
}
```

## 구조체의 메서드 정의에 제네릭 지정

구조체의 메서드를 정의할 때도 제네릭을 지정할 수 있다. 다음은 앞에서 다룬 'struct_generics.rs'에 구조체 값을 더하는 add 메서드를 추가한 예다.

[코드] file: src/ch4/struct_method_generics.rs

```rust
// 구조체 Point 정의 ── (※1)
#[derive(Debug)]
struct Point<T> {
    x: T,
    y: T,
}

// 메서드 정의 ── (※2)
impl<T> Point<T> where T: std::ops::AddAssign {
    // 생성자 ── (※3)
    fn new(x: T, y: T) -> Self {
        Self { x, y }
    }
    // 값 더하기 ── (※4)
    fn add(&mut self, pt: Point<T>) {
        self.x += pt.x;
        self.y += pt.y;
```

```rust
    }
}
fn main() {
    // Point 객체 생성
    let mut pt = Point::new(10, 10);
    println!("{:?}", pt);
    // 좌표 값 더하기
    pt.add(Point{ x:20, y:30 });
    println!("{:?}", pt);
}
```

컴파일 후 실행해보면 좌표 (10, 10)에 (20, 30)을 더한 값이 출력된다.

```
$ rustc struct_method_generics.rs && ./struct_method_generics
Point { x: 10, y: 10 }
Point { x: 30, y: 40 }
```

소스 코드를 확인해보자. (※1)에서 구조체 Point<T>를 정의했다. 앞의 예제와 마찬가지로 Debug 속성을 지정해 값을 출력할 수 있다.

(※2)에서 Point<T> 구조체의 메서드를 정의한다. 여기서는 where에 T 트레잇 바운드를 지정했다. std::ops::AddAssign 트레잇은 덧셈 대입을 구현하도록 강제한다.

(※3)은 생성자 new 함수 정의다. 그리고 (※4)에서는 값을 더하기 위한 add 메서드를 정의한다. 구조체의 필드 값 변경을 하기 위해 &mut self를 지정해 가변 변수라는 것을 명시했다.

> **정리**
> - 제네릭을 이용하면 함수와 메서드 사용 방법을 공통화할 수 있다.
> - 제네릭에서 타입을 제한하기 위해 트레잇이 사용된다.
> - 트레잇 바운드란 제네릭의 타입에 대해 트레잇을 지정하는 것을 말한다.
> - 함수와 구조체에도 제네릭을 사용할 수 있다.
> - 제네릭을 이용한 덧셈 함수를 만들어봤다.

# Section 04 반복자

프로그래밍에서 가장 많이 다루는 것은 분기와 반복문이다. 이 섹션에서는 반복 처리에서 빼놓을 수 없는 반복자의 구조에 대해 알아본다. 그리고 직접 만든 객체를 반복자로 다루는 방법을 소개한다.

### 여기서 배우는 것

- 반복자

## 반복자의 기본 내용 확인

러스트에서 반복 작업을 수행할 때는 for 문을 이용한다. 그리고 for 문으로 반복 처리를 할 때는 반복할 대상 반복자를 지정해야 한다.

반복자(iterator)는 배열과 같이 2개 이상의 요소를 가지는 **집합 데이터 구조에 반복 처리를 할 수 있게 해주는 추상 표현**이다.

러스트에서 배열 요소를 반복적으로 화면에 출력하는 예를 확인해보자. 다음 예는 특정 범위를 반복하는 프로그램이다. 1부터 7까지의 범위를 반복해 홀수일 때만 출력한다.

【코드】 file: src/ch4/iter_range.rs

```rust
fn main() {
    // 1부터 7 사이의 홀수만을 출력
    for i in 1..=7 {
        if i % 2 == 1 {
            println!("{}", i);
        }
    }
}
```

컴파일 후 실행해보면 1부터 7 사이의 홀수가 출력되는 것을 확인할 수 있다.

```
$ rustc iter_range.rs && ./iter_range
1
3
5
7
```

### 배열 요소를 반복하는 방법

1에서 7 사이의 홀수만을 출력하는 것이라면 직접 답을 지정하는 편이 간단하다. 다음은 1에서 7 사이의 홀수만을 표시하는 예제로 정수 배열을 만든 뒤 그것을 for 문으로 반복해 출력한다.

[코드] file: src/ch4/iter_array.rs

```rust
fn main() {
    let array = [1, 3, 5, 7];
    for a in array {
        println!("{}", a);
    }
    println!("len={}", array.len());
}
```

컴파일 후 실행해보면 앞의 예와 같이 1부터 7 사이의 홀수가 출력된다.

```
$ rustc iter_array.rs && ./iter_array
1
3
5
7
len=4
```

이처럼 for 문으로 배열 요소의 값을 꺼내올 수 있다.

### 소유권 문제로 for 문을 제대로 사용할 수 없는 경우

소유권 때문에 for 문을 제대로 쓸 수 없는 경우도 있다. 다음은 기본 타입이 아닌, 소유권을 필요로 하는 String 타입 데이터를 배열에 넣어 반복하는 경우다.

【코드】 file: src/ch4/iter_array_string_err.rs

```rust
fn main() {
    // 문자열로 이루어진 배열
    let array = [
        "Apple".to_string(),
        "Banana".to_string(),
        "Mango".to_string(),
        "Tomato".to_string()
    ];
    // 배열을 반복해 화면에 출력
    for a in array { // 여기서 소유권이 이동한다
        println!("{}", a);
    }
    println!("len={}", array.len()); // ← 에러
}
```

컴파일을 하면 에러가 발생한다. for 문을 이용할 때 소유권이 이동하기 때문이다.

```
> rustc iter_array_string_err.rs
error[E0382]: borrow of moved value: `array`
  --> iter_array_string_err.rs:13:24
   |
3  |     let array = [
   |         ----- move occurs because `array` has type `[String; 4]`, which does not implement the `Copy` trait
...
10 |     for a in array { // 여기서 소유권이 이동한다
   |              -----
   |              |
   |              `array` moved due to this implicit call to `.into_iter()`
   |              help: consider borrowing to avoid moving into the for loop: `&array`
...
13 |     println!("len={}", array.len()); // ← 에러
   |                        ^^^^^ value borrowed here after move
   |
note: this function takes ownership of the receiver `self`, which moves `array`
  --> /Users/genmai/.rustup/toolchains/stable-x86_64-apple-darwin/lib/rustlib/src/rust/library/core/src/iter/traits/collect.rs:234:18
   |
234|     fn into_iter(self) -> Self::IntoIter;
   |                  ^^^^

error: aborting due to previous error

For more information about this error, try `rustc --explain E0382`.
```

그림 4.2 소유권 문제로 에러가 발생

에러 메시지에서 주목해야 할 부분은 10번째 줄의 for 문이다. 배열을 for 문에 지정하면 암묵적으로 '.into_iter()' 메서드가 호출된다는 설명이다.

지금까지의 예제에서는 기본 타입을 이용했으므로 for 문을 그냥 사용했지만 원래 for 문을 사용할 때도 예외 없이 소유권 이동을 고려해야 한다. 배열과 벡터 타입에는 반복자를 반환하는 메서드가 있다. 소유권이 이동하는 것과 이동하지 않는 것이 있으므로 잘 선택해야 한다.

표 4.1 반복자를 반환하는 메서드

| 메서드 | 설명 |
| --- | --- |
| iter | 값 참조(&T) 반복자를 반환. 소유권은 이동하지 않음 |
| iter_mut | 가변 값 참조(&mut T) 반복자 반환. 소유권은 이동하지 않음 |
| into_iter | 값(T)을 반환하는 반복자 반환. 소유권이 이동 |

메서드 설명과 같이 into_iter 메서드는 소유권이 이동한다. 에러를 수정하기 위해서는 for 문에 소유권이 이동하지 않는 iter 메서드를 지정해야 한다. 프로그램을 다음과 같이 수정해보자.

【코드】 file: src/ch4/iter_array_string_fix.rs

```rust
fn main() {
    // 문자열로 이루어진 배열
    let array = [
        "Apple".to_string(),
        "Banana".to_string(),
        "Mango".to_string(),
        "Tomato".to_string()
    ];
    // 배열을 반복해 화면에 출력
    for a in array.iter() { // ← 수정
        println!("{}", a);
    }
    println!("len={}", array.len()); // ← OK
}
```

이번에는 문제없이 컴파일이 된다. 실행 결과는 다음과 같다.

```
$ rustc iter_array_string_fix.rs && ./iter_array_string_fix
Apple
Banana
Mango
Tomato
len=4
```

for 문에서 배열 변수에 iter 메서드를 호출하도록 수정했다. 이 메서드는 값의 참조자를 반환하는 반복자이므로 소유권이 이동하지 않는다. 따라서 소유권 문제로 에러가 발생하지 않는다.

## 반복자 트레잇

반복자는 표준 라이브러리에 정의된 Iterator라는 이름의 트레잇을 구현한다. 트레잇의 정의는 다음과 같다.

```
trait Iterator {
    type Item;

    fn next(&mut self) -> Option<Self::Item>;

    // (구현할 메서드)
}
```

여기서 type Item은 트레잇 관련 타입을 정의한 것이다. 반복자를 직접 만들 때 Item 타입을 정의해야 하며 Item 타입을 Option 타입으로 반환하는 next 메서드를 기본적으로 정의해야 한다. 즉 next 메서드는 다음 값이 있는지 없는지를 확인해, 다음 값이 있다면 Some(값)을, 다음 값이 없다면 None을 반환한다.

### 소수를 구하는 반복자 만들기

그러면 간단한 반복자를 구현해보자. 여기서는 소수를 구하는 반복자를 정의해본다. 8비트 부호 없는 정수(0~255)로 표현할 수 있는 범위의 반복자를 만들어보자.

【코드】 file: src/ch4/iter_prime.rs

```rust
// 소수를 반환하는 8비트 반복자
struct PrimeIterator {
    n: u8,
}
// 메서드 정의 --- (※1)
impl PrimeIterator {
    fn new() -> Self { PrimeIterator {n: 1} }
    // self.n이 소수인지 확인
    fn is_prime(&self) -> bool {
        for i in 2..self.n {
            if self.n % i == 0 { return false; }
        }
        return true;
    }
}
// 반복자 구현 --- (※2)
impl Iterator for PrimeIterator {
    type Item = u8; // --- (※3)
    // 다음 소수 값을 반환 --- (※4)
    fn next(&mut self) -> Option<Self::Item> {
        // 소수를 찾아 반환
        loop {
            self.n += 1;
            // 8비트를 넘는 소수는 찾지 않음 --- (※5)
            if std::u8::MAX == self.n {
                return None
            }
            // self.n이 소수인지 확인 --- (※6)
            if self.is_prime() { return Some(self.n); }
        }
    }
}

fn main() {
    // 반복자 생성 --- (※7)
    let prime_iter = PrimeIterator::new();
    // for 문으로 반복
```

```rust
    for n in prime_iter {
        print!("{},", n);
    }
}
```

컴파일 후 실행해보자. u8의 최댓값인 255보다 작은 소수가 모두 출력된다.

```
> rustc iter_prime.rs && ./iter_prime
2,3,5,7,11,13,17,19,23,29,31,37,41,43,47,53,59,61,67,71,73,79,83,89,97,101,103,107,109,113,127,131,1
37,139,149,151,157,163,167,173,179,181,191,193,197,199,211,223,227,229,233,239,241,251,
```

코드를 확인해보자. (※1)에서는 구조체 PrimeIterator의 메서드를 정의한다. 생성자 new, 필드 n이 소수인지 판단하기 위한 is_prime 메서드를 정의했다.

(※2)에서는 PrimeIterator에서 Iterator 트레잇을 구현했다. (※3)에서는 반복자의 반환 요소 타입으로 8비트 부호 없는 정수인 u8을 지정했다.

(※4)에서는 다음 요소를 반환하는 next 메서드를 정의했다. self.n의 값을 1개씩 더하며 소수를 찾는다. 그리고 (※5)에서 지정한 것과 같이 std::u8::MAX까지 도달하면 그 이후는 값이 없다는 None을 출력하도록 했다. (※6)에서는 소수가 발견되면 Some(해당 수)를 반환한다.

마지막으로 (※7) 부분에서 PrimeIterator 객체를 생성해 for 문을 이용해 요소를 출력한다.

트레잇을 이용해 간단하게 소수를 구하는 반복자를 구현했다. Iterator 트레잇이 요구하는 Item 타입을 지정하고 next 메서드를 구현하는 것만으로 for 문에서 이용할 수 있는 반복자를 구현할 수 있었다.

## 피보나치 수열을 반환하는 반복자

이번에는 1장에서 다룬 피보나치 수열을 반환하는 반복자를 만들어보자.

【코드】 file: src/ch4/iter_fib.rs

```rust
// 피보나치 수열을 반환하는 반복자 ── (※1)
struct FibIterator {
    a: usize,
    b: usize,
}
impl FibIterator {
```

```rust
    fn new() -> Self { FibIterator {a: 1, b: 1} }
}
// 반복자 구현 ── (※2)
impl Iterator for FibIterator {
    type Item = usize;
    fn next(&mut self) -> Option<Self::Item> {
        let tmp = self.a;
        self.a = self.b;
        self.b += tmp;
        return Some(self.a);
    }
}

fn main() {
    // for를 이용해 결과를 10개 출력 ── (※3)
    let fib_iter = FibIterator::new();
    for (i, n) in fib_iter.enumerate() {
        if i >= 10 { break; }
        print!("{},", n);
    }
    println!("");
    // take를 이용하는 경우 ── (※4)
    let fib_iter = FibIterator::new();
    fib_iter.take(10).for_each(|f| print!("{},", f));
    print!("\n")
}
```

프로그램을 실행해보면 피보나치 수열을 2번 출력하는 것을 확인할 수 있다.

```
$ rustc iter_fib.rs && ./iter_fib
1,2,3,5,8,13,21,34,55,89,
1,2,3,5,8,13,21,34,55,89,
```

소스 코드를 확인해보자. (※1)에서 **FibIterator** 구조체를 정의했다. 피보나치 수열을 얻기 위해 값 a, 값 b 2개의 필드를 정의했다.

(※2) 부분에서는 `Iterator` 트레잇을 구현했다. `Item` 타입은 `usize`(부호 없는 정수)로 `next` 메서드를 구현했다. 현재 값 a를 다음 값 b로 대입하는 형태로 반복자 값을 `Some(값)`으로 반환할 수 있게 했다. 알고리즘 자체는 1장에서 만든 피보나치 수열과 동일하다.

(※3)에서는 `for` 문을 이용해 10개의 피보나치 수열을 출력한다. `Iterator` 트레잇을 구현하면 자동으로 `enumerate` 메서드가 구현되므로 매우 편하다. `enumerate` 메서드는 값이 몇 번째 있는지 나타낼 수 있는 인덱스를 부여하는 메서드다.

(※4)에서는 `take` 메서드를 이용해 10개의 값을 가져온다. 그리고 `for_each` 메서드로 가져온 값에 대해 인수로 지정한 클로저를 실행한다. 이 클로저는 개별 값을 출력한다.

이 프로그램에서 주목해야 할 부분은 `Iterator` 트레잇을 구현해 자동으로 `enumerate` 메서드와 `take` 메서드와 같이 반복자에서 이용할 수 있는 메서드를 사용할 수 있게 된다는 점이다. 러스트에서는 이렇게 기본 트레잇을 바탕으로 구현하면 다양한 부가 메서드를 이용할 수 있다.

### 정리

- 반복자 트레잇을 확인했다.
- 반복자와 관련된 메서드 중에서도 소유권 이동이 있는 것과 없는 것이 있다.
- 반복자는 원하는 대로 구현할 수 있다. 소수를 반환하거나 피보나치 수열을 반환할 수도 있다.
- `Iterator` 트레잇을 구현하면 `enumerate`와 `take` 메서드 등의 기능도 사용할 수 있다.

## Section 05 열거형과 패턴 매칭

러스트에서는 null을 처리하지 않으므로 프로그램적으로 안전하다. null이 없는 대신 Option이나 Result 같은 열거형을 사용한다. 이 섹션에서는 이 열거형과 패턴 매칭에 대해 자세히 알아본다.

**여기서 배우는 것**
- null 안전
- 열거형
- 패턴 매칭
- match

### 'null 안전' 언어 러스트

C 언어와 자바 같은 대부분의 언어에는 null이라는 개념이 있다. 파이썬에도 null에 해당하는 None이 있다.

null이란 아무것도 없다는 것을 의미하지만, **프로그래밍에서는 값이 존재하지 않는다는 것을 나타낸다.** C 언어에서는 문자열의 끝을 표시하기 위해서도 null을 이용한다.

하지만 이 null로 인해 많은 버그가 발생한다. 1965년 null 포인터 개념을 만든 안토니 호어는 2009년의 강연에서 'null 포인터를 만든 것은 10억 달러짜리 실수'라고 했다. null로 인해 수많은 에러와 취약점, 치명적인 시스템 에러가 발생했다는 것이 그 이유다.

null의 가장 큰 문제는 어느 변수에 null 값이 할당됐는지 정적으로 판단할 수 없다는 것이다. 컴파일을 할 때 null과 관련된 문제가 있는지 없는지 알 수 없으며, 그것이 결국 버그로 이어질 수 있다.

### 파이썬에서 null 안전 확인

실제로 null로 인해 문제가 발생하는 경우를 살펴보자. 여기서는 간단하게 숫자를 하나씩 증가시키는 카운터 프로그램을 통해 확인한다.

먼저 숫자를 하나씩 올리기 위해 이용할 Counter 클래스를 정의한다. 그리고 Counter 객체에 값을 1 증가시키는 inc라는 메서드를 만든다.

그리고 Counter 객체를 대입한 변수 a에 대해 inc 메서드를 호출한다. 이때 다음과 같이 코드를 작성하면 문제가 발생한다. 다음 프로그램은 Counter 객체를 인수로 하는 count 함수를 호출한다.

【코드】 file: src/ch4/counter_err.py

```python
# Counter 클래스 정의 ── (※1)
class Counter:
    value = 0
    # 값을 1 증가시키는 메서드
    def inc(self):
        self.value += 1
        print("value=", self.value)

# Counter 클래스를 인수로 하는 함수 ── (※2)
def count(counter):
    counter.inc()

# 올바르게 이용되는 경우 ── (※3)
a = Counter()
count(a)
count(a)

# 문제가 발생하는 경우 ── (※4)
a = None
count(a)
```

간단하게 동작을 확인해보자. (※1)에서 계산을 위한 Counter 클래스와 값을 1씩 증가시키는 inc 메서드를 정의했다. (※2)에서는 Counter 클래스 객체를 인수로 하는 count 함수를 정의했다.

(※3)에서는 올바른 사용 방법으로 클래스와 메서드를 이용한다. Counter 객체를 생성하고 생성한 객체를 인수로 count 함수를 호출한다. 이 부분은 문제없이 Counter 객체의 값이 표시된다.

하지만 (※4)에서는 변수 a에 None(값이 없는 상태)를 대입하고 해당 변수를 인수로 해 count 함수를 호출한다. 결과적으로 "AttributeError: 'NoneType' object has no attribute 'inc'(NoneType 객체에는 inc라는 속성이 없음)"라는 에러가 발생한다.

이 파이썬 프로그램의 문제는 실행하지 않으면 에러가 발생할지 알 수 없다는 점이다. 문법적으로는 문제가 없기 때문이다.

명령줄에서 'python -m py_compile <확인하고 싶은 파이썬 소스 코드 파일>' 형태로 입력하면 해당 파이썬 소스 코드에 문제가 있는지 확인할 수 있다. 'python -m py_compile counter_err.py'를 입력해도 문법적인 문제가 없으므로 에러는 표시되지 않는다. 이것이 바로 null이 가진 문제점이다.

## 러스트에서 값이 없다는 것을 표현

러스트는 애초에 null 포인터 참조를 할 수 없다. 그래서 그와 관련된 문제는 발생하지 않는다. 예외적으로 unsafe 블록을 만들어 null 포인터 참조를 이용할 수 있지만 어디까지나 예외적인 것이다.

언어 사양에서 문제가 발생하기 쉬운 기능을 제거하는 것은 현명한 방법이다. 하지만 기능을 제거하더라도 변수가 비어 있거나 이를 참조할 때 값이 없는 경우가 사라지는 것은 아니다.

러스트에서는 일반적인 언어의 null이나 None을 표현하기 위해 Option 또는 Result 타입 같은 열거형을 사용한다.

열거형인 Option 타입에는 값이 있거나(Some) 없는(None) 것을 표현할 수 있다. 앞에서 다룬 파이썬 예제를 러스트로 구현하면 다음과 같다.

**[코드]** file: src/ch4/counter_fix.rs

```rust
// Counter 구조체를 정의 ── (※1)
struct Counter {
    value: i64,
}
impl Counter {
    fn new() -> Self {
        Counter { value: 0 }
    }
    fn inc(&mut self) {
        self.value += 1;
        println!("value={}", self.value);
    }
}

// Counter 구조체를 인수로 하는 함수 ── (※2)
fn count(counter: Option<&mut Counter>) {
    match counter {
        None => return,
        Some(c) => c.inc(),
```

```rust
    };
}

fn main() {
    // Counter 구조체를 인수로 count 함수를 호출 —— (※3)
    let mut a = Counter::new();
    count(Some(&mut a));
    count(Some(&mut a));
    // None 객체를 인수로 호출 —— (※4)
    let a = None;
    count(a);
}
```

문제없이 컴파일이 되며 실행에도 문제가 없다.

```
$ rustc counter_fix.rs && ./counter_fix
value=1
value=2
```

(※1)에서 Counter 구조체와 inc 메서드를 정의했다. (※2)에서는 Counter 구조체를 인수로 하는 함수 count를 정의했다.

(※3)에서 Counter 객체를 인수로 삼아 count 함수를 호출한다. (※4)에서는 None을 인수로 지정해 count 함수를 호출한다.

러스트는 기본적으로 값이 존재하지 않을 가능성이 있는 경우 Option<T> 형태로 표현한다. Option 타입에서 실젯값을 얻기 위해서는 (※2)에서와 같이 match 문을 이용해 None인지 Some인지 확인한 뒤 처리한다.

그러므로 러스트에서 값이 없어서 프로그램이 강제로 종료되는 버그는 발생하지 않는다. 물론 Option 타입에서 그냥 값을 빼는 unwrap 메서드를 이용한다면 때에 따라서는 패닉 에러가 발생해 프로그램이 강제로 종료되지만, 이는 프로그래머가 의도적으로 만든 상태라고 할 수 있다.

## 열거형 정의하기

Option 타입은 러스트의 기본 열거형이지만 직접 열거형 데이터를 정의할 수도 있다. 열거형 데이터는 enum을 이용해 만든다.

```
[서식] 열거형 정의
enum 열거형 이름 {
    값 1, 값 2, 값 3, ...
}
```

열거형 데이터를 이용하기 위해서는 열거형 객체를 만들어야 한다. 객체 생성은 다음과 같이 '**타입 이름::값**' 형태로 기술해 만들 수 있다.

```
[서식] 열거형 이용(객체 생성)
let 변수 1 = 열거형::값 1,
let 변수 2 = 열거형::값 2,
```

열거형의 값으로는 임의의 데이터 타입을 지정할 수 있다. 서식은 다음과 같다.

```
[서식] 타입을 가진 열거형 데이터를 선언하는 방법
enum 열거형 이름 {
    값 1 (데이터 타입),
    값 2 (데이터 타입, 데이터 타입, 데이터 타입),
    값 3 { 필드 이름: 데이터 타입, 필드 이름: 데이터 타입, ...},
    ...
}
```

구조체에 연관 함수와 메서드를 정의할 때와 마찬가지로 열거형에도 `impl`을 이용해 함수와 메서드를 정의할 수 있다.

## 동전 계산하기

열거형을 이해하기 위해 동전 계산 프로그램을 만들어보자. 다음은 어떤 화폐가 몇 개 있는지 지정해 전체 금액을 표시하는 프로그램이다.

**[코드]** file: src/ch4/wallet.rs

```rust
// 화폐 종류를 나타내기 위한 열거형 ── (※1)
enum Currency {
    Currency100(isize),
    Currency500(isize),
    Currency1000(isize),
```

```rust
        Currency5000(isize),
        Currency10000(isize),
        Currency50000(isize),
}
impl Currency {
    // 화폐 종류로 실제 금액 계산 ── (※2)
    fn calc_price(&self) -> isize {
        match *self {
            Currency::Currency100(v) => v * 100,
            Currency::Currency500(v) => v * 500,
            Currency::Currency1000(v) => v * 1000,
            Currency::Currency5000(v) => v * 5000,
            Currency::Currency10000(v) => v * 10000,
            Currency::Currency50000(v) => v * 50000,
        }
    }
}

fn main() {
    // 지갑 안에 있는 동전 종류와 개수 지정 ── (※3)
    let wallet: Vec<Currency> = vec![
        Currency::Currency100(3),
        Currency::Currency500(2),
        Currency::Currency1000(6),
        Currency::Currency5000(1),
        Currency::Currency10000(8),
        Currency::Currency50000(3),
    ];
    // 전체 금액을 계산해서 출력 ── (※4)
    let total = wallet.iter()
        .fold(0, |sum, v| sum + v.calc_price());
    println!("지갑 안의 금액은 {} 원입니다", total);
}
```

컴파일 후 실행해보면 지갑에 있는 화폐의 수를 확인해 전체 금액을 계산해 출력해준다.

```
$ rustc wallet.rs && ./wallet
지갑 안의 금액은 242300 원입니다
```

내용을 확인해보자. (※1)에서는 화폐의 종류를 정의했다. 현재 통용되는 동전과 지폐를 열거형 데이터로 지정했다. 그리고 (※2)에서는 화폐 종류로 금액을 계산하는 메서드 `calc_price`를 정의했다.

(※3)에서는 벡터를 이용해 지갑 안에 있는 화폐의 종류와 그 수를 지정했다.

(※4)에서는 반복자와 `fold` 메서드를 이용해 지갑 안에 있는 화폐의 수와 금액을 더해 합계 금액을 계산해 출력한다. `fold` 메서드는 반복자에서 이용할 수 있는 메서드로 각 값의 합계 등을 계산할 때 편하게 사용할 수 있는 메서드다.

[서식] `Iterator.fold` 메서드 사용 방법
```
let 클로저 = | 이전 결과, 요소의 값 | 계산식;
let total = Iterator.fold(초깃값, 클로저);
```

`fold` 메서드의 첫 번째 인수에는 초깃값을 지정하고 두 번째 인수에는 반복자의 각 값을 바탕으로 결과를 반환하는 클로저를 지정한다.

이 프로그램에서 주목해야 할 부분이 (※2) 부분의 `calc_price`다. 이 메서드는 화폐의 종류에 따라 화폐의 금액을 계산한다. `match` 문을 이용해 열거형의 값이 어느 종류인지 판단하는 것뿐 아니라 값을 가져올 수도 있다.

## 패턴 매칭

여기서는 열거형의 분기를 위해 사용했던 `match` 문을 자세히 살펴본다. `match` 문은 열거형을 판정하는 것뿐만 아니라 다양한 패턴에 매칭할 수 있다.

다음은 u8 타입 정수에서 패턴 매칭을 이용하는 예다. 값이 0이면 'zero', 1이면 'one', 2면 'two', 그 외에는 '…'을 출력한다.

【코드】 file: src/ch4/match_num.rs

```rust
fn main() {
    let i = 2u8;
    match i {
        0 => println!("zero"),
        1 => println!("one"),
        2 => println!("two"),
```

```
        _ => println!("..."),
    }
}
```

변수 i에 2를 대입했으므로 위 소스 코드를 컴파일 후 실행해보면 'two'가 출력된다.

```
$ rustc match_num.rs && ./match_num
two
```

숫자 타입에 match 문을 이용해 값에 따라 분기할 수 있었다. match 문의 언더바(_)는 일치하는 값이 없는 경우를 처리하기 위한 것이다. if 문으로 생각하면 else 블록에 해당한다.

즉 0, 1, 2를 지정했을 때 외에는 언더바에 지정한 처리가 실행된다.

## match 문으로 지정할 수 있는 패턴

match 문의 조건(패턴)에는 다양한 구문을 지정할 수 있다.

여러 값을 지정하기 위해 'a|b' 형태로 지정할 수도 있으며 a에서 b까지의 범위를 지정하는 'a..=b'와 같이 지정할 수 있다. 이번에는 나이에 따른 승차 요금을 구분하는 간단한 프로그램을 만들어보자.

【코드】 file: src/ch4/match_age.rs

```
fn main() {
    let age = 8;
    let age_str = match age {
        0 => "유아",
        1..=10 => "어린이",
        11..=18 => "청소년",
        _ => "어른",
    };
    println!("{}살은 {} 요금입니다.", age, age_str);
}
```

컴파일 후 실행해보면 다음과 같이 지정한 나이의 요금이 출력된다.

```
$ rustc match_age.rs && ./match_age
8살은 어린이 요금입니다.
```

## match 문으로 FizzBuzz 문제 풀기

1장에서 만든 FizzBuzz 문제도 `match` 문을 이용하면 쉽게 구현할 수 있다.

【코드】 file: src/ch4/match_fizzbuzz.rs

```rust
fn main() {
    for i in 1..=100 {
        // 값을 match로 분기. 튜플을 이용한다. ── (※1)
        match (i % 3, i % 5) {
            (0, 0) => println!("FizzBuzz"), // ── (※2)
            (0, _) => println!("Fizz"), // ── (※3)
            (_, 0) => println!("Buzz"),
            _      => println!("{}", i),
        }
    }
}
```

컴파일 후 실행해보면 1장에서와 같이 FizzBuzz 정답이 출력된다.

```
$ rustc match_fizzbuzz.rs && ./match_fizzbuzz
1
2
Fizz
4
Buzz
Fizz
7
8
Fizz
(생략)
```

(※1) `match` 문에서 튜플 (`i %3, i % 5`)을 지정해 패턴 매칭을 한다. 즉 변수 `i`가 3으로 나누어지는지 5로 나누어지는지의 조합을 매칭한다.

(※2)의 조건을 보면 (`0, 0`)이다. 3으로 나눈 후 나머지가 0, 5로 나눈 후 나머지가 0을 모두 만족시키는 것, 즉 FizzBuzz 조건이다.

(※3)은 3으로 나눈 후의 나머지가 0일 때 매칭되는 조건, 즉 Fizz 조건이다.

이처럼 match 문에 튜플을 지정하면 매우 편리하게 FizzBuzz 문제를 풀 수 있다.

## 매치 가드 사용 방법

매치 가드(match guard)는 match 분기 뒤에 추가로 붙는 if 조건으로, 이것이 있을 경우 패턴 매칭과 해당 조건이 모두 만족되어야 해당 분기가 선택된다. 이를 이용해 복잡한 조건식도 해결할 수 있다. 앞의 FizzBuzz 문제를 매치 가드로 풀어보자.

【코드】 file: src/ch4/match_fizzbuzz_if.rs

```rust
fn main() {
    for i in 1..=100 {
        let msg = match i {
            n if n % 15 == 0 => "FizzBuzz".to_string(),
            n if n % 3 == 0 => "Fizz".to_string(),
            n if n % 5 == 0 => "Buzz".to_string(),
            _ => format!("{}", i),
        };
        println!("{}", msg);
    }
}
```

소스 코드상 표현은 달라도 동일한 결과가 출력된다.

```
$ rustc match_fizzbuzz_if.rs && ./match_fizzbuzz_if
1
2
Fizz
4
(생략)
```

이 매치 가드를 이용하면 Option 같은 열거형을 이용해 Some 값에 따라 패턴 매칭을 하는 것도 가능하다.

블루투스를 지원하는 체중계에서 받은 몸무게 정보를 가지고 BMI와 비만율을 표시해주는 프로그램을 만든다고 생각해보자. 체중계와 프로그램은 가끔 블루투스 통신에 문제가 발생해 몸무게 정보를 전송하지 못하는 경우도 있을 것이다. 그래서 체중계에서 얻은 데이터를 Option 타입으로 하기로 했다. 이를 전제로 매치 가드를 사용해 비만도를 판단하는 프로그램을 만들어보자.

【코드】 file: src/ch4/match_bmi.rs

```rust
// BMI와 비만도를 출력하는 함수 ── (※1)
fn print_bmi(height: f32, weight: Option<f32>) {
    // weight에 값이 있다면 BMI를 구해 Option 타입으로 반환 ── (※2)
    let bmi:Option<f32> = match weight {
        Some(w) => Some(w / (height / 100.0).powf(2.0)),
        None => None,
    };
    // BMI 값에 따라 비만도 판단 ── (※3)
    let msg = match bmi {
        Some(n) if n < 18.5 => "저체중",
        Some(n) if n < 23.0 => "정상",
        Some(n) if n < 25.0 => "비만전단계",
        Some(n) if n < 30.0 => "1단계 비만",
        Some(n) if n < 35.0 => "2단계 비만",
        Some(_) => "3단계 비만",
        None => "계산 불가",
    };
    // 판단 결과 출력 ── (※4)
    println!("BMI = {:.1}, 결과 = {}", bmi.unwrap_or(0.0), msg);
}
// 몇 가지 입력 만들기 ── (※5)
fn main() {
    let height = 162.3;
    print_bmi(height, Some(48.0));
    print_bmi(height, Some(72.3));
    print_bmi(height, None);
}
```

컴파일 후 실행해보자.

```
$ rustc match_bmi.rs && ./match_bmi
BMI = 18.2, 결과 = 저체중
BMI = 27.4, 결과 = 1단계 비만
BMI = 0.0, 결과 = 계산 불가
```

문제없이 컴파일되고 실행까지 됐다. 소스 코드를 확인해보자. (※1)에서는 BMI와 비만율을 출력할 함수 `print_bmi`를 정의했다. 키는 사용자가 지정하는 것이고 몸무게는 기기에서 보내는 것이기 때문에 데이터 전송에 실패할 수 있다는 것이 전제다. 그래서 몸무게는 `Option<f32>` 타입으로 지정했다.

(※2)에서는 몸무게 데이터가 제대로 전송됐다면 BMI를 계산하고, 전송되지 않았다면 None을 반환하도록 했다.

그리고 (※3)에서는 매치 가드를 사용해 비만도를 판단한다. `bmi` 변수의 값 'Some(BMI 값)'를 이용해 분기 처리를 한다.

(※4)에서는 BMI와 비만도 판단 결과를 출력한다. 여기서 `bmi`가 None이면 에러가 발생하므로 `unwrap_or` 메서드를 이용해 0.0을 출력하도록 했다.

마지막 (※5)에서는 몇 가지 입력을 만들어 `print_bmi` 함수의 동작 테스트를 한다. 몸무게가 None이라도 올바르게 동작하는 것을 확인할 수 있다.

> **정리**
> - 러스트는 null 안전 언어이다.
> - enum을 이용해 열거형을 정의할 수 있다.
> - 열거형에도 impl을 이용해 메서드와 연관 함수를 정의할 수 있다.
> - 열거형 데이터를 판정하기 위해 match 문을 사용한다.
> - match 문은 패턴 매칭으로 다양한 분기를 처리할 수 있다.
> - 매치 가드로 복잡한 분기 처리가 가능하다.

# 러스트의 모듈, 크레이트, 패키지

러스트의 모듈은 트리 구조로 표현된다. 이런 모듈의 모음을 '크레이트'라고 한다. 크레이트를 관리하는 것이 패키지다. 이 섹션에서는 러스트의 패키지, 크레이트, 모듈의 동작에 대해 알아본다.

**여기서 배우는 것**
- 모듈
- 크레이트
- 패키지

## 왜 기능별로 분리해야 하는가

먼저 모듈과 크레이트가 필요한 이유를 생각해보자. 기본적으로 모듈이나 크레이트라는 것은 프로그램을 나누는 단위다.

프로그램을 나누는 이유는 무엇일까. 대규모 시스템을 구축한다면 프로그램을 기능별로 분리하는 것이 유리하다. 프로그램을 기능별로 나누면 프로그램의 구조를 알기 쉽게 되며 해당 기능 개발에 집중하기 쉬워진다. 그리고 업무 분담도 가능하며 문제가 발생했을 때 원인을 찾기도 쉬워진다.

즉 프로그램을 분할한다는 것은 전체적인 효율을 높인다는 것이다.

## 패키지, 크레이트 모듈에 대해

러스트의 기본 단위는 모듈이다. 모듈을 모은 것이 크레이트이고, 크래이트를 관리하는 패키지가 있다. 용어와 기능을 정리해보자.

'모듈(module)'은 **스코프(범위) 단위**다. 모듈의 관계는 트리 구조로 표현할 수 있다.

'크레이트(crate)'는 **트리 구조로 표현되는 모듈군 전체**를 말한다. 모듈의 트리 가장 위에는 크레이트가 있다.

'패키지(package)'는 복수의 크레이트를 관리한다. 패키지 관리 시스템인 Cargo와 밀접하게 엮인 단위로 **크레이트를 빌드하거나 테스트**한다.

## 트리 구조인 러스트 모듈

트리 구조는 파일 시스템 등에서 자주 접할 수 있는 형태로 나무가 가지를 뻗어나가는 형태로 구조가 만들어진다. XML이나 JSON으로도 트리 구조 데이터를 다룰 수 있다.

러스트의 모듈은 하나의 모듈 아래에 1개 이상의 서브 모듈이 있으며, 서브 모듈에도 그 하위의 서브 모듈을 가질 수 있다.

## 모듈은 1개의 파일에 여러 개 정의할 수 있다

파이썬은 1개의 파일은 1개의 모듈로 구성된다. 하지만 러스트는 1개의 파일 안에 여러 개의 모듈을 정의할 수 있다.

다음은 선형 합동법과 XorShift라는 2개의 알고리즘을 이용해 32비트 의사 난수를 생성하는 모듈을 만들고 그것을 이용하는 프로그램이다.

【코드】 file: src/ch4/mod_random.rs

```rust
// random 모듈 선언 ── (※1)
mod random {
    // linear 모듈 선언 ── (※2)
    pub mod linear {
        use std::num::Wrapping;
        // 선형 합동법으로 난수 생성 ── (※3)
        pub fn rand(seed: &mut u32) -> u32 {
            let (a, c) = (134775813u32, 12345u32);
            *seed = (Wrapping(*seed) * Wrapping(a) +
                    Wrapping(c)).0;
            *seed
        }
    }
    // xorshift 모듈 선언 ── (※4)
    pub mod xorshift {
        // XorShift로 난수 생성 ── (※5)
        pub fn rand(seed: &mut u32) -> u32 {
            let mut y = *seed;
            y ^= y << 13;
            y ^= y >> 17;
            y ^= y << 5;
```

```
            *seed = y;
            y
        }
    }
}

// 모듈 이용 선언 ── (※6)
use random::{linear, xorshift};
fn main() {
    // 각 알고리즘으로 10개의 난수를 생성 ── (※7)
    let mut seed1 = 12345u32;
    let mut seed2 = 12345u32;
    for i in 0..10 {
        let r1 = linear::rand(&mut seed1) % 6 + 1;
        let r2 = xorshift::rand(&mut seed2) % 6 + 1;
        println!("L : {:2} 번째 = {}, {}", i+1, r1, r2);
    }
}
```

컴파일 후 프로그램을 실행해보자. 선형 합동법과 XorShift 각 알고리즘으로 만들어진 난수가 10개씩 표시된다.

```
$ rustc mod_random.rs && ./mod_random
L :  1 번째 = 1, 3
L :  2 번째 = 4, 4
L :  3 번째 = 3, 5
L :  4 번째 = 4, 3
L :  5 번째 = 5, 6
L :  6 번째 = 6, 1
L :  7 번째 = 5, 1
L :  8 번째 = 2, 3
L :  9 번째 = 3, 5
L : 10 번째 = 6, 5
```

소스 코드를 확인해보자. 주목할 부분은 모듈의 선언과 이용이다.

(※1)에서는 random 모듈을 정의했다. 모듈은 'mod 모듈 이름 { … }' 형태로 정의한다. 'mod'는 module을 줄인 것이다.

(※2)는 random 모듈의 서브 모듈인 linear를 정의한 것이다. 이 부분에서는 모듈을 선언할 때 'pub'을 붙였다. 'pub'은 public을 줄인 것으로 해당 모듈을 외부에 공개하겠다는 의미다. pub을 붙이지 않으면 그 모듈은 외부에서 이용할 수 없다.

(※3)에서는 의사 난수 생성 알고리즘 '선형 합동법'을 구현한 rand 함수를 정의했다. 러스트 모듈 구조는 A::B::C와 같이 기호 '::'로 구분해 표시한다. 따라서 이 함수를 사용하려면 'random::linear::rand'와 같이 사용해야 한다. 이 함수도 마찬가지로 pub을 지정해 외부에서 이용할 수 있게 돼 있다.

(※4)에서는 random 모듈의 또 다른 서브 모듈인 xorshift를 정의했다. 현재 random 모듈에는 linear 모듈과 xorshift 모듈 2개의 서브 모듈이 정의돼 있다.

(※5)에서는 random::xorshift 모듈의 rand 함수를 정의한다. 이 함수는 의사 함수를 생성하는 'Xorshift' 알고리즘을 구현한 것이다. 이 함수도 마찬가지로 pub 선언이 있으므로 외부에서 사용할 수 있다.

(※6)은 이 main 함수 스코프에서 random 모듈 이하 2개의 서브 모듈을 이용한다는 선언이다.

(※7)에서는 linear::rand와 xorshift::Rand 함수를 이용해 10개씩의 난수를 생성한다.

> **Column** 연산 오버플로(overflow)를 무시하는 방법
>
> 위 소스 코드에서 (※3) 부분의 선형 합동법을 이용한 의사 난수 생성 처리를 보면 Wrapping 메서드가 사용된다. Wrapping 메서드는 연산 오버플로를 무시하는 기능을 제공한다.
>
> 원래 러스트에서는 연산 오버플로(연산 후의 결과가 값이 표현 가능한 범위를 넘었을 때)가 발생하면 에러로 처리된다. 하지만 선형 합동법 알고리즘은 오버플로가 발생한 뒤 자릿수를 넘어간 부분을 잘라낸 뒤 난수의 초깃값으로 사용한다. 그래서 Wrapping 메서드를 이용해 오버플로를 무시한다.

## 모듈 정의와 사용

1개의 파일에 들어있다 하더라도 블록이 다르면 다른 모듈이다. 모듈을 이용하려면 'use random::linear'와 같이 따로 선언해야 한다.

그리고 이미 설명한 것처럼 러스트의 모듈은 트리 구조로 표현할 수 있다. 기능을 정리하기 위해 모듈을 세분화해 관리할 수 있다. 그리고 mod_random.rs에서 본 것처럼 모듈 안에 있는 요소는 공개, 비공개를 선택할 수 있다. pub을 붙여야 해당 요소를 외부에서 사용할 수 있다.

mon_random.rs의 모듈을 트리 구조로 그려보면 다음과 같다.

```
<random> 모듈
├── <linear> 모듈
│   └── rand 메서드 ── (※a)
└── <xorshift> 모듈
    └── rand 메서드 ── (※b)
```

(※a)의 rand 메서드에 접근하려면 random::linear::rand와 같이 모듈 경로를 지정해야 한다. 그리고 (※b)의 rand 메서드에 접근하려면 random::xorshift::rand와 같이 모듈 경로를 지정해야 한다. 같은 이름을 가진 함수지만 구현된 위치가 다르므로 정확한 경로를 지정해야 원하는 메서드에 접근할 수 있다.

## 모듈의 경로

파일 시스템에서도 그렇지만 러스트의 모듈도 상대 경로를 이용해 다른 모듈을 이용할 수 있다. 한 단계 위의 모듈에 접근하기 위해서는 super 키워드를 이용한다.

다음 프로그램은 앞의 `mod_random.rs`에서 의사 난수 생성 처리를 삭제한 것이다. 그리고 random::xorshift::rand 함수에서 random::linear::rand 함수를 호출한다.

【코드】 file: src/ch4/mod_rel.rs

```rust
mod random {
    pub mod linear {
        pub fn rand() -> u32 { // ── (※a)
            1
        }
    }
    pub mod xorshift {
        pub fn rand() -> u32 { // ── (※b)
            // (※a)의 함수를 호출
            super::linear::rand()
        }
    }
}
```

```
fn main() {
    // (※b)의 함수를 호출
    println!("{}", random::xorshift::rand());
}
```

예제 코드에서 볼 수 있듯 프로그램의 (※b) 스코프에서 (※a)의 함수를 호출하기 위해서 상대 경로를 지정하는 super를 이용한다.

또는 다음과 같이 모듈의 전체 경로를 지정해도 된다.

```
crate::random::linear::rand()
```

crate 키워드는 크레이트의 최상위(crate root)이며 모듈의 최상위를 나타낸다. 즉, crate를 이용하면 절대 경로가 된다.

## 모듈을 파일로 분리하는 방법

모듈을 한 파일에 모을 수도 있지만 각 모듈을 별도의 파일로 구성할 수도 있다. Cargo로 새로운 프로젝트를 만들고 그 안에 모듈 파일을 만들어 시험해보자. 앞에서 만든 random 모듈의 구조를 그대로 이용한다.

우선 rand 프로젝트를 생성한 뒤 src 디렉터리로 이동한다.

```
$ cargo new rand
$ cd rand/src
```

이어서 random 모듈로 사용할 파일과 디렉터리를 만든다. mod_random.rs의 모듈 구조를 그대로 따라한다고 생각하면 된다.

```
$ mkdir random    ← random 모듈 디렉터리 생성
$ touch random/mod.rs    ← random 모듈 정의 파일 생성
$ touch random/linear.rs    ← random::linear 모듈 생성
$ touch random/xorshift.rs    ← random::xorshift 모듈 생성
```

생성된 디렉터리와 파일 구조는 다음과 같다.

```
$ tree -r .
.
├── random
│   ├── xorshift.rs
│   ├── mod.rs
│   └── linear.rs
└── main.rs
```

## random 모듈 생성

random 모듈을 먼저 정의한다. random 디렉터리 안의 `mod.rs` 파일을 다음과 같이 편집한다.

【코드】 file: src/ch4/rand/src/random/mod.rs

```rust
pub mod linear;
pub mod xorshift;
```

`mod.rs` 파일은 모듈 디렉터리에 반드시 하나가 있어야 하며, 'pub mod [파일 이름(확장자 제외)];' 형태로 기입한다. 즉 해당 모듈 디렉터리에 있는 모듈 파일을 지정한다. 이렇게 하면 컴파일러는 해당 디렉터리에 있는 다른 모듈 파일의 정보를 이용해 컴파일한다. 앞 단계에서 `linear.rs`와 `xorshift.rs` 2개의 파일을 만들었으므로 위와 같이 기술한다.

## random::linear 모듈 생성

다음으로 `random::linear` 모듈 및 rand 함수를 정의한다.

【코드】 file: src/ch4/rand/src/random/linear.rs

```rust
use std::num::Wrapping;

// 선형 합동법으로 의사 난수 생성
pub fn rand(seed: &mut u32) -> u32 {
    let (a, c) = (134775813u32, 12345u32);
    *seed = (Wrapping(*seed) * Wrapping(a) + Wrapping(c)).0;
    *seed
}
```

컴파일러는 해당 디렉터리가 모듈이라는 것을 알고 있으므로 그 안에 있는 파일은 'mod 모듈 이름 { … }'과 같이 기술하지 않아도 된다.

### random::xorshift 모듈 생성

이어서 random::xorshift 모듈 및 rand 함수를 정의한다.

【코드】 file: src/ch4/rand/src/random/xorshift.rs

```rust
// XorShift로 의사 난수 생성
pub fn rand(seed: &mut u32) -> u32 {
    let mut y = *seed;
    y ^= y << 13;
    y ^= y >> 17;
    y ^= y << 5;
    *seed = y;
    y
}
```

### 모듈을 이용한 메인 프로그램 작성

random 모듈을 이용하는 메인 프로그램을 작성한다.

【코드】 file: src/ch4/rand/src/main.rs

```rust
mod random;

use crate::random::{linear, xorshift};
fn main() {
    let mut seed = 1u32;
    let r1 = linear::rand(&mut seed);
    let r2 = xorshift::rand(&mut seed);
    println!("{}, {}", r1, r2);
}
```

## 프로젝트 컴파일 및 실행

모든 파일을 만들었으면 프로젝트를 빌드해 실행해보자. 2개의 난수가 생성된다.

```
$ cargo run
(생략)
134788158, 3479180377
```

## 정리

앞의 예제와 같이 파일별로 모듈을 분리하는 경우 디렉터리 구조와 모듈 경로가 일치한다. 하지만 러스트의 컴파일러는 디렉터리 안의 모든 내용을 검색하지는 않는다.

메인 프로그램에서 'mod random'이라고 작성하고 random 디렉터리 안에 mod.rs 파일을 만들어야 비로소 random 디렉터리를 모듈로 인식한다. 그리고 mod.rs 파일에서 동일 디렉터리에 존재하는 다른 파일을 모듈로 기입해야 한다. 이때 확장자(.rs)는 기입하지 않는다.

> **Column** Cargo.toml 파일에 있는 'edition'
>
> 2장의 칼럼에서 소개한 것처럼 Rust 2018보다 오래된 버전에서는 외부 크레이트를 이용하기 위해 'extern crate …'라고 기술해야 했지만 2018부터는 직접 크레이트 심볼을 임포트할 수 있게 됐다. 단, 'extern crate'를 생략하려면 Cargo.toml의 [package]에 edition = "2018" 또는 그 이후(2021)를 지정해야 한다.
>
> 참고로 러스트는 대대적인 버전업이 있을 때는 해당 연도를 붙인다. edition 2015, 2018, 2021 등이 바로 그것이다. 이 edition 버전에 따라 기존에 동작하던 함수가 동작하지 않는 등 문제가 발생할 수 있다. Cargo.toml에서 지정하는 edition은 호환성을 위한 것이다.

> **옮긴이 보충** 2계층 이상의 서브 모듈
>
> 모듈은 트리 구조이므로 서브 모듈을 계속 추가해 나갈 수 있다. 이 경우의 구조를 잠시 살펴보자.
>
> 다음은 옮긴이의 개인 프로젝트 중 일부다.
>
> ```
> $ tree -r .
> .
> ├── service
> │   ├── m_service
> │   │   ├── read.rs
> ```

```
│   │   ├─ mod.rs
│   │   └─ create.rs
│   ├─ mod.rs
│   ├─ b_service
│   │   ├─ read.rs
│   │   ├─ mod.rs
│   │   └─ create.rs
│   └─ common_util.rs
├─ model
│   ├─ mod.rs
│   ├─ basic_info.rs
│   ├─ detail_info.rs
│   ├─ additional_info.rs
│   └─ common_request.rs
├─ lib.rs
└─ error
    ├─ service_error.rs
    └─ mod.rs
```

디렉터리 루트에는 `lib.rs`와 service, model, error 디렉터리가 있다. 여기서 `lib.rs` 파일의 내용은 다음과 같다.

lib.rs

```
pub mod error;
pub mod model;
pub mod service;
```

각 디렉터리는 그 이름 그대로 error 모듈, model 모듈, service 모듈이 된다.

service 디렉터리에는 `mod.rs`와 `common_util.rs` 파일, m_service와 b_service 디렉터리가 있다. 이 디렉터리 안의 `mod.rs` 파일의 내용은 다음과 같다.

service/mod.rs

```
pub mod m_service;
pub mod b_service;
pub mod common_util;
```

2개의 디렉터리와 1개의 rs 파일을 모듈로 지정했다. m_service 디렉터리에 있는 `mod.rs` 파일은 추측할 수 있을 것이다.

```
service/m_service/mod.rs
pub mod create;
pub mod read;
```

m_service 아래의 create 모듈에 접근하기 위해서는 다음과 같이 기술한다.

```
use crate::service::m_service::create::[create 안에 생성한 함수, 구조체 등]
```

## 상대 경로로 모듈 지정

앞에서 모듈의 구조는 파일 시스템 구조와 동일한 트리 구조라고 설명했다. 그리고 상대 경로를 이용 가능하다는 설명도 했다. 예를 들어 다음과 같이 2계층 이상의 모듈을 정의했다면 어떻게 모듈을 불러와야 하는지 확인해보자.

【코드】 file: src/ch4/mod_path.rs

```rust
mod aaa {
    pub mod bbb {
        pub mod ccc {
            // 함수 정의 ── (※1)
            pub fn print() {
                println!("aaa::bbb::ccc::print");
            }
        }
    }
    pub mod ddd {
        pub mod eee {
            // 함수 정의 ── (※2)
            pub fn print() {
                println!("aaa::ddd:eee:print");
            }
        }
        pub mod fff {
            // 함수 정의 ── (※3)
            pub fn print() {
                // 상대 경로로 함수 호출
                super::eee::print();
```

```
            super::super::bbb::ccc::print();
        }
      }
    }
}

fn main() {
    // 경로를 지정해 함수 호출 —— (※4)
    aaa::bbb::ccc::print();
    aaa::ddd::eee::print();
    // 최상위 경로부터 지정해 함수 호출 —— (※5)
    crate::aaa::ddd::fff::print();
}
```

프로그램 실행 결과는 다음과 같다.

```
$ rustc mod_path.rs && ./mod_path
aaa::bbb::ccc::print
aaa::ddd:eee:print
aaa::ddd:eee:print
aaa::bbb::ccc::print
```

프로그램을 확인해보자. (※1)과 (※2)와 (※3)에 모두 print라는 함수를 정의했다. (※4)에서는 메인 함수를 기준으로 상대 경로를 이용해 (※1)과 (※2)를 호출한다. 그리고 (※5)에서는 (※3)을 절대 경로로 지정해 호출한다.

(※3) 함수는 상대 경로로 (※1)과 (※2)의 print 함수를 호출한다.

한 단계 위의 모듈을 지정할 때는 super를 사용하고 절대 경로는 crate를 사용한다.

표 4.2 모듈 경로 지정 방법 예

| 설명 | 예 |
| --- | --- |
| 상대 경로 지정 | aaa::bbb::ccc::print |
| 1단계 위의 경로 지정 | super::eee::print |
| 최상위부터 지정 | crate::aaa::bbb::ccc::print |

use 키워드를 이용하면 해당 스코프에서 더 이상 경로를 지정하지 않고 모듈을 이용할 수 있다.

표 4.3 use를 이용한 모듈 경로 지정 예

| 설명 | 예 |
| --- | --- |
| 최상위부터 지정해 사용 선언 | use crate::aaa::bbb::ccc::print; |
| 상대 경로를 지정해 사용 선언 | use aaa::bbb::ccc; |
| 1단계 위의 경로 지정 | use super::eee; |
| 별칭 지정해 사용 선언 | use aaa::bbb::ccc::print as c_print; |
| 한 계층에서 복수의 모듈 사용 선언 | use aaa::{bbb, ccc}; |
| 한 계층 전체 사용 선언 | use aaa::*; |

## 패키지

패키지란 복수의 크레이트를 한데 모은 것이다. 2장에서 Cargo를 이용해 새로운 패키지를 만드는 방법을 소개했다. 러스트의 패키지를 조작하려면 `Cargo.toml` 파일을 편집한 뒤 Cargo로 빌드 등의 명령을 실행한다.

복수의 크레이트를 편집하려면 '워크스페이스'라는 기능을 사용한다. 워크스페이스를 이용하는 경우도 `Cargo.toml` 파일을 편집해 Cargo 명령어를 실행한다.

> **옮긴이 보충** **워크스페이스**
>
> 프로젝트가 커지면 다양한 모듈을 계층에 따라 분리해서 더 효율적인 프로그램을 만드는 노력을 한다. 옮긴이의 개인 프로젝트 중 웹 백엔드 부분은 DDD(Domain-Driven Design : 도메인 주도 설계)를 표방해 총 4개의 레이어로 구성했다.
>
> - api – HTTP 서버. 사용자로부터의 입력값 처리 (입력)
> - application – api에서 전달된 매개변수를 처리해 domain으로 전달, 트랜잭션 처리 (처리)
> - domain – DB에 대한 각종 트레잇과 DB 구조체 정의 (구성 및 정의)
> - infrastructure – domain에서 정의한 트레잇을 구현(impl) (실제 조작)
>
> 각 레이어는 개별 패키지로 구성된다. 디렉터리는 다음과 같이 구성돼 있다.

```
.
├── api
│   ├── src
│   └── Cargo.toml
├── application
│   ├── src
│   └── Cargo.toml
├── domain
│   ├── src
│   └── Cargo.toml
├── infrastructure
│   ├── src
│   └── Cargo.toml
└── Cargo.toml
```

전체 Cargo.toml 파일이 5개이다. 각 디렉터리(패키지)에 한 개씩의 Cargo.toml 파일이 있고, 프로젝트 루트 디렉터리에 또 하나의 Cargo.toml 파일이 있다.

각 디렉터리 안의 Cargo.toml 파일은 책에서 다룬 내용과 동일한 형태다.

```
api/Cargo.toml
[package]
name = "api"
version = "0.1.0"
authors = ["Yang Hyun <youremail@domain.com>"]
edition = "2018"

[dependencies]
application = { path = "../application"}
infrastructure = { path = "../infrastructure"}
domain = { path = "../domain" }
actix-web = { version = "3.1.0", features=["rustls", "openssl"] }
actix-cors = "0.4"
serde = { version = "1.0", features = ["derive"] }
(생략)
```

프로젝트 루트 디렉터리의 Cargo.toml 파일은 지금까지 본 형태와 다르다.

```
Cargo.toml
[workspace]
members = [
    "api",
    "application",
    "domain",
    "infrastructure"
]
```

[workspace] 블록이 있고 members 부분에 각 패키지 이름이 지정돼 있다. 이렇게 워크스페이스를 구성해서 여러 개의 패키지를 묶어 하나의 프로젝트로 이용할 수 있다.

참고로 api/Cargo.toml 파일을 보면 다른 패키지의 이름과 경로를 지정하고 있다. 이렇게 해서 서로 다른 패키지의 모듈과 함수 등을 호출할 수 있다.

프로젝트 빌드는 프로젝트 루트에서 cargo build 명령을 입력하면 된다. 워크스페이스 내의 모든 패키지를 한 번에 빌드한다.

```
$ cargo build --release
    Compiling domain v0.1.0 (/Projects/backend/domain)
    Compiling application v0.1.0 (/Projects/backend/application)
    Compiling infrastructure v0.1.0 (/Projects/backend/infrastructure)
    Compiling api v0.1.0 (Projects/backend/api)
     Finished release [optimized] target(s) in 1m 46s
```

## 정리

- 러스트에서 모듈은 기능별 기본 단위이며 크레이트는 모듈의 집합이다.
- 모듈의 구조는 트리 구조이며 계층 구조를 이용해 모듈을 관리할 수 있다.
- 한 개의 파일에서 여러 개의 모듈을 정의할 수 있다.
- 부모 모듈에 접근하려면 super를 지정한다.
- 모듈 루트에서부터 접근할 때는 crate를 제일 앞에 지정한다.
- 파일 단위로 모듈을 나누면 디렉터리 구조로 모듈 표현을 한다.

Chapter 4 | 문법편 – 메서드, 제네릭, 트레잇

Section 07

# 직접 만든 크레이트 공개하기

이 섹션에서는 직접 만든 크레이트를 crates.io에 공개하는 방법을 소개한다. 여기서는 RPN으로 연산하는 크레이트를 만들어본다.

**여기서 배우는 것**
- RPN(역 폴란드 기법)
- 문자열 처리
- crates.io에 크레이트 등록

## crates.io에 크레이트 등록

본문에서도 이미 여러 번 소개했지만 `Cargo.toml` 파일에 프로그램에서 사용할 공개 크레이트의 이름과 버전을 기입하면 crates.io에서 해당 크레이트를 내려받아 설치하고 그 기능을 사용할 수 있다.

crates.io에는 누구나 자기가 만든 크레이트를 간단하게 등록할 수 있다. 계정을 생성하고 공개용 메타 정보를 추가한 뒤 Cargo 명령을 실행하면 바로 등록된다.

여기서 만들 크레이트는 RPN 연산 크레이트다.

## RPN(역 폴란드 표기법)이란

RPN(Reverse Polish Notation – 역 폴란드 기법)이란 수식을 작성할 때 연산자를 가장 뒤에 쓰는 표기법이다. 그리고 이 RPN 수식을 계산하는 계산기를 RPN 계산기라 한다.

일반적으로 사용하는 수식은 '중위 표기법'이라고 한다. 중위 표기법은 '100 + 50'과 같이 '(숫자) (연산자) (숫자)' 형태로 계산식을 기술하지만 RPN은 '100 50 +'와 같이 '(숫자) (숫자) (연산자)' 형태로 기술한다.

언뜻 보기에 이상할 수도 있지만 한국어적인 표현으로 생각해보면 금방 이해할 수 있다. 가령 '100에 50을 더해라'라는 문장은 '(숫자) (숫자) (연산자)' 형태다.

이 문장 형태를 염두에 두고 다음 계산식을 보자.

```
2 3 * 5 +
```

이 계산식은 '2에 3을 곱하고 5를 더해라'로 읽으면 되며 정답은 11이다.

### RPN 계산기 만들기

RPN 계산은 스택 구조를 이용하면 매우 간단하게 만들 수 있다. 스택 구조는 데이터 구조의 하나로 데이터를 저장소(메모리)에 추가(PUSH)하고 꺼내(POP)기 위한 데이터 구조다. 데이터를 추가할 때는 저장소의 마지막에 추가하고 꺼낼 때는 끝에서부터 꺼낸다.[3]

즉 책을 한 권씩 쌓아놓은 상태라고 생각하면 된다. 언제나 마지막에 놓은 책이 가장 위에 있으므로 가장 먼저 꺼내올 수 있다. 중간에서부터 책을 꺼내려 하면 쌓인 책은 무너지게 된다.

RPN은 이 구조를 다음과 같이 이용해 계산을 수행한다.

1. RPN 계산식을 공백으로 잘라 배열로 처리
2. 배열에서 값을 1개씩 읽음. 더 이상 읽을 데이터가 없으면 5로 이동
3. 2의 값이 '숫자'라면 스택에 숫자 값을 쌓고 2로 돌아감
4. 2의 값이 '연산자'라면 스택에서 2개의 값을 꺼내와 연산하고 결과를 스택에 추가한 뒤 2로 돌아감
5. 스택에서 1개의 값을 꺼내와서 출력

중위 표기법에 비해서 간단히 계산할 수 있으며 기본 메모리 구조를 사용하므로 성능이 매우 뛰어나다.

### 파이썬으로 RPN 계산기 만들기

먼저 파이썬을 이용해 RPN 계산기를 만들어보자. 여기서는 사칙연산만 가능한 간단한 계산기를 만든다.

【코드】 file: src/ch4/rpn.py

```python
# 계산용 스택 준비
stack = []
# 표준 입력으로부터 수식 얻기
s = input('RPN: ')
```

---

[3] (옮긴이) 이를 LIFO(Last In First Out — 후입선출) 구조라고 한다.

```python
# 공백으로 문자열을 자른 뒤 반복문을 이용해 계산
tokens = s.split()
for t in tokens:
    t = t.strip()
    try:
        # 숫자 값이라면 스택에 PUSH
        stack.append(float(t))
    except ValueError:
        # 연산자라면 POP을 2번 하고 POP한 값을 계산한 결과를 PUSH
        b = stack.pop()
        a = stack.pop()
        if   t == "+": stack.append(a + b)
        elif t == "-": stack.append(a - b)
        elif t == "*": stack.append(a * b)
        elif t == "/": stack.append(a / b)
        else: raise Exception("계산이 불가능한 연산자 : " + t)
# 계산 결과 출력
print(stack.pop())
```

프로그램을 실행해 앞에서 설명한 '2 3 * 5 +'의 답이 정말 11인지 확인해보자.

```
$ python rpn.py
RPN: 2 3 * 5 +
11.0
```

RPN 계산은 조금 특수하지만 꽤 짧은 코드로 계산기를 구현할 수 있었다. 여기서는 사칙연산만을 구현했지만 복잡한 RPN 계산식도 계산해낼 수 있다.

### 러스트로 RPN 계산기 만들기

이번에는 러스트로 RPN 계산기를 만들어보자.

[코드] file: src/ch4/rpn.rs

```rust
use std::io;
fn main() {
    // 계산용 스택 ─── (※1)
    let mut stack: Vec<f64> = vec![];
```

```rust
    // 표준 입력으로부터 수식 얻기 ─ (※2)
    println!("RPN:");
    let mut s = String::new();
    io::stdin().read_line(&mut s).expect("입력 에러");
    // 수식을 빈칸으로 분할해 배열로 만든 후 반복문을 통해 계산 ─ (※3)
    let tokens = s.split_whitespace();
    for tok in tokens {
        let t = tok.trim();
        // 숫자 값이라면 스택에 PUSH ─ (※4)
        match t.parse::<f64>() {
            Ok(v) => { stack.push(v); continue; },
            Err(_) => 0.0,
        };
        // 연산자라면 2번 POP을 하고 2개의 값을 계산한 결과를 PUSH ─ (※5)
        let b = stack.pop().unwrap();
        let a = stack.pop().unwrap();
        match t {
            "+" => stack.push(a + b),
            "-" => stack.push(a - b),
            "*" => stack.push(a * b),
            "/" => stack.push(a / b),
            _ => panic!("계산이 불가능한 연산자 : {}",t),
        }
    }
    // 결과 표시 ─ (※6)
    println!("{}", stack.pop().unwrap());
}
```

컴파일 후 실행해 아까와 같은 수식을 입력해보자.

```
$ rustc rpn.rs && ./rpn
RPN:
2 3 * 5 +
11
```

소스 코드를 확인해보자. (※1)은 계산용 스택을 선언한 것이다. 이 프로그램에서는 계산용으로 숫자 값을 스택에 저장하므로 숫자 값(f64) 벡터를 스택으로 이용한다.

(※2)에서 표준 입력으로 수식을 받아 (※3)에서 배열로 변환한 뒤 반복문을 이용해 계산한다. `split_whitespace` 메서드는 공백으로 문자열을 잘라 반복자로 반환한다. 이 반복자를 `for` 문으로 반복해 식의 각 요소를 하나씩 처리한다.

(※4)에서는 숫자인지를 확인해 이후 처리를 분기한다. 'parse::<f64>()'는 문자열을 파싱해 f64 타입으로 변환하는 메서드다. 이는 `Result` 타입을 반환하므로 `match`로 분기 처리를 한다. 숫자인 경우 (※1)에서 선언한 계산용 스택에 저장하고 `continue`를 통해 반복문의 처음으로 돌아간다. 숫자가 아닌 경우 계산 값에 영향을 미치지 않게 하려고 0.0을 반환하고 (※5)로 진행한다. (※5)에서는 스택에서 2개의 값을 꺼낸 뒤 `match` 문으로 사용할 수 있는 연산자인지 확인해 계산을 수행한다. 정의된 연산자가 아니라면 `panic!` 매크로를 이용해 프로그램을 강제 종료 한다. `panic!` 매크로도 `println!` 매크로와 같은 형태로 이용할 수 있다.

마지막으로 (※6)에서는 계산 결과를 출력한다. 스택에서 마지막 값이 계산 결과가 된다.

## crates.io에 크레이트 공개하기

앞에서 만든 RPN 계산기를 라이브러리로 만들어 crates.io에 공개해보자. crates.io에 자신이 만든 크레이트를 등록하려면 다음과 같이 진행한다.

1. 크레이트 구현
2. 문서 준비
3. crates.io 로그인(GitHub 계정 필요)
4. `Cargo.toml`에 메타데이터 기입
5. `cargo publish` 명령으로 공개

순서대로 진행해보자.

### 크레이트 구현

먼저 크레이트를 만들어야 한다. 크레이트는 프로그램의 엔트리 포인트(`main` 함수. 시작점)를 포함하는 '바이너리 크레이트'와 라이브러리로 사용하는 '라이브러리 크레이트' 2종류가 있다. 여기서 만들 RPN 계산기 크레이트는 라이브러리 크레이트다. 3장에서 설명한 것처럼 라이브러리를 만들 때는 `cargo` 명령에 `--lib` 옵션을 추가한다. 여기서는 `rpn_calc`라는 이름으로 크레이트를 생성한다.

```
$ cargo new rpn_calc --lib
```

생성된 rpn_calc의 내부는 다음과 같다.

```
.
├── src
│   └── lib.rs
└── Cargo.toml
```

RPN 계산기를 src/lib.rs 파일에 기술한다. 여기서는 eval 메서드로 문자열을 지정하면 해당 문자열을 계산하도록 구현했다. 세계에 공개하는 것이니 메시지와 문서는 영어로 작성했다.

【코드】 file: src/ch4/rpn_calc/src/lib.rs

```rust
// 문서용 설명 작성 ── (※1)
//! # RPN Calc
//! Reverse Polish notation (RPN) Calc.
//! # Example
//! ```
//! let src = String::from("1 2 + 3 * ");
//! let a = rpn_calc::eval(src).unwrap();
//! println!("{}", a); // →9
//! ```

pub fn eval(src: String) -> Result<f64, String> {
    // 인수를 공백으로 구분
    let tokens = src.split_whitespace();
    let mut stack:Vec<f64> = vec![];
    // 반복문으로 요소를 계산 ── (※2)
    for tok in tokens {
        let t = tok.trim();
        if t == "" { continue; }
        // 숫자 값이라면 스택에 PUSH
        match t.parse::<f64>() {
            Ok(v) => { stack.push(v); continue; },
            Err(_) => 0.0,
        };
        // 연산자라면 2번 POP 한 뒤 계산 결과를 PUSH
        let b = stack.pop().unwrap_or(0.0);
```

```rust
            let a = stack.pop().unwrap_or(0.0);
            match t {
                "+" => stack.push(a + b),
                "-" => stack.push(a - b),
                "*" => stack.push(a * b),
                "/" => stack.push(a / b),
                "%" => stack.push(a % b),
                _ => return Err(format!("invalid operator: {}", t)),
            }
        }
    }
    // 결과 반환 ── (※3)
    if stack.len() == 0 { return Err(format!("no result")); }
    if stack.len() > 1 {
        return Err(format!("too many value in stack"));
    }
    Ok(stack.pop().unwrap_or(0.0))
}

// 테스트 ── (※4)
#[cfg(test)]
mod tests {
    use super::*;
    #[test]
    fn it_works() {
        assert_eq!(eval("1 3 +".to_string()), Ok(4.0));
        assert_eq!(eval("2 3 *".to_string()), Ok(6.0));
        assert_eq!(eval("6 3 /".to_string()), Ok(2.0));
        assert_eq!(eval("6 3 - 1 -".to_string()), Ok(2.0));
    }
}
```

이 크레이트에는 테스트 코드도 함께 넣었다. 제대로 동작하는지 테스트로 확인해보자.

```
$ cargo test
    Compiling rpn_calc v0.1.1
(생략)
test result: ok. 1 passed; 0 failed; 0 ignored; 0 measured; 0 filtered out; finished in 0.00s
(생략)
```

소스 코드를 확인해보자. (※1)은 크레이트를 설명하는 문서다. 주석을 만들 때 '///'로 만들면 해당 부분은 바로 뒤에 나오는 문법 요소의 문서로 간주한다. 여기서는 함수 eval 바로 앞에 썼으므로 eval 함수를 설명하는 문서로 인식된다.

eval 함수는 앞에서 만든 RPN 계산기와 동일한 알고리즘으로 구현했다. 여기서는 사칙연산 외 나머지도 구할 수 있는 것만 조금 다르다. (※3) 부분에서는 스택에 문제가 발생하면 Result 타입 에러를 출력한다.

(※4)는 이 크레이트가 제대로 동작하는지 확인하기 위한 테스트 코드다.

## 크레이트 문서 생성

문서는 다음 명령으로 생성한다. 생성된 문서는 'target/doc/[크레이트 이름]' 아래에 HTML 형식으로 저장된다.

```
$ cargo doc
```

target/doc/rpn_calc/index.html 파일을 브라우저에서 연 뒤 'Functions'에 있는 'eval'을 클릭하면 다음과 같이 eval 함수에 대한 설명을 볼 수 있다.

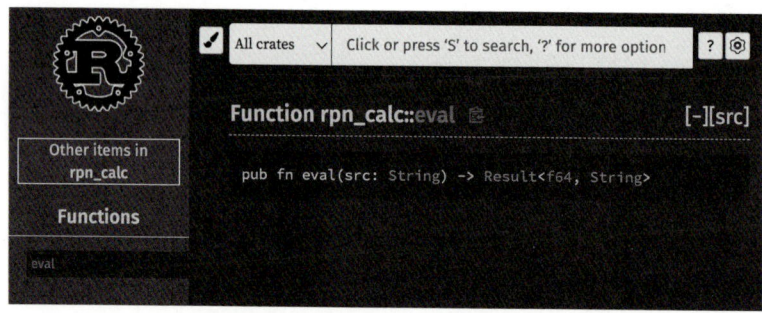

그림 4.3 생성된 문서

## crates.io에 로그인

크레이트 등록을 위해 crates.io에 로그인한다. 먼저 crates.io에 접속해 화면 상단의 'Menu' → 'Log in with GitHub'을 클릭한다.

crates.io에 로그인하려면 깃허브 계정이 필요하므로, 계정이 없다면 깃허브 계정부터 만들어야 한다.

로그인 후 API 토큰을 받는다. 화면 상단의 메뉴에서 'Account Settings'를 클릭한다.

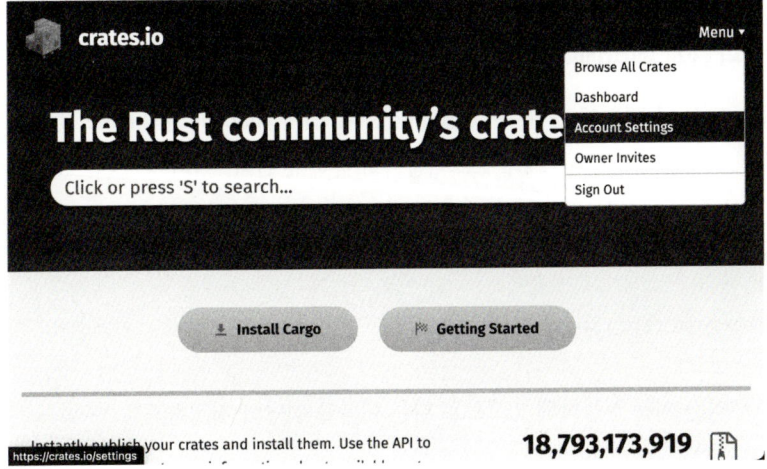

그림 4.4 Account Settings 클릭

그 후 화면에 보이는 'New Token' 버튼을 클릭하면 토큰 이름 입력란이 표시된다. 여기에 적당한 이름을 입력한 뒤 'Create' 버튼을 누르면 토큰이 생성된다.

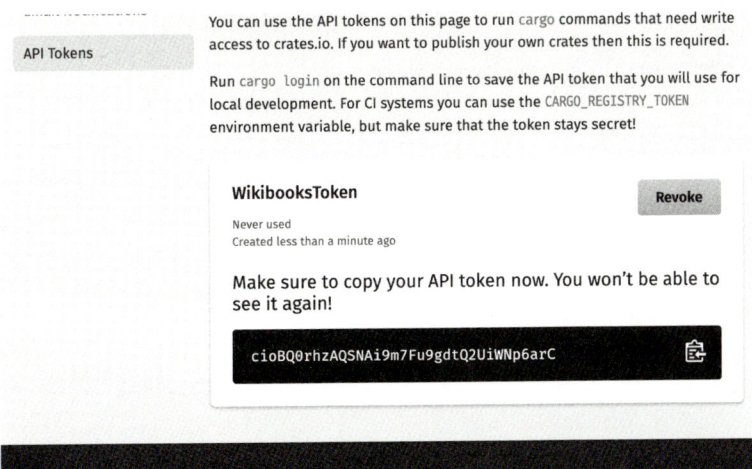

그림 4.5 API 토큰 발행

발급된 토큰을 이용해 Cargo 명령어로 로그인한다.

```
$ cargo login [API 토큰]
```

인증 정보는 ~/.cargo/credentials에 저장된다. 이 토큰은 타인에게 공개하지 않게 주의해야 한다. 외부에 공개되는 경우 보안 피해가 생길 수 있기 때문이다. 만약 외부에 토큰이 공개됐다면 Revoke로 파기한 뒤 새로운 토큰을 생성해 이용하기 바란다[4].

## Cargo.toml 파일에 메타데이터 기입

공개하기 전 Cargo.toml 파일에 메타데이터를 기입한다. 먼저 [package]의 name 값을 수정한다. 이 부분은 크레이트의 이름을 결정한다. 크레이트 이름은 고유해야 한다. 이미 등록된 크레이트 이름이 있다면 다른 이름을 사용해야 한다.

```
[package]
name = "wikibooks_rpn_calc_test_ver"
```

현재 "rpn_calc"라는 이름은 등록돼 있으므로 다른 이름을 적당히 지정하자.

그리고 다음을 참고해서 라이선스(license)와 만든이(authors), 설명(description)을 Cargo.toml에 추가한다.

```
[package]
name = "wikibooks_rpn_calc_test_ver"
version = "0.1.1"
authors = ["GuessWho"]
description = "RPN(Reverse Polish Notation) library"
license = "MIT"
edition = "2021"
```

## 크레이트 공개

준비가 끝났다면 다음 명령을 실행해 크레이트를 공개한다.

```
$ cargo publish
```

---

4  (옮긴이) 그림의 토큰은 생성 후 바로 파기했으므로 사용할 수 없다.

에러가 발생하지 않았다면 성공이다[5].

```
$ cargo publish
      crates.io index
      wikibooks_rpn_calc_test_ver v0.1.1 (/Users/genmai/Sources
      wikibooks_rpn_calc_test_ver v0.1.1 (/Users/genmai/Sources
      wikibooks_rpn_calc_test_ver v0.1.1 (/Users/genmai/Sources
kibooks_rpn_calc_test_ver-0.1.1)
      dev [unoptimized + debuginfo] target(s) in 1.09s
      wikibooks_rpn_calc_test_ver v0.1.1 (/Users/genmai/Sources
```

그림 4.6 등록 완료

## 공개한 크레이트 사용해보기

공개된 크레이트를 이용할 수 있는지 확인해보자. Cargo 명령으로 새로운 프로젝트를 만든다. 여기서는 `rpn_test`라는 프로젝트를 만든다.

```
$ cargo new rpn_test
```

Cargo.toml의 [dependencies]에 앞에서 만든 크레이트와 버전을 지정한다.

【코드】 file: src/ch4/rpn_test/Cargo.toml

```
[package]
name = "rpn_test"
version = "0.1.0"
edition = "2018"

[dependencies]
wikibooks_rpn_calc_test_ver = "0.1.1"
```

이어서 이 크레이트를 이용하는 간단한 프로그램을 만든다.

【코드】 file: src/ch4/rpn_test/src/main.rs

```rust
use wikibooks_rpn_calc_test_ver as rpn_calc;

fn main() {
    let src = "2 3 4 * +".to_string();
```

---

5  (옮긴이) 처음 crates.io에 등록했다면 메일 주소를 인증하지 않은 상태이므로 에러가 발생한다. 그리고 소스 코드를 Git에서 다운로드받은 경우 커밋된 상태가 아니라면 역시 에러가 발생한다.

```
    let ans = rpn_calc::eval(src).unwrap();
    println!("{}", ans);
}
```

빌드 및 실행을 해보면 다음과 같이 크레이트를 다운받아 컴파일한 뒤 결과를 출력한다.

```
$ cargo run
   Compiling wikibooks_rpn_calc_test_ver v0.1.1
   Compiling rpn_test v0.1.0 …
    Finished dev [unoptimized + debuginfo] target(s) in 1.01s
     Running `target/debug/rpn_test`
14
```

이상으로 실제 crates.io에 등록하기까지의 절차를 알아봤다. API 토큰은 한번 취득하면 파기하기 전까지는 계속 쓸 수 있으므로 'cargo publish' 명령어로 언제나 자신의 라이브러리를 공개할 수 있다.

## 정리

- RPN 계산기 프로그램을 만들었다.
- String 타입의 split_whitespace 메서드를 이용하면 공백으로 문자열을 자를 수 있다.
- 문자에서 숫자로 변환할 때 parse::<f64>와 같이 하면 변환 후의 타입을 지정할 수 있다.
- panic! 매크로를 사용하면 프로그램을 강제로 종료시킬 수 있다. 이때 println! 매크로와 마찬가지로 임의의 값을 메시지로 출력할 수 있다.
- 크레이트를 생성해 crates.io에 공개했다.

Chapter

# 5

# 응용편 –
# 사진 / 음악 / 네트워크

4장까지는 기본적인 러스트 문법을 확인했다. 이번 장은 응용편으로, 이미지 처리와 웨이브 처리, 네트워크 처리 등의 프로그래밍에 도전한다. 이 장에서 만들 프로그램을 통해 러스트가 매우 실용적인 프로그래밍 언어라는 것을 알 수 있을 것이다.

Chapter 5 | 응용편 – 사진 / 음악 / 네트워크

## 이미지 처리 도구 만들기

이미지 파일을 동적으로 생성하는 프로그램을 만들어보자. image 크레이트를 이용하면 간편하게 PNG나 JPEG 같은 이미지 파일을 다룰 수 있다.

**여기서 배우는 것**
- image 크레이트
- crop
- resize

### 이미지 파일 다루기

러스트에서 이미지 파일을 다룰 때 image 크레이트를 사용하면 편하게 이미지를 조작할 수 있다.

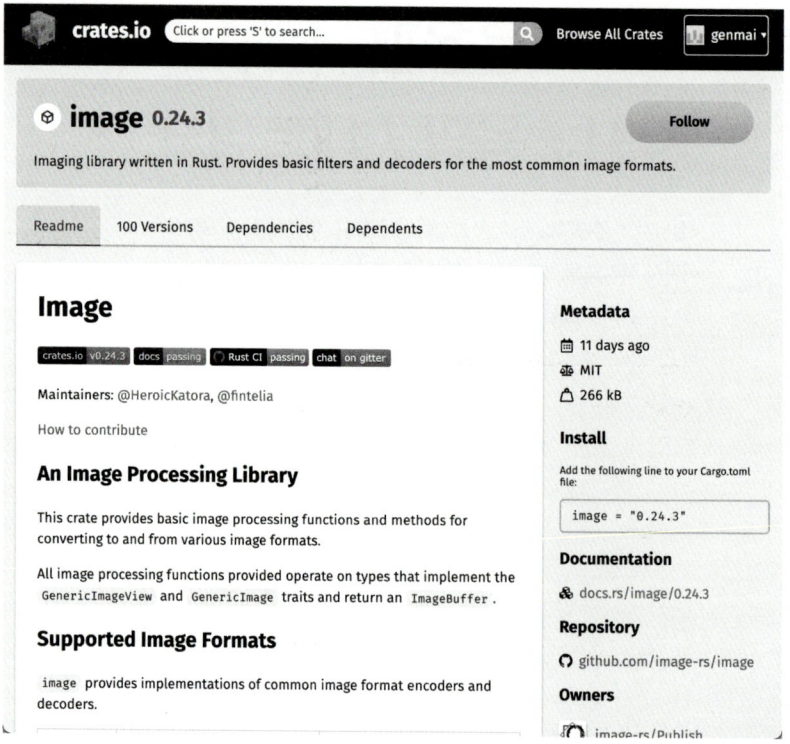

그림 5.1 crates.io의 image 크레이트 페이지

> **image 크레이트**
> URL https://crates.io/crates/image

image 크레이트는 PNG, JPEG, GIF를 비롯해 다양한 이미지 형식을 읽고 쓸 수 있다. 그리고 이미지에 간단한 효과도 추가할 수 있다. 명암이나 채도를 조절하거나 이미지 크기를 변경하는 등 다양한 조작이 가능하다.

여기서는 이미지를 생성하거나 기존 이미지 크기를 줄이는 간단한 프로그램을 만들어본다.

## 체크무늬 PNG 이미지를 동적으로 생성

image 크레이트를 이용해 체크무늬 PNG 이미지 파일을 만들어보자. image 크레이트는 이미지 데이터의 픽셀을 직접 조작할 수 있는 `ImageBuffer` 타입이 구현돼 있다. `ImageBuffer`를 이용하면 임의의 도형을 그릴 수 있다.

먼저 `image_checkerboard`라는 프로젝트를 생성한다.

```
$ cargo new image_checkerboard
```

그리고 `Cargo.toml` 파일에 `image` 크레이트를 추가한다.

【코드】 file: src/ch5/image_checkerboard/Cargo.toml

```toml
[package]
name = "image_checkerboard"
version = "0.1.0"
edition = "2021"

[dependencies]
image = "0.23.14"
```

체크 무늬를 그릴 프로그램을 만들자. `ImageBuffer`를 이용해 이미지를 생성하고 파일로 저장한다.

【코드】 file: src/ch5/image_checkerboard/src/main.rs

```rust
use image;
fn main() {
    // RGB 코드로 흰색 지정 ── (※1)
```

```rust
    let white = image::Rgb::<u8>([255, 255, 255]);
    // RGB 코드로 붉은 색을 지정
    let red = image::Rgb::<u8>([255, 90, 90]);
    // 1칸의 크기(픽셀)
    let w = 64;
    // 체크무늬를 그리는 클로저 ── (※2)
    let draw = |x, y| {
        let (xi, yi) = (x / w, y / w);
        match (xi % 2, yi % 2) {
            (0, 0) => white,
            (1, 0) => red,
            (0, 1) => red,
            (1, 1) => white,
            (_, _) => panic!("error"),
        }
    };
    // 클로저를 지정해 ImageBuffer를 생성 ── (※3)
    let img = image::ImageBuffer::from_fn(512, 512, draw);
    // 파일 저장 ── (※4)
    img.save("checkerboard.png").unwrap();
}
```

프로젝트를 빌드하고 실행하면 체크 무늬 이미지가 그려진 파일 'checkerboard.png'가 생성된다.

```
$ cargo run
```

그림 5.2 생성된 체크 무늬 이미지 – checkerboard.png

소스 코드를 확인해보자. (※1)은 u8 타입 배열을 이용해 흰색과 붉은색을 지정한 부분이다. image::Rgb 타입 데이터는 u8 타입 값 3개를 배열로 받는데, 배열은 순서대로 적색(R), 녹색(G), 청색(B)을 나타내는 숫자다. 각 픽셀은 빛의 삼원색을 이용하므로 크기가 커질수록 밝아진다. ImageBuffer는 각 픽셀을 image::Rgb로 표현한다.

[서식] 각 픽셀의 색을 8비트 값으로 표시
```
let color = image::Rgb::<u8>([적, 녹, 청]);
```

(※2)는 체크무늬를 그리는 클로저 정의다. 이 클로저는 (※3)의 ImageBuffer::from_fn 함수에 지정하기 위한 것이다. 이 함수를 사용하면 특정 '(x, y)' 좌표의 픽셀 값을 지정할 때 클로저를 사용할 수 있는 상당히 편리한 메서드다. (※4)에서는 save 메서드를 이용해 생성한 이미지를 파일로 저장한다. 이미지 형식은 파일 확장자를 통해 자동으로 지정된다.

체크무늬는 이웃하는 칸의 색이 모두 서로 달라야 한다. 즉 2로 나눈 나머지를 패턴으로 이용할 수 있다. 여기서는 match 문을 이용해 체크무늬를 생성했다. match 문을 사용하지 않는다면 다음과 같이 if 문을 중첩해 사용해야 한다.

```
let draw = |x, y| {
    let (xi, yi) = (x / w, y / w);
    if yi % 2 == 0 {
        if xi % 2 == 0 {
            red
        } else {
            white
        }
    } else {
        if xi % 2 == 0 {
            white
        } else {
            red
        }
    }
};
```

match 문을 사용하면 중첩 if 문을 이용하지 않고 깔끔하게 구현할 수 있다.

## 원본 이미지의 정사각형 섬네일 생성기 만들기

이번에는 이미지를 읽어와 섬네일(thumbnail) 이미지를 생성해주는 도구를 만들어본다. 이미지 파일 경로를 지정하면 128픽셀 크기의 정사각형 섬네일을 생성해주는 프로그램이다. 섬네일을 생성하기 위해서는 이미지를 잘라내고 크기를 바꾸는 처리를 해야 한다.

먼저 `image_thumb`라는 프로젝트를 만든다.

```
$ cargo new image_thumb
```

그리고 `Cargo.toml` 파일에 `image` 크레이트를 추가하고 `main.rs`에 프로그램을 작성한다.

【코드】 file: src/ch5/image_thumb/Cargo.toml

```toml
[package]
name = "image_thumb"
version = "0.1.0"
edition = "2021"

[dependencies]
image = "0.23.14"
```

【코드】 file: src/ch5/image_thumb/src/main.rs

```rust
use image::{self,imageops,GenericImageView};
fn main() {
    // 리사이즈 후의 크기 지정
    let size = 128;
    // 명령줄 인수 얻기 ── (※1)
    let args: Vec<String> = std::env::args().collect();
    if args.len() < 2 {
        println!("[USAGE] image_thumb imagefile");
        return;
    }
    // 입력 파일과 출력 파일을 지정 ── (※2)
    let infile = String::from(&args[1]);
    let file_name: Vec<&str> = infile.split(".").collect();
    let outfile = format!("{}-thumb.png", file_name[0]);
    println!("input: {}", infile);
```

```rust
    println!("output: {}", outfile);
    // 이미지 파일 읽기 ― (※3)
    let mut img = image::open(infile)
        .expect("파일을 읽어올 수 없습니다.");
    // 이미지 크기 얻기 ― (※4)
    let dim = img.dimensions();
    // 정사각형으로 자르기 ― (※5)
    let w = if dim.0 > dim.1 {dim.1} else {dim.0};
    let mut img2 = imageops::crop(&mut img,
        (dim.0-w)/2, (dim.1-w)/2, w, w).to_image();
    // 지정한 크기로 리사이즈 ― (※6)
    let img3 = imageops::resize(&mut img2, size, size,
        imageops::Lanczos3);
    // 파일로 저장 ― (※7)
    img3.save(outfile).unwrap();
}
```

프로젝트의 루트 디렉터리에 있는 이미지의 섬네일을 만들어보자. `original.jpg`라는 파일(1200×800px)이 소스 코드와 함께 제공돼 있다. 프로젝트를 빌드해 바로 실행하면 'original-thumb.png'라는 파일이 생성된다.

```
$ cargo run original.jpg
```

그림 5.3 1200 x 800px 크기의 JPG 파일

**그림 5.4** 128 x 128px로 리사이즈된 PNG 파일

3:2 비율 이미지가 1:1 비율 이미지로 바뀌고 해상도도 변경된 것을 확인할 수 있다.

소스 코드를 확인해보자. (※1)에서는 명령줄 인수를 얻는다. 명령줄 인수는 2장에서 소개한 내용이다. 여기서는 다루기 쉽게 명령줄 인수 목록을 `Vec<String>` 형태로 변환한다. 그리고 (※2) 부분에서 입력 파일과 출력 파일 이름을 지정한다. 출력 파일은 입력 파일 이름에서 확장자를 제외한 뒤 '`-thumb.png`' 가 되도록 했다.

(※3)에서는 `image::open` 메서드를 이용해 이미지 파일을 읽어온다. 이미지 파일 형식은 파일 확장자를 통해 자동으로 판단한다.

(※4)에서는 읽은 동영상 파일의 크기를 가져온다. `dimensions` 메서드를 호출하면 '(폭, 높이)' 형식의 튜플을 얻을 수 있다.

(※5)에서는 정사각형으로 자르기 위해 가로와 세로 중 더 짧은 길이를 변수 `w`로 저장한다. 그리고 `imageops::crop` 함수를 이용해 지정한 범위를 잘라낸다.

[서식] 잘라내기 처리(crop)

```
let img2 = imageops::crop(&mut img, x, y, w, z).to_image();
```

`crop` 함수의 인수로는 가변 이미지 객체와 잘라낼 곳의 좌표(x, y, 넓이, 높이)가 들어간다. 그리고 반환값은 `image::SubImage` 타입이 된다. 따라서 이것을 `ImageBuffer`로 변환하기 위해서는 `to_image` 메서드를 호출한다.

(※6)에서는 이미지의 리사이즈를 수행한다. 리사이즈는 `imageops::resize` 함수를 이용한다.

[서식] 이미지 크기 조절

```
let img2 = imageops::resize(&mut img, 폭, 높이, 필터).to_image();
```

필터는 리사이즈를 할 때 어떤 방식으로 할지를 지정한다.

표 5.1 필터 매개변수

| 필터 타입 | 설명 |
| --- | --- |
| imageops::Nearest | 고속 리사이즈. 이미지가 거칠어진다 (31ms) |
| imageops::Triangle | 선형 Triangle 필터로 리사이즈. 비교적 빠름 (414ms) |
| imageops::CatmulRom | CatmulRom 필터로 리사이즈. 비교적 화질이 좋음(817ms) |
| imageops::Gaussian | Gaussian 필터로 리사이즈. 화질이 좋지만 느림 (1180ms) |
| imageops::Lanczos3 | Lanczos3 필터로 리사이즈. 화질이 좋지만 느림 (1170ms) |

위 표에서 나온 속도는 Intel i7-4770 CPU에서 3.58MB 크기의 이미지를 300×225px로 리사이즈했을 때 걸린 시간이다. `image::imageops::FilterType` 매뉴얼을 보면 어떻게 리사이즈되는지 상세히 확인할 수 있다.

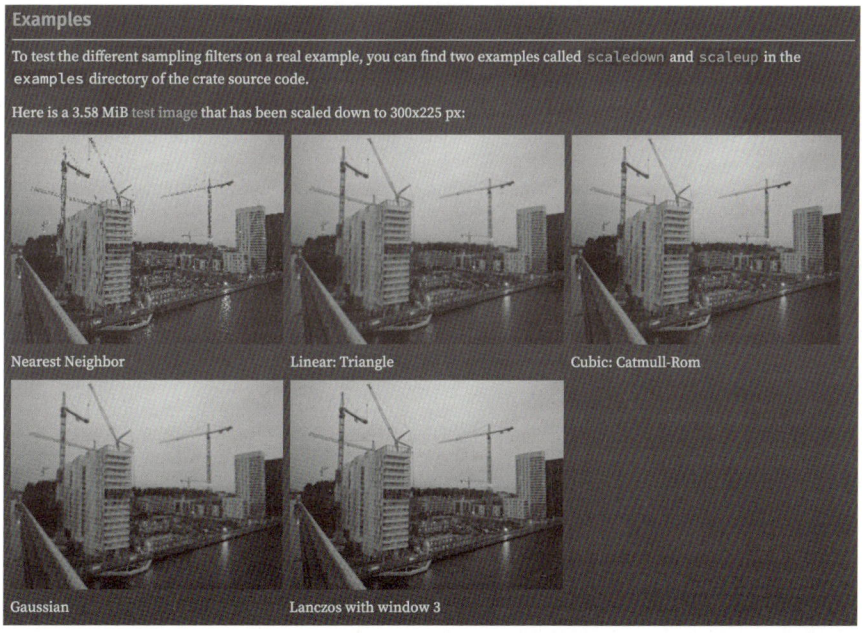

그림 5.5 리사이즈를 할 때 이용할 수 있는 필터와 결과물 예시

> **Column**  thumbnail 메서드
>
> crop과 resize를 이용해 섬네일 만들기를 했지만 image 크레이트에는 섬네일을 만들 수 있는 thumbnail 메서드가 있다. 이 메서드는 이미지를 자르거나 비율을 바꾸지 않고 크기만 줄인다.
>
> [서식] 섬네일 만들기
> ```
> let img3 = img.thumbnail(가로 크기, 세로 크기);
> ```
>
> 비율은 유지하되 지정한 가로 크기와 세로 크기 안에 들어가도록 크기를 줄여준다.

## 색상 반전 도구 만들기

원래 이미지에 간단한 필터 처리를 하는 도구를 만들어본다. 필터 처리 중 가장 단순한 색상 반전 처리를 하는 툴을 구현한다.

먼저 `image_filter`라는 프로젝트를 생성한다.

```
$ cargo new image_filter
```

그리고 `Cargo.toml` 파일에 `image` 크레이트를 추가하고 `main.rs`에 프로그램을 작성한다.

【코드】 file: src/ch5/image_filter/Cargo.toml

```toml
[package]
name = "image_filter"
version = "0.1.0"
edition = "2021"

[dependencies]
image = "0.23.14"
```

【코드】 file: src/ch5/image_filter/src/main.rs

```rust
use image::{GenericImage, GenericImageView, Rgba};
fn main() {
    // 명령줄 인수 얻기
    let args: Vec<String> = std::env::args().collect();
    if args.len() < 2 {
```

```rust
            println!("[USAGE] image_filter imagefile");
            return;
    }
    // 입력 파일과 출력 파일을 지정 —— (※1)
    let infile = args[1].clone();
    let file_name: Vec<&str> = infile.split(".").collect();
    let outfile = format!("{}-out.jpg", file_name[0]);
    println!("infile={}", infile);
    println!("outfile={}", outfile);
    // 이미지 파일 읽기 —— (※2)
    let mut img = image::open(infile).expect("파일을 읽어올 수 없습니다");
    // 이미지의 가로와 세로 크기 얻기 —— (※3)
    let (w, h) = img.dimensions();
    // 행과 열을 반복 —— (※4)
    for y in 0..h {
        for x in 0..w {
            // 픽셀 데이터 얻기 —— (※5)
            let c: Rgba<u8> = img.get_pixel(x, y);
            // 색상 반전 처리 —— (※6)
            let c = Rgba([
                255 - c[0], // 적
                255 - c[1], // 녹
                255 - c[2], // 청
                c[3],       // 투명도
            ]);
            // 픽셀 설정 —— (※7)
            img.put_pixel(x, y, c);
        }
    }
    // 이미지 저장 —— (※8)
    img.save(outfile).unwrap();
}
```

아까와 같은 방법으로 프로젝트를 빌드하고 original.jpg 파일을 지정해 실행하면 original-out.jpg 파일이 생성된다.

```
$ cargo run original.jpg
```

**그림 5.6** 원본 사진

**그림 5.7** 필터 처리된 출력물

소스 코드를 확인해보자. (※1)에서는 인수로 받은 파일 이름을 통해 출력할 파일 이름을 지정한다. 원본 확장자를 없앤 뒤 뒤에 '-out.jpg'를 추가한 것을 출력할 파일 이름으로 설정했다.

(※2)에서 파일을 실제로 읽어온다. image::open 함수는 Result<DynamicImage> 타입을 반환하므로 실패했을 때 메시지를 지정했다. 참고로 DynamicImage 타입은 열거형으로 여러 이미지를 표현할 수 있다.

(※3)에서는 읽어들인 이미지의 가로와 세로 크기를 얻는다. 그리고 (※4)에서는 가로와 세로 크기를 바탕으로 중첩 for 문을 이용해 행과 열에 처리를 한다. 즉, 이미지의 모든 픽셀에 대해 처리를 한다.

(※5)에서 해당하는 픽셀의 색상 데이터를 가져와 (※6)에서 실제 반전 처리를 한다. 색상 반전은 각 색을 나타내는 수치 중 가장 큰 255에서 현재 색에 대한 수치를 빼는 것으로 처리할 수 있다. 그리고 (※7)에서 현재 픽셀의 색을 반전한 색으로 바꾸는 처리를 한다.

마지막으로 (※8)에서 변경된 이미지를 지정한 이름으로 저장한다.

### 정리

- image 크레이트를 이용해 이미지를 처리할 수 있다.
- image 크레이트는 PNG, JPEG, GIF, BMP 등 기본적인 이미지 포맷을 지원한다.
- image::imageops 모듈에는 crop과 resize 같은 기본적인 이미지 조작 기능이 있다.
- ImageBuffer를 이용하면 이미지를 픽셀 단위로 조작할 수 있다.
- get_pixel, put_pixel 메서드를 이용해 지정한 좌표의 픽셀을 읽거나 쓸 수 있다.

Chapter 5 | 응용편 – 사진 / 음악 / 네트워크

# Section 02 웨이브 합성으로 음악 연주하기

러스트는 안전하게 고속 연산을 할 수 있다. 그래서 고속 연산을 필요로 하는 웨이브 합성 처리에도 사용할 수 있다. 여기서는 웨이브 합성을 통해 간단한 음악을 연주해본다.

> 여기서 배우는 것
> - 웨이브 합성
> - WAV 파일
> - MML 컴파일러

## 웨이브 합성과 재생

먼저 사인파를 재생하는 프로그램을 만들어보자. 사인파이란 사인 곡선을 유지하면서 일정한 속도로 진행되는 주파수 형태를 말한다. 이 사인파를 재생하면 원시적인 전자음이 된다. 여기서는 hound라는 WAV 파일 생성 라이브러리를 이용해 웨이브 합성을 실습해본다.

### sinewave 프로젝트 생성

먼저 sinewave 프로젝트를 생성한다.

```
$ cargo new sinewave
```

그리고 Cargo.toml 파일에 hound 크레이트를 추가하고 main.rs에 프로그램을 작성한다.

【코드】 file: src/ch5/sinewave/Cargo.toml

```toml
[package]
name = "sinewave"
version = "0.1.0"
edition = "2021"

[dependencies]
hound = "3.4.0"
```

여기서는 440.0Hz 사인파를 만들어본다.

【코드】 file: src/ch5/sinewave/src/main.rs

```rust
use hound::WavWriter;
use std::f32::consts::PI;

// 상수 선언 ── (※1)
const SAMPLE_RATE: u32 = 44100;
const TONE: f32 = 440.0; // 440Hz = A

fn main() {
    // WAV 파일 포맷 지정 ── (※2)
    let spec = hound::WavSpec {
        channels: 1,
        sample_rate: SAMPLE_RATE,
        bits_per_sample: 16,
        sample_format: hound::SampleFormat::Int,
    };
    // WavWriter 객체 생성 ── (※3)
    let mut fw = WavWriter::create("a.wav", spec).unwrap();
    // 연속으로 사인파를 쏜다 ── (※4)
    let samples = SAMPLE_RATE * 3; // 3초
    for t in 0..samples {
        let v = ((t as f32 / SAMPLE_RATE as f32) * TONE * 2.0 * PI).sin();
        fw.write_sample((v * i16::MAX as f32) as i16).unwrap();
    }
}
```

프로젝트를 빌드하고 실행해보자. 프로젝트 디렉터리에 'a.wav' 파일이 생성된다. wav 파일은 압축되지 않은 음원 데이터 파일 형식이다.

wav 파일은 모든 OS에 기본적으로 설치된 미디어 재생 도구로 재생할 수 있다. a.wav 파일을 재생해보면 440Hz의 '라' 음이 재생된다.

오픈 소스 오디오 편집 도구인 'Audacity'를 사용하면 웨이브 데이터를 눈으로 확인할 수 있다.

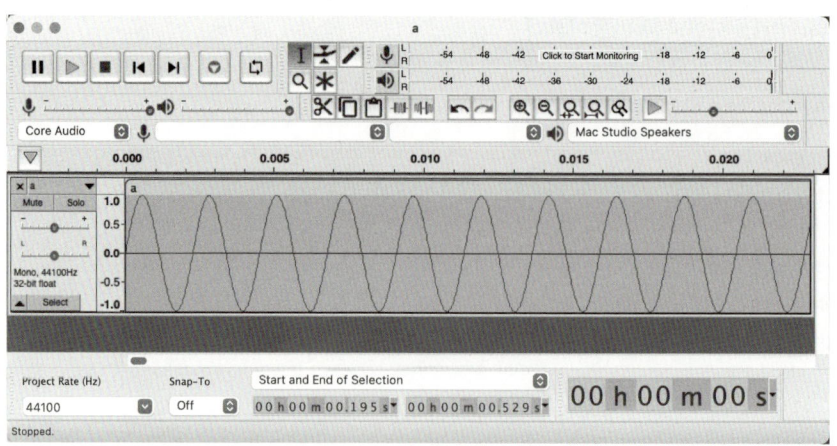

그림 5.8 생성한 a.wav의 파형 확인

(※1)에서는 이 프로젝트에서 생성할 샘플링 레이트와 음을 상수로 선언한다. 샘플링 레이트는 1초간 얼만큼의 데이터로 음을 표시할지를 결정하는 것으로 음질과 관련이 있다. 여기서 지정한 44100은 44.1kHz로 CD 음질과 같다. TONE은 440Hz로 '라' 음의 주파수다.

(※2)에서는 hound::WavSpec 구조체에 WAV 파일 포맷을 지정한다. channels는 채널 수이며 1은 모노, 2는 스테레오다. sample_rate는 샘플레이트이며 bits_per_sample에는 데이터 비트 수를 지정한다. sample_format에는 웨이브 데이터가 될 데이터 타입을 지정한다. hound::SampleFormat::Int를 지정하면 정수(i16)로 지정한 것이 된다.

(※3)에서는 WAV 파일을 저장할 객체인 WavWriter를 생성한다. 파일 이름과 WavSpec 구조체를 인수로 한다. (※4)에서는 3초만큼의 웨이브 데이터를 파일에 저장한다. 사인 곡선을 만들어야 하므로 f32.sin 함수를 이용한다.

## 음악 만들기

이번에는 사인파를 이용해 동요를 생성하는 프로그램을 만든다. 먼저 sine_melody라는 프로젝트를 생성한다.

```
$ cargo new sine_melody
```

그리고 sinewave 프로젝트와 마찬가지로 Cargo.toml 파일에 hound 크레이트를 추가하고 main.rs 에 프로그램을 작성한다.

음과 음의 길이를 어떻게 표현하는지 잘 살펴보기 바란다.

[코드] file: src/ch5/sine_melody/src/main.rs

```rust
use std::f32::consts::PI;
use std::io::{Write, Seek};
use hound::WavWriter;
// 상수
const SAMPLE_RATE: f32 = 44100.0;
const BPM: f32 = 122.0; // BPM(템포)

#[allow(unused_variables)]
fn main() {
    // WavWriter 객체 생성 ── (※1)
    let spec = hound::WavSpec {
        channels: 1,
        sample_rate: SAMPLE_RATE as u32,
        bits_per_sample: 16,
        sample_format: hound::SampleFormat::Int,
    };
    let mut fw = WavWriter::create("melody.wav", spec).unwrap();
    // 음정 정의 ── (※2)
    // 도, 레, 미, 파
    let (c4, d4, e4, f4) = (261.626, 293.665, 329.628, 349.228);
    // 솔, 라, 시, 도(다음 옥타브)
    let (g4, a4, b4, c5) = (391.995, 440.000, 493.883, 523.251);
    // 음 길이 정의 ── (※3)
    let l4 = ((60.0 / BPM) * SAMPLE_RATE) as u32;
    let l2 = l4 * 2;
    // 멜로디 지정 ── (※4)
    write_tone(&mut fw, g4, l4);
    write_tone(&mut fw, g4, l4);
    write_tone(&mut fw, a4, l4);
    write_tone(&mut fw, a4, l4);
```

```
        write_tone(&mut fw, g4, l4);
        write_tone(&mut fw, g4, l4);
        write_tone(&mut fw, e4, l2);
        write_tone(&mut fw, g4, l4);
        write_tone(&mut fw, g4, l4);
        write_tone(&mut fw, e4, l4);
        write_tone(&mut fw, e4, l4);
        write_tone(&mut fw, d4, l2);
}

// 지정한 음계를 지정한 길이만큼 쓴다 ── (※5)
fn write_tone<W>(fw: &mut WavWriter<W>, tone: f32, len: u32)
where W: Write + Seek {
    for t in 0..len {
        let a = t as f32 / SAMPLE_RATE;
        let v = (a * tone * 2.0  * PI).sin();
        fw.write_sample((v * i16::MAX as f32) as i16).unwrap();
    }
}
```

프로젝트를 컴파일한 뒤 실행하면 프로젝트의 루트 디렉터리에 'melody.wav'라는 음원 파일이 만들어진다. 미디어 재생기 등으로 재생해보면 멜로디를 들을 수 있다. 파형도 확인해보자. 음이 높아지면 사인 주기가 짧아지고 낮아지면 길어지는 것을 볼 수 있다.

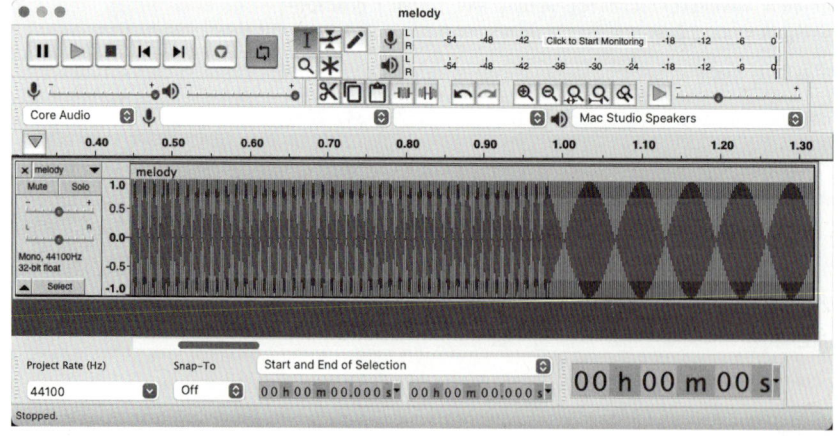

그림 5.9 sine_melody로 생성한 음원 파일의 파형

소스 코드를 확인해보자. (※1)에서 WavWriter 객체를 생성한다. 앞의 프로젝트와 마찬가지로 44.1kHz, 16비트 WAV 파일을 생성하도록 설정했다. 출력할 파일 이름은 'melody.wav'다.

(※2)에서 음계를 정의한다. c4, d4, e4, f4가 도, 레, 미, 파이며 g4, a4, b4, c5가 솔, 라, 시, 다음 옥타브 도가 된다.

(※3)에서는 음의 길이를 정의한다. l4는 4분음표 l2는 2분음표를 나타낸다. 그리고 곡의 템포를 상수로 지정한다. BPM은 1분간 4분 음표가 몇 개 있느냐를 나타내는 것이다.[6] SAMPLE_RATE는 1분간 얼만큼의 데이터를 처리할지 나타내는 것이다. 즉 이 식으로 4분 음표의 샘플 수를 구할 수 있다.

그리고 (※4)에서 `write_tone` 함수에 `WavWriter` 객체와 음표, 길이를 지정해 실제 음을 만든다.

(※5)의 `write_tone` 함수는 사인파를 지정한 주파수, 지정한 샘플 수만큼 만든다.

## MML 연주기 만들기

앞에서는 간단한 멜로디가 담긴 WAV 파일을 만들었다. 이번에는 조금 더 음계를 쉽게 지정할 수 있는 MML을 이용한 멜로디 만들기를 해본다.

옛날 DOS의 베이직에서는 각 음표를 'cdefgab'(도레미파솔라시) 형태로 지정해서 음악을 만들 수 있었다. 이렇게 텍스트로 쓴 음계 데이터를 연주하는 것을 MML(Music Macro Language)라고 한다.

표 5.2 MML 문법

| 문자 | 의미 | 이용 예 |
| --- | --- | --- |
| cdefgab | 도레미파솔라시 | ggaagge |
| r | 쉼표 | r |
| l | 음표 길이. l4는 4분 음표, l2는 2분 음표 | l4 c l1 c |
| o | 옥타브 변경 | o4 c o5 c |

## MML 프로젝트 생성

먼저 mml이라는 프로젝트를 만들고 `Cargo.toml` 파일에 hound 크레이트를 추가한다.

---

6 (옮긴이) 여기서는 120으로 지정하면 '솔' 음이 연속으로 들려 4분 음표가 아니라 2분 음표와 같이 표현되므로 부득이하게 60으로 나누지 않게 122로 지정했다.

【코드】 file: src/ch5/mml/Cargo.toml

```toml
[package]
name = "mml"
version = "0.1.0"
edition = "2021"

[dependencies]
hound = "3.4.0"
```

이번 프로젝트는 코드가 조금 길어지므로 메인 프로그램(main.rs)과 2개의 모듈로 나눠서 만든다.

따로 만드는 모듈은 MML을 해석할 `mml_parser`와 WAV 파일을 저장할 `wav_writer`다.

전체 구성은 다음과 같다.

```
.
├── src
│   ├── wav_writer.rs    --- WAV 파일 생성
│   ├── mml_parser.rs    --- MML 해석
│   └── main.rs          --- 메인 프로그램
└── Cargo.toml
```

## 음계를 WAV 파일로 저장하는 모듈

이 모듈에서 음계와 음의 길이를 정의한 `Note` 구조체를 정의한다. 그리고 `Note` 객체의 벡터를 이용해 WAV 파일을 생성하는 `write` 함수를 정의한다.

【코드】 file: src/ch5/mml/src/wav_writer.rs

```rust
use std::f32::consts::PI;
use hound::WavWriter;
use std::io::{Write, Seek};

const SAMPLE_RATE: f32 = 44100.0;

// 노트 번호(음계)와 길이를 정의한 구조체 ── (※1)
#[derive(Debug)]
pub struct Note {
```

```rust
    pub no: i32,
    pub len: i32,
}

// Vec<Note>를 WAV 파일로 저장하는 함수 ── (※2)
pub fn write(filename: &str, notes: Vec<Note>, bpm: f32) {
    // WAV 파일 포맷을 지정
    let spec = hound::WavSpec {
        channels: 1,
        sample_rate: SAMPLE_RATE as u32,
        bits_per_sample: 16,
        sample_format: hound::SampleFormat::Int,
    };
    let mut fw = WavWriter::create(filename, spec).unwrap();
    // 반복문을 이용해 음을 생성 ── (※3)
    for note in notes.into_iter() {
        // 음의 길이 계산
        let len = (4.0 / note.len as f32 *
                   (60.0 / bpm) * SAMPLE_RATE) as u32;
        // 주파수 계산 ── (※4)
        let tone = if note.no >= 0 {
            440.0 * 2.0f32.powf((note.no - 69) as f32 / 12.0)
        } else { 0.0 };
        write_tone(&mut fw, tone, len);
    }
}

// 사인파를 파일로 저장 ── (※5)
fn write_tone<W>(fw: &mut WavWriter<W>, tone: f32, len: u32)
    where W: Write + Seek {
    for t in 0..len {
        let a = t as f32 / SAMPLE_RATE;
        let v = (a * tone * 2.0  * PI).sin();
        fw.write_sample((v * i16::MAX as f32) as i16).unwrap();
    }
}

// 라이브러리 테스트 ── (※6)
#[cfg(test)]
```

```
mod wav_writer_test {
    use super::*; // 상위 요소 이용 선언
    #[test]
    fn notes_test() {
        // 노트 목록 생성
        let notes: Vec<Note> = vec![
            Note{ no: 60, len: 4},
            Note{ no: 62, len: 4},
            Note{ no: 64, len: 4},
        ];
        // WAV 파일로 저장
        write("test.wav", notes, 120.0);
    }
}
```

이 모듈은 테스트 코드를 포함하고 있다. 메인 프로그램을 실행하기 전에 테스트를 실행해 올바르게 동작하는지 확인해보자. 테스트가 완료되면 'test.wav' 파일이 생성된다.

생성된 테스트 파일은 '도레미' 음을 재생한다.

```
$ cargo test
```

소스 코드를 확인해보자. (※1)에서 노트 번호(no)와 음 길이(len)를 나타내는 Note 구조체를 정의했다. 구조체의 각 필드는 main.rs 파일에서 직접 접근할 수 있도록 'pub'을 붙여 외부 참조가 가능하게끔 설정했다. 여기서 지정한 노트 번호는 MIDI라는 전자 음악의 연주 데이터 형식 음정 정보와 동일하게 설정했다. 69번 노트가 '라'(440Hz) 음이다.

(※2)는 Vec<Note> 데이터를 WAV 파일로 저장하는 write 함수다. 인수로 파일 이름과 Vec<Note>, BPM을 지정한다.

(※3)에서 Vec<Note>를 for 문으로 반복해 한 음씩 저장한다. 이때 실제 음 길이(샘플 수)와 주파수를 계산한다. 노트 번호에서 주파수를 계산하는 (※4) 부분을 보면 let으로 선언하는 변수에 if 문을 사용하고 있다. 러스트의 if 문은 값을 반환할 수 있으므로 노트 번호가 0 이상이면 음정 주파수를 계산해 반환하고, 0 미만인 경우 0을 반환하도록 하고 있다.

노트 번호에서 주파수로 변환하는 식은 다음과 같다. 이 식으로 간단하게 노트 번호에서 주파수를 계산할 수 있다.

```
주파수(Hz) = 440.0 * 2.0^((노트 번호) - 69) / 12)
('^'는 제곱)
```

러스트에서 거듭제곱을 계산할 때는 f32 타입 메서드 powf를 이용한다. '2.0f32'는 f32 타입 값 2.0이라는 의미다. 즉 2.0f32.powf(숫자 값)로 거듭제곱 계산을 할 수 있다.

(※5)는 앞 예제에서도 사용한 함수로 지정한 주파수 길이로 사인파를 만든다.

(※6)은 라이브러리를 테스트하기 위한 테스트 코드다. 3장에서 설명했듯이 #[cfg(test)] 속성을 지정한 모듈 안에 #[test]를 지정한 함수는 'cargo test' 명령으로 테스트를 수행할 수 있다. 여기서는 assert_eq! 같은 매크로를 사용할 수 없어 '도레미' 음이 저장된 WAV 파일을 생성하도록 했다.

## MML을 해석해 음표로 만들어주는 모듈

이어서 MML로 만들어진 음악 데이터를 Vec<Note> 타입 음표 정보로 변환하는 mml_parser 모듈을 만든다.

[코드] file: src/ch5/mml/src/mml_parser.rs

```rust
use crate::wav_writer::Note; // ── (※1)

// MML을 해석해 Vec<Note> 타입으로 변환 ── (※2)
pub fn parse(src: String) -> Vec<Note> {
    // 해석 결과를 담을 변수 준비
    let mut result = vec![];
    // 옥타브와 음 길이 초깃값 지정 ── (※3)
    let mut octave = 5;
    let mut length = 4;
    // 문자열에서 한 문자씩 읽어들임 ── (※4)
    let mut it = src.chars();
    while let Some(ch) = it.next() {
        // MML 코드에서 음, 길이 등을 분기 처리 ── (※5)
        match ch {
            'a'..='g' => { // 노트 ── (※6)
                let note = match ch {
                    'c' => 0, 'd' => 2, 'e' => 4, 'f' => 5,
                    'g' => 7, 'a' => 9, 'b' => 11, _ => 0,
                };
```

```rust
                let no = note + octave * 12;
                result.push(Note{no, len: length});
            },
            // 쉼표
            'r' => result.push(Note{no: -1, len: length}),
            'o' => { // 옥타브 ── (※7)
                let v = it.next().expect("o 뒤에 숫자를 지정");
                let o = v as i32 - '0' as i32;
                if o >= 0 && o < 9 { octave = o; }
            },
            'l' => { // 음 길이 ── (※8)
                let v = it.next().expect("l 뒤에 숫자를 지정");
                let l = v as i32 - '0' as i32;
                if l >= 1 && l <= 9 { length = l; }
            },
            _ => {}, // 해당하지 않는 문자는 아무것도 하지 않음
        };
    }
    result
}

// 테스트 ── (※9)
#[cfg(test)]
mod mml_parser_test {
    use super::*; // 상위 요소 이용 선언
    #[test]
    fn parse_test() {
        let mml = "l2 o5 cde".to_string();
        let notes = parse(mml);
        assert_eq!(notes[0].no, 60);
        assert_eq!(notes[0].len, 2);
        assert_eq!(notes[1].no, 62);
        assert_eq!(notes[2].no, 64);
    }
}
```

mml_parser 역시 테스트 코드를 작성했으므로 테스트를 해볼 수 있다.

(※1)은 앞에서 만든 wav_writer를 사용한다는 선언이다. (※2)는 MML을 해석해 Vec<Note>로 변환하는 함수 정의다. (※3)에서는 음계를 나타낼 octave와 길이를 나타낼 length를 가변 변수로 정의하고 초깃값을 지정했다. 그리고 (※4)에서는 MML을 한 문자씩 읽어들이기 위해 chars 메서드를 이용해서 반복자를 만든다. 그리고 while 문을 이용해 문자열을 반복해 처리한다. 여기서 while과 let을 함께 썼는데, 이 방법은 Option 타입을 다룰 때 주로 사용한다. Option 타입 값이 Some일 때는 반복문을 처리하고 None일 때는 아무것도 하지 않는다.

```
[서식] while let
while let Some(변수) = Option 타입 값 {
    // 반복 처리
}
```

단순히 한 문자씩 확인할 뿐이라면 for 문을 이용해도 되지만 여기에서는 문자열에 따라 분기 처리를 하기 위해 while let 구문을 이용했다.

(※5)에서는 MML 문자를 분기 처리한다. (※6)에서는 음 이름을 가진 문자열이 나오면 노트 번호로 변환한 뒤 해석한 결과를 result에 추가한다. 그리고 (※7)에서는 옥타브를 처리한다. 'o' 문자열이 발견되면 next 메서드를 이용해 그다음 문자를 확인한다. 다음 문자가 숫자라면 해당 옥타브로 변경한다. 그리고 해당 값은 다음 번 반복 작업을 수행할 때 (※6)에서 result 값으로 들어간다. (※8)도 같은 방법으로 음의 길이를 처리한다.

(※9)는 테스트 코드로 "l2 o5 cde"라는 MML 코드가 제대로 Vec<Note>로 변환됐는지 확인한다.

## MML을 작성할 메인 프로그램

마지막으로 메인 프로그램을 만든다. 메인 프로그램은 MML 코드만 입력하면 음악이 만들어질 수 있게 하는 역할을 한다. 여기서는 '산토끼'와 '작은별' 2곡을 만들어본다.

【코드】 file: src/ch5/mml/src/main.rs

```rust
mod mml_parser;
mod wav_writer;

fn main() {
    // 산토끼 ── (※1)
    let mml = format!("{}{}",
```

```rust
            "o4 l4 g l8 ee g e l4 cd l8 edce l4 gs",
            "o5 l8 c o4 l8 g o5 l8 c o4 g o5 c o4 g l4 e g l8 d fed l4 c");
    // 한 음씩 Vec<Note>에 추가 ── (※2)
    let notes = mml_parser::parse(mml);
    // WAV 파일로 저장 ── (※3)
    let bpm = 120.0;
    wav_writer::write("rabbit.wav", notes, bpm);

    // 작은별 ── (※4)
    let mml = format!("{}{}{}",
        "o5 l4 ccgg aal2g l4 ffee ddl2c",
        "l4 ggff eel2d l4 ggff eel2d",
        "l4 ccgg aal2g l4 ffee ddl2c"
    );
    let notes = mml_parser::parse(mml);
    let bpm = 120.0;
    wav_writer::write("twinkle_star.wav", notes, bpm);
}
```

프로젝트를 컴파일하고 실행하면 'rabbit.wav'와 'twinkle_star.wav' 2개의 WAV 파일이 생성된다.

```
$ cargo run
```

생성된 WAV 파일의 파형을 확인해보자. 음계별 파형이 다른 것을 확인할 수 있다.

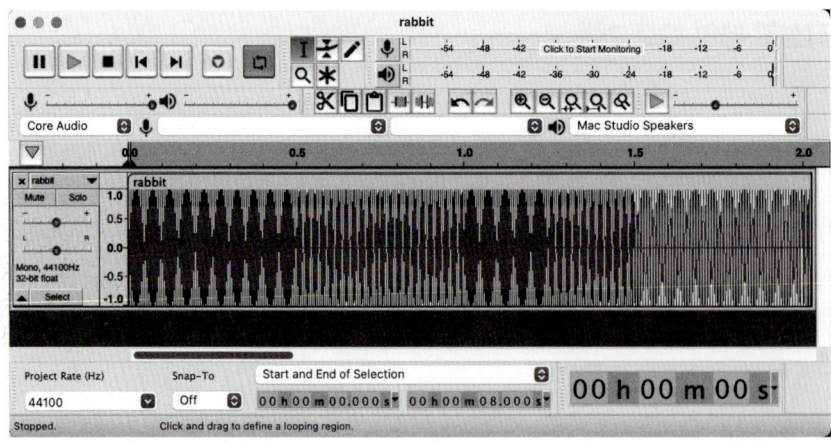

그림 5.10 산토끼 WAV 파일의 파형 확인

소스 코드를 확인해보자. 앞에서 만든 2개의 모듈 `mml_parser`와 `wav_writer`를 사용할 수 있도록 소스 코드의 가장 위에 mod 지시자로 모듈 이름을 지정했다.

(※1)은 산토끼를 MML 코드로 표현한 것이고 (※4)는 작은별을 MML 코드로 표현한 것이다. (※2)에서는 `mml_parser` 모듈의 `parser` 메서드를 이용해 MML 코드를 `Vec<Note>` 타입 데이터로 변환한다. 그리고 (※3)에서 `Vec<Note>` 타입 데이터를 실제 WAV 파일로 저장한다. 즉 다음과 같이 동작한다.

1. MML을 파싱해 Vec<Note> 타입 데이터로 변환(mml_parser::parse)
2. Vec<Note> 타입 데이터를 WAV 파일로 저장(wav_writer::write)

모듈 분리를 통해 동작을 명확하게 나눌 수 있기 때문에 쉽게 이해할 수 있다.

### 정리

- 사인파를 이용해 음을 표현할 수 있다.
- hound 크레이트를 이용해 사인파를 실제 WAV 파일로 만들 수 있다.
- MML 연주기를 만들었다.
- 메인 함수와 모듈을 분리해 구현하는 연습을 했다.
- 모듈별로 테스트 코드를 만들어 간단히 테스트를 할 수 있다.

Chapter 5 | 응용편 – 사진 / 음악 / 네트워크

# 80년대 게임 음원 만들기

앞의 섹션에서는 사인파를 이용해 간단한 음악을 만들었다. 이번 섹션에서는 다양한 파형을 이용해 8비트 게임기에서 사용하던 음색을 재현해본다.

**여기서 배우는 것**

- 톱니파
- 방형파
- 펄스파
- 삼각파
- 화이트 노이즈
- FM 음원

## 다양한 파형의 신디사이저 만들기

신디사이저는 다양한 음색을 표현할 수 있다. 음색의 차이는 파형으로 생긴다.

앞 섹션에서는 사인파만을 사용해 음악을 표현했다. 이 섹션에서는 다양한 파형을 이용해 음색을 표현해본다.

여기서는 80년대 아케이드 게임, PC 게임, 휴대용 게임기에서 이용되던 PSG(Progammable Sound Generator)와 FM 음원 같은 레트로 사운드를 내는 신디사이저를 만들어본다.

## 톱니파

사인파보다 단순한 계산으로 구할 수 있는 파형인 톱니파(sawtooth wave)는 경사각이 없는 톱날을 닮았다고 해서 이름이 이렇게 붙여졌다. 단일 톱니파는 램프파형(ramp waveform)으로 부른다. 톱니파는 밝은 음색을 띤다.

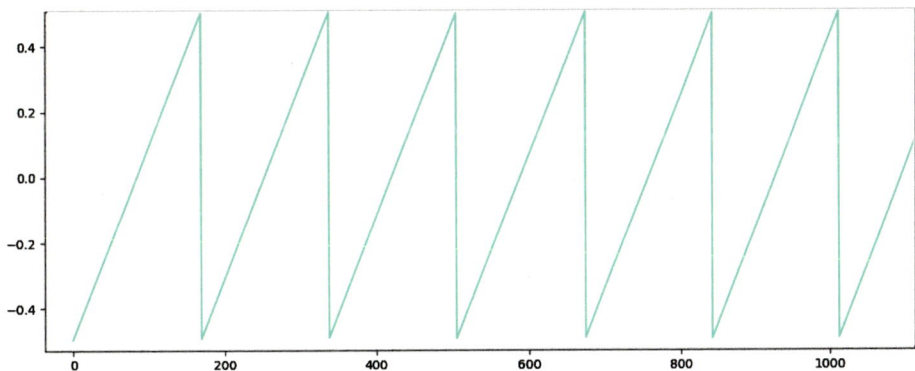

그림 5.11 톱니파의 파형

톱니파는 다음과 같은 계산식으로 만든다.

```
sawtooth(t) = t ÷ (샘플 레이트 ÷ 주파수) % 1.0
```

## 톱니파를 생성하는 프로그램

톱니파를 만드는 계산식을 이용해 음을 만들어본다. sawwave라는 프로젝트를 만들고 Cargo.toml에는 앞 섹션과 같이 hound 크레이트를 지정한다.

【코드】 file: src/ch5/sawwave/Cargo.toml

```
[package]
name = "sawwave"
version = "0.1.0"
edition = "2021"

[dependencies]
hound = "3.4.0"
```

main.rs에 메인 프로그램을 작성한다.

【코드】 file: src/ch5/sawwave/src/main.rs

```
use hound;
const SAMPLE_RATE: f32 = 44100.0;
```

```rust
fn main() {
    // WavWriter 생성 —— (※1)
    let spec = hound::WavSpec {
        channels: 1,
        sample_rate: SAMPLE_RATE as u32,
        bits_per_sample: 32,
        sample_format: hound::SampleFormat::Float,
    };
    let mut fw = hound::WavWriter::create(
        "saw.wav", spec).unwrap();
    // 톱니파로 음을 생성 —— (※2)
    let mut wav: Vec<f32> = vec![];
    let bpm = 120;
    wav.extend(sawtooth_wave(60, calc_len(bpm, 4), 0.5));
    wav.extend(sawtooth_wave(64, calc_len(bpm, 4), 0.5));
    wav.extend(sawtooth_wave(67, calc_len(bpm, 4), 0.5));
    // 파일로 쓰기 —— (※3)
    for v in wav.into_iter() {
        fw.write_sample(v).unwrap();
        println!("{}", v);
    }
}
// 노트 번호를 주파수로 변경 —— (※4)
fn noteno_to_hz(no: i32) -> f32 {
    440.0 * 2.0f32.powf((no-69) as f32 / 12.0)
}
// n 음표 샘플 수를 계산 —— (※5)
fn calc_len(bpm: usize, n: usize) -> usize {
    let base_len = (60.0 / bpm as f32) * SAMPLE_RATE;
    ((4.0 / n as f32) * base_len) as usize
}
// 톱니파 생성 —— (※6)
fn sawtooth_wave(noteno: i32, len: usize, gain: f32) -> Vec<f32> {
    let tone = noteno_to_hz(noteno); // 주파수 얻기
    let form_samples = SAMPLE_RATE / tone; // 주기 얻기
    let mut wav:Vec<f32> = vec![0.0; len];
    for i in 0..len {
```

```
        let pif = (i as f32 / form_samples) % 1.0;
        wav[i] = pif * 2.0 - 1.0;
    }
    // 음량 조절 ── (※7)
    wav.into_iter().map(|v| (v * gain) as f32).collect()
}
```

프로젝트를 빌드하고 실행하면 saw.wav 파일이 생성된다. 이 파일의 파형을 확인해보자.

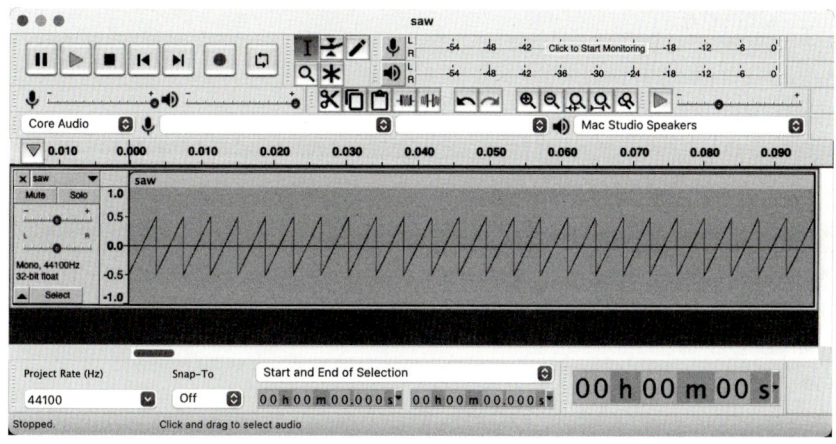

그림 5.12 생성된 'saw.wav' 파일의 파형 확인

(※1)에서는 WavWriter 객체를 설정한다. 앞의 섹션에서는 sample_format에 Int 타입을 지정했지만(hound::SampleFormat::Int) 여기서는 Float을 지정한다. WavSpec 구조체의 sample_format에 Float을 이용하면 부동 소수점 타입을 그대로 데이터에 쓸 수 있다.

(※2)에서는 Vec<f32> 타입 변수 wav를 초기화한다. 그리고 (※6)에서 정의한 sawtooth_wave 함수를 사용해 지정한 음정과 음 길이, 음량을 가지는 톱니파를 생성해 extend 메서드로 wav 변수에 추가한다. 생성한 톱니파는 (※3)에서 파일로 저장된다. 노트 번호의 60은 도, 64는 미, 67은 솔이다.

(※4)는 노트 번호를 주파수로 변경하는 함수다. (※5)는 BPM을 바탕으로 n분 음표의 길이를 표현하기 위해 얼만큼의 데이터를 써야 하는지 계산하는 함수다.

(※6)은 톱니파를 만드는 함수다. 지정한 음계를 재현하기 위해서는 얼만큼의 샘플이 필요한지 계산해 그 주기를 표현한다.

(※7)은 음량을 조절하는 부분이다. 파형을 유지한 채로 볼륨을 변경하려면 파형 데이터에 특정 값을 곱한다. 여기서 인수 gain에 0.0부터 1.0까지의 값을 지정해 볼륨을 낮출 수 있다.

## 파이썬에서 파형 표시하기

생성한 파형을 눈으로 보는 프로그램을 만들어보자. 파이썬의 matplotlib 패키지를 이용하면 쉽게 그래프를 표시할 수 있다. matplotlib을 먼저 설치한다.

```
$ pip install matplotlib
```

실제 프로그램을 만들어보자.

[코드] file: src/ch5/plot.py

```python
#!/usr/bin/env python3
import numpy as np, sys
from matplotlib import pyplot as plt
if len(sys.argv) < 2: quit()
# read file
x, y = ([], [])
lines = open(sys.argv[1], "r").read().split("\n")
for i, v in enumerate(lines):
    if v != '':
        y.append(float(v))
        x.append(i)
    if i > 1500: break
plt.plot(x, y)
plt.show()
```

앞에서 만든 sawwave 프로젝트는 파일을 만들 때 동일한 데이터를 텍스트로도 출력한다. 다음 명령으로 이 텍스트 데이터를 파일로 만든다.

```
$ cargo run > wave.txt
```

만들어진 wave.txt 파일을 plot.py가 있는 디렉터리로 복사한 뒤 plot.py를 실행해보자.

```
$ python plot.py wave.txt
```

새로운 창에 다음과 같이 파형 그래프가 표시된다. 여기서는 파형을 확인할 수 있는 정도로 하기 위해 1500개의 데이터만을 그렸다.

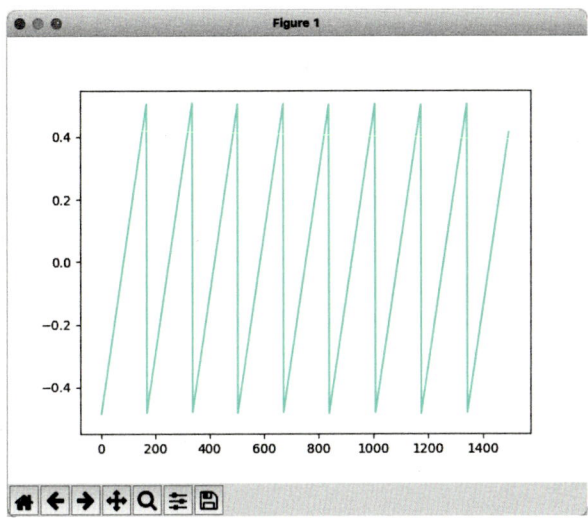

그림 5.13 plot.py로 파형 확인

## 방형파

방형파(Square wave)는 클라리넷의 파형에 가까운 음색을 띤다. 방형파는 다음과 같이 각진 모양이 연속으로 나타난다.

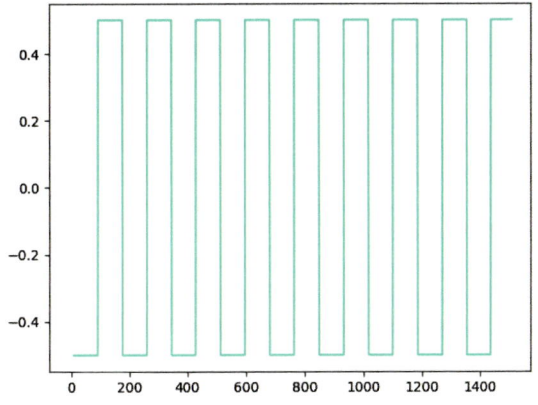

그림 5.14 방형파

방형파는 톱니파와 동일한 계산 방식을 이용하지만 반올림을 이용해 -1.0 또는 1.0으로 출력하도록 한다.

## 방형파를 생성하는 프로그램

방형파를 만드는 계산식을 이용해 음을 만들어본다. `squarewave`라는 프로젝트를 만들고 `Cargo.toml`에는 앞 섹션과 같이 hound 크레이트를 지정한다.

【코드】file: src/ch5/squarewave/Cargo.toml

```toml
[package]
name = "squarewave"
version = "0.1.0"
edition = "2021"

[dependencies]
hound = "3.4.0"
```

`main.rs`에 메인 프로그램을 작성한다.

【코드】file: src/ch5/squarewave/src/main.rs

```rust
use hound;
const SAMPLE_RATE: f32 = 44100.0;
fn main() {
    // WavWriter 생성 ── (※1)
    let spec = hound::WavSpec {
        channels: 1,
        sample_rate: SAMPLE_RATE as u32,
        bits_per_sample: 32,
        sample_format: hound::SampleFormat::Float,
    };
    let mut fw = hound::WavWriter::create(
        "sq.wav", spec).unwrap();
    // 방형파로 음 생성 ── (※2)
    let mut wav: Vec<f32> = vec![];
    let bpm = 120;
    // 멜로디 생성 ── (※3)
    [60,64,67,64, 60,64,67,72].iter().for_each(|no| {
```

```
            wav.extend(square_wave(*no, calc_len(bpm, 8), 0.5));
        });
        // 파일로 쓰기
        for v in wav.into_iter() {
            fw.write_sample(v).unwrap();
            println!("{}", v);
        }
    }
    fn noteno_to_hz(no: i32) -> f32 {
        440.0 * 2.0f32.powf((no-69) as f32 / 12.0)
    }
    fn calc_len(bpm: usize, n: usize) -> usize {
        let base_len = (60.0 / bpm as f32) * SAMPLE_RATE;
        ((4.0 / n as f32) * base_len) as usize
    }
    // 방형파 생성 함수 ── (※4)
    fn square_wave(noteno: i32, len: usize, gain: f32) -> Vec<f32> {
        let tone = noteno_to_hz(noteno); // 주파수
        let form_samples = SAMPLE_RATE / tone; // 주기
        let mut wav:Vec<f32> = vec![0.0; len];
        // 방형파 주기 반올림
        let half_fs = (form_samples / 2.0) as usize;
        for i in 0..len {
            let hl = (i / half_fs) % 2;
            wav[i] = if hl == 0 { -1.0 } else { 1.0 };
        }
        // 음량 조절
        wav.into_iter().map(|v| (v * gain) as f32).collect()
    }
```

프로젝트를 빌드하고 실행하면 **sq.wav** 파일이 생성된다. 이 파일에는 '도미솔미도미솔도'라는 멜로디가 들어있다.

소스 코드를 확인해보자. (※1)은 WavWriter 객체를 생성하는 부분이다. (※2)에서는 Vec<f32> 타입 변수 wav를 초기화한다. (※3)에서는 멜로디를 생성하기 위해 노트 번호를 배열로 만들고 반복자로 만들어 한 음씩 방형파 데이터로 만든다. (※4) 방형파 생성 함수는 톱니파의 계산과 동일한 계산을 수행한 뒤 그 값에 따라 −1.0 또는 1.0 중 하나를 출력해 방형파를 생성한다. 방형파를 생성한 뒤 마지막에 **gain** 값을 이용해 음량을 조절한다.

이 프로그램의 (※3) 부분에서 여러 개의 노트를 연속해서 이용하기 위해 배열을 이용했다. 이때 반복자와 for_each 메서드를 이용했다. 물론 for 문을 이용할 수도 있지만 이렇게 for_each 메서드가 더 편하게 쓸 수 있는 경우도 있기에 소개해둔다. for 문을 이용한다면 다음과 같이 쓴다.

```
let notes = [60,64,67,64, 60,64,67,72];
for no in notes {
    // 노트를 하나씩 처리
    wav.extend(square_wave(no, calc_len(bpm, 8), 0.5));
}
```

## 삼각파

삼각파는 이등변 삼각형 형태로 만들어지는 파형이다. 약간 둥근 느낌의 음색이며 저음을 표현하기에 베이스(bass) 표현으로 잘 사용된다.

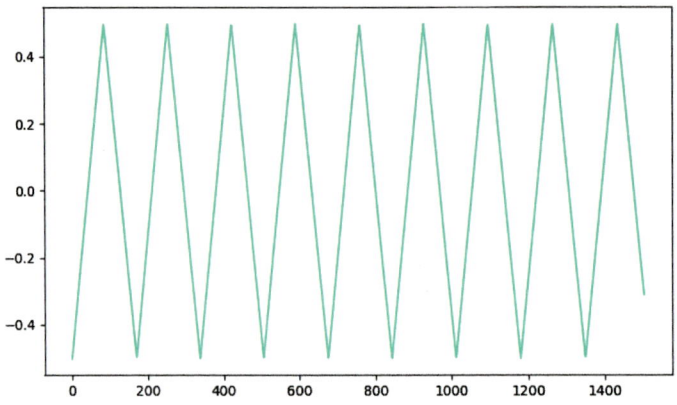

그림 5.15 삼각파의 파형

삼각파도 톱날파 계산식을 바탕으로 한다.

### 삼각파를 생성하는 프로그램

삼각파를 만드는 계산식을 이용해 음을 만들어본다. trianglewave라는 프로젝트를 만들고 Cargo.toml에는 앞 섹션과 같이 hound 크레이트를 지정한다.

【코드】 file: src/ch5/trianglewave/Cargo.toml

```toml
[package]
name = "trianglewave"
version = "0.1.0"
edition = "2021"

[dependencies]
hound = "3.4.0"
```

main.rs에 메인 프로그램을 작성한다.

【코드】 file: src/ch5/trianglewave/src/main.rs

```rust
use hound;
const SAMPLE_RATE: f32 = 44100.0;
fn main() {
    // WavWriter 생성 ── (※1)
    let spec = hound::WavSpec {
        channels: 1,
        sample_rate: SAMPLE_RATE as u32,
        bits_per_sample: 32,
        sample_format: hound::SampleFormat::Float,
    };
    let mut fw = hound::WavWriter::create(
        "tri.wav", spec).unwrap();
    // 방형파로 음 생성 ── (※2)
    let mut wav: Vec<f32> = vec![];
    let bpm = 120;
    [60,64,67,64, 60,64,67,72].iter().for_each(|no| {
        wav.extend(tri_wave(*no, calc_len(bpm, 8), 0.5));
    });
    // 파일로 쓰기
    for v in wav.into_iter() {
        fw.write_sample(v).unwrap();
        println!("{}", v);
    }
}
fn noteno_to_hz(no: i32) -> f32 {
```

```
        440.0 * 2.0f32.powf((no-69) as f32 / 12.0)
}
fn calc_len(bpm: usize, n: usize) -> usize {
    ((4.0 / n as f32) *
     (60.0 / bpm as f32) * SAMPLE_RATE) as usize
}
// 삼각파 생성 함수 ── (※3)
fn tri_wave(noteno: i32, len: usize, gain: f32) -> Vec<f32> {
    let tone = noteno_to_hz(noteno); // 주파수
    let form_samples = SAMPLE_RATE / tone; // 주기
    let mut wav:Vec<f32> = vec![0.0; len];
    let half_fs = form_samples / 2.0; //주기를 절반으로 나눔
    for i in 0..len {
        let hi = i as f32 / half_fs;
        let mut v: f32 = 2.0 * (hi % 1.0) - 1.0;
        let is_climbing = hi.floor() as usize % 2 == 0;
        v = if is_climbing { v } else { -v };
        wav[i] = v;
    }
    // 음량 조절
    wav.into_iter().map(|v| (v * gain) as f32).collect()
}
```

이 프로젝트를 실행하면 tri.wav라는 파일이 생성된다. 멜로디는 방형파와 마찬가지로 '도미솔미도미솔도'다.

방형파와 내용은 거의 같으므로 다른 부분에 대해서만 짚고 넘어간다. 삼각파 생성 함수를 살펴보면 톱날파의 절반을 임곗값으로 해 절반 이상이 되는 경우 하강하게끔 마이너스 부호를 붙이는 처리를 추가했다. 이 처리로 인해 이등변 삼각형이 만들어지는 것이다.

## 화이트 노이즈

80년대 게임 음악에서 노이즈는 빠지지 않는 요소다. 효과음에 사용되는 것은 물론 리듬에 맞춰 짧게 소리를 내면 드럼의 스네어나 하이햇 음으로도 이용할 수 있다.

화이트 노이즈를 만드는 것은 간단하다. 랜덤 값으로 채워넣으면 화이트 노이즈가 된다. 파형을 확인해봐도 불규칙한 그래프만을 볼 수 있다.

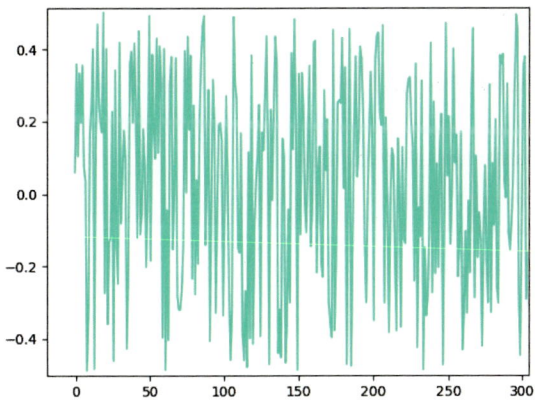

그림 5.16 화이트 노이즈 파형

## 노이즈를 생성하는 프로그램

화이트 노이즈를 만들기 위해서는 난수를 이용하므로 hound 크레이트 외에도 rand 크레이트를 사용한다. noise라는 프로젝트를 만들고 Cargo.toml 파일에 다음과 같이 hound, rand 크레이트를 추가한다.

【코드】 file: src/ch5/noise/Cargo.toml

```
[package]
name = "noise"
version = "0.1.0"
edition = "2021"

[dependencies]
hound = "3.4.0"
rand = "0.8.4"
```

노이즈를 만들 main.rs에 메인 프로그램을 작성한다.

【코드】 file: src/ch5/noise/src/main.rs

```
use hound;
use rand::prelude::*;
const SAMPLE_RATE: f32 = 44100.0;
fn main() {
    // WavWriter 생성
```

```rust
    let spec = hound::WavSpec {
        channels: 1,
        sample_rate: SAMPLE_RATE as u32,
        bits_per_sample: 32,
        sample_format: hound::SampleFormat::Float,
    };
    let mut fw = hound::WavWriter::create(
        "noise.wav", spec).unwrap();
    // 노이즈 생성
    let mut wav: Vec<f32> = vec![];
    let bpm = 120;
    // 생성 ── (※1)
    // 풀 레인지(full range) 노이즈 생성
    wav.extend(noise(2.0, -1.0, calc_len(bpm, 2)));
    // 0.8에서 1.0 사이의 노이즈 생성
    wav.extend(noise(0.2, 0.8, calc_len(bpm, 2)));
    // -1.0에서 -0.2 사이의 노이즈 생성
    wav.extend(noise(0.8, -1.0, calc_len(bpm, 2)));
    // 파일로 저장
    for v in wav.into_iter() {
        fw.write_sample(v).unwrap();
        println!("{}", v);
    }
}
fn calc_len(bpm: usize, n: usize) -> usize {
    ((4.0 / n as f32) *
      (60.0 / bpm as f32) * SAMPLE_RATE) as usize
}
// 노이즈 생성 함수 ── (※2)
fn noise(range: f32, shift: f32, len: usize) -> Vec<f32> {
    let mut wav:Vec<f32> = vec![0.0; len];
    let mut rng = rand::thread_rng();
    for i in 0..len {
        wav[i] = rng.gen::<f32>() * range + shift;
    }
    // 음량 조절
    let gain = 0.5;
    wav.into_iter().map(|v| (v * gain) as f32).collect()
}
```

올바르게 실행됐다면 noise.wav 파일이 생성된다. 재생해보면 3종류의 서로 다른 노이즈가 재생된다.

소스 코드를 확인해보자. (※1)에서 노이즈 값을 설정해 노이즈를 생성한다. 여기서 어느 정도 특성을 지정할 수 있다. 무작위로 생성되는 노이즈라도 생성하는 난수의 범위를 조절해 다른 노이즈를 만들 수 있다.

(※2)는 노이즈를 만들어내는 함수다. 지정한 샘플 수만큼 Vec<f32> 타입 랜덤 값을 생성하고 마지막에 gain을 이용해 음량을 조절한다.

## 펄스파

펄스파는 방형파의 변종이다. 방형파는 그래프 비율이 1:1이지만 펄스파는 4:6 또는 2:8로 변경해 음색을 만든다. 비율을 바꿔 음색의 변화를 줄 수 있다. 다음은 비율이 3:7인 펄스 파형이다.

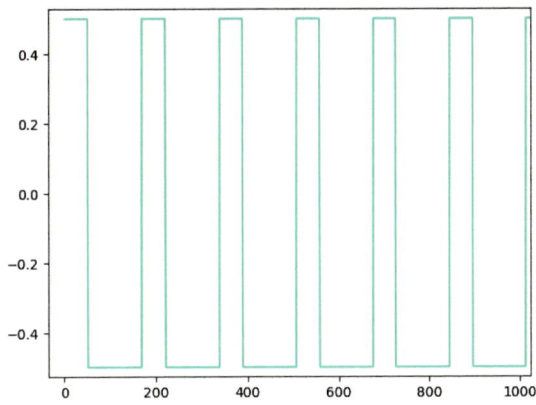

그림 5.17 펄스파

### 펄스파를 생성하는 프로그램

펄스파는 방형파를 만드는 공식을 조금 변형해서 만들 수 있다. pulsewave라는 프로젝트를 만들고 Cargo.toml에 hound 크레이트를 추가한다.

[코드] file: src/ch5/pulsewave/Cargo.toml

```
[package]
name = "pulsewave"
version = "0.1.0"
```

```toml
edition = "2021"

[dependencies]
hound = "3.4.0"
```

노이즈를 만들 main.rs에 메인 프로그램을 작성한다.

**[코드]** file: src/ch5/pulsewave/src/main.rs

```rust
use hound;
const SAMPLE_RATE: f32 = 44100.0;

fn main() {
    // WavWriter 생성
    let spec = hound::WavSpec {
        channels: 1,
        sample_rate: SAMPLE_RATE as u32,
        bits_per_sample: 32,
        sample_format: hound::SampleFormat::Float,
    };
    let mut fw = hound::WavWriter::create(
        "pulse.wav", spec).unwrap();
    // 노이즈 생성
    let mut wav: Vec<f32> = vec![];
    let bpm = 120;
    // Duty 비율을 바꿔 펄스파 생성 ── (※1)
    [0.3, 0.1, 0.7, 0.5].iter().for_each(|duty| {
        [60,64,67,72].iter().for_each(|no| {
            wav.extend(pulse(
                *no, calc_len(bpm, 4), 0.5, *duty));
        });
    });
    // 파일로 저장
    for v in wav.into_iter() {
        fw.write_sample(v).unwrap();
        println!("{}", v);
    }
}
fn noteno_to_hz(no: i32) -> f32 {
```

```rust
        440.0 * 2.0f32.powf((no-69) as f32 / 12.0)
}
fn calc_len(bpm: usize, n: usize) -> usize {
    ((4.0 / n as f32) *
    (60.0 / bpm as f32) * SAMPLE_RATE) as usize
}
// 펄스파 생성 함수 ── (※2)
fn pulse(no: i32, len: usize, gain: f32, duty: f32) -> Vec<f32> {
    let tone = noteno_to_hz(no); // 주파수
    let form_samples = SAMPLE_RATE / tone; // 주기
    let mut wav:Vec<f32> = vec![0.0; len];
    for i in 0..len {
        let saw = (i as f32 / form_samples) % 1.0;
        wav[i] = if saw > duty { -1.0 } else { 1.0 };
    }
    // 음량 조절
    wav.into_iter().map(|v| (v * gain) as f32).collect()
}
```

프로그램을 실행하면 `pulse.wav`라는 파일이 생성된다. 플레이어로 재생해보면 비율이 바뀐 '도미솔도'를 연속으로 들을 수 있다.

소스 코드를 확인해보자. (※1)에서 펄스파 비율을 바꿔가며 도미솔도 음을 만들어낸다. (※2)는 펄스파 생성 함수로 Duty 비율에 따라 파형의 넓이를 다르게 생성한다. 생성된 WAV 파일에서 그래프를 확인해보면 음에 따라 Duty 비율이 달라진 것을 알 수 있다.

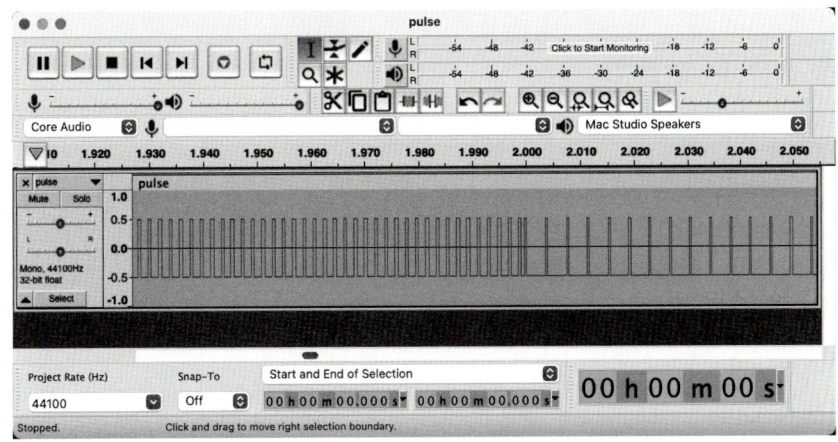

그림 5.18 pulse.wav 파일의 파형 확인

## FM 음원

FM(Frequency Modulation)이란 주파수 변조를 의미한다. 파형을 다른 파형으로 변조해 음을 합성하는 방식이다. 야마하가 FM 방식 특허를 취득해 개발한 FM 음원 칩은 1980년대 다양한 게임기와 컴퓨터에 내장됐다. 현재는 특허가 만료돼 FM 방식을 이용한 다양한 신디사이저가 개발되고 있다.

FM 합성 신호 파형은 다음과 같은 계산식으로 표현할 수 있다.

```
FM(t) = A sin (2π * fc * t + β sin (2π * fm * t))
```

사인파를 만들고 그 파형을 이용해 사인파를 생성하는 형태다. 이를 통해 단조로운 사인파가 아니라 보다 복잡하고 특징적인 음색을 합성할 수 있다.

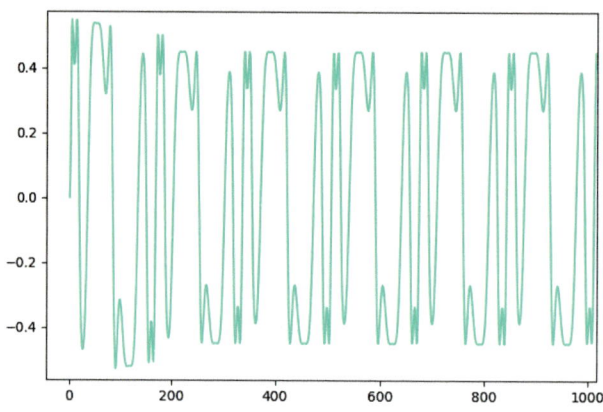

그림 5.19 FM 합성 파형

### FM 음원을 생성하는 프로그램

'fm_synth'라는 프로젝트를 만들고 Cargo.toml에 hound 크레이트를 추가한다.

【코드】 file: src/ch5/fm_synth/Cargo.toml

```
[package]
name = "fm_synth"
version = "0.1.0"
edition = "2021"
```

```
[dependencies]
hound = "3.4.0"
```

FM 음원이므로 매개변수를 변경해 다양한 음색이 나오도록 구현했다. 프로그램도 조금 길어지므로 파형을 생성하는 `make_fm` 함수와 메인 프로그램 2개의 파일로 나눠 구현했다. 먼저 fm 생성 모듈을 구현한다.

【코드】 file: src/ch5/fm_synth/src/fm.rs

```rust
use std::f32::consts::PI;
pub const SAMPLE_RATE: f32 = 44100.0;
// 노트 구조체 정의 ── (※1)
pub struct Note {
    pub no: i32, // 노트 번호
    pub len: isize, // 음 길이
    pub gain: f32, // 음량
    pub params: (f32, f32), // 음색 매개변수
}
// FM 방식 파형 생성 ── (※2)
pub fn make_fm(track: &mut Vec<f32>, note: Note) {
    let tone = noteno_to_hz(note.no); // 주파수
    let a = 2.0 * PI * tone / SAMPLE_RATE;
    let len = note.len as usize;
    let mut wav:Vec<f32> = vec![0.0; len];
    // 사인파 생성 ── (※3)
    for i in 0..(note.len as usize) {
        let t = i as f32;
        let sin1 = note.params.0 * (a * t).sin();
        let sin2 = note.params.1 * (a * t + sin1).sin();
        let sin3 = (a * t + sin2).sin();
        wav[i] = sin3;
    }
    // 음량 조절(ADSR) ── (※4)
    let a = 3; // Attack(상승)
    let d = a + 200; // Decay(감소)
    let s = 0.90; // Sustain(감소 후 유지)
    let r = (len as f32 * 0.4) as usize; // Release(여운)
    let w:Vec<f32> = wav.into_iter().enumerate().map(|(i, v)| {
```

```
            let v = (v * note.gain) as f32;
            if i < a { return i as f32 / a as f32 * v; }
            let v2 = v * s;
            if i < d {
                let dec = (1.0 - (i as f32 / d as f32)) *
                    (1.0 - s) * v.abs();
                return if v2 > 0.0 { v + dec } else { v - dec }
            }
            else if i > (len - r) {
                let i2 = i - (len - r);
                return (1.0 - i2 as f32 / r as f32) * v2
            }
            v2
        }).collect();
        track.extend(w);
}
pub fn calc_len(bpm: usize, n: usize) -> isize {
    ((4.0 / n as f32) *
     (60.0 / bpm as f32) * SAMPLE_RATE) as isize
}
fn noteno_to_hz(no: i32) -> f32 {
    440.0 * 2.0f32.powf((no-69) as f32 / 12.0)
}
```

(※1)에서 노트(음표) 구조체를 정의한다. 여기서는 파형을 쓰기 위해 노트 번호, 음 길이, 음량에 음색을 조절하는 매개변수 2개를 추가해 음을 합성할 함수에 전달할 매개변수가 많아졌기 때문에 구조체로 정의했다.

(※2) 부분에서 파형을 만드는 make_fm 메서드를 정의한다. (※3)이 FM 방식으로 사인파를 생성하는 부분이다. 앞에서 소개한 계산식에서는 sin 함수를 2개 이용했는데 여기서는 보다 복잡한 파형을 만들기 위해 sin 함수 3개를 이용했다.

(※4)는 보다 신디사이저처럼 만들기 위해 음 상승, 감소, 여운 등을 표현할 수 있게 엔벨로프[7] 조정 처리를 넣은 것이다. 여기서 흉내낸 것은 ADSR 엔벨로프로 시간이 흐름에 따라 Attack(소리 재생 시작) –

---

7 (옮긴이) 시간의 진행에 따른 타깃의 변화의 양상을 엔벨로프(envelope)라고 부른다. 모든 소리는 고유한 음량 변화의 패턴(엔벨로프)을 가진다. 이는 음색에 큰 영향을 끼친다.

Decay(소리 크기가 작아짐) – Sustain(소리 크기가 일정하게 유지됨) – Release(소리가 점점 줄어들어 조용해질 때까지의 단계)의 단계로 변화하는 것을 표현한다.

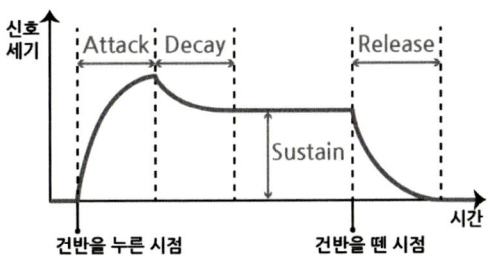

그림 5.20 ADSR 엔벨로프 조절

[코드] file: src/ch5/fm_synth/src/main.rs

```rust
mod fm;
use hound;
fn main() {
    // WavWriter 생성
    let spec = hound::WavSpec {
        channels: 1,
        sample_rate: fm::SAMPLE_RATE as u32,
        bits_per_sample: 32,
        sample_format: hound::SampleFormat::Float,
    };
    let mut fw = hound::WavWriter::create(
        "fm.wav", spec).unwrap();
    // 파형을 담을 track을 가변 변수로 선언 —— (※1)
    let mut track: Vec<f32> = vec![];
    let bpm = 120;
    let len = fm::calc_len(bpm, 4);
    // 음색 매개변수를 변경해가며 멜로디 생성 —— (※2)
    let params = [(4.5,2.0),(7.0,3.0),(3.0,2.0),(11.0,4.0)];
    for p in params {
        for note_no in [60,64,67,64, 60,64,67,72] {
            fm::make_fm(&mut track, fm::Note {
                no: note_no, len, gain: 0.5, params: p
            });
```

```
        }
    }
    // 파일로 저장
    for v in track.into_iter() {
        fw.write_sample(v).unwrap();
        println!("{}", v);
    }
}
```

main 함수에서는 음을 실제로 지정해서 파일로 출력한다. (※1)에서는 음을 담을 배열 변수 track을 선언하고 (※2)에서 음색과 노트를 지정해 각 음을 생성한다. params에 지정한 4개의 튜플은 신디사이저의 음색을 지정한 것이다. for 문으로 반복하며 4가지 음색의 멜로디를 만들게 된다.

프로젝트를 컴파일한 뒤 실행하면 fm.wav 파일이 생성된다. 4가지 음색의 '도미솔미도미솔도'를 들을 수 있다. 생성된 WAV 파일의 파형을 보면 다음과 같다. 지금까지 봐온 파형과는 다르게 복잡한 파형을 그리는 것을 확인할 수 있다.

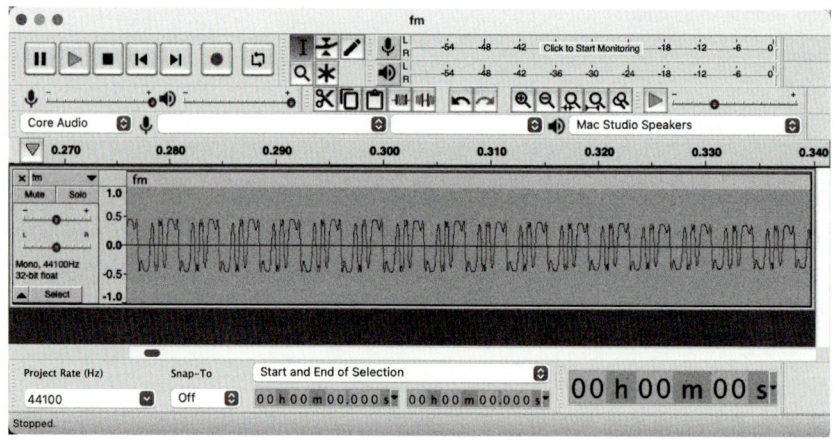

그림 5.21 'fm.wav'의 파형

## 정리

- 파형에 따라 음색이 달라진다.
- 톱니파, 방형파, 삼각파, 화이트 노이즈, 펄스파, FM 방식으로 파형을 생성하는 방법을 확인했다.
- hound 크레이트를 이용해 WAV를 생성할 때 f32 타입 데이터를 직접 쓸 수도 있다.
- 랜덤 값을 파형으로 만들면 화이트 노이즈를 생성할 수 있다.
- for 문 대신 배열의 반복자에 for_each 메서드를 이용하는 방법도 있다.

## Section 04 네트워크와 병렬 처리

이번 섹션에서는 네트워크와 관련된 프로그램을 만들어본다. 네트워크 프로그래밍은 반드시 병렬 처리로 구현해야 한다. 여기서는 병렬 처리와 스레드의 기본적인 사용 방법을 소개한다.

**여기서 배우는 것**
- 병렬 처리
- 스레드
- 스레드 간 통신

### 스레드란

기본적으로 PC에서 동작하는 운영체제(윈도우, 리눅스, macOS 등)는 여러 프로그램을 동시에 실행할 수 있게 설계돼 있다. OS의 각 프로세스가 상호 독립적으로 작동하도록 관리하기 때문이다. 각 프로세스는 독립된 메모리 영역을 할당받는다. '스레드(thread)'는 일반적으로 프로세스가 할당받은 자원을 이용하는 실행 단위를 말한다. 프로세스는 최소 1개의 스레드를 갖는다.

많은 프로그래밍 언어에서는 동시에 다른 처리를 할 수 있도록 스레드 기능을 제공한다. 러스트도 스레드 기능을 이용할 수 있다. 표준 라이브러리(std)의 thread가 스레드 기능을 사용할 수 있게 해주는 모듈이다.

스레드를 이용하는 프로그램을 만들어보자. 다음 프로그램을 실행하면 3개의 스레드가 생성돼 동시에 내부 명령이 처리된다.

【코드】 file: src/ch5/threadtest.rs

```rust
use std::{thread, time};

// 3초간 1초에 한 번 메시지를 표시하는 함수 ── (※1)
fn sleep_print(word: &str) {
    for i in 1..=3 {
        println!("{}: i={}", word, i);
        thread::sleep(time::Duration::from_millis(1000));
    }
}
```

```rust
}

fn main() {
    // 스레드를 이용하지 않는 경우 ── (※2)
    println!("--- 스레드 없음 ---");
    sleep_print("스레드 없음");

    // 스레드를 이용하는 경우 ── (※3)
    println!("--- 스레드 이용 ---");
    // 스레드 1
    thread::spawn(|| {
        sleep_print("토마토")
    });
    // 스레드 2
    thread::spawn(|| {
        sleep_print("스위스")
    });
    // 스레드 3
    thread::spawn(|| {
        sleep_print("별똥별")
    });
    // 메인 스레드
    sleep_print("기러기");
}
```

프로그램을 실행해 동작을 확인해보자.

```
$ rustc threadtest.rs && ./threadtest
--- 스레드 없음 ---
스레드 없음: i=1
스레드 없음: i=2
스레드 없음: i=3
--- 스레드 이용 ---
토마토: i=1
스위스: i=1
기러기: i=1
별똥별: i=1
토마토: i=2
```

```
별똥별: i=2
스위스: i=2
기러기: i=2
별똥별: i=3
토마토: i=3
스위스: i=3
기러기: i=3
```

프로그램의 동작과 소스 코드를 보며 확인해보자.

(※1)은 `for` 문과 `sleep` 함수를 이용해 1초에 한 번 메시지를 표시하는 함수다. '(단어): i = {초}' 형태다.

(※2) 부분은 지금까지 해온 것처럼 그냥 `println!` 매크로로 문자열을 출력하고 함수를 호출하는 형태다. `sleep_print`를 호출해 1초에 한 번씩 총 3번 메시지가 출력된다.

다음 (※3) 부분은 지금까지와는 조금 다르다. `thread::spawn` 함수를 이용해 스레드를 3개 만들어서 `sleep_print` 함수를 실행하고 메인 스레드에도 `sleep_print` 함수를 실행한다. 즉 총 4개의 스레드가 실행되는 것이다. 각 스레드는 동작 확인을 위해 이름을 붙였다. 메인 스레드는 '기러기', 그 외 스레드에는 '토마토', '스위스', '별똥별'이라는 이름을 붙여 실행한다. 동시에 실행되므로 실행 순서도 실행될 때마다 조금씩 달라지는 것을 알 수 있다.

이처럼 스레드를 이용하면 프로그램이 순서대로 실행되는 것이 아니라 동시에 실행된다.

스레드를 이용하는 프로그램은 다음과 같이 `thread::spawn` 함수의 인수에 클로저를 지정한다.

[서식] 스레드 생성
```
thread::spawn(클로저);
```

클로저를 이용하는 경우 클로저를 사용하는 함수 안에서 유효한 변수를 이용할 수 있다. 이것을 '환경 캡처'라고 한다. 캡처한 변수에서 소유권 이동이 필요한 경우 클로저에 `move`를 지정해 명시적으로 소유권을 이동해야 한다. 스레드를 다루는 프로세스에는 `move`를 지정하는 경우가 있다.

[서식] 스레드 안에서 사용할 변수의 소유권을 이동하는 경우
```
thread::spawn(move || {
    // 소유권 이동 처리
});
```

## 스레드 간 데이터를 안전하게 공유하는 방법

대부분의 프로그래밍 언어에서 멀티 스레드를 구현하는 것은 꽤 복잡하다. 복수의 스레드에서 동시에 '자원'에 접근해야 할 때 문제가 발생하기 때문이다. 예를 들어 메모리를 읽거나 파일 또는 네트워크 처리를 할 때 서로 다른 스레드에서 동시에 접근하면 경합 상태가 발생한다.

러스트에서는 복수의 스레드가 안전하게 데이터를 주고받기 위해 `mpsc` 채널 메커니즘을 사용한다. 기본적으로 스레드 간 데이터 전달은 `mpsc` 채널을 통해 이루어진다.

간단한 프로그램을 만들어 동작을 확인해보자. 다음 프로그램은 스레드를 2개 생성해서 1초마다 스레드 내에서 메인 스레드로 문자열 데이터를 전송한다. 메인 스레드와 다른 스레드가 데이터를 주고받을 때도 `mpsc`를 통해 데이터를 교환해야 한다.

【코드】 file: src/ch5/mpsctest.rs

```rust
use std::sync::mpsc;
use std::thread;
use std::time::Duration;

// 1초마다 메시지를 보내는 함수 ── (※1)
fn sleep_sender(name: &str, sender: mpsc::Sender<String>) {
    let whales = ["큰고래", "혹등고래", "향유고래", "남방큰돌고래", "북극고래"];
    for whale in whales {
        let msg = format!("{}: {}", name, whale);
        sender.send(msg).unwrap(); // 송신
        thread::sleep(Duration::from_millis(1000));
    }
    sender.send("quit".to_string()).unwrap();
}

fn main() {
    // 스레드 간 통신용 채널 ── (※2)
    let (tx, rx) = mpsc::channel::<String>();

    // 스레드 1 생성 ── (※3)
    let sender = tx.clone();
    thread::spawn(|| {
        sleep_sender("우영우", sender)
```

```
    });
    // 스레드 2 생성
    let sender = tx.clone();
    thread::spawn(|| {
        sleep_sender("이준호", sender)
    });
    // 스레드로부터 메시지를 반복해서 받음 ── (※4)
    loop {
        let buf = rx.recv().unwrap();
        println!("[수신] {}", buf);
        if buf == "quit" { break; }
    }
}
```

프로그램을 실행해 결과를 확인해보자.

```
$ rustc mpsctest.rs && ./mpsctest
[수신] 우영우: 큰고래
[수신] 이준호: 큰고래
[수신] 우영우: 혹등고래
[수신] 이준호: 혹등고래
[수신] 이준호: 향유고래
[수신] 우영우: 향유고래
[수신] 이준호: 남방큰돌고래
[수신] 우영우: 남방큰돌고래
[수신] 이준호: 북극고래
[수신] 우영우: 북극고래
[수신] quit
```

(※1)은 메인 스레드에 메시지를 전달하는 함수 sleep_sender를 정의한 것이다. 고래 종류를 1초에 하나씩 전달한다.

(※2)에서 스레드 간 통신용 채널을 생성한다. 스레드 간 통신을 위한 mpsc::channel 함수의 반환 값은 '(tx, rx)'로 tx가 데이터를 전송하는 Sender이고 rx가 데이터를 수신하는 Receiver다.

(※3)에서 스레드를 생성해 sleep_sender를 실행한다. 여기서는 알기 쉽게 '우영우'와 '이준호'라는 이름을 가진 스레드를 생성한다.

(※4)에서는 mpsc 채널에서 송신된 데이터를 수신해 출력한다. 만약 quit라는 메시지가 송신되면 loop 문을 빠져나오게 되며 프로그램이 종료된다.

## 스레드로 병렬 계산 처리

이번에는 조금 더 실용적인 예로 멀티 스레드를 이용해 병렬로 계산하는 프로그램을 만들어보자. 연속된 N번째의 피보나치 수를 구하는 프로그램이다.

먼저 스레드를 이용하지 않고 답을 구하는 프로그램을 만든 뒤 해당 소스를 변경해보자. 7개의 피보나치 수를 만드는 프로그램이다.

【코드】file: src/ch5/calc_single.rs

```rust
use std::time::Instant;
fn main() {
    // 구하려는 피보나치 수 목록
    let request_nums = [43, 42, 20, 39, 37, 35, 30];
    let start_time = Instant::now();
    // 순차적으로 계산
    for num in request_nums {
        let answer = fib(num);
        println!("[결과] fib({} 번째 수) = {}", num, answer);
    }
    show_time(start_time);
}
// 피보나치 수를 구하는 재귀함수
fn fib(n: i64) -> i64 {
    if n == 1 { return 0; }
    if n == 2 { return 1; }
    return fib(n - 2) + fib(n - 1);
}
fn show_time(start_time: Instant) {
    let elapsed = start_time.elapsed();
    println!("실행 시간 : {:?}", elapsed);
}
```

컴파일 후 실행해보자. 애플 M1 프로 CPU(10코어)에서 4.1초가 걸렸다.

```
$ rustc calc_single.rs && ./calc_single
[결과] fib(43 번째 수) = 267914296
[결과] fib(42 번째 수) = 165580141
[결과] fib(20 번째 수) = 4181
[결과] fib(39 번째 수) = 39088169
[결과] fib(37 번째 수) = 14930352
[결과] fib(35 번째 수) = 5702887
[결과] fib(30 번째 수) = 514229
실행 시간 : 4.157355541s
```

이어서 스레드를 이용하도록 소스 코드를 변경한다. 다음은 스레드를 이용하도록 변경한 소스 코드다. 메인 스레드로부터 계산 실행용 스레드가 실행되고 mpsc 채널로 계산 결과를 받는다.

【코드】 file: src/ch5/calc_multi.rs

```rust
use std::sync::mpsc;
use std::thread;
use std::time::{Instant, Duration};

fn main() {
    // 구하려는 피보나치 수 목록
    let request_nums = [43, 42, 20, 39, 37, 35, 30];
    let start_time = Instant::now();
    // 스레드 간 통신 채널 생성 ── (※1)
    let (tx, rx) = mpsc::channel::<(i64,i64)>();
    // 연속해서 스레드를 생성해 계산 수행 ── (※2)
    for num in request_nums {
        let sender = tx.clone();
        thread::spawn(move || {
            let answer = fib(num);
            sender.send((num, answer)).unwrap();
        });
    }
    // 생성한 스레드의 수 구하기 ── (※3)
    let mut job = request_nums.len();
    // 계산 결과 얻기 ── (※4)
    loop {
        if let Ok((arg, answer)) = rx.recv() {
```

```
            job -= 1;
            println!("[결과] fib({} 번째 수) = {} (남은 계산={})",
                arg, answer, job);
            if job <= 0 {
                show_time(start_time);
                break;
            }
        }
        thread::sleep(Duration::from_millis(300));
    }
}
// 피보나치 수를 구하는 재귀함수
fn fib(n: i64) -> i64 {
    if n == 1 { return 0; }
    if n == 2 { return 1; }
    return fib(n-2) + fib(n-1);
}
fn show_time(start_time: Instant) {
    let elapsed = start_time.elapsed();
    println!("실행 시간 : {:?}", elapsed);
}
```

프로그램을 실행해보면 시간이 거의 절반 가까이 줄어들었다. 멀티 스레드를 이용했기 때문이다.

```
$ rustc calc_multi.rs && ./calc_multi
[결과] fib(20 번째 수) = 4181 (남은 계산=6)
[결과] fib(30 번째 수) = 514229 (남은 계산=5)
[결과] fib(35 번째 수) = 5702887 (남은 계산=4)
[결과] fib(37 번째 수) = 14930352 (남은 계산=3)
[결과] fib(39 번째 수) = 39088169 (남은 계산=2)
[결과] fib(42 번째 수) = 165580141 (남은 계산=1)
[결과] fib(43 번째 수) = 267914296 (남은 계산=0)
실행 시간 : 2.286988667s
```

소스 코드를 확인해보자. (※1)에서 스레드 간 통신을 수행할 mpsc 채널을 생성한다. 이 프로그램에서는 'N번째, 계산 결과'의 튜플 데이터를 송수신할 예정이므로 channel::<(i64, i64)>()를 지정했다.

(※2)에서는 `for` 문을 사용해 연속해서 스레드를 생성해 계산을 수행한다. 스레드가 만들어지면 `fib` 함수를 호출해 계산을 수행하고 계산 결과를 메인 스레드로 전송한다. (※3)은 몇 개의 스레드가 실행됐는지 구한다.

(※4)는 `loop` 문을 이용해 모든 계산 결과를 받을 때까지 `mpsc`로부터 데이터를 수신받는다. `recv` 메서드를 호출해 결과가 Ok라면 스레드에서 데이터를 수신해 출력하고, 전체 작업이 끝나면 실행 시간을 출력하고 프로그램을 종료한다.

기동한 스레드를 명시적으로 종료하려면 `thread::spawn` 함수의 반환 값(`JoinHandle` 타입)에 `join` 메서드를 이용한다.

### 정리

- 스레드를 이용해 동시 처리를 할 수 있다.
- 러스트에서는 `thread::spawn`으로 스레드를 만들 수 있다.
- 스레드에서 실행할 처리는 `thread::spawn`에 클로저로 지정한다.
- 스레드 간 데이터 통신은 `mpsc`를 이용한다.
- 멀티 스레드를 이용해 프로그램의 속도(효율)를 높일 수 있다.

Chapter 5 | 응용편 – 사진 / 음악 / 네트워크

# Section 05 간이 채팅 프로그램 만들기

앞 섹션에서는 스레드의 기본적인 사용 방법을 배웠다. 이번 섹션에서는 스레드를 응용해 명령줄 환경에서 사용할 수 있는 간단한 채팅 프로그램을 만들어본다. 채팅을 구현하려면 서버와 클라이언트 프로그램이 각각 필요하다.

**여기서 배우는 것**
- 채팅 프로그램
- 소켓
- 스레드 간 통신

## 간이 채팅 서비스

이 섹션에서는 다음과 같이 명령줄에서 간단하게 메시지를 주고받는 채팅 프로그램을 만든다.

그림 5.22 메신저(좌측 상단부터 서버, 클라이언트 1, 클라이언트 2, 클라이언트 3)

## 스레드 사용

앞에서는 스레드 간 통신을 다뤘으나 이번에는 서버와 클라이언트 간 통신을 이용해 채팅 프로그램을 구현한다.

### 채팅 프로그램 구조

채팅 프로그램을 구현하려면 서버와 다수의 클라이언트가 접속하는 서버-클라이언트 모델을 만들어야 한다. 서버-클라이언트 모델은 다음과 같이 구성돼 있다.

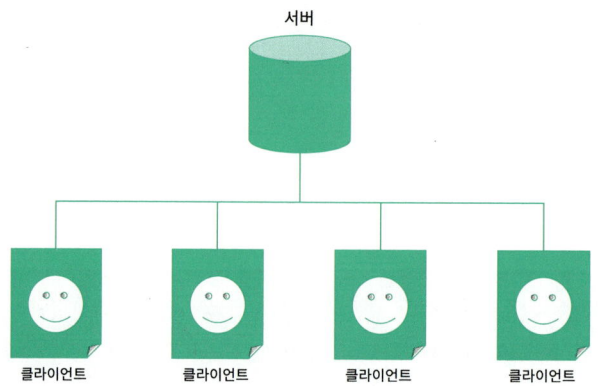

그림 5.23 서버-클라이언트 모델

채팅 프로그램은 1개의 서버에 여러 클라이언트가 접속한다. 그리고 클라이언트가 메시지를 보내면 서버는 그 메시지를 중계해 접속 중인 전체 클라이언트로 보낸다. 이렇게 각 클라이언트는 서로 메시지를 주고받을 수 있다.

예를 들어 A, B, C 3사람이 채팅에 참가한다면 B가 보낸 '안녕하세요'라는 메시지는 서버로 전송되고, 서버는 이 메시지를 전체 클라이언트로 전달한다. 클라이언트 프로그램은 받은 메시지를 자신의 화면으로 출력한다. 이런 처리 과정을 거쳐 채팅에 참가한 모든 사람은 B가 보낸 '안녕하세요'라는 메시지를 볼 수 있다.

## 채팅 서버

먼저 채팅 서버부터 만들어본다. 채팅 서버의 구조는 다음 그림과 같다.

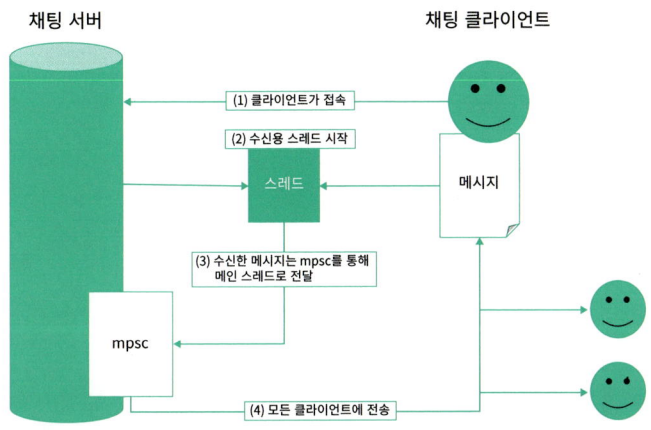

그림 5.24 채팅 서버 구조

클라이언트가 접속을 하면(1) 서버는 메시지 수신용 스레드를 실행한다(2). 메시지 수신용 스레드는 메시지가 전송되는 것을 기다리다가 메시지가 전송되면 mpsc를 이용해 서버의 메인 스레드로 받은 메시지를 전달한다(3). 메인 스레드는 mpsc로 받은 메시지를 접속한 모든 클라이언트로 보낸다(4).

실제 프로그램을 통해 이 동작을 확인해보자.

【코드】 file: src/ch5/chat_server.rs

```rust
use std::net::{TcpListener, TcpStream};
use std::io::{BufReader,BufRead,Write};
use std::thread;
use std::sync::mpsc;
use std::time::Duration;

fn main() {
    // 서버 주소와 포트 번호 지정 ── (※1)
    let server_addr = "127.0.0.1:8888";
    // 스레드 간 통신 준비 ── (※2)
    let (tx, rx) = mpsc::channel::<String>();
    // 클라이언트 목록 저장용 변수 선언 ── (※3)
```

```rust
    let mut clients: Vec<TcpStream> = Vec::new();

    // 서버 시작 ── (※4)
    let server = TcpListener::bind(server_addr).expect("서버 실행 실패");
    server.set_nonblocking(true).expect("알 수 없는 에러");
    println!("{}에서 서버가 실행 중입니다.", server_addr);

    // 메인 스레드 loop 문 ── (※5)
    loop {
        // 클라이언트 접속 처리 ── (※6)
        if let Ok((client, addr)) = server.accept() {
            println!("클라이언트 접속: {}", addr);
            clients.push(client.try_clone().unwrap());
            start_thread(client, tx.clone());
        }
        // 스레드 간 통신 대기 ── (※7)
        if let Ok(msg) = rx.try_recv() {
            println!("전원에게 보내기 : {}", msg.trim());
            clients = send_all(clients, &msg);
        }
        thread::sleep(Duration::from_millis(100));
    }
}
// 클라이언트가 보내는 메시지 수신 스레드 ── (※8)
fn start_thread(client: TcpStream, tx: mpsc::Sender<String>) {
    let mut reader = BufReader::new(client);
    thread::spawn(move || loop {
        // 메시지 수신 대기 ── (※9)
        let mut msg = String::new();
        if let Ok(n) = reader.read_line(&mut msg) {
            // 수신한 메시지를 메인 스레드로 전달 ── (※10)
            if n > 0 { tx.send(msg).unwrap(); }
        }
        thread::sleep(Duration::from_millis(100));
    });
}
// 모든 클라이언트에 메시지 전송 ── (※11)
fn send_all(clients: Vec<TcpStream>, s: &str) -> Vec<TcpStream> {
    let mut collector = vec![];
```

```rust
    for mut socket in clients.into_iter() {
        // 문자열을 바이트열로 변환해 전송 ── (※12)
        let bytes = String::from(s).into_bytes();
        if let Err(e) = socket.write_all(&bytes) {
            println!("전송 에러 : {}", e);
            continue;
        }
        collector.push(socket); // 소유권 회수
    }
    collector // 소유권 반환
}
```

먼저 (※1)에서 서버의 주소와 수신용 포트번호를 지정한다. 이 채팅 서버는 로컬호스트 127.0.0.1에서 8888번 포트로 동작한다.

(※2)에서 스레드 간 메시지 통신용 `mpsc` 채널을 생성한다. 이 프로그램에서는 스레드에서 '메시지'를 전달하므로 `String` 타입으로 지정한다.

(※3)은 접속한 클라이언트를 저장하기 위한 벡터 변수다. 전체 메시지를 전달할 때는 이 변수를 이용한다. (※4)는 서버를 기동하는 부분이다. (※1)에서 지정한 주소와 포트를 이용해 네트워크 트래픽을 받아들일 수 있게 한다. 참고로 한 서버에서 동일한 포트를 2개 이상 이용할 수 없으므로 PC에서 8888번 포트를 이용하고 있다면 다른 포트로 변경해야 한다.

TCP 소켓 서버는 러스트 표준 모듈 `std::net`의 `TcpListener`를 이용해서 구축할 수 있다. 서버는 `bind` 함수에 서버 주소와 포트를 매개변수로 지정해 기동할 수 있다. 이 함수의 반환 값은 `Result` 타입이므로 `match` 문 또는 `expect`를 이용해 처리한다.

```rust
// Localhost의 8888 포트에서 소켓 서버 기동
let server = TcpListener::bind("127.0.0.1:8888").expect("서버 실행 실패");
```

서버가 기동되면 서버가 종료될 때까지 (※5) `loop` 구문이 실행된다. 이 부분이 프로그램의 메인 스레드다. 이 안에서 클라이언트 접속 대기, 스레드 간 통신 대기 2가지 작업을 반복해 수행한다.

(※6)은 클라이언트의 접속을 처리하는 부분이다. `listener.accept` 메서드를 호출해서 Ok를 반환하면 클라이언트가 접속한 것이다. 클라이언트가 접속하면 (※8) `start_thread` 함수를 호출하고 새로운 스레드를 시작해 해당 클라이언트로부터 수신한 메시지를 처리한다.

참고로 (※4)에서 listener(TcpListener 타입)에 set_blocking(true)를 설정했는데 이것은 클라이언트로부터의 접속이 없다면 처리를 블록(block)하지 않고 즉시 제어를 반환한다. 만약 set_nonblocking(false)로 지정했다면 (※7)의 스레드 간 통신 대기를 할 수 없다.

서버를 기동하고 클라이언트로부터의 접속을 대기하는 부분만 구현한다면 다음과 같다.

```
// TCP 서버 기동
let server = TcpListener::bind("127.0.0.1:8888").unwrap();
// 논블로킹 모드
server.set_nonblocking(true).unwrap();
// 클라이언트 접속 대기
match server.accept() {
    Ok((socket, addr)) => println!("접속 성공 : {:?}", addr),
    Err(e) => println!("접속 실패 : {:?}", e),
}
```

(※7) 부분에서는 스레드 간 메시지 통신용 mpsc 채널 수신 처리를 수행한다. rx.try_recv 메서드가 Ok를 반환하면 메시지를 받은 것이다. 메시지를 받았다면 서버에 접속한 모든 클라이언트에 메시지를 전달한다.

클라이언트가 접속할 때 실행되는 (※8) start_thread 함수는 클라이언트로부터 메시지를 받을 전용 스레드를 시작한다. thread::spawn으로 새로운 스레드를 만들어 클라이언트가 메시지를 보내기를 기다린다. 새로운 메시지가 있는지는 reader.read_line 메서드로 확인한다. 새로운 메시지가 있다면 (※10) 부분에서 mpsc를 통해 메시지를 메인 스레드로 전달한다.

클라이언트(TcpStream 타입)로부터 메시지를 받기 위해 직접 TcpStream 메서드를 이용할 수도 있다. 예를 들어 read 메서드를 사용하면 특정 바이트 수만큼만 데이터를 읽어들인다.

파일이나 네트워크 데이터 읽기를 추상화하는 std::io::BufReader를 이용하면 편하다. BufReader의 read 메서드를 사용하면 개행 부호까지를 잘라서 반환해준다. 다음 프로그램은 BufReader를 이용해 네트워크로부터 수신받은 1줄의 데이터를 개행 부호까지 읽어들인다.

```
let client: TcpStream = socket;
let mut reader = BufReader::new(client);
// 읽기용 문자열 객체 준비
let mut line = String::new();
// 데이터를 한 줄만큼 읽어들임
```

```
let len = reader.read_line(&mut line).unwrap();
println!("{} 바이트 문자열 {}", len, line);
```

주의해야 할 점은 read_line에는 개행 기호(0xA) 또는 EOF가 나올 때까지 읽어들인다는 점이다. 그래서 채팅 클라이언트를 만들 때 이용자가 메시지를 보낼 때는 메시지 끝에 개행 기호를 넣어야 한다.

(※11)은 모든 클라이언트에 메시지를 보내는 함수다. 각 클라이언트에 메시지를 전달해야 하는데 소유권이 없는 상태라면 쓰기 처리를 할 수 없으므로 벡터 변수 clients에서 소유권을 받아 전송 처리를 한 뒤 마지막에 소유권을 clients로 반환한다. 소유권 시스템으로 인해 이런 번거로운 작업을 해야 하지만 안전한 메모리 관리를 위해 꼭 필요한 작업이다.

### std::net 모듈은 TCP/UDP 이용 가능

std::net 모듈에는 TCP와 UDP 프로토콜을 다루는 API가 있다. UDP는 커넥션을 수립하지 않는 단순한 프로토콜인 반면 TCP는 커넥션을 수립해 신뢰성을 보장한다. 채팅은 메시지를 확실하게 주고받을 수 있어야 하기 때문에 TCP를 이용한다.

### 채팅 클라이언트

이어서 채팅 클라이언트를 만든다. 채팅 클라이언트 프로그램은 서버보다 단순하다. 채팅 클라이언트의 구조는 다음과 같다.

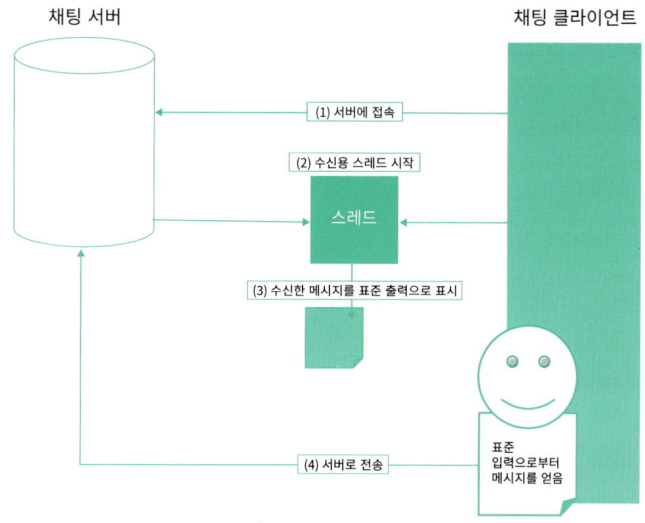

그림 5.25 채팅 클라이언트 구조

서버에 접속을 하면(1) 서버로부터 메시지를 받을 스레드를 시작한다(2). 그리고 서버에서 메시지를 받으면 화면에 출력한다(3). 메시지를 보낼 때는 표준 입력으로 받은 메시지를 이용해 서버로 전송한다(4).

실제 채팅 클라이언트 소스 코드는 다음과 같다.

【코드】 file: src/ch5/chat_client.rs

```rust
use std::io::{stdin, Write, BufRead, BufReader};
use std::net::TcpStream;
use std::thread;
use std::time::Duration;

fn main() {
    // 접속할 서버의 주소와 포트 지정 --- (※1)
    let server_addr = "127.0.0.1:8888";
    // 서버에 접속 --- (※2)
    let mut socket = TcpStream::connect(server_addr)
        .expect("서버에 접속할 수 없습니다.");
    socket.set_nonblocking(true).expect("알 수 없는 에러");
    println!("{}에 접속했습니다.", server_addr);
    // 수신용 스레드 시작 --- (※3)
    start_thread(socket.try_clone().unwrap());

    // 표준 입력으로 사용자 이름 설정 --- (※4)
    let user = input("이름을 입력하세요.");
    println!("{}님 메시지를 입력해주세요", user);
    loop {
        // 표준 입력으로 입력받은 메시지를 서버로 전달 --- (※5)
        let msg = input("");
        let msg = format!("{}> {}\n", user, msg);
        let buf = msg.as_bytes();
        socket.write_all(buf).unwrap();
    }
}
// 스레드를 시작해 서버로부터 메시지를 수신 --- (※6)
fn start_thread(socket: TcpStream) {
    let mut reader = BufReader::new(socket);
```

```rust
        thread::spawn(move || loop {
            // 서버로부터 메시지를 수신
            let mut buf = String::new();
            if let Ok(n) = reader.read_line(&mut buf) {
                if n > 0 { // 수신한 내용을 화면에 표시
                    println!("[받은 메시지] {}", buf.trim());
                }
            }
            thread::sleep(Duration::from_millis(100));
        });
    }
    // 표준 입력으로부터 문자열 얻기
    fn input(msg: &str) -> String {
        if msg != "" { println!("{}", msg); }
        let mut buf = String::new();
        stdin().read_line(&mut buf).expect("입력 에러");
        String::from(buf.trim())
    }
```

소스 코드를 확인해보자. (※1)에서 접속할 서버의 주소와 포트를 지정한다. 서버 프로그램에서 지정한 주소와 동일하게 설정해야 한다.

(※2)에서 (※1)의 정보를 이용해 서버에 접속한다. (※3)은 서버에서 보내는 메시지를 받기 위한 스레드다.

(※4)에서는 표준 입력으로 사용자 이름을 입력받는다. (※5)는 서버로 보낼 메시지를 표준 입력으로 입력받아 전달하는 부분이다. 채팅에 참가하는 동안 언제든지 메시지를 보내야 하므로 loop 문을 이용해 프로그램이 종료될 때까지 계속 반복해 실행한다.

(※6) start_thread 함수는 (※3)에서 사용할 메시지 수신용 함수다. 새로운 스레드를 시작해 서버가 전달한 메시지를 받아 화면에 표시한다.

## 채팅 시작하기

실제 프로그램을 실행해 동작을 확인해보자. chat_server.rs와 chat_client.rs를 컴파일하고 실행한다. 클라이언트와 서버는 스레드로 동작하므로 별도의 터미널에서 실행해야 한다.

클라이언트는 실행하면 곧바로 서버로 접속을 시도하므로 서버 프로그램부터 실행해야 한다. 여기서는 1개의 서버와 3개의 클라이언트를 실행했다. 하나의 클라이언트에서 메시지를 보내면 다른 모든 클라이언트에 보낸 사람 이름과 메시지가 표시되는 것을 확인할 수 있다.

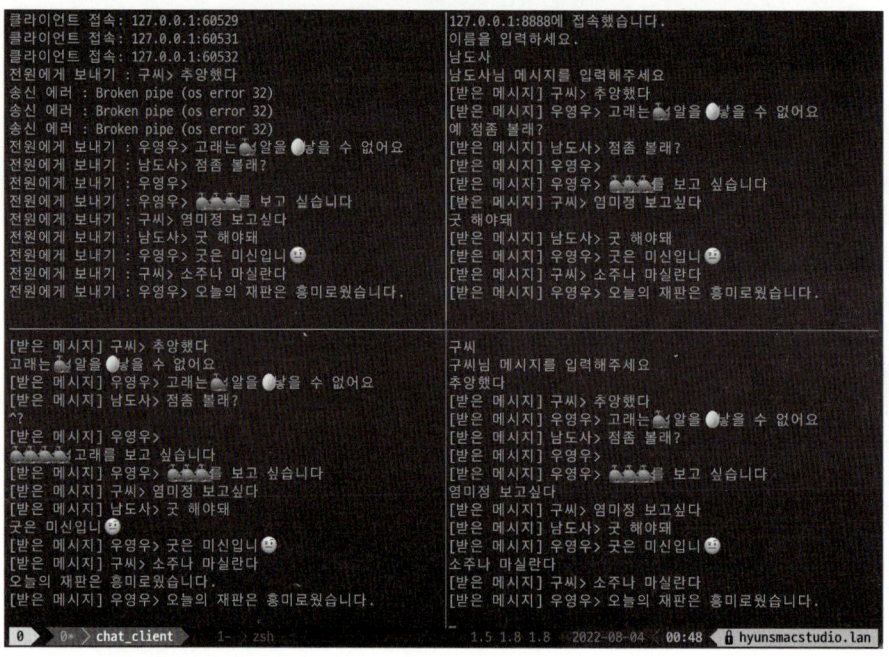

그림 5.26 복수의 터미널에서 실행한 서버와 클라이언트

- 명령줄에서 사용 가능한 채팅 프로그램을 만들었다.
- 채팅은 서버–클라이언트 모델을 이용한다.
- 서버–클라이언트 모델은 서버와 클라이언트 2개의 프로그램을 만들어야 한다.
- 서버는 클라이언트가 접속하면 스레드를 시작해 메시지를 받을 수 있게 구현해야 한다.
- 서버에서는 메시지를 받으면 접속 중인 모든 클라이언트에 받은 메시지를 보내야 한다.

Chapter 5 | 응용편 – 사진 / 음악 / 네트워크

# 웹 프로그램 만들기

러스트를 이용해 웹 프로그램도 만들 수 있다. 웹 프로그램은 관련 프레임워크를 이용하면 쉽게 만들 수 있다. 여기서는 프레임워크를 이용해 간단한 웹 프로그램을 만들어본다.

**여기서 배우는 것**
- 웹 프로그램
- 웹 프레임워크
- async
- Actix Web
- Tide

## 러스트로 웹 프로그램을 만드는 의미

러스트를 이용하면 최소한의 메모리로 작동하는 고효율 웹 프로그램을 만들 수 있다. 실행 속도도 빠르고 불필요한 런타임을 설치하지 않아도 된다는 장점도 있다. 이 섹션에서는 웹 프레임워크를 이용해 간단한 웹 프로그램을 만드는 방법을 소개한다.

## 러스트 웹 프레임워크

러스트로 웹 프로그램을 만들 때는 웹 프레임워크를 사용하는 것이 일반적이다. 프레임워크를 사용하면 적은 코드로도 웹 프로그램을 만들 수 있다.

대표적인 웹 프레임워크는 다음과 같다.

표 5.3 유명한 웹 프레임워크

| | |
|---|---|
| Actix Web | 경량, 고속, 고기능 프레임워크. 활발하게 개발되고 있으며 자료가 많다. |
| Rocket | 사용성, 보안성, 확장성, 속도에 초점을 맞춘 프레임워크 |
| gotham | 기본적인 기능을 모두 포함하면서도 안정성을 중시한 프레임워크 |
| Tide | 신속한 웹 프로그램 개발에 중점을 둔 프레임워크 |
| salvo | 간단하지만 미들웨어와 WebSocket까지 지원하는 프레임워크 |

각 프레임워크마다의 특징이 있지만 이들 모두 사용하기는 쉽다. 이 책에서는 자료가 많고 기능도 좋은 Actix Web과 간편하게 웹 프로그램을 만들 수 있는 Tide를 소개한다.

## Actix Web

Actix Web은 러스트의 웹 프레임워크 중에서도 개발이 가장 활발하며 자료도 많다. HTTP/2와 SSL, WebSocket, 로깅 및 세션과 같은 미들웨어를 추가할 수도 있는 등 웹 프로그램에 필요한 기능을 대부분 지원한다.

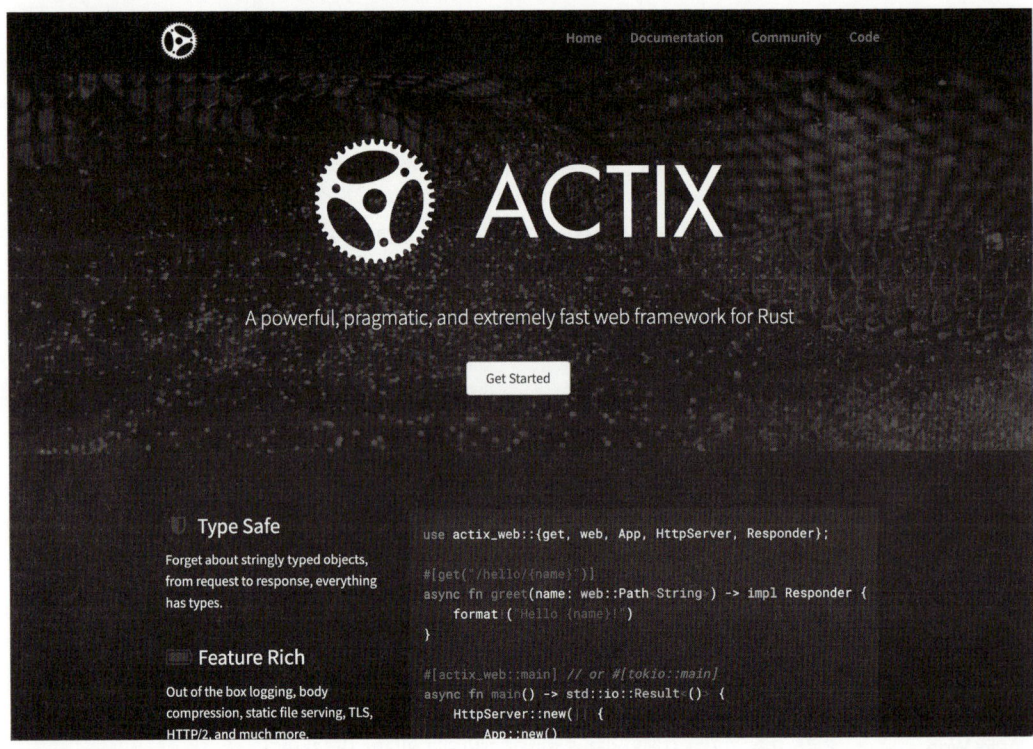

그림 5.27 Actix Web 홈페이지

Actix Web
URL https://actix.rs/
리포지터리 https://github.com/actix/actix-web

## Actix Web Hello, World!

모든 언어에서 가장 처음에 출력하는 'Hello, World'를 웹으로 만들어보자. Cargo로 `web_hello` 프로젝트를 생성하고 `Cargo.toml` 파일에 `actix-web` 크레이트를 추가한다.

【코드】 file: src/ch5/web_hello/Cargo.toml

```toml
[package]
name = "web_hello"
version = "0.1.0"
edition = "2021"

[dependencies]
actix-web = "3"
```

'Hello, World!'를 출력하는 소스 코드는 다음과 같다.

【코드】 file: src/ch5/web_hello/src/main.rs

```rust
use actix_web::{web, App, HttpServer, HttpRequest};

// 서버 주소와 포트를 지정 ── (※1)
const SERVER_ADDR: &str = "127.0.0.1:8888";

// Actix Web 메인 함수 ── (※2)
#[actix_web::main]
async fn main() -> std::io::Result<()> {
    println!("[SERVER] http://{}/", SERVER_ADDR);
    // HTTP 서버 시작 ── (※3)
    HttpServer::new(|| {
        // 라우팅 지정 ── (※4)
        App::new()
            .route("/", web::get().to(index))
    })
    .bind(SERVER_ADDR)?
    .run()
    .await
}
```

```
// 실행할 함수 ── (※5)
async fn index(req: HttpRequest) -> &'static str {
    println!("request: {:?}", req);
    "Hello, World!"
}
```

프로젝트를 빌드해서 실행하면 웹 서버가 기동된다. Actix Web 관련 크레이트가 꽤 많으므로 처음 컴파일할 때는 시간이 약간 걸린다.

```
$ cargo run
(생략)
    Finished dev [unoptimized + debuginfo] target(s) in 40.41s
     Running `target/debug/web_hello`
[SERVER] http://127.0.0.1:8888/
```

브라우저에서 'http://127.0.0.1:8888'로 접속해보면 다음 화면과 같이 'Hello, World!'가 표시된다. 명령줄 창에서 [Ctrl]+[C] 키를 눌러 프로그램을 강제로 종료할 수 있다.

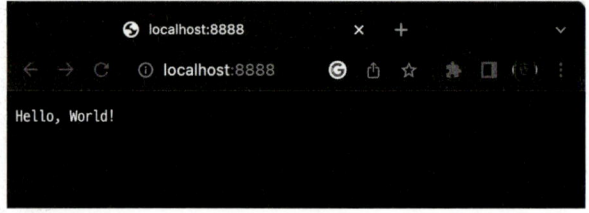

그림 5.28 브라우저를 이용해 웹 서버에 접속

소스 코드를 확인해보자. 비동기 처리 코드에 Actix Web 코드도 있으므로 조금 생소하게 보일 수 있다.

(※1)은 웹 서버의 주소와 포트를 상수로 지정한 부분이다.

(※2)는 Actix Web의 메인 함수다. 지금까지의 메인 함수와 다른 점은 '#[actix_web::main]'이라는 속성이 필요하다는 점이다. 그리고 메인 함수 역시 fn main 앞에 'async'라는 지시자가 추가돼 있다. async는 비동기 처리를 수행하기 위한 함수에 붙인다[8].

---

8 (옮긴이) 특정 로직의 실행이 끝날 때까지 기다리지 않고 다른 코드를 먼저 처리하는 것을 비동기 처리라고 한다. 비동기 처리가 필요한 이유는 클라이언트가 언제 접속할지 모르는 상태에서 무작정 접속만을 기다릴 수는 없기 때문이다.

(※3)은 `HttpServer::new` 함수를 이용해 서버를 실행하는 부분이다. `new` 함수의 첫 번째 인수에는 (※4)와 같이 라우팅 경로를 지정한다. 그리고 `bind` 메서드를 이용해 서버의 주소와 포트를 지정하고 `run` 메서드로 실제 서버를 기동한다. 그리고 `run` 메서드 뒤에 '.await?'를 붙여 비동기 처리를 할 수 있게 한다.

`bind` 메서드의 뒤에 붙은 '?'는 에러 처리를 쉽게 하기 위한 연산자다. `bind` 메서드는 `Result` 타입을 반환하는데 이 뒤에 `match` 문을 이용해 `Ok`와 `Err` 중 하나를 지정해야 한다. 하지만 '?' 연산자를 이용하면 `Ok`일 때의 값이 반환된다.

(※4)의 라우팅에서 경로 '/'에 접속하면 (※5)의 `index` 함수를 호출하도록 지정했다. `route` 메서드를 이용하면 이렇게 경로와 그 경로에 따라 호출될 함수를 매핑할 수 있다.

마지막 (※5)의 함수는 html의 body에 문자열을 출력해 실제 브라우저에서 문자열을 볼 수 있게 구성한 함수다. 이 함수도 메인 함수와 마찬가지로 비동기 처리를 하므로 `async`를 붙인다.

비동기 처리에 대해서는 6장에서 자세히 설명한다.

## Actix Web으로 BMI 판정 만들기

이번에는 Actix Web을 이용해 브라우저용 BMI 판정 프로그램을 만들어본다. 'web_bmi'라는 프로젝트를 만든 뒤 `Cargo.toml`에 Actix Web과 Serde 크레이트를 추가한다. Serde 크레이트는 데이터 구조와 문자열을 상호 교환하기 위해 사용한다.

[코드] file: src/ch5/web_bmi/Cargo.toml

```
[package]
[package]
name = "web_bmi"
version = "0.1.0"
edition = "2021"

[dependencies]
actix-web = "3"
serde = {"1.0", features = ["derive"] }
```

메인 프로그램을 만든다. 경로 '/'에 접속하면 키와 체중을 입력할 수 있는 입력 상자가 표시되고 '확인' 버튼을 누르면 BMI와 비만율이 표시되는 간단한 웹 프로그램이다.

【코드】 file: src/ch5/web_bmi/src/main.rs

```rust
use actix_web::{get, web, App, Error, HttpRequest, HttpResponse, HttpServer};
use serde::Deserialize;

// 서버 주소와 포트 지정 ── (※1)
const SERVER_ADDR: &str = "127.0.0.1:8888";

// Actix Web 메인 함수 ── (※2)
#[actix_web::main]
async fn main() -> std::io::Result<()> {
    println!("[SERVER] http://{}/", SERVER_ADDR);
    // 서버 기동 ── (※3)
    HttpServer::new(|| {
        // 라우팅 지정 ── (※4)
        App::new()
            .service(index)
            .service(calc)
    })
    .bind(SERVER_ADDR)?
    .run()
    .await
}

// 서버 루트. 키와 몸무게를 입력받을 페이지 ── (※5)
#[get("/")]
async fn index(_: HttpRequest) -> Result<HttpResponse, Error> {
    Ok(HttpResponse::Ok()
        .content_type("text/html; charset=utf-8")
        .body(r#"
            <html><body><h1>BMI 계산 및 비만도 판정</h1>
            <form action='calc'>
            <div>키: <div><label><input name='height' value='160'></label></div></div>
            <div>몸무게: <div><label><input name='weight' value='70'></label></div></div>
            <div><label><input type='submit' value='확인'></label></div>
            </form></body></html>"#
    ))
}
```

```rust
// 입력 폼 데이터 정의 ── (※6)
#[derive(Deserialize, Debug)]
pub struct FormBMI {
    height: f64,
    weight: f64,
}

// 실제로 BMI를 계산해 표시해줄 페이지 ── (※7)
#[get("/calc")]
async fn calc(q: web::Query<FormBMI>) -> Result<HttpResponse, Error> {
    // 폼으로 전달받은 매개변수 확인용(CLI)
    println!("{:?}", q);
    // BMI 계산
    let h = q.height / 100.0;
    let bmi = q.weight / (h * h);
    let per = (bmi / 22.0) * 100.0;
    // 결과 표시
    Ok(HttpResponse::Ok()
        .content_type("text/html; charset=utf-8")
        .body(format!("<h3>BMI = {:.1}, 비만율 = {:.0}%</h3>", bmi, per)))
}
```

프로젝트를 컴파일한 뒤 실행해보자. 브라우저에서 http://localhost:8888/로 접속하면 키와 몸무게를 입력할 수 있는 입력 폼이 표시된다. 값을 입력 후 '확인' 버튼을 누르면 계산된 BMI와 비만도가 브라우저에 표시된다.

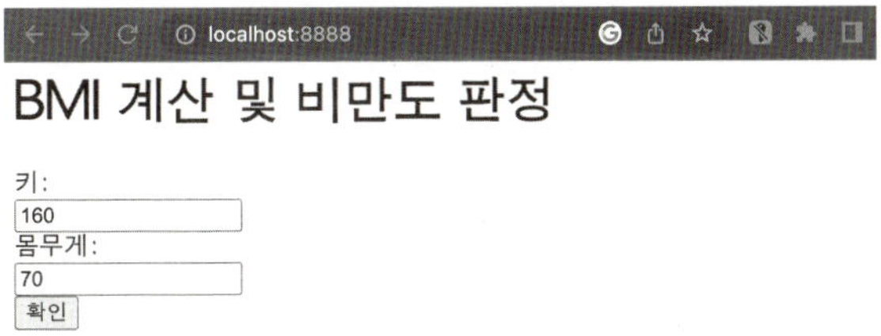

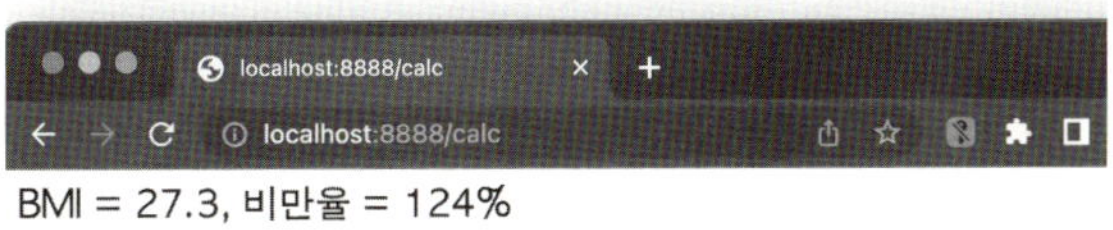

그림 5.29 브라우저에서 결과 확인

소스 코드를 확인해보자. (※1)에서 (※3)까지는 이전과 마찬가지로 서버 주소와 포트를 설정하고 서버를 기동할 때까지의 내용이다. 이번 소스 코드에서는 (※4)가 조금 달라졌다. 앞 예제에서는 '.route("/", web::get().to(index))' 형태로 경로와 메서드를 지정했는데 이번에는 service라는 메서드를 이용해 아래 구현한 함수만을 매개변수로 하고 있다.

(※5)와 (※6)을 보면 함수 정의 바로 위에 '#[HTTP 메서드("경로")]' 형태로 속성을 지정했다. 이는 route 함수의 get 또는 post를 지정하는 것이다. 이 방식으로 구현할 때는 첫 번째 라인에서와 같이 use actix_web을 할 때 해당 메서드를 사용하도록 선언해야 한다.

(※5)는 비동기 함수인 index를 정의하는 부분이다. UTF-8 HTML을 이용하기 위해 content_type 메서드에 'text/html; charset=utf-8'을 선언했다. 그리고 body 메서드 안에는 html 코드를 넣었다.

Actix Web에서는 이처럼 HttpResonse::Ok 함수를 이용해 웹 서버의 응답을 조합할 수 있다.

```
HttpResponse::Ok()
    .content_type("text/html") // Content-Type 지정
    .body("HTML 태그를 입력")  // 브라우저에서 표시할 HTML
```

index 함수의 HTML은 키와 몸무게를 입력받아 "/calc"로 송신하도록 구성돼 있다.

여기서 사용하는 것이 (※6)의 FormBMI 구조체다. 이 구조체의 속성으로 설정한 Deserialize와 Debug는 역직렬화를 통해 (※7) calc 함수로 보내는 기능과 println! 매크로로 출력하기 위한 속성이다. Deserialize는 Serde 크레이트의 기능 중 하나다.

(※7)은 키와 몸무게를 POST 메서드로 전달받아 BMI와 비만율을 계산해 브라우저로 출력해주는 함수다. 인수를 보면 'web::Form<FormBMI>'로 돼 있다. 이는 Form 데이터로 FormBMI 구조체 형태의 데이터를 이용한다는 뜻이다. 즉 앞 페이지에서 Form 데이터로 전달한 height와 weight 데이터를 FormBMI 인스턴스로 받는다.

> **옮긴이 보충 ▶ POST 메서드로 전송 1**
>
> 웹 페이지에서 값을 입력하고 전송할 때 예제와 같이 GET 메서드를 이용할 수도 있지만 권장하지는 않는다. GET 메서드는 URI에 매개변숫값이 모두 보이므로 로그인 등의 기능에서는 절대 사용하지 않는다. 이 예제에서 /calc 페이지에 POST 메서드를 이용해서 데이터를 보내기 위해서는 다음 세 부분을 변경해야 한다. 추가 또는 변경하는 부분은 굵은 글꼴로 표시했다.
>
> 1. actix_web에서 post 메서드 추가
>
> ```
> use actix_web::{get, post, web, App, Error, HttpRequest, HttpResponse, HttpServer};
> ```
>
> 2. html 코드 안의 form 태그에 method='post'를 추가
>
> ```
> .body(r#"
>     <html><body><h1>BMI 계산 및 비만도 판정</h1>
>     <form action='calc' method='post'>
> …
> ```
>
> 3. calc 함수 위의 속성을 post로 변경하고 인수를 Query에서 Form으로 변경
>
> ```
> #[post("/calc")]
> async fn calc(q: web::Form<FormBMI>) -> Result<HttpResponse, Error> {
> …
> ```
>
> 이렇게 작성하면 post 메서드로 데이터를 전송한다.

## 빠르게 개발할 수 있는 웹 프레임워크 'Tide'

현재 가장 많이 사용되는 것은 Actix Web이지만 'Tide'는 다루기가 쉽다는 장점이 있다. Actix Web과의 공통점도 꽤 있다.

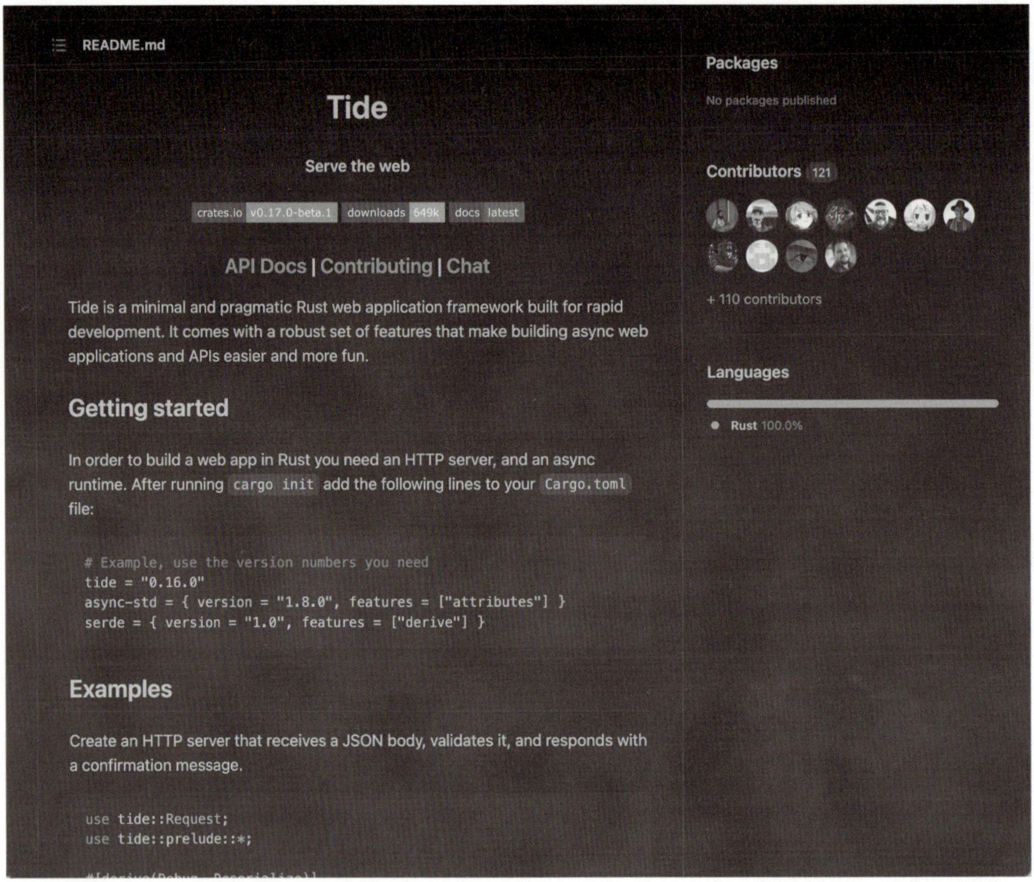

그림 5.30 Tide의 GitHub 리포지터리

Tide
리포지터리 https://github.com/http-rs/tide

## Tide Hello, World!

Actix Web에서 만들어본 Hello, World! 페이지를 만들어보자. 'web_hello_tide'라는 프로젝트를 만들고 Cargo.toml 파일에 Tide와 async-std 크레이트를 추가한다.

【코드】 file: src/ch5/web_hello_tide/Cargo.toml

```toml
[package]
name = "web_hello_tide"
version = "0.1.0"
edition = "2021"

[dependencies]
tide = "0.16"
async-std = { version = "1.8.0", features = ["attributes"]}
```

이어서 메인 프로그램을 작성한다.

【코드】 file: src/ch5/web_hello_tide/src/main.rs

```rust
// 서버 주소와 포트를 지정 ── (※1)
const SERVER_ADDR: &str = "127.0.0.1:8888";

// 메인 함수 ── (※2)
#[async_std::main]
async fn main() -> tide::Result<()> {
    println!("http://{}/", SERVER_ADDR);
    // Tide 객체 생성 ── (※3)
    let mut app = tide::new();
    // 라우팅 지정 ── (※4)
    app.at("/").get(|_| async { Ok("Hello, World!") });
    // 서버 기동 ── (※5)
    app.listen(SERVER_ADDR).await?;
    Ok(())
}
```

프로젝트를 빌드하고 실행한 뒤 브라우저에서 접속해보자. 앞에서와 마찬가지로 'Hello, World!'라는 문자열이 브라우저에 표시된다.

(※1)은 Actix Web과 같이 서버의 주소와 포트를 지정하는 부분이다.

(※2)는 메인 함수를 지정하는 부분이다. Tide는 비동기 처리 라이브러리인 async-std를 기반으로 개발된 프레임워크다. 그래서 메인에 '#[async_std::main]'이라는 속성을 부여해야 한다.

(※3)에서 tide 객체를 생성하고 (※4)에서는 tide 객체에 라우팅을 지정한다. 라우팅 경로 '/'에 접속하면 비동기 처리를 실행하는 async 블록을 반환하도록 클로저를 지정한다. 마지막으로 (※5)에서 서버를 기동한다.

Tide에서도 Actix Web과 마찬가지로 async를 지정한 함수를 이용할 수 있지만 예제에서와 같이 클로저를 지정해 비동기 처리 코드를 직접 지정할 수도 있다.

## 이름을 입력받아 인사하기

이번에는 입력 폼을 이용한 간단한 프로그램을 확인해본다. 이름을 입력하면 해당 이름을 이용해 메시지를 출력하는 프로그램이다. 'web_input_name'이라는 프로젝트를 만들고 앞에서와 같이 tide와 async-std 크레이트를 추가한다. 이번에는 구조체도 이용하므로 Serde 크레이트도 추가한다.

【코드】 file: src/ch5/web_input_name/Cargo.toml

```toml
[package]
name = "web_input_name"
version = "0.1.0"
edition = "2021"

[dependencies]
tide = "0.16"
async-std = { version = "1.8.0", features = ["attributes"] }
serde = { version = "1.0", features = ["derive"] }
```

이어서 메인 프로그램을 작성한다.

【코드】 file: src/ch5/web_input_name/src/main.rs

```rust
use tide::prelude::*;
const SERVER_ADDR: &str = "127.0.0.1:8888";

// 이름 정보를 표시할 구조체 정의 ── (※1)
#[derive(Deserialize, Serialize)]
struct UserInfo {
    name: String,
}
```

```
#[async_std::main]
async fn main() -> tide::Result<()> {
    println!("http://{}/", SERVER_ADDR);
    let mut app = tide::new();
    // 라우팅 지정 ── (※2)
    app.at("/").get(|_| async { // 이 경로에 접속할 때
        // 다음 HTML 코드를 출력
        Ok(tide::Response::builder(200)
            .content_type(tide::http::mime::HTML)
            .body(r#"
                <html><body><form action='hello'>
                name: <input name='name' value='남방큰돌고래'>
                <input type='submit' value='전송'>
                </form></body></html>"#)
            .build())
    });
    // "/hello"에 접속할 때의 처리 ── (※3)
    app.at("/hello").get(|req: tide::Request<()>| async move {
        // 전송받은 데이터를 구조체에 할당 ── (※4)
        let user: UserInfo = req.query()?;
        Ok(tide::Response::builder(200)
            .content_type(tide::http::mime::HTML)
            .body(format!("<h1>안녕하세요, {}님</h1>", user.name))
            .build())
    });
    // 서버 실행
    app.listen(SERVER_ADDR).await?;
    Ok(())
}
```

Actix Web과 마찬가지로 프로그램 실행 후 브라우저로 접속한다. 입력창에 적당한 이름을 입력하고 '전송' 버튼을 클릭하면 입력한 이름에 대한 인사말이 표시된다.

### 안녕하세요, 남방큰돌고래님

**그림 5.31** 실행 결과

소스 코드를 확인해보자. (※1)은 이름을 표시하기 위한 구조체 `UserInfo`다.

그리고 (※2)와 (※3)은 각 라우팅 경로별 기능을 구현한 함수다. (※2)는 이름을 입력할 함수, (※3)은 입력받은 매개변수를 이용해 인사말을 만든다. (※4)에서는 쿼리스트링 데이터를 `UserInfo`의 `name` 필드에 할당해 `UserInfo` 객체를 만든다. 그리고 이 객체의 `name` 필드를 이용해 인사말을 완성한다.

폼 데이터의 `name` 매개변수를 구조체의 값으로 받으려면 구조체의 필드 이름과 매개변수의 이름이 같아야 한다. Serde 크레이트의 역할은 구조체에 값을 할당하고 꺼내오기 위한 것이다.

> **옮긴이 보충**  **POST 메서드로 전송 2**
>
> Tide도 Actix Web과 마찬가지로 post 메서드로 폼 값을 전송할 수 있다.
>
> 1. html 코드 안의 form 태그에 `method='post'`를 추가
>
> ```
> .body(r#"
>     <html><body><form action='hello' method='post'>
>     name: <input name='name' value='남방큰돌고래'>
>     <input type='submit' value='전송'>
>     </form></body></html>"#)
> ```
>
> 2. hello 라우팅 부분의 get 메서드를 post 메서드로 바꾸고 req를 가변 변수로 변경한다. 그리고 UserInfo에 값을 할당하는 부분도 `req.query` 대신 `req.body_form().await`로 변경한다.
>
> ```
> app.at("/hello").post(|mut req: tide::Request<()>| async move {
>     // 전송받은 데이터를 구조체에 할당 ──(※4)
>     let user: UserInfo = req.body_form().await?;
>     Ok(tide::Response::builder(200)
> ```

```
        .content_type(tide::http::mime::HTML)
        .body(format!("<h1>안녕하세요, {}님</h1>", user.name))
        .build())
});
```

이렇게 작성하면 Tide에서도 post 메서드로 데이터를 전송한다.

## 러스트와 파이썬 웹 개발 비교

파이썬으로 만드는 웹 프로그램에 익숙하다면 입력 창 매개변수를 얻기 위해 구조체를 정의해야 한다거나 프로그램을 수정할 때마다 매번 컴파일을 새로 해야 한다는 점이 비효율적으로 보일 수 있다.

하지만 이 섹션 처음 부분에서 설명한 것처럼 러스트를 이용하면 불필요한 런타임을 설치하지 않아도 되며 빠르고 강력한 웹 프로그램을 만들 수 있다.

물론 아직까지 러스트로 웹 프로그램을 만드는 것은 흔한 일은 아니다. 그러나 스크립트 언어와는 다르게 효율적인 프로그램을 만들 수 있다는 것은 큰 장점이며, 다양한 웹 프레임워크를 지원하므로 러스트로 만든 웹 프로그램은 앞으로 늘어날 수 있다.

> **정리**
> 
> → 러스트의 웹 프레임워크를 이용하면 간단히 웹 프로그램을 만들 수 있다.
> 
> → 웹 프레임크 중 'Actix Web'과 'Tide'의 간단한 사용 방법을 알아봤다.
> 
> → BMI 계산과 이름을 출력하는 웹 프로그램을 만들었다.
> 
> → 웹 프로그램은 기본적으로 비동기 처리를 전제로 한다. 따라서 효율이 좋다.
> 
> → 러스트를 이용해 만드는 웹 프로그램은 파이썬과 같은 스크립트 언어로 만드는 웹 프로그램보다 번거롭지만 효율적이고 안전하다는 장점이 있다.

Chapter

# 6

# 응용편 – 메모리 관리 및 다른 언어와의 연계

여기서는 지금까지 다루지 못한 다른 언어와의 연계, Box<T>나 Rc<T> 같은 메모리 관리 방법, 매크로를 이용한 간이 프로그래밍 언어를 만드는 방법 등을 소개한다.

# 매크로 만들기

러스트의 매크로 기능은 강력하다. 여기서는 간단하게 매크로를 만드는 방법을 설명한다. 매크로를 사용하면 보다 쉽게 러스트 프로그래밍을 할 수 있다.

> **여기서 배우는 것**
> - 매크로

## 러스트의 매크로

여기까지 진행하면서 다양한 러스트의 매크로를 사용했다. `println!`, `vec!`, `panic!` 같은 매크로 없이 어떻게 프로그래밍을 해야 할지 모를 정도다. 그중 `println!`은 가장 처음 소개한 프로그램에서도 나왔다. 러스트와 떼려야 뗄 수 없는 것이 바로 매크로다.

여기서는 직접 매크로를 정의해본다.

## 러스트에서 매크로를 사용해야 하는 경우

어떤 경우에 러스트에서 매크로를 사용할까. 매크로란 원래 프로그램 실행 전에 어떤 규칙에 따라 프로그램을 다시 작성하는 기능을 수행한다. 즉 러스트에서 매크로란 **프로그램을 만드는 프로그램**[1]이라고 할 수 있다.

매크로와 함수는 비슷하게 보이지만 함수는 프로그램이 실행될 때 동작하는 반면 매크로는 프로그램이 컴파일될 때 실행돼 프로그램 자체를 변경한다.

## 2종류의 매크로

러스트에는 크게 나눠 2종류의 매크로가 준비돼 있다. 함수처럼 사용할 수 있는 '선언적 매크로(declarative macro)'와 구조체에 속성을 부여할 때 추가될 코드를 지정하는 '절차적 매크로(procedural macro)'다.

---

1 (옮긴이) 메타프로그래밍(metaprogramming)이라고도 한다.

선언적 매크로는 vec! 매크로처럼 중복된 기술을 해야 하는 경우 간편하게 작성할 수 있도록 하기 위한 것이다. 선언적 매크로를 사용함으로써 좀 더 간단하게 프로그래밍이 가능하다. 참고로 println!이나 vec!에서는 가변 길이의 인수를 받는다. 매크로를 이용하면 문법을 확장하거나 소유권을 좀 더 쉽게 다룰 수 있다는 장점이 있다.

절차적 매크로는 **구조체에 자동으로 메서드 등을 추가**하기 위한 역할을 한다. 예를 들어 구조체를 선언할 때 #[derive(Clone, Copy)]라는 선언을 추가하면 구조체를 복사하거나 복사본을 만드는 메서드가 추가된다. 구조체뿐 아니라 함수에도 속성을 추가할 수 있다. 절차적 매크로를 만드는 경우 러스트의 구문 요소를 TokenStream으로 받아 러스트 코드를 만들 수 있게 프로그램을 작성한다.

## 매크로 정의하기

간단한 매크로를 하나 만들어보자. 선언적 매크로를 만들기 위해서는 macro_rule!을 이용한다.

```
[서식] 선언적 매크로 정의
macro_rules! 매크로 이름 {
    (패턴 1) => { 생성할 프로그램 1 };
    (패턴 2) => { 생성할 프로그램 2 };
}
```

숫자 값을 화면에 표시하는 단순한 매크로 'echo_num!'을 만들어본다.

[코드] file: src/ch6/marco_echo_num.rs

```
// 숫자 값을 출력하는 매크로 ―― (※1)
macro_rules! echo_num {
    ($num:expr) => { println!("{}", $num); }
}

// 매크로 이용 ―― (※2)
fn main() {
    echo_num!(10);
    echo_num![20];
    echo_num!{30}
}
```

실행 결과는 다음과 같다.

```
$ rustc macro_echo_num.rs && ./macro_echo_num
10
20
30
```

(※1)에서 `echo_num`이라는 매크로를 정의했다. 매크로 패턴 (`$num:expr`)이 지정되면 '`println!("{}", $num)`'이 출력되는 단순한 구조다. `expr`은 러스트 표현식을 의미한다. 여기서는 러스트 표현식을 $num이라는 변수에 대입한다. 그리고 이 정의에서 보면 알 수 있듯 **매크로 안에서 다른 매크로를 이용**할 수도 있다.

(※2)는 매크로를 이용하는 부분이다. 매크로는 예제에서와 같이 어떤 괄호를 이용해도 문제가 없다. 중괄호({})의 경우에는 마지막 세미콜론을 생략할 수 있다.

### 가변 인수 매크로 정의하기

앞에서 정의한 echo_num! 매크로는 한 번에 하나의 인수밖에 넣을 수 없다. 이를 좀 개량해 가변 인수를 지정할 수 있게 수정해보자.

[코드] file: src/ch6/marco_echo_nums.rs

```rust
// 2개 이상의 인수를 표시할 수 있는 매크로 정의 ── (※1)
#[macro_export]
macro_rules! echo_nums {
    ( $( $num:expr ),* ) => {
        $(
            print!("{}, ", $num);
        )*
        println!("");
    }
}

// 매크로 이용 ── (※2)
fn main() {
    echo_nums![10, 20, 30, 40, 50];
    echo_nums!(60, 70);
```

```
    echo_nums!{80, 90, 100}
}
```

이 프로그램의 실행 결과는 다음과 같다.

```
$ rustc macro_echo_nums.rs && ./macro_echo_nums
10, 20, 30, 40, 50,
60, 70,
80, 90, 100,
```

매크로 선언 앞의 '#[macro_export]'는 다른 파일에서 이 파일을 읽어들였을 때 이 매크로를 사용할 수 있게 한다는 선언이다.

이번에는 가변 인수를 표현하므로 조금 표현이 복잡하다. 패턴 '( $( $num:expr ),* )'는 반복된 처리를 위한 내용이다. '$( … ), *'는 쉼표(,)로 구분된 반복을 나타낸다. 만약 '$( …); *'와 같이 기술하면 세미콜론(;)으로 구분된 반복을 나타내는 것이다. 생성할 프로그램도 반복 처리가 필요하므로 '$( … ) *' 형식으로 작성한다. 이렇게 ' … ' 부분을 반복하는 프로그램이 생성된다.

### 매크로 정의에 지정할 수 있는 요소

매크로를 정의할 때 러스트에서 사용하는 대부분의 구문을 인식해 읽을 수 있다. 앞의 두 예제에서는 패턴에 expr을 지정해 표현식과 값이 매치되도록 했지만 매크로에는 이 외에도 다양한 패턴 요소를 이용할 수 있다.[2]

표 6.1 지정 가능한 패턴 요소

| 지시자 | 의미 |
| --- | --- |
| expr | 표현식, 값 |
| item | 함수, 구조체, 상수, 모듈과 같은 아이템 |
| block | 블록 { … }으로 감싼 부분 |
| stmt | 문장(쉼표가 없는 문장) |
| pat | 패턴 |
| ty | 타입 |

---

[2] https://danielkeep.github.io/tlborm/book/mbe-macro-rules.html

| 지시자 | 의미 |
|---|---|
| ident | 식별자(변수 이름 등) |
| path | xxx::yyy::zzz와 같이 정의된 경로 |
| tt | 트리 구조(싱글 토큰) |
| meta | 속성 내용. #[...] 또는 #![...] 안의 내용 |

## 매크로를 이용해 BASIC의 for 문 만들기

블록을 이용해 BASIC 언어의 for 문을 만들어보자. BASIC 언어에서는 'for i = [시작 값] to [종료 값] step [증가할 값]' 형태로 for 문을 이용한다. 즉 1에서 10까지 값을 2씩 증가시킨다는 구문이라면 'for i = 1 to 10 step 2'라는 형태다. 소스 코드는 다음과 같다.

【코드】file: src/ch6/marco_for.rs

```rust
// BASIC 문법 for 문 매크로 정의 ── (※1)
macro_rules! basic_for {
    // for i = 1 to 10과 같이 작성하는 경우 ── (※2)
    (
        for $i:ident = $from:tt to $to:tt
        $block:block
    ) => {{
        for $i in $from..=$to {
            $block
        }
    }};
    // for i = 1 to 10 step 2와 같이 작성하는 경우 ── (※3)
    (
        for $i:ident = $from:tt to $to:tt step $step:tt
        $block:block
    ) => {{
        let mut $i = $from;
        loop {
            if $i > $to { break }
            $block
            $i += $step
        }
    }};
```

```rust
}

fn main() {
    // 매크로를 이용해 1부터 10까지의 합계 구하기 ――― (※4)
    let mut total = 0;
    basic_for! {
        for i = 1 to 10 {
            total += i;
        }
    }
    println!("{}", total);
    // 매크로를 이용해 0부터 10까지 3이 증가할 때마다 출력하기 ――― (※5)
    basic_for! {
        for i = 0 to 10 step 3 {
            println!("i={}", i);
        }
    }
}
```

(※3)과 (※4)의 매크로 블록 안에는 BASIC 언어와 동일한 방법으로 for 문을 작성했다. 프로그램을 실행해보면 다음과 같이 의도한 대로 출력되는 것을 확인할 수 있다.

```
$ rustc macro_for.rs && ./macro_for
55
i=0
i=3
i=6
i=9
```

basic_for! 매크로는 두 가지 패턴에 대응하도록 구성돼 있다. (※1)은 'for i = 1 to 10'과 같은 형태에 대응하며 (※2)는 'for i = 1 to 10 step 2'와 같은 형태에 대응한다. 따라서 (※3)과 같이 단순 증가 구문으로도 사용 가능하고 (※4)와 같이 증가 값을 지정한 형태로도 사용할 수 있다. 이처럼 러스트의 매크로를 이용하면 어느 정도 자신만의 문법을 만들 수 있다.

매크로 정의 부분인 (※1)과 (※2)를 보면 반복을 시작하는 값과 종료하는 값을 지정할 때 표현식인 expr이 아니라 트리 구조를 나타내는 tt를 사용하고 있다. expr을 사용하는 경우 값 뒤에 쉼표 또는 세미콜론을 붙여야 하기 때문에 의도한 동작을 할 수 없기 때문이다.

러스트의 매크로는 이와 같이 러스트 문법을 벗어난 자기만의 문법도 표현할 수 있는 매우 강력한 기능을 가지고 있다.

## HashMap을 간편하게 초기화하는 매크로 만들기

이번에는 조금 실용적인 매크로를 만들어보자. 러스트에는 벡터를 초기화하는 `vec!` 매크로는 있지만 `HashMap`을 편하게 초기화할 수 있는 매크로는 존재하지 않는다. 따라서 `HashMap`을 간편하게 초기화하는 매크로를 만들어본다.

[코드] file: src/ch6/marco_hashmap.rs

```rust
// HashMap 초기화 매크로 ── (※1)
macro_rules! map_init {
    ( $($key:expr => $val:expr),* ) => {{
        // HashMap 객체 생성 ── (※2)
        let mut tmp = std::collections::HashMap::new();
        $(
            // 반복해서 값 넣기 ── (※3)
            tmp.insert($key, $val);
        )*
        tmp // 객체 반환 ── (※4)
    }}
}

fn main() {
    // 매크로로 HashMap 초기화 ── (※5)
    let week = map_init![
        "mon" => "월요일",
        "tue" => "화요일",
        "wed" => "수요일",
        "thu" => "목요일",
        "fri" => "금요일",
        "sat" => "토요일",
        "sun" => "일요일"
    ];
    println!("mon={}", week["mon"]);
    println!("wed={}", week["wed"]);
}
```

프로그램을 실행해보면 매크로로 HashMap이 초기화돼 할당된 값이 출력되는 것을 확인할 수 있다.

```
$ rustc macro_hashmap.rs && ./macro_hashmap
mon=월요일
wed=수요일
```

(※1)에서 HashMap 초기화 매크로인 map_init을 정의하고 패턴을 지정한다. HashMap의 요소는 동적으로 정의되므로 패턴에는 반복을 의미하는 '${ … }, *'을 지정한다. 그리고 (※2)에서 HashMap 객체를 생성한 뒤 반복 구문에서 HashMap에 키와 값을 추가하도록 구성한다. 모든 요소가 HashMap 객체에 추가되면 반복문은 종료되고 (※4) 부분에서 객체를 반환한다.

(※5)에서는 이렇게 만든 매크로를 이용해 week 변수에 HashMap 값을 할당한다.

이처럼 간편하게 HashMap을 초기화하는 매크로를 정의했다. 자주 사용하는 기능을 이렇게 매크로로 만들어두면 효율적인 프로그래밍이 가능하다.

## 비만도 판정을 매크로로 정의하기

이번에는 비만도 판정 프로그램을 매크로로 구현해본다. 매크로를 이용하면 판정 조건을 보다 간략화할 수 있다.

[코드] file: src/ch6/macro_bmi.rs

```
// 비만도 판정 매크로 —— (※1)
macro_rules! bmi_select {
    // 패턴 지정
    ( $bmi:expr, $( $label:expr => $range:expr );+) => {{
        // 매크로 기본 반환 값
        let mut result = "계산 불가";
        // 반복 —— (※2)
        $(
            if $range.start <= $bmi && $bmi < $range.end {
                result = $label;
            }
        )+
        result
    }};
}
```

```rust
fn main() {
    // 키와 몸무게 지정
    let h: f32 = 158.0;
    let w: f32 = 63.0;
    let bmi = w / (h / 100.0).powf(2.0);
    // 비만도 판정 매크로 이용 ── (※3)
    let label = bmi_select![
        bmi,
        "저체중"   => 0.0..18.5;
        "정상"     => 18.5..23.0;
        "비만전단계" => 23.0..25.0;
        "1단계 비만" => 25.0..30.0;
        "2단계 비만" => 30.0..35.0;
        "3단계 비만" => 35.0..99.9];
    println!("결과 : {}", label);
}
```

프로그램을 실행해보면 다음과 같이 판정 결과가 표시된다.

```
$ rustc macro_bmi.rs && ./macro_bmi
결과 : 1단계 비만
```

먼저 (※3) 부분의 매크로 사용 방법을 확인해보자. bmi_select! 매크로의 인수는 크게 두 종류로 구분된다. 첫 번째 인수는 bmi 값을 할당하고, 두 번째 이후에는 튜플 형태로 이루어진 판정 결과, 값 범위를 지정한다. 첫 번째 인수와 튜플 부분은 쉼표(,)로 구분하고, 그 이후의 튜플은 세미콜론으로 구분하도록 구성돼 있다.

비만도 판정 매크로를 정의한 (※1) 부분을 보면 마찬가지로 지정된 것을 알 수 있다. 첫 번째 인수와 그 이후는 쉼표로 구분하고 두 번째 이후부터는 반복적으로 값이 할당되며 세미콜론으로 구분하도록 표현식을 넣었다. 반복문에서는 $bmi가 $range에 포함되는지 확인해서 $range에 포함되는 경우 result에 $label을 대입하고 해당 result가 반환되도록 구성돼 있다.

이번 반복 패턴을 보면 * 대신 +가 지정돼 있다. 매크로의 반복 패턴은 다음과 같이 3종류가 있다.

- ＊ : 0회 이상의 반복
- ＋ : 1회 이상의 반복
- ? : 0회나 1회

## 매크로 재귀 호출

매크로를 이용한 재귀 호출도 가능하다. 물론 재귀 호출을 구현하려면 약간의 요령이 필요하다. 다음은 매크로의 재귀 호출을 이용해 HTML 구조를 출력하는 예다.

【코드】 file: src/ch6/macro_html.rs

```rust
// 재귀적으로 HTML 구조를 출력하는 매크로
macro_rules! out_html {
    // 인수가 없을 때 ── (※1)
    () => {()};
    // 인수가 1개일 때 ── (※2)
    ($e:tt) => {print!("{}", $e)};
    // 태그 [ 안쪽 ]을 계속 지정하는 경우 ── (※3)
    ($tag:ident [ $($inner:tt)* ] $($rest:tt)*) => {{
        print!("<{}>", stringify!($tag));
        out_html!($($inner)*);
        println!("</{}>", stringify!($tag));
        out_html!($($rest)*);
    }};
}
fn main() {
    // 매크로를 이용해 HTML 구조를 출력 ── (※4)
    out_html!(
        html [
            head[title["test"]]
            body[
                h1["test"]
                p ["This is test."]
            ]
        ]
    );
}
```

프로그램을 실행해보면 다음과 같이 HTML 코드가 출력된다.

```
$ rustc macro_html.rs && ./macro_html
<html><head><title>test</title>
</head>
<body><h1>test</h1>
<p>This is test.</p>
</body>
</html>
```

매크로를 실제로 사용하는 (※4) 부분을 보면 HTML 구조를 '태그 이름[텍스트]' 형태로 중첩 지정하고 있다. 실제 HTML과 같이 태그의 시작과 종료를 지정하지 않아도 된다.

이 매크로는 재귀 처리를 염두에 두고 있으므로 최소 단위로 호출되는 경우도 고려해서 구현해야 한다. 인수가 없을 때와 1개의 인수만 있을 때, 그리고 2개 이상의 인수가 있을 때를 모두 고려해야 하는 것이다. (※1)과 같이 인수가 없다면 아무것도 하지 않게 지정한다. 이 부분을 지정하지 않으면 매크로를 호출할 때 에러가 발생한다.

(※2)에서는 인수가 1개일 경우의 규칙을 지정한다. 즉 '태그[텍스트]'를 지정한 경우에 동작할 부분이다.

(※3)은 '태그[태그[...]'와 같은 형태가 지정됐을 때의 규칙이다. 이 부분에서는 러스트의 구문 요소를 바탕으로 반복 요소를 얻고 있다. 여기서는 반복 연산자로 *를 사용해 0회 이상의 반복을 실시해 매크로를 재귀호출한다. 이때 반복이 0회라면 인수가 없는 것이므로 (※1)이 호출된다.

메인 함수에서 매크로를 호출하는 구문은 연속적으로 태그가 사용되었으므로 (※3)의 동작이 적용된다.

## 실제 매크로가 만들어낸 코드 보기 – 매크로 전개

매크로는 컴파일이 될 때 동작하므로 매크로가 생성한 코드를 실제로 볼 수는 없다. 하지만 Cargo를 이용해 cargo-expand를 설치하면 매크로가 실제로 어떤 코드를 만들어내는지 알 수 있다[3].

```
cargo-expand 설치 및 확인 방법
$ cargo install cargo-expand
$ cargo expand
```

---

3 (옮긴이) 해당 기능은 Nightly 버전에서만 동작한다. Nightly 버전은 'rustup install nightly' 명령으로 설치할 수 있다.

이 명령을 이용하면 전체 소스 코드가 표시되므로 요소를 지정해 보는 것이 좋다. 아이템 이름 또는 함수 이름 같은 요소를 지정하면 해당 부분만 확인할 수 있다.

```
$ cargo expand [요소 이름]
```

앞에서 만든 HashMap 초기화 매크로를 사용한 소스 코드를 전개해보면 다음과 같이 원래의 소스 코드가 표시된다.

```
$ cargo expand main
    Checking macro_expand v0.1.0
…생략…

fn main() {
    let week = {
        let mut tmp = std::collections::HashMap::new();
        tmp.insert("mon", "월요일");
        tmp.insert("tue", "화요일");
        tmp.insert("wed", "수요일");
        tmp.insert("thu", "목요일");
        tmp.insert("fri", "금요일");
        tmp.insert("sat", "토요일");
        tmp.insert("sun", "일요일");
        tmp
    };
    {
        ::std::io::_print(::core::fmt::Arguments::new_v1(
            &["mon=", "\n"],
            &[::core::fmt::ArgumentV1::new_display(&week["mon"])],
        ));
    };
    {
        ::std::io::_print(::core::fmt::Arguments::new_v1(
            &["wed=", "\n"],
            &[::core::fmt::ArgumentV1::new_display(&week["wed"])],
        ));
    };
}
```

> **Column** 절차적 매크로
>
> 절차적 매크로는 러스트의 함수를 정의해 보다 자유도가 높은 매크로를 만들 수 있다. 하지만 선언적 매크로보다 만들기 어렵다. 러스트의 소스 코드 구문을 분석한 결과를 객체로 이용하고 변경을 가해 반환 값을 돌려줘야 하기 때문이다.
>
> 이 책에서는 절차적 매크로를 소개 수준에서만 다뤘다. 보다 더 자세한 매크로 문법을 알고 싶다면 다음 문서를 참고하기 바란다.
>
> The Little Book of Rust Macros
> URL https://danielkeep.github.io/tlborm/book/README.html

## 정리

- 직접 원하는 매크로를 생성할 수 있다.
- 매크로는 함수와는 달리 내부적으로 코드를 생성한다.
- 매크로에는 가변 인수를 지정할 수 있다.
- 매크로 안에 다른 매크로를 이용하거나 재귀 호출을 할 수 있다.
- cargo-expand를 이용해 매크로가 생성하는 코드를 확인할 수 있다.

Chapter 6 | 응용편 – 메모리 관리 및 다른 언어와의 연계

# Section 02 단방향 리스트로 메모리 관리 이해하기

프로그램을 만들다 보면 특정 데이터 타입을 만들어야 하는 경우가 발생한다. 이 섹션에서는 사용자 데이터 타입을 정의하는 데 빼놓을 수 없는 메모리 관리와 힙 영역 메모리를 확보하는 Box<T>에 대해 알아본다.

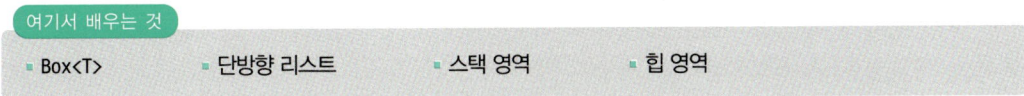

## 단방향 연결 리스트 구현

지금까지 리스트의 기본 데이터 타입을 이용해 프로그램을 구현했다. 리스트의 메모리 관리를 제대로 이해하기 위해서는 보다 저수준의 처리(시스템에 가까운 저수준의 처리)를 다뤄야 한다.

이 섹션에서는 단방향 리스트 알고리즘을 구현하며 리스트의 메모리 관리를 알아본다. 이 섹션에서는 힙 메모리를 확보하는 Box<T>도 간단하게 다뤄본다. Box<T>는 이 장의 후반 프로그램에서 활용한다.

### 단방향 연결 리스트란

단방향 연결 리스트는 **신축성 있는 데이터 타입으로 데이터의 추가/삭제가 쉽다**는 특징이 있다. 복수의 노드로 구성되며 각 노드에는 데이터와 다음 노드를 가리키는 링크(포인터)를 가지고 있다.

단방향 연결 리스트를 그림으로 표현하면 다음과 같다.

그림 6.1 단방향 연결 리스트 구조

물론 리스트의 Vec<T> 타입을 이용하는 것이 가장 편리하지만 여기서는 메모리 관리를 이해하기 위해 직접 단방향 연결 리스트를 구현한다.

## 기본 개념만을 이용한 구현

앞의 그림과 같이 데이터와 다음 노드 링크가 만들어지게끔 구성해보자. 노드를 구조체로 만들고, 한 노드에서 다음 노드를 지정하기 위해서는 구조체를 재귀 형태로 만들면 된다.

[코드] file: src/ch6/list_err.rs

```rust
pub struct Node {
    data: i64,
    link: Option<Node>
}
fn main() {
    let mut c = Node{data: 30, link: None};
    println!("{}", c.data);
}
```

하지만 이 소스 코드에는 문제가 있다. Node 구조체는 재귀 호출을 하게끔 구성돼 있는데 위 소스 코드에서는 재귀호출이 얼마나 발생할지 알 수 없기 때문에 메모리를 할당할 수 없기 때문이다. 실제로 컴파일을 하면 다음과 같이 재귀 타입 'Node'의 크기가 무한대가 된다는 에러 메시지가 표시된다.

```
error[E0072]: recursive type `Node` has infinite size
 --> list_err.rs:1:1
  |
1 | pub struct Node {
  | ^^^^^^^^^^^^^^^ recursive type has infinite size
2 |     data: i64,
3 |     link: Option<Node>
  |           ------------ recursive without indirection
  |
help: insert some indirection (e.g., a `Box`, `Rc`, or `&`) to make `Node` representable
  |
3 |     link: Option<Box<Node>>
  |                  ++++    +
```

러스트는 컴파일할 때 프로그램의 메모리 할당에 문제가 없어야 한다. 하지만 자기 자신을 요소로 가지는 구조체, 즉 **재귀 타입 구조체**는 실제로 어느 정도 메모리를 할당해야 하는지 알 수 없기 때문에 메모리 할당에 문제가 생긴다.

## Box<T>를 이용한 구현

앞의 예제에서 발생한 에러를 잘 살펴보면 Box<Node> 형태로 데이터 타입을 넣어보라는 조언을 볼 수 있다. 이 Box<T>는 T 타입 데이터를 힙 영역에 저장할 것을 요구하는 데이터 타입이다. 제네릭 <T> 부분에는 임의의 데이터 타입을 지정할 수 있으므로 Node 역시 지정 가능하다.

3장에서 소유권 시스템을 설명할 때 언급한 것처럼 메모리는 힙 메모리와 스택 메모리가 있다. 그리고 스택 메모리는 순차적 접근만을 허용하고, 힙 메모리는 임의의 장소에 있는 값에 접근할 수 있다.

예를 들어 Box<i64>로 객체를 생성한다면 힙 영역에 i64 데이터가 확보되고 스택 영역에는 힙 영역을 가리키는 고정 크기 포인터만 확보된다.

즉 앞의 단방향 연결 리스트에서 다음 노드의 링크 부분을 Box<Node> 형태로 지정하면 재귀 호출로 인한 에러가 발생하지 않는다.

앞에서 만든 코드를 수정해보자. 여기서는 3개의 노드를 만들고 그 내용을 화면에 출력하게끔 한다.

【코드】 file: src/ch6/list_fix.rs

```rust
// 단방향 연결 리스트 ── (※1)
pub struct Node {
    data: i64,
    link: Option<Box<Node>>
}
// 단방향 연결 리스트를 생성하는 함수 ── (※2)
fn node(v: i64, link: Option<Box<Node>>) -> Option<Box<Node>> {
    Some(Box::new(Node{data:v, link:link}))
}
fn main() {
    // 단방향 연결 리스트 생성 ── (※3)
    let c = node(10, node(20, node(30, None))).unwrap();

    // 가장 앞에서부터 각 요소를 따라가며 값을 표시 ── (※4)
    let mut p = &c;
    loop {
        println!("{}", p.data);
        // p가 다음 요소를 가리키도록 변경 ── (※5)
        match p.link {
            None => break,
```

```
            Some(ref link) => p = &link,
        }
    }
}
```

프로그램을 실행해보면 3개의 요소를 가진 단방향 연결 리스트가 생성되고 리스트 내용을 모두 출력해준다.

```
rustc list_fix.rs && ./list_fix
10
20
30
```

(※1)의 Node 구조체에는 에러 메시지의 조언과 같이 Box<Node>를 지정해 컴파일을 할 때 구조체의 크기를 결정할 수 있게 해 메모리 문제를 해결했다.

(※2)는 노드를 간편하게 만드는 함수 node의 정의다. 다음과 같이 Box::new(값) 형태로 힙 영역에 값이 저장될 메모리를 확보하고 값을 저장한다.

[서식] Box<T>를 이용한 힙 메모리 확보 및 저장
let p = Box::new(값);

(※3)에서는 함수 node를 이용해 3개의 노드를 생성한다. 이 부분을 풀어쓰면 다음과 같다.

```
// 단일 노드 생성
let mut c1 = node(10, None).unwrap();
let mut c2 = node(20, None).unwrap();
let mut c3 = node(30, None).unwrap();

// 단방향 연결 리스트로 연결
c2.link = Some(c3);
c1.link = Some(c2);
let c = c1;
```

이어서 (※4)에서는 첫 번째 요소인 c의 참조를 가변 변수 p로 받는다. 그리고 리스트의 마지막 요소, 즉 다음 링크가 None이 될 때까지 loop를 이용해 반복한다.

(※5) 부분에서는 변수 p를 다음 요소, 즉 link의 노드를 변경한다. 여기서 link는 Option 타입이므로 match를 이용해 다음 요소가 있는지를 판단해 다음 요소가 없다면(None이면) loop를 빠져나온다. 만약 다음 요소가 있다면 p 값을 다음 요소로 바꾼다.

## Box<T>를 이용했을 때의 메모리 형태

여기서 Box<T>를 이용하는 경우 어떻게 메모리가 확보되는지 확인해보자. 위의 프로그램에서 3개의 노드가 만들어졌을 때의 메모리는 다음과 같다.

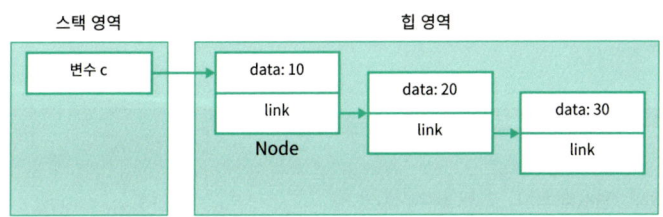

**그림 6.2** 단방향 연결 리스트의 메모리 형태

Box::new 함수를 사용해 메모리를 확보하면 힙 영역에 Node 객체의 본체가 저장된다. 그리고 스택 영역에는 Node 객체를 가리키는 포인터가 저장된다. 이 구조라면 힙 영역에 Node 객체가 몇 개가 만들어지더라도 스택 영역의 포인터 크기는 변하지 않는다. 따라서 컴파일을 할 때 스택에 확보할 메모리 크기도 결정할 수 있기 때문에 컴파일 에러가 발생하지 않는다. 재귀적인 구조체를 만들거나 특수한 알고리즘을 이용해야 하는 경우라면 이처럼 Box<T>를 이용해 메모리 문제를 해결할 수 있다.

## Null을 어떻게 표현하는가

러스트는 값이 없다는 것을 나타내는 Null이 존재하지 않는다. 여기서 위와 같이 재귀적으로 자신을 포함하는 Node 객체를 만들었을 때 link가 다른 Node 객체를 가리키는가 아니면 비어 있는가를 판단하는 방법을 준비해야 한다.

앞의 예제에서는 Option 타입을 이용한다. Option 타입은 None 또는 Some(T)를 반환하므로 가리킬 Node 객체가 없다면 None, 값이 있다면 Some(Box<Node>)를 반환한다.

## 열거형 enum으로 구현

열거형 enum을 이용해서 단방향 연결 리스트를 구현할 수도 있다. 열거형은 **자신이 비어 있을 때 Empty**를 반환하고, 값이 있다면 자신과 자신을 가리키는 포인터를 반환하도록 구조체를 정의한다. 앞에서 만든 단방향 연결 리스트를 열거형을 이용해 구현해보자.

【코드】 file: src/ch6/list_enum.rs

```rust
// 열거형으로 Node를 정의 ── (※1)
enum Node {
    Empty,
    Cons(i64, Box<Node>),
}
// 열거형을 더 쉽게 사용할 수 있게 해주는 선언 및 함수 ── (※2)
use Node::{Empty, Cons};
fn node(v: i64, link: Box<Node>) -> Box<Node> {
    Box::new(Cons(v, link))
}
fn main() {
    // 단방향 연결 리스트 생성 ── (※3)
    let c = node(10, node(20, node(30, Box::new(Empty))));

    // 가장 앞에서부터 각 요소를 따라가며 값을 표시 ── (※4)
    let mut ptr: &Box<Node> = &c;
    loop {
        // &Box<Node>에서 Node를 꺼내와 출력 ── (※5)
        let cur_node: &Node = &**ptr;
        match cur_node {
            Empty => break,
            Cons(v, link) => {
                println!("{}", v);
                ptr = &link;
            }
        }
    }
}
```

프로그램을 실행해보면 아까와 같이 3개의 요소를 생성하고 그 요소를 순서대로 출력한다.

```
$ rustc list_enum.rs && ./list_enum
10
20
30
```

먼저 (※1)에서 열거형 Node를 정의했다. Node는 Empty와 Cons 중 하나가 된다. 여기서 Cons는 2개의 요소(i64 타입과 Box<Node> 타입)를 갖는 튜플이다.

(※2)에서는 열거형을 다루기 쉽도록 use를 이용해 선언한다. 이것으로 Node::Empty 대신 Empty를, Node::Cons 대신 Cons를 쓸 수 있다. 그리고 Node 열거형을 이용해 연결 리스트를 생성할 함수 node를 정의한다.

(※3)은 앞의 예제와 마찬가지로 node를 생성하는 부분이다.

(※4) 부분도 알고리즘 자체는 구조체를 사용했을 때와 동일하다.

(※5)에서는 Node의 값을 꺼내와 값이 비었는지를 확인해 비어 있다면 반복문을 종료하고, 그렇지 않다면 다음 노드를 가리키는 값으로 변경한다. Box<T>에서 값 T를 가져오는 방법과 역참조를 하는 방법은 뒤에 설명한다.

## Box<T>에서 값 T를 가져오는 방법

Box<T>에서 값 T를 가져오려면 역참조를 이용한다. 다음 소스 코드를 살펴보자.

【코드】 file: src/ch6/box_test.rs

```rust
fn main() {
    // 힙 메모리에 100을 저장하고 포인터를 반환
    let x_box = Box::new(100);
    // 역참조를 해서 원래의 값을 가져온다
    let x_val = *x_box;
    println!("{}", x_val);
}
```

이 소스 코드에서는 Box::new(100)을 이용해 값 100을 힙 영역에 저장하고, 저장한 메모리 주소를 가리키는 포인터(Box 객체. Box<i32>)를 변수 x_box에 대입한다. 즉 x_box는 참조자가 된다. 그리고 x_box의 역참조(*x_box)를 이용하면 참조하는 곳의 실젯값을 가져올 수 있다.

### '역참조'와 '참조' 찾기

list_enum.rs의 (※4) 이후 부분을 보면 Box<Node>의 참조자를 변수 ptr에 대입하고 있다. 그리고 loop 문으로 Node 요소를 순서대로 출력한다. 값을 꺼낼 때의 구문을 보면 다음과 같다.

```
let cur_node: &Node = &**ptr;
```

러스트에서는 참조자를 얻기 위해서는 '&'을 붙이고, 역참조를 위해서는 '*'를 사용한다. 그렇다면 '&**ptr'은 무엇을 가리키는지 생각해보자. 여기서 하는 작업은 &Box<Node> 타입 변수 ptr에서 힙에 있는 Node 참조자(&Node 타입)를 꺼내는 것이다. 다음 표를 확인해보자.

표 6.2 &**ptr의 의미

| 조작 | 표현 | 의미 |
|---|---|---|
| 0 | ptr | (전제) 변수 ptr은 &Box<Node> 타입 |
| 1 | *ptr | 역참조를 수행하므로 Box<Node> 타입을 얻는다 |
| 2 | **ptr | Box<T>에서 값 T를 역참조하므로 Node 타입을 얻는다 |
| 3 | &**ptr | Node에 대한 참조자를 얻으므로 &Node 타입을 얻는다 |

참조와 역참조의 동작을 잘 이해해야 한다. 그리고 러스트에서는 타입 추론 기능이 있어 변수에 타입을 지정하지 않는 경우가 많은데 이 예제 코드와 같이 참조와 역참조를 많이 사용하는 경우 원래의 타입을 모르면 역참조를 어떻게 해야 할지, 참조를 어떻게 해야 할지 알기 힘들 수 있으므로 데이터 타입이 복잡해질 때는 변수의 타입을 명시해주는 것이 좋다.

### 단방향 연결 리스트에 메서드 구현

이번에는 단방향 연결 리스트를 라이브러리로 생성해본다. 단방향 연결 리스트에 값을 추가하는 메서드와 특정 인덱스 값을 가져오는 메서드를 생성하고 이 메서드를 이용하는 메인 함수를 구현한다.

먼저 'slist'라는 프로젝트를 생성한다. 이 예제에서는 외부 크레이트를 이용하지 않으므로 `Cargo.toml` 파일은 수정하지 않는다. 대신 2개의 파일로 나눠 프로그램을 구현하므로 `src` 디렉터리에 `main.rs` 파일 외에 'slist.rs'라는 추가 파일을 생성한다.

디렉터리 구조는 다음과 같다.

```
├── Cargo.toml
└── src
    ├── main.rs
    └── slist.rs

1 directory, 3 files
```

먼저 메인 함수를 확인해보자.

**【코드】** file: src/ch6/slist/src/main.rs

```rust
mod slist;
fn main() {
    // 리스트 객체 생성
    let mut list = slist::List::new();
    // 리스트의 끝에 값을 추가
    list.push(100);
    list.push(200);
    // 리스트의 앞에 값을 추가
    list.unshift(10);
    list.unshift(20);
    // 지정한 인덱스에서 값 가져오기
    println!("{}", list.get(0).unwrap());
    println!("{}", list.get(1).unwrap());
    println!("{}", list.get(2).unwrap());
    println!("{}", list.get(3).unwrap());
}
```

메인 함수에서 사용할 수 있는 `slist` 모듈을 구현한다. 모듈을 초기화하는 `new`, 리스트에 값을 추가하는 `push`와 `unshift`, 지정한 인덱스에서 값을 가져오는 `get` 메서드를 구현해야 한다.

【코드】 file: src/ch6/slist/src/slist.rs

```rust
// 단방향 연결 리스트에서 사용할 한 요소의 구조체 ── (※1)
pub struct Node {
    data: isize,
    link: Option<Box<Node>>,
}
// 단방향 연결 리스트 자체의 구조체 ── (※2)
pub struct List {
    head: Option<Box<Node>>,
}
// List 구조체의 메서드 구현 ── (※3)
impl List {
    pub fn new() -> Self { // 생성자
        Self{head: None}
    }
    // 리스트의 제일 앞에 값을 추가 ── (※4)
    pub fn unshift(&mut self, v:isize) {
        let new_node = Node{data: v, link: self.head.take()};
        self.head = Some(Box::new(new_node));
    }
    // 리스트의 제일 끝에 값을 추가 ── (※5)
    pub fn push(&mut self, v:isize) {
        // 새로운 값
        let new_node = Node{data: v, link: None};
        match self.head {
            None => self.head = Some(Box::new(new_node)),
            Some(ref mut head) => {
                // 현재의 가장 끝 노드를 찾아 새로운 노드에 연결
                let mut p = head;
                loop {
                    match p.link {
                        None => { // 가장 끝 노드
                            p.link = Some(Box::new(new_node));
                            break;
                        },
                        Some(ref mut next) => p = next,
                    }
                }
            }
```

```rust
            }
        }
    }
    // 지정한 인덱스의 값을 가져오기 ── (※6)
    pub fn get(&self, index: isize) -> Option<isize> {
        match self.head {
            None => return None, // 리스트가 비어 있을 때
            Some(ref top) => {
                // 지정한 인덱스 값 찾기
                let mut p = top;
                let mut i = 0;
                loop {
                    if i == index { // 찾았을 때
                        return Some(p.data);
                    }
                    match p.link { // 다음 요소 찾기
                        None => return None,
                        Some(ref link) => p = link,
                    }
                    i += 1;
                }
            }
        }
    }
}
```

두 파일을 모두 작성한 뒤 실행해보면 다음과 같이 출력된다. **push**와 **unshift**, **get**이 모두 잘 동작한다는 것을 알 수 있다.

```
$ cargo run
(생략)
20
10
100
200
```

소스 코드를 확인해보자. (※1)은 Node 구조체 정의고 (※2)는 이 구조체로 이루어진 리스트에 대한 구조체를 정의한 것이다. (※3)은 List 구조체에 대한 메서드를 구현한다. 메인 함수에서 이용할 unshift, push, get을 정의하고 있다.

리스트의 제일 앞에 값을 추가하는 (※4) unshift 메서드의 구현은 간단하다. 가장 앞에 값을 추가하므로 현재 목록의 가장 처음(head)에 있는 Node의 link를 가져와 새로운 Node에 값을 추가한다. 그리고 현재 List 값을 새로운 값으로 갱신한다.

여기서 self.head에 take 메서드를 이용해 데이터를 꺼내 소유권을 이동한다. self.head 자체의 소유권을 새로운 Node의 link로 옮기고 싶어도 self를 &mut self로 지정해 소유권이 이동하지 않기 때문에 Option::take 메서드를 이용하는 것이다. 이 기법은 간혹 사용해야 하는 경우가 발생하므로 기억해두는 것이 좋다.

(※5)는 리스트의 제일 끝에 값을 추가하는 메서드다. 이 메서드는 조금 복잡하다. 우선 새로운 Node를 만든 뒤 head 값을 이용해 현재 리스트의 가장 끝 Node를 찾는다. 단방향 연결 리스트의 가장 끝에 있는 값은 link가 없으니 link가 있다면 마지막 Node가 아니므로 다음 Node를 찾는다. 이렇게 해서 link 값이 없는 Node를 찾아 해당 link의 값을 새로 생성한 Node로 변경하고 반복문을 종료한다.

(※6)은 지정한 인덱스의 값을 가져오는 메서드다. 이 메서드에서도 지정한 인덱스 값을 찾기 위해 첫 번째 Node부터 순서대로 link를 탐색한다. 몇 번째 Node인지 세기 위한 변수 i를 준비해 하나씩 증가시켜가며 Node를 찾아간다.

이 단방향 연결 리스트 구조는 매우 효율이 나쁘다. 다음 섹션에서는 이 알고리즘을 개선해본다.

> **정리**
> - 러스트로 단방향 연결 리스트를 구현했다.
> - Box<T> 타입을 사용하면 T 값을 힙 영역에 저장할 수 있다.
> - 기본적으로 구조체를 재귀형으로 만들 수 없으므로 Box<T> 타입을 이용해야 한다.
> - Box<T>에서 T 값을 꺼내기 위해서는 역참조를 이용한다.

Chapter 6 | 응용편 – 메모리 관리 및 다른 언어와의 연계

# 메모리 참조 카운터

이 섹션에서는 앞 섹션에서 만든 단방향 연결 리스트를 개선해본다. 개선을 위해 참조 카운터 방식인 Rc<T>와 실행 시 빌림 규칙을 강제하는 RefCell<T>도 함께 알아본다.

### 여기서 배우는 것
- Rc<T>
- RefCell<T>
- 쌍방향 연결 리스트

## Box<T>를 이용한 단방향 연결 리스트의 단점

앞에서 만든 단방향 연결 리스트에서 Node의 가장 앞에 값을 추가하는 unshift 메서드와 가장 뒤에 값을 추가하는 push 메서드를 구현했다. 여기서 unshift 메서드는 List의 head 필드에 새로운 Node를 넣기만 하면 되므로 성능이 좋다. 반면 push 메서드는 매번 가장 끝의 값을 찾아서 새로운 Node를 추가하는 형태이므로 데이터가 커질수록 효율이 떨어진다.

여기서는 리스트의 끝에도 쉽게 데이터를 추가할 수 있도록 List 필드에 head 외에 foot 필드를 추가해 리스트의 처음과 끝을 바로 찾을 수 있게 구현해본다.

## Rc<T> 타입으로 참조 카운팅 방식 메모리 관리 가능

러스트의 소유권 시스템은 1개의 변수에는 1개의 소유자만이 존재한다. 이는 Box<T> 타입에서도 마찬가지다. 힙 메모리에 값을 저장했더라도 Box<T>의 소유권은 1개뿐이다. 따라서 리스트의 시작 부분과 끝부분의 요소를 저장하기 위해 Box<T>를 쓰려고 하면 시작 부분 또는 끝부분 중 하나만 선택해 저장해야 한다. 즉 문제가 해결되지 않는다.

이런 문제를 해결할 수 있는 것이 'Rc<T>' 타입이다. 이 타입은 Box<T>와 마찬가지로 힙 영역에 값 T를 저장하지만 참조 카운터 방식으로 메모리를 관리하므로 1개의 객체에 복수의 소유자를 지정할 수 있다. 즉 값을 공유할 수 있다. Rc는 참조 카운팅(Reference Counting)의 약자다.

참조 카운팅은 C 언어의 그것과 같은 방식이다. Rc<T>의 소유권을 가진 변수가 만들어지면 참조 카운터를 1 증가시키며 그 변수가 스코프 밖으로 나가서 파기되면 참조 카운터를 1 감소시킨다. 그리고 참조 카운터가 0이 되면 Rc<T> 객체가 파기된다. 러스트의 기본 메모리 관리 메커니즘과 비교하면 관리 비용이 늘어나지만 소유권을 여러 변수가 가져갈 수 있어 편리성이 높아진다.

다음 2개의 소스 코드를 통해 Rc<T> 타입의 동작을 확인해보자.

먼저 Box<T> 타입 데이터를 여러 개의 변수에 할당할 수 있는지 확인한다.

[코드] file: src/ch6/rc_test_err.rs

```rust
fn main() {
    // 힙 영역에 i32 타입 값 1000을 저장       ── (※1)
    let a_box = Box::new(1000);
    {
        let b_box = a_box;  // 소유권 이동      ── (※2)
        println!("{}", b_box);
    }
    println!("{}", a_box);  // 소유권이 이동했으므로 이용 불가 ── (※3)
}
```

(※1) 부분에서 i32 타입 값 1000을 지정해 힙 메모리 영역에 저장한다. 그리고 이 값의 포인터인 Box<i32>를 변수 a_box에 대입한다. (※2)에서는 b_box에 a_box를 대입한다. 앞에서 배운 대로 값의 대입 또는 함수를 호출하면 소유권 시스템으로 인해 소유권이 이동한다. 즉 이 시점에 a_box의 소유권이 변경되므로 a_box는 더 이상 사용할 수 없다. 따라서 (※3)에서 a_box를 사용하면 소유권 관련 에러가 발생한다(borrow of moved value: a_box).

이번에는 참조 카운팅 Rc<T>을 이용해 동일한 내용을 구현해본다.

[코드] file: src/ch6/rc_test_fix.rs

```rust
use std::rc::Rc;
fn main() {
    // 힙 영역에 i32 타입 값 저장 ── (※1)
    let a_rc = Rc::new(1000);
    {
        // i32 타입을 참조하는 b_rc도 생성 ── (※2)
        let b_rc = Rc::clone(&a_rc);
```

```
        println!("{}", b_rc);
        // a_rc의 참조 카운트 확인 ── (※3)
        println!("참조 카운트 = {}", Rc::strong_count(&a_rc));
    } // a_rc의 참조 카운트가 1 감소
    println!("{}", a_rc); // Rc 타입이므로 이용 가능 ── (※4)
    println!("참조 카운트 = {}", Rc::strong_count(&a_rc));
}
```

이번에는 문제없이 컴파일된다. 그리고 각 참조 카운터가 어떻게 변화하는지 확인할 수 있다.

```
$ rustc rc_test_fix.rs && ./rc_test_fix
1000
참조 카운트 = 2
1000
참조 카운트 = 1
```

(※1)에서 Rc::new를 이용해 힙 영역에 i32 타입 값 1000을 저장하고 해당 포인터를 변수 a_rc에 대입한다. 그리고 (※2)에서는 Rc::clone을 이용해 변수 a_rc의 참조자를 복제해 변수 b_rc에 대입한다. 이렇게 해서 변수 a_rc와 b_rc 모두 이용 가능한 상태가 된다. 그리고 이 시점에 참조 카운트는 1이 증가해 2가 된다. (※3)에서 참조 카운트를 출력하면 증가된 값 '2'가 출력된다.

그리고 블록을 벗어나면 라이프타임 규칙에 의해 해당 변수가 소멸되므로 참조 카운트는 1이 된다. 하지만 소멸되는 것은 b_rc뿐이고 a_rc는 아직 수명이 끝나지 않았기 때문에 (※4)에서 a_rc 값을 출력할 수 있다.

Rc::strong_count 함수를 이용하면 참조 카운트 값을 확인할 수 있다. Rc::clone으로 참조 카운트가 증가하거나 변수의 유효 범위를 벗어나 변수가 파기돼 참조 카운트가 감소할 때 Rc::strong_count 메서드로 참조 카운트 값을 확인할 수 있다.

## Rc<T>는 불변

앞에서 확인한 것처럼 Rc<T>를 이용하면 하나의 값에 여러 소유자를 지정할 수 있다. 하지만 문제가 있다. 다음 예제 코드를 살펴보자.

【코드】 file: src/ch6/rc_mod_err.rs

```rust
use std::rc::Rc;
fn main() {
    // 힙 영역에 i32 타입 값 1000을 저장
    let mut a_rc = Rc::new(1000);
    // a_rc의 참조를 복제 ── (※1)
    let mut b_rc = Rc::clone(&a_rc);
    // b_rc 값 변경 시도
    *b_rc += 100; // 에러가 발생하는 부분 ── (※2)
    println!("{}", b_rc);
}
```

Rc<T>는 **여러 소유자를 지정할 수 있지만 값을 변경할 수 없다**. 한번 Rc<T>로 객체를 설정하면 그 순간 값이 고정되므로 값을 갱신해야 하는 경우에는 사용이 불가능하다.

## RefCell<T> 타입 사용

하나의 변수에 여러 소유자를 지정해야 하고 값을 변경해야 하는 경우에 사용하는 것이 바로 RefCell<T>다. 이것은 컴파일을 할 때가 아니라 컴파일 후 프로그램을 실행할 때 빌림 규칙을 강제하므로 값 변경이 가능하다.

값을 공유할 수 있는 Rc<T>와 값 변경이 가능한 RefCell<T>를 조합해 Rc<RefCell<T>>과 같이 사용하면 값 변경이 가능하면서도 여러 소유자를 지정할 수 있는 타입을 이용할 수 있다.

지금까지 Box, Rc, RefCell을 이용한 스마트 포인터 타입이 등장했다. 표로 정리해보면 다음과 같다.

**표 6.3** 스마트 포인터 타입 특징

| 스마트 포인터 | 공유 | 값 변경 | 설명 |
| --- | --- | --- | --- |
| Box<T> | × | ○ | 힙 영역에 T의 메모리 확보 |
| Rc<T> | ○ | × | 힙 영역에 공유 가능한 T의 메모리 확보 |
| RefCell<T> | × | ○ | 실행할 때 빌림 규칙을 강제 |
| Rc<RefCell<T>> | ○ | ○ | 힙 영역에 공유 가능하고 값 변경이 가능한 T의 메모리 확보 |

앞에서 에러가 발생했던 프로그램을 수정해보자. 방금 알아본 것처럼 Rc<RefCell<T>> 타입을 이용한다.

【코드】 file: src/ch6/rc_mod_fix.rs

```rust
use std::rc::Rc;
use std::cell:RefCell;
fn main() {
    // 힙 영역에 i32 가변성을 가진 i32 타입 값 1000을 저장 ── (※1)
    let a = Rc::new(RefCell::new(1000));
    // 참조 카운터 증가 ── (※2)
    let b = Rc::clone(&a);
    // 값 변경 시도 ── (※3)
    *b.borrow_mut() += 100;
    // 원래의 참조 값 확인 ── (※4)
    println!("{}", a.borrow());
}
```

이번에는 문제없이 컴파일된다. 그리고 의도한 것처럼 참조 값 변경도 이루어졌다.

```
$ rustc rc_mod_fix.rs && ./rc_mod_fix
1100
```

제네릭 조합은 복잡하게 보일 수 있지만 단순히 두 가지 타입의 특성을 결합했을 뿐이다.

(※1) 부분에서 값 1000을 지정한다. 이 값은 실행할 때 빌림 규칙을 강제하며, 값이 저장되는 영역은 힙 영역이다. 변수 a는 Rc<RefCell<i32>> 타입이 된다.

(※2)에서는 Rc::clone 메서드를 이용해 (※1)의 값을 변수 b에서도 사용할 수 있게 복제한다. 그리고 (※3)에서는 변수 b의 참조자의 값에 100을 더한다. 현재 a와 b는 모두 빌림 규칙이 강제로 적용되므로 값에 접근하려면 borrow 또는 borrow_mut 메서드를 이용해야 한다. 그리고 borrow_mut은 값을 변경할 수 있게 해주는 메서드다. (※4)에서는 값 변경이 아니라 단순히 출력만을 하므로 borrow 메서드를 이용한다.

표 6.4 RefCell<T>의 값을 빌리기 위한 2개의 메서드

| 메서드 | 의미 |
| --- | --- |
| borrow() | 값을 변경하지 않는 빌림 |
| borrow_mut() | 값을 변경하는 빌림 |

## 순환 참조를 피하는 Weak 타입

Rc<T> 타입 데이터가 2개가 있고, 그 데이터가 상호 간의 참조를 하는 경우 **참조 카운터는 똑같이 2가 되며 영원히 삭제되지 않는 데이터**가 된다.

예를 들어 앞의 예제에서 다룬 단방향 연결 리스트의 Node 구조체는 다음 Node를 가리키는 link 하나만을 가진다. 하지만 양방향 연결 리스트는 이전 Node와 다음 Node를 가리키기 위한 데이터가 필요하다. 여기서는 이를 prev와 next라고 가정한다. 이 구조체는 다음과 같을 것이다.

```
// 양방향 연결 리스트 정의(순환 참조 문제)
struct Node {
    data: isize,
    prev: Option<Rc<RefCell<Node>>>,
    next: Option<RC<RefCell<node>>>,
}
```

이 상태에서 Node 'a'와 Node 'b'를 만들고 a의 다음 값을 b로 설정한다면 다음과 같이 지정해야 한다.

```
// a의 next에 b를 지정
a.borrow_mut().next = Some(Rc::clone(&b));
// b의 prev에 a를 지정
b.borrow_mut().prev = Some(Rc::clone(&a));
```

이 상태에서 참조 상태를 보면 a는 b를 참조하고 있으며 b도 a를 참조한다. 즉 참조 카운트가 영원히 0이 되지 않는 순환 참조가 발생한다.

이것을 피하기 위해 마련된 것이 Weak<T> 타입이다. Weak는 약한 참조를 나타내며 소유권을 가지지 않는다. 즉, **Rc<T>는 강한 참조, Weak<T>는 약한 참조다**[4].

---

[4] (옮긴이) Weak<T> 타입은 weak_count를 1 증가시킨다. 그리고 weak_count가 0이 돼도 값은 소멸되지 않는다. 약한 참조는 소유권 관계를 표현하지 않으며 강한 참조의 카운트(strong_count)가 0이 되면 weak_count 값과 상관없이 소멸된다. 이 때문에 순환 참조가 발생하지 않는다.

이를 참고해 위에서 살펴본 양방향 연결 리스트 구조체를 다시 정의해보자.

```
// 양방향 연결 리스트 정의(순환 참조 해결)
struct Node {
    data: isize,
    prev: Option<Weak<RefCell<Node>>>, // 약한 참조
    next: Option<RC<RefCell<node>>>,   // 강한 참조
}
```

마찬가지로 Node 'a'와 Node 'b'를 만들고 a의 다음 값을 b로 설정한다. Weak 타입을 이용해 약한 참조를 얻기 위해서는 Rc::downgrade 메서드를 이용한다.

```
// a의 next에 b를 지정(강한 참조)
a.borrow_mut().next = Some(Rc::clone(&b));
// b의 prev에 a를 지정(약한 참조)
b.borrow_mut().prev = Some(Rc::downgrade(&a));
```

## 약한 참조의 값을 얻는 방법

약한 참조의 원래 값은 참조 카운트가 0이 되면 소멸된다. 따라서 약한 참조는 원래 값이 아직 소멸되지 않았는지 확인해야 한다. 원래 값이 참조 가능한지 확인하기 위해서 upgrade 메서드를 이용한다.

다음은 a의 next에는 강함 참조로 b를 지정하고, b의 prev에는 약한 참조로 a를 지정했을 때 b의 약한 참조인 a의 값을 표시하는 소스 코드다.

```
// b의 prev 얻기
match &b.borrow().prev {
    None => {},
    Some(prev) => {
        // prev는 약한 참조이므로 upgrade로 값이 존재하는지 확인
        let pa = prev.upgrade().unwrap();
        // a의 참조 값을 얻었으면 출력
        println!("a.data = {}", pa.borrow().data);
    },
};
```

지금까지 Rc<T>와 Weak<T>에 대해 살펴봤다. Rc<RefCell<T>>와 Weak<RefCell<T>>는 외견상 어려워 보일 수 있다.

사실 Rc<T>만을 사용해 순환 참조가 발생하는 프로그램을 만들었다고 해도 컴파일러는 이를 오류로 검출하지는 않는다. 따라서 순환 참조 문제는 나중에 생각하고 Rc<RefCell<T>>를 이용해 프로그램을 만들어본 뒤 순환 참조가 발생할 것 같은 부분을 Weak<RefCell<T>>로 교체하는 것이 좋을 수도 있다.

## Rc<T>와 Weak<T>로 양방향 연결 리스트 만들기

Rc<T>와 Weak<T>를 이용해 단방향 연결 리스트보다 효율적인 양방향 연결 리스트를 만들어본다. Cargo를 이용해 'dlist'라는 프로젝트를 만들고 main.rs와 dlist.rs 2개의 파일로 나눠서 구현한다. 이번에도 Cargo.toml 파일에 추가할 크레이트는 없다.

메인 프로그램은 적당한 값을 넣어 양방향 연결 리스트를 만들고 반복자를 이용해 화면에 출력하는 구성이다.

[코드] file: src/ch6/dlist/src/main.rs

```rust
mod dlist;
fn main() {
    // 리스트 초기화
    let mut list = dlist::List::new();
    // 리스트의 끝에 값 추가
    list.push(100);
    list.push(110);
    // 리스트의 앞에 값 추가
    list.unshift(10);
    list.unshift(20);
    // 반복자로 값을 모두 표시
    for v in list.iter() {
        println!("{}", v);
    }
}
```

다음은 양방향 연결 리스트를 구현한다. Weak<T>를 소개할 때 설명한 것처럼 Node 구조체는 자신의 값(data), 이전 Node 링크를 위한 약한 참조(prev), 다음 Node 링크를 위한 강한 참조(next)로 구성한다.

Chapter 06 _ 응용편 – 메모리 관리 및 다른 언어와의 연계

【코드】 file: src/ch6/dlist/src/dlist.rs

```rust
use std::rc::{Rc, Weak};
use std::cell::RefCell;
// 양방향 연결 리스트의 각 노드가 될 구조체 ── (※1)
pub struct Node {
    data: isize,
    next: Option<Rc<RefCell<Node>>>, // 강한 참조
    prev: Option<Weak<RefCell<Node>>>, // 약한 참조
}
// 양방향 연결 리스트 자체를 나타낼 구조체 ── (※2)
pub struct List {
    head: Option<Rc<RefCell<Node>>>,
    foot: Option<Rc<RefCell<Node>>>,
}
// List 구조체의 메서드 구현 ── (※3)
impl List {
    pub fn new() -> Self { // 생성자
        Self{ head: None, foot: None}
    }
    fn new_node(v: isize) -> Rc<RefCell<Node>> {
        Rc::new(RefCell::new(Node{
            data:v, next:None, prev:None}))
    }
    // 리스트의 끝에 값을 추가 ── (※4)
    pub fn push(&mut self, v:isize) {
        let n = List::new_node(v);
        match self.foot.take() {
            None => {
                self.foot = Some(Rc::clone(&n));
                self.head = Some(n);
            },
            Some(old_foot) => {
                self.foot = Some(Rc::clone(&n));
                n.borrow_mut().prev =
                    Some(Rc::downgrade(&old_foot));
                old_foot.borrow_mut().next = Some(n);
            },
        }
    }
```

```rust
        }
        // 리스트의 앞에 값을 추가 ── (※5)
        pub fn unshift(&mut self, v:isize) {
            let n = List::new_node(v);
            match self.head.take() {
                None => {
                    self.foot = Some(Rc::clone(&n));
                    self.head = Some(n);
                },
                Some(old_head) => {
                    old_head.borrow_mut().prev =
                        Some(Rc::downgrade(&old_head));
                    n.borrow_mut().next = Some(old_head);
                    self.head = Some(n);
                }
            }
        }
        // 반복자를 반환하는 메서드 ── (※6)
        pub fn iter(&mut self) -> ListIter {
            match &self.head {
                None => ListIter{cur:None},
                Some(head) => {
                    let head = Rc::clone(&head);
                    ListIter{cur: Some(head)}
                },
            }
        }
}
// 반복자를 위한 구조체 ── (※7)
pub struct ListIter {
    pub cur: Option<Rc<RefCell<Node>>>,
}
// 반복자 구현 ── (※8)
impl Iterator for ListIter {
    type Item = isize;
    fn next(&mut self) -> Option<Self::Item> {
        match self.cur.take() {
            None => None,
```

```
            Some(cur) => {
                let cb = cur.borrow();
                let data = cb.data; // 현재 값을 얻음
                match &cb.next { // 커서를 다음으로 옮김
                    None => self.cur = None,
                    Some(next) =>
                        self.cur = Some(Rc::clone(&next)),
                }
                Some(data)
            }
        }
    }
}
```

프로젝트를 빌드해 실행해보면 다음과 같이 리스트에 값이 추가된 뒤 반복자로 추가된 값을 모두 출력한 것을 확인할 수 있다.

```
$ cargo run
(생략)
20
10
100
110
```

양방향 연결 리스트를 실제로 구현한 dlist.rs 파일의 내용을 살펴보자. (※1)은 앞에서 설명한 것처럼 next는 Rc<T>, prev는 Weak<T> 타입으로 지정해 순환 참조가 발생하지 않도록 설정한 구조체다.

(※2)는 양방향 연결 리스트 자체를 나타낼 구조체다. 리스트의 맨 앞을 나타내는 head와 맨 뒤를 나타내는 foot을 모두 Rc 타입으로 지정한다. 이렇게 해서 방향에 상관없이 효율적으로 요소를 추가할 수 있다.

(※3)의 impl List는 List 구조체의 메서드를 지정한 것이다. (※4)는 리스트의 끝에 값을 추가하는 push 메서드로 리스트의 마지막에 새로운 값을 추가한다. 새로운 Node를 생성한 뒤 List의 foot을 새로 추가된 Node로 변경하고 새롭게 추가된 Node의 prev에는 기존 List의 foot 값을 지정한다. (※5)에서는 마찬가지의 방법으로 List의 head를 새로 추가된 Node로 변경하고 새롭게 추가된 Node의 next에는 기존 List의 head 값을 지정한다.

(※6)은 반복자로, `ListIter` 객체를 생성해 반환한다. `ListIter` 객체에는 반복자의 커서를 나타낼 cur 필드를 정의하고 cur 필드에는 리스트의 head를 지정한다.

(※7)에서 `List`의 모든 요소를 반복해 반환할 `ListIter` 구조체를 정의하고 (※8)에서 그에 대한 반복자를 구현한다. 4장에서 설명한 것처럼 구조체에 `Iterator` 트레잇과 next 메서드를 구현하면 반복자를 만들 수 있다. next 메서드에서는 요소의 값을 반복해 커서를 다음 `Node`로 이동시킨다.

## 스레드 안전성을 위한 Arc⟨T⟩와 Mutex⟨T⟩

이 책에서는 깊게 다루지 않지만 Arc⟨T⟩[5]도 Rc⟨T⟩와 마찬가지로 참조 카운터를 이용해 힙 영역에 T 타입 값 영역을 확보하는 스마트 포인터다. Arc⟨T⟩는 스레드 안전을 위해 고안된 타입이다. 5장의 병렬 처리 부분에서도 설명했지만 병렬 처리에서는 스레드 간 데이터를 안전하게 공유해야 한다. Arc⟨T⟩는 Rc⟨T⟩와 비슷하지만 스레드 안전(Thread-safe) 방식으로 참조 카운트를 바꾸는 타입이다. 그리고 Rc⟨T⟩와 마찬가지로 값을 변경할 수 없다. Mutex⟨T⟩는 RefCell⟨T⟩와 마찬가지로 값을 변경할 수 있다.

즉 스레드 안전 방식의 Arc<Mutex<T>>와 일반 방식의 Rc<RefCell<T>>는 스레드 안전을 제외하면 같은 동작을 한다.

> **정리**
> 
> → Rc⟨T⟩와 Arc⟨T⟩는 참조 카운터를 이용하는 스마트 포인터다.
> 
> → Rc⟨T⟩를 사용하면 소유자를 여럿 만들 수 있다.
> 
> → Rc⟨T⟩는 값을 변경할 수 없으므로 Rc<RefCell<T>>를 사용한다.
> 
> → RefCell⟨T⟩를 사용하면 컴파일을 할 때가 아니라 실행할 때 빌림 규칙을 강제한다.
> 
> → 참조 카운터를 사용한 스마트 포인터에는 순환 참조 문제가 생길 수 있지만 약한 참조인 Weak⟨T⟩를 사용하면 문제를 피할 수 있다.
> 
> → 스레드를 사용하는 프로그램이라면 스레드 안전 방식인 Arc<Mutex<T>>를 사용한다.

---

5 (옮긴이) Atomic Reference Counting. `std::sync::atomic`으로 사용한다. 스레드를 교차하며 공유해도 안전한 타입이다.

# Section 04 파서 생성기로 미니 언어 만들기

러스트 크레이트를 사용해 미니 언어를 만들고 파싱할 수 있다. 자유롭게 매크로를 정의할 수 있는 러스트에서라면 간단히 고속 처리를 할 수 있는 미니 언어를 만들 수 있다. 여기서는 rust-peg를 이용해 미니 언어를 만들어본다.

> **여기서 배우는 것**
>
> - PEG

## 왜 언어를 직접 만드는가

많은 언어에는 JSON이나 XML 같은 잘 알려진 데이터 포맷을 다루는 다양한 라이브러리가 있다. 하지만 모든 타입의 데이터를 언제나 편리하게 다룰 수 있는 것은 아니다. 때에 따라서는 독자적인 데이터 형식을 다뤄야 할 수도 있다.

프로그램을 만들 때 그 프로그램을 확장하는 그 프로그램만의 작은 언어를 만든다면 유지보수성이나 이용자 편의성이 좋아질 수 있다.

이럴 때 사용되는 것이 구문 분석 표현 문법(PEG: Parsing Expression Grammar)이다. 그리고 구문 분석 생성기(Parser Generator)[6]는 문법을 정의해두고 그 정의를 바탕으로 컴파일러를 만들어내는 도구를 말한다. 컴파일러를 만드는 컴파일러라고도 한다. 유명한 구문 분석 생성기로는 yacc[7]가 있다. 많은 프로그래밍 언어는 이런 구문 분석 생성기를 통해 개발된다.

### 러스트의 유명 구문 분석 생성기

러스트에도 텍스트 데이터나 바이너리 데이터를 파싱할 수 있는 구문 분석 생성기가 있다. 이 중 유명한 것은 다음과 같다.

---

6 (옮긴이) 구문 분석을 영어 그대로 '파서'라고 표현하기도 한다. 파서는 컴파일러의 일부분이며 입력의 의미부를 구분해주는 역할을 한다.
7 (옮긴이) Yet Another Compiler Compiler(또 다른 컴파일러 컴파일러). 유닉스 시스템의 표준 구문 분석 생성기다. AT&T에서 유닉스용으로 개발했으며 이후 버클리 Yacc, MKS yacc 등 다양한 호환 클론이 만들어졌다.

표 6.5 러스트의 유명한 구문 분석 생성기

| nom | 매크로로 구문 규칙을 지정할 수 있는 구문 분석 생성기. 바이너리 분석도 가능 |
| --- | --- |
| lalrpop | yacc, ANTLR, Menhir 같은 유명한 도구를 모방한 구문 분석 생성기 |
| combine | Haskell의 Parsec을 참고해 만든 LL 문법[8]용 구문 분석 생성기 |
| peg | PEG 문법으로 구문 정의를 할 수 있는 구문 분석 생성기 |

이 4개의 구문 분석 생성기는 모두 효율 좋은 구문 분석 생성기지만 여기서는 미니 언어를 만드는 것이 목적이므로 비교적 자유도가 높은 peg을 이용한다.

## PEG

PEG는 형식 문법(Formal Grammar)의 한 종류로 BNF[9]와 비슷한 문법으로 구문 분석 생성기의 문법을 정의할 수 있는 표기법이다. crates.io에 공개된 peg 크레이트는 소스 코드 안에 매크로를 지정해 PEG 문법을 사용할 수 있다. 쉽게 자신만의 언어를 만들 수 있어 편리하게 사용할 수 있다.

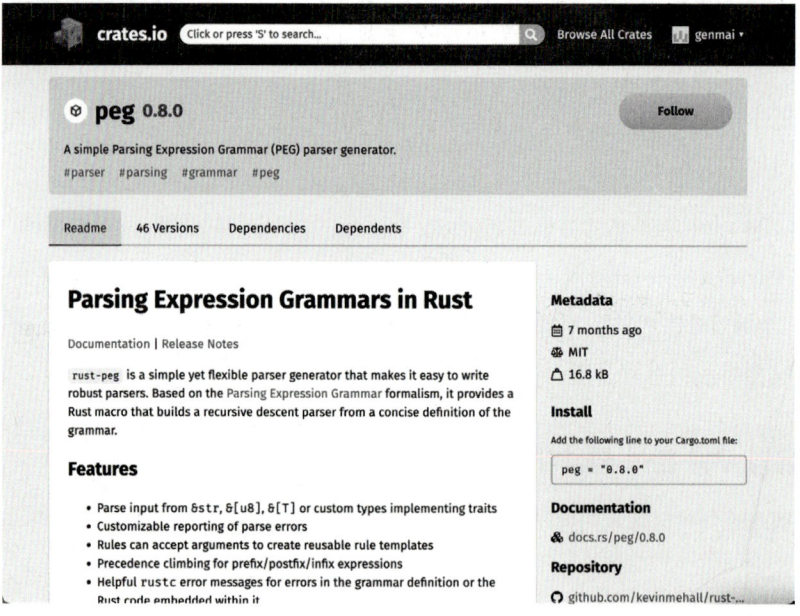

그림 6.3 crates.io의 peg 크레이트 페이지

---

8 (옮긴이) 자유 문법의 일부. 왼쪽부터 오른쪽으로 읽어들인다(Left to right, Left most derivation).
9 (옮긴이) Backus-Naur Form. 인간이 사용하도록 의도된 문법을 인코딩하기 위한 형식적 표기법.

## 간단한 덧셈 계산기 만들기

peg 크레이트를 이용해 단순한 덧셈 계산기를 만들어보자. Cargo로 'peg_plus'라는 프로젝트를 만들고 Cargo.toml 파일에 peg 크레이트를 추가한다.

【코드】 file: src/ch6/peg_plus/Cargo.toml

```
[package]
name = "peg_plus"
version = "0.1.0"
edition = "2021"

[dependencies]
peg = "0.8"
```

이어서 메인 프로그램을 작성한다. peg 크레이트를 이용하므로 별도의 문법 정의 파일을 만들지 않아도 된다.

【코드】 file: src/ch6/peg_plus/src/main.rs

```rust
// 문법 규칙 시작 ── (※1)
peg::parser!( grammar calc() for str {
    // 기본이 되는 규칙 추가 ── (※2)
    pub rule eval() -> i64        // 규칙 이름
        = term()                  // 구문 정의

    // 덧셈을 수행하는 규칙 추가 ── (※3)
    rule term() -> i64            // 규칙 이름
        = v1:num() "+" v2:num() // 구문 정의
        { v1 + v2 }               // 동작

    // 숫자 값을 읽는 규칙 추가 ── (※4)
    rule num() -> i64             // 규칙 이름
        = value:$(['0'..='9']+)   // 구문 정의
        { value.parse().unwrap() } // 동작
});

fn main() {
```

```
    // 덧셈 계산식 실행 ─── (※5)
    println!("2+5={}", calc::eval("2+5").unwrap());
    println!("8+2={}", calc::eval("8+2").unwrap());
    println!("200+50={}", calc::eval("200+50").unwrap());
}
```

프로젝트를 실행해 결과를 확인해보자. 3개의 덧셈 결과가 표시되는 것을 확인할 수 있다.

```
2+5=7
8+2=10
200+50=250
```

먼저 (※1) 부분에서 peg 크레이트를 이용해 구문 분석을 위한 문법을 정의한다. `peg::parser!`는 peg의 매크로로 이 매크로 안에서 문법을 정의할 수 있다. 여기서 'grammer calc()'라고 정의해서 calc 모듈 정의를 시작한다.

(※2)는 calc 모듈의 가장 기본이 되는 규칙을 정의하는 부분이다. 기본이 되는 규칙은 'rule'이라는 이름으로 정의한다. 각 규칙마다 1개의 함수가 정의된다. 구문 규칙을 모듈 밖에서도 사용하려면 함수 또는 구조체의 경우와 같이 'pub'을 붙인다.

peg 크레이트의 PEG 문법은 기본적으로 다음과 같은 규칙으로 작성한다.

[서식] peg 크레이트로 문법 규칙 지정
```
rule 규칙명() -> 반환값
= 구문 정의 1 { 동작 1 }
/ 구문 정의 2 { 동작 2 }
/ 구문 정의 3 { 동작 3 }
```

구문 정의를 해두고 실제로 그 규칙에 해당하는 내용이 오면 {} 안의 동작이 실행되는 구조다.

(※2)에서 구문 정의 후 동작이 없는데 여기서는 규칙에 'term'만을 지정했다. 요소가 1개인 경우에는 동작을 생략할 수 있다.

(※3)은 덧셈을 수행할 규칙인 'term'을 정의하는 부분이다. 여기서 구문 정의 부분을 보면 'v1:num() "+" v2:num()'이라는 규칙이 있다. 이 부분은 '**변수 이름:문법 규칙 "+" 변수 이름:문법 규칙**'이다. 이 규칙의 동작을 보면 'v1 + v2'로 돼 있다. 문법 규칙에 정의한 변수 이름을 어떻게 이용할지 지정하는 것이다.

(※4)는 숫잣값을 읽는 규칙 'num'을 정의한다. 이 규칙의 구문 정의는 ['0'..='9']+ 형태로 돼 있다. 이 것을 정규 표현식으로 작성한다면 '[0-9]+'가 된다. 즉 0에서부터 9까지의 숫자만을 받는다는 의미다. 이 규칙의 동작은 단순히 값을 숫자로 파싱해 i64로 변환하는 것이다.

마지막 (※5)는 앞에서 지정한 peg을 이용한 calc 모듈의 rule 규칙을 이용해 3개의 덧셈을 계산한다.

## 사칙연산이 가능한 계산기 만들기

이번에는 덧셈 계산기를 개량해 사칙 연산이 가능하도록 만들어본다. 덧셈 계산기를 이해했다면 사칙 연산 계산기는 어렵지 않게 만들 수 있다.

Cargo로 'peg_calc'라는 프로젝트를 만들고 Cargo.toml 파일에 peg 크레이트를 추가한다.

**[코드]** file: src/ch6/peg_calc/Cargo.toml

```
[package]
name = "peg_calc"
version = "0.1.0"
edition = "2021"

[dependencies]
peg = "0.8"
```

이어서 메인 프로그램을 작성한다.

**[코드]** file: src/ch6/peg_calc/src/main.rs

```
peg::parser!( grammar calc() for str {

    // 기본이 되는 규칙 —— (※1)
    pub rule eval() -> i64
        = expr()

    // 덧셈과 뺄셈용 규칙 추가 —— (※2)
    rule expr() -> i64
        = l:term() "+" r:expr()    { l + r }
        / l:term() "-" r:expr()    { l - r }
        / term()
```

```
        // 곱셈과 나눗셈용 규칙 추가 ── (※3)
        rule term() -> i64
            = l:value() "*" r:term() { l * r }
            / l:value() "/" r:term() { l / r }
            / v:value()

        // 값을 읽는 규칙 추가 ── (※4)
        rule value() -> i64
            = number()                  // 숫자 값
            / "(" v:expr() ")" { v }    // (계산식)

        // 숫자 값을 읽는 규칙 추가 ── (※5)
        rule number() -> i64
            = n:$(['0'..='9']+)
            { n.parse().unwrap() }
});

fn main() {
    // 계산
    println!("{}", calc::eval("1+2*3").unwrap());
    println!("{}", calc::eval("(1+2)*3").unwrap());
    println!("{}", calc::eval("100/2-1").unwrap());
}
```

프로젝트를 실행하면 곱셈이 덧셈보다 우선 계산되며 괄호 안의 것을 먼저 계산하는 등 사칙연산이 잘 동작하는 것을 확인할 수 있다.

```
$ cargo run
(생략)
7
9
49
```

소스 코드를 확인해보자. (※1)은 calc 모듈의 함수인 eval 규칙을 만드는 부분으로 지정할 규칙은 expr()이다. 이 규칙은 (※2)에서 만드는 규칙 'expr()'을 읽어들인다.

(※2)에서 덧셈과 뺄셈용 규칙을 정의한다. 앞의 예제에서는 1개의 규칙에 1개의 문법만을 정의했지만 이번에는 덧셈과 뺄셈, 2개의 규칙을 지정한다.

연산자에는 우선 순위가 있으므로 덧셈과 뺄셈을 수행하는 `expr` 규칙에는 나눗셈과 곱셈을 지정하지 않고 연산자의 왼쪽과 오른쪽의 값을 얻기 위해 `term`을 호출한다. 이렇게 해서 나눗셈과 곱셈을 우선시할 수 있게 된다.

그리고 (※3)에서 나눗셈과 곱셈을 수행하는 규칙을 만든다. 여기서도 괄호를 읽어들이지는 않는다. 괄호는 가장 우선도가 높으므로 (※4)에서 계산하게끔 한다.

(※4)에서 만드는 `value` 규칙은 (※5)의 숫자 값을 읽어오거나 괄호를 읽어들인다. 괄호의 안쪽에서는 `expr`을 읽으므로 괄호를 중첩 작성해도 문제없이 처리할 수 있다.

(※5)는 문자를 읽어와 숫자로 파싱하는 규칙이다. 그리고 메인 함수에서 실제로 계산식을 확인해본다. 연산자의 계산 순서, 괄호가 있는 경우의 계산순서 등 각 연산자가 제대로 동작하는지 확인할 수 있다.

### PEG를 이용해 재귀 하향 구문 분석도 쉽게

이렇게 우선도가 높은 연산자를 계산하는 함수를 차례대로 호출해 구문을 분석하는 알고리즘을 재귀 하향 구문 분석이라고 한다.

물론 구문 분석 생성기를 사용하지 않고도 간단한 구문 분석을 만들 수 있지만, peg 크레이트 같은 구문 분석 생성기를 사용해 보다 쉽게 문자열을 분석해 계산하는 프로그램을 만들 수 있다. 러스트 매크로의 강력함을 알 수 있는 부분이다.

## 미니 언어 만들기

peg에 대해 어느 정도 이해가 됐다면 자신만의 언어를 만들어보자. 여기서는 BASIC 언어에 자바스크립트를 더한 것 같은 미니 언어를 만들어본다. 여기서 만들 언어는 '토마토 언어'라는 이름을 붙였다. 프로젝트 이름으로는 `peg_tomato`를 지정했다.

이번 프로그램의 소스 코드는 조금 길어지므로 구문 요소를 정의하는 `node` 모듈, peg 크레이트를 이용해 구문 해석을 수행하는 `parser` 모듈, 구문 분석 결과를 바탕으로 프로그램을 실행할 `runner` 모듈, 그리고 메인 함수인 `main`, 4개의 파일로 분리했다.

```
.
├── src
│   ├── runner.rs
│   ├── parser.rs
│   ├── node.rs
│   └── main.rs
└── Cargo.toml
```

이 토마토 언어는 숫자 계산, 변수 선언, print 문, if 문, for 문을 이용할 수 있다. 예를 들어 1에서 10까지의 모든 수를 더해서 출력하는 프로그램을 만든다면 소스 코드는 다음과 같다.

【코드】 file: src/ch6/peg_tomato/sum1to10.tomato

```
sum = 0
for i = 1 to 10 {
    sum = sum + i
}
print sum
```

다음은 토마토 언어로 1장에서 소개한 FizzBuzz 문제를 푸는 예제 소스 코드다.

【코드】 file: src/ch6/peg_tomato/fizzbuzz.tomato

```
for i=1 to 100 {
    if i % 15 == 0 { print "FizzBuzz" }
    elif i % 3 == 0 { print "Fizz" }
    elif i % 5 == 0 { print "Buzz" }
    else { print i }
}
```

이렇게 토마토 언어는 기본적인 계산과 반복문, if 문을 이용한 분기를 이용할 수 있게 구현했다. 간단한 계산 프로그램이라면 토마토 언어로도 충분히 구현할 수 있다.

## 토마토 언어 실행 방식

토마토 언어는 인터프리터 방식으로 만들었다. 이런 미니 언어를 컴파일 방식으로 만드는 것은 효율도 안 좋을뿐더러 반복문과 조건 분기를 처리하기가 까다롭기 때문에 프로그램의 문법 요소를 트리 구조로 표현한 구문 트리(syntax tree)로 변환한다. 그리고 구문 트리를 바탕으로 프로그램을 실행한다. 이 프로젝트에서 문법을 구문 트리로 변환하는 역할을 하는 것이 parser.rs고 구문 트리를 바탕으로 프로그램을 실행하는 것이 runner.rs다.

구문 트리라는 것은 '1 + 2 * 3'과 같은 구문을 다음 그림과 같은 상태로 변환하는 것이다. 사칙연산을 수행할 때 왼쪽 변과 오른쪽 변의 값을 가져와 연산을 수행한다. 이때 계산식이 있으면 먼저 계산한다. 덧셈이나 곱셈이 섞여있는 계산식을 한 번에 계산하는 것은 어렵지만 이렇게 구문 트리 형태로 만든다면 복잡한 계산식도 문제없이 계산할 수 있다.

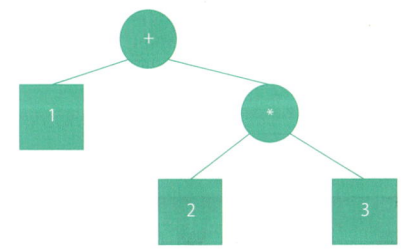

그림 6.4 '1 + 2 * 3'을 구문 트리로 표현

실제 프로그램을 만들며 확인해보자.

### 구문 트리 표현 – node.rs

먼저 구문 트리를 표현할 Node를 정의한 node.rs를 만든다. Node에는 구문 트리의 한 요소로 enum을 이용해 열거형으로 정의했다. 토마토 언어에서 표현 가능한 문법 요소는 모두 Node에서 표현할 수 있도록 했다.

【코드】 file: src/ch6/peg_tomato/src/node.rs

```rust
// 문법 요소를 Node라는 타입으로 정의 ── (※1)
#[derive(Debug, Clone)]
pub enum Node {
    Nop, // 아무것도 하지 않음
    Number(i64), // 숫자 값을 나타냄
    Calc(char, Box<Node>, Box<Node>), // 계산식
    If(Box<Node>, Box<Vec<Node>>, Box<Vec<Node>>), // if 문
    For(String, i64, i64, Box<Vec<Node>>), // for 문
    Print(Box<Node>), // print문(계산 출력)
```

```rust
    PrintStr(String), // print문(상수 출력)
    SetVar(String, Box<Node>), // 변수 대입
    GetVar(String), // 변수 참조
}
impl Node {
    // Node::Calc 타입을 반환하는 함수 ── (※2)
    pub fn calc(op: char, l: Node, r: Node) -> Node {
        Node::Calc(op, Box::new(l), Box::new(r))
    }
    // Node::If 타입을 반환하는 함수 ── (※3)
    pub fn if_(cond: Node, t: Vec<Node>, f: Vec<Node>) -> Node {
        Node::If(Box::new(cond), Box::new(t), Box::new(f))
    }
}
```

(※1)은 문법 요소의 열거형 Node의 정의다. 열거형에는 다른 타입을 튜플 형태로 저장할 수 있으므로 토마토 언어의 구문 요소에 필요한 다양한 매개변수를 지정할 수 있다.

예를 들어 Number는 i64 타입 값을 매개변수로 한다. 그리고 Calc에서는 '(연산자, 계산식의 왼쪽 변, 계산식의 오른쪽 변)'을 매개변수로 갖게 한다. 여기서 왼쪽 변과 오른쪽 변의 계산식은 Box<Node>로 재귀적으로 계산식을 표현할 수 있다.

(※2)와 (※3) 부분은 각각 Node:Calc와 Node:If를 만들 수 있는 헬퍼 함수다. Box::new로 힙 영역에 Node를 생성해야 하는데 한 줄의 코드가 길어지므로 이를 간단하게 해줄 수 있도록 구현한 것이다.

## 문법 정의에 따라 구문 분석 – parser.rs

다음은 문법을 정의하는 parser.rs를 만든다. 이 파일은 peg 크레이트를 이용해 PEG 문법으로 토마토 문법을 정의한다. 그리고 문법 트리로 변환한다.

**[코드]** file: src/ch6/peg_tomato/src/parser.rs

```rust
use peg;
use crate::node::Node;
// 토마토 언어 문법 정의 ── (※1)
peg::parser!( pub grammar tomato() for str {
    // 기본 규칙 정의 ── (※2)
    pub rule parse() -> Vec<Node>
```

```
        = v:sentences()
// 프로그램에서 복문을 쓸 수 있도록 한다 ── (※3)
rule sentences() -> Vec<Node>
    = sentence() ** end_of_line()
// 구문 정의 ── (※4)
rule sentence() -> Node
    = print() / if() / for() / let() / _ { Node::Nop }

// print문 정의 ── (※5)
rule print() -> Node
    = "print" _ "\"" v:$([^ '"']*) "\""
      { Node::PrintStr(v.to_string()) }
    / "print" _ v:calc()
      { Node::Print(Box::new(v)) }

// if 문 정의 ── (※6)
rule if() -> Node = "if" _ v:if_cond() { v }
rule if_cond() -> Node
    = if_elif() / if_else() / if_true_only()
rule if_elif() -> Node
    = cond:calc() t:block() lf() "elif" _ f: if_cond()
      { Node::if_(cond, t, vec![f]) }
rule if_else() -> Node
    = cond:calc() t:block() lf() "else" _ f:block()
      { Node::if_(cond, t, f) }
rule if_true_only() -> Node
    = cond:calc() t:block()
      { Node::if_(cond, t, vec![]) }
rule block() -> Vec<Node>
    = "{" _ v:sentences() _ "}" _ { v }

// for 문 정의 ── (※7)
rule for() -> Node
    = "for" _ w:word() _ "=" _ start:number() _
      "to" _ end:number() _ body:block()
      { Node::For(w, start, end, Box::new(body)) }

// 변수 대입 정의 ── (※8)
```

```
    rule let() -> Node
        = w:word() _ "=" _ v:calc()
        { Node::SetVar(w, Box::new(v))}

    // 계산 처리 ── (※9)
    rule calc() -> Node = comp()
    rule comp() -> Node
        = l:expr() "==" _ r:comp() { Node::calc('=', l, r) }
        / l:expr() "!=" _ r:comp() { Node::calc('!', l, r) }
        / l:expr() ">"  _ r:comp() { Node::calc('>', l, r) }
        / l:expr() ">=" _ r:comp() { Node::calc('g', l, r) }
        / l:expr() "<"  _ r:comp() { Node::calc('<', l, r) }
        / l:expr() "<=" _ r:comp() { Node::calc('l', l, r) }
        / expr()
    rule expr() -> Node
        = l:term() "+" _ r:calc() { Node::calc('+', l, r) }
        / l:term() "-" _ r:calc() { Node::calc('-', l, r) }
        / term()
    rule term() -> Node
        = l:val() "*" _ r:term() { Node::calc('*', l, r) }
        / l:val() "/" _ r:term() { Node::calc('/', l, r) }
        / l:val() "%" _ r:term() { Node::calc('%', l, r) }
        / val()
    rule val() -> Node
        = "(" _ v:calc() _ ")" _ { v }
        / v:number() _ { Node::Number(v) }
        / v:word() _ { Node::GetVar(v) }
    rule number() -> i64
        = n:$(['0'..='9']+) { n.parse().unwrap() }
    rule word() -> String // 변수명 정의 ── (※10)
        = v:$(['a'..='z'|'A'..='Z'|'_']+ ['0'..='9']*)
        { String::from(v) }

    rule end_of_line() = [';' | '\n']+ _ // 문장 나누기
    rule lf() = _ ['\n']* _ // 줄바꿈
    rule _ = [' ' | '\t']* // 공백문자
});
```

if 문과 for 문, 그리고 각종 연산을 모두 정의하느라 소스 코드가 길어졌지만 기본 내용은 어렵지 않으니 하나씩 살펴보자.

(※1)에서 peg을 이용해 토마토 언어의 문법 정의를 시작한다.

(※2)는 기본 규칙을 정의한 부분으로 '=v:sentences()', 즉 'rule sentences'로 시작한다는 것을 정의한다.

(※3)은 복문을 사용할 수 있게 하는 부분이다. 하나의 문장이 아니라 여러 문장을 쓸 수 있게 하므로 'sentence'가 아니라 'sentences'다. peg의 간이 기법 '문법 ** 구분자'와 같이 쓰면 '문법 구분자 문법 구분자 문법 구분자 …'처럼 특정 요소가 반복되는 것을 표현할 수 있다.

(※4)는 한 문장을 의미하는 'sentence' 규칙을 정의한다. 토마토 언어는 여기서 지정한 것과 같이 print, if, for, let, _ (공백) 중 하나가 반드시 필요하다. 이 외의 요소가 있으면 에러가 발생한다. 반대로 함수 정의 같은 요소를 추가하고 싶다면 여기에 요소에 대한 정의를 추가하면 된다.

(※5)는 print 문 정의다. 토마토 언어에는 문자열 개념은 없지만 문자열을 표시하기 위해 문법 규칙으로 'print(***)' 형태로 출력을 할 수 있게 정의했다. 이 프로그램을 수정하면 문자열 출력도 구현할 수 있으니 도전해보기 바란다.

(※6)은 if 문의 정의다. if 문 정의는 조금 복잡한 면이 있다. 'if 조건 { 참 } else { 거짓 }'이라는 형태 외에도 거짓 블록이 생략되거나 'elif 조건 { 참 }'과 같이 연속된 조건을 판단하는 등 다양한 패턴이 있기 때문이다. 여기서는 이런 다양한 패턴을 정의하고 있다.

(※7)은 for 문의 정의다. for 문은 if 문에 비해서 구현이 간단하다. 'for 변수 = 시작 to 종료 { 규칙 }'이 전부이기 때문이다.

(※8)은 변수 대입을 정의한 부분이다. '변수 이름 = 계산 식' 형태로 구문을 정의했다.

(※9)는 계산 등 연산자의 처리를 수행하는 부분이다. 앞의 예제였던 사칙연산 구현을 참고해가며 보면 금방 이해할 수 있을 것이다. 여기서는 사칙연산 외에도 비교 구문 처리까지 구현했다.

(※10)은 변수 이름 정의를 위한 부분이다. 변수 이름으로 영어 대문자와 소문자, 숫자, 언더바(_)를 이용할 수 있도록 했다.

## 구문 트리 실행 – runner.rs

구문 트리를 실행할 runner.rs를 만든다. 토마토 언어의 프로그램은 구문 트리(vec<Node> 타입)로 변환된다. 그리고 run_nodes 함수에 구문 트리를 전달하면 하나씩 Node를 실행한다.

【코드】 file: src/ch6/peg_tomato/src/runner.rs

```rust
use std::collections::HashMap;
use crate::parser::tomato;
use crate::node::Node;

// 프로그램 전체에서 이용할 컨텍스트 정의 ── (※1)
struct Context {
    // 변수와 값 저장
    vars: HashMap<String, i64>,
}

// 구문 트리를 하나씩 실행 ── (※2)
fn run_node(ctx: &mut Context, node: Node) -> i64 {
    // 어떤 타입의 노드인지 판단
    match node {
        Node::Number(v) => v, // 숫자 값을 반환
        Node::Calc(op, l, r) => { // 계산식 ── (※3)
            calc_op(op, run_node(ctx, *l), run_node(ctx, *r))
        },
        Node::GetVar(name) => { // 숫자 값 얻기 ── (※4)
            match ctx.vars.get(&name) {
                Some(v) => *v,
                None => 0,
            }
        },
        Node::SetVar(name, node) => { // 변수 대입
            let val = run_node(ctx, *node);
            ctx.vars.insert(name, val);
            val
        },
        Node::If(cond, true_n, false_n) => { // if 문 ── (※5)
            let cond_v = run_node(ctx, *cond);
            if cond_v > 0 {
```

```rust
                    run_nodes(ctx, &*true_n)
                } else {
                    run_nodes(ctx, &*false_n)
                }
            },
            Node::For(name, start, end, body) => { // for 문 ―― (※6)
                let mut r = 0;
                let nodes = *body;
                for i in start..=end {
                    ctx.vars.insert(name.clone(), i);
                    r = run_nodes(ctx, &nodes);
                }
                r
            },
            Node::PrintStr(v) => { println!("{}", v); 0}, // ―― (※7)
            Node::Print(node) => { // print文 ―― (※8)
                let v = run_node(ctx, *node);
                println!("{}", v);
                v
            },
            _ => 0,
        }
}
// 연산자를 바탕으로 계산 ―― (※9)
fn calc_op(op: char, val_l:i64, val_r:i64) -> i64 {
    match op {
        '+' => val_l + val_r,
        '-' => val_l - val_r,
        '*' => val_l * val_r,
        '/' => val_l / val_r,
        '%' => val_l % val_r,
        '=' => if val_l == val_r {1} else {0},
        '!' => if val_l != val_r {1} else {0},
        '>' => if val_l > val_r {1} else {0},
        'g' => if val_l >= val_r {1} else {0},
        '<' => if val_l < val_r {1} else {0},
        'l' => if val_l <= val_r {1} else {0},
        _ => 0,
```

```
        }
    }
// 반복해서 Node를 실행 ── (※10)
fn run_nodes(ctx: &mut Context, nodes: &Vec<Node>) -> i64 {
    let mut result = 0;
    nodes.iter().for_each(|node| {
        result = run_node(ctx, node.clone())});
    result
}
// 프로그램을 실행할 함수 ── (※11)
pub fn run(src: &str) -> i64 {
    let nodes = tomato::parse(src).unwrap();
    let mut ctx = Context{vars:HashMap::new()};
    run_nodes(&mut ctx, &nodes)
}
```

(※1)은 프로그램을 실행할 때 필요한 구조체다. 프로그램의 상태를 관리하는 컨텍스트로 토마토 언어에서는 변수를 사용할 수 있으므로 변수 이름과 그 값을 HashMap에 저장한다. 만약 이 소스 코드를 바탕으로 함수 선언과 호출이 가능하도록 기능을 확장한다면 여기에 함수 호출 상태를 관리하는 필드를 추가해야 한다.

(※2)는 구문 트리를 하나씩 실행하는 run_node 함수다. 인수에 프로그램 상태를 관리하는 변수 ctx를 지정해 변수 조작이 가능하다. 이 함수는 언제나 i64 타입 값을 반환한다. 이 함수에서는 match 문으로 Node가 어떤 타입인지 판단해 값을 반환한다.

(※3)은 계산식을 반환하는 Node::Calc의 동작 정의다. 왼쪽 변과 오른쪽 변의 값에 다른 계산식이 지정될 가능성이 있으므로 왼쪽 변과 오른쪽 변의 값을 얻기 위해 재귀적으로 run_code 함수를 실행해 실젯값을 얻고 그 후 (※9)의 calc_op에서 연산자에 따른 계산 값을 반환한다.

(※4)의 Node:GetVar에서는 변수의 값을 가져와 Node:SetVar에서 값을 대입한다. 컨텍스트 ctx의 vars(HashMap 타입)에서 변수를 관리한다. 여기서는 정의하지 않은 변수가 있어도 에러가 발생하지 않고 0을 반환하도록 구현했다.

(※5)는 if 문의 동작이다. if 문의 구문 분석은 패턴이 다양했기 때문에 길게 구현했지만 여기서의 동작 구현은 간단하다. 조건 분기를 하고 그 값에 따라 참일 때의 노드(true_n)와 거짓일 때의 노드(false_n)만을 구현하면 된다.

(※6)은 for 문의 동작이다. 여기서는 러스트의 for 문을 그대로 이용한다. 인터프리터 방식 구현의 장점이다.

(※7)은 문자열의 print 문 동작을, (※8)은 숫잣값의 print 문 동작이다.

(※9)는 연산자를 바탕으로 계산을 수행하는 calc_op 함수의 정의다. 이 함수는 (※3)의 계산식에서 사용된다.

(※10)에서는 함수 run_nodes를 반복해 호출한다.

마지막 (※11)은 구문 분석과 프로그램 실행을 수행할 run 함수의 정의다. 구문 분석은 'parser.rs'에 정의된 구문 분석 함수 parse를 호출한다. 그리고 parse의 반환값인 구문 트리를 run_nodes 함수에 전달해 프로그램을 실행한다.

### 메인 프로그램 – main.rs

메인 프로그램은 명령줄 인수를 이용해 토마토 언어로 만든 프로그램을 실행할 main 함수와 테스트를 위한 test_run 함수를 정의했다.

【코드】 file: src/ch6/peg_tomato/src/main.rs

```rust
mod parser;
mod runner;
mod node;
use std::fs;

fn main() {
    let args: Vec<String> = std::env::args().collect();
    if args.len() < 2 {
        println!("[USAGE] peg_tomato file.tomato");
        return;
    }
    // 파일 열기
    let filename = &args[1];
    let src = fs::read_to_string(filename).unwrap();
    runner::run(&src);
}

#[cfg(test)]
```

```
mod tests {
    use super::*;
    #[test]
    fn test_run() {
        assert_eq!(runner::run("print 32"), 32);
        assert_eq!(runner::run("print 1+2*3"), 7);
        assert_eq!(runner::run(
            "a=3;if a==3 { print 1 } else { print 0 }"), 1);
        assert_eq!(runner::run(
            "a=0;for i=1 to 10 { a=a+i }; print a"), 55);
        assert_eq!(runner::run("print \"abc\""), 0);
    }
}
```

먼저 'cargo test' 명령으로 제대로 구현됐는지 확인해본다.

```
$ cargo test
(생략)
running 1 test
test tests::test_run ... ok

test result: ok. 1 passed; 0 failed; 0 ignored; 0 measured; 0 filtered out; finished in 0.00s
```

이어서 1부터 10까지의 합계를 내는 프로그램 sum1to10.tomato를 실행해보자.[10]

```
$ cargo run sum1to10.tomato
(생략)
55
```

FizzBuzz 풀이인 fizzbuzz.tomato도 실행해보자.

```
> cargo run fizzbuzz.tomato
(생략)
1
2
```

---

[10] (엮은이) 윈도우에서 실행할 때 ParseError가 발생한다면, Notepad++ 등의 텍스트 편집기에서 sum1to10.tomato 파일의 줄 끝 문자를 Unix(LF) 형식으로 바꿔보라. fizzbuzz.tomato도 마찬가지다.

```
Fizz
4
Buzz
Fizz
7
8
Fizz
(생략)
```

토마토 언어가 제대로 동작한다는 것을 알 수 있다. 전체 200여 줄의 작은 프로젝트였지만 FizzBuzz 문제를 풀 수 있을 정도의 프로그래밍 언어를 만들 수 있었다. 구문 분석 생성기를 이용해 나만의 언어 만들기에 도전해보는 것도 의미 있는 일일 것이다.

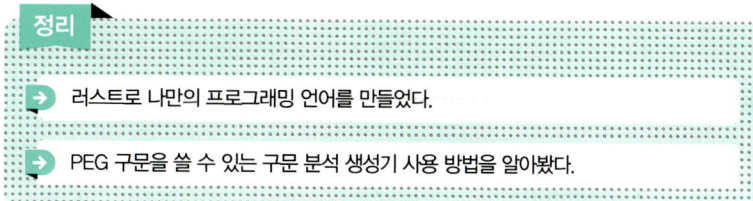

Chapter 6 | 응용편 – 메모리 관리 및 다른 언어와의 연계

## C 언어, 파이썬과의 연계

러스트에는 C 언어 등 다른 언어에서 만든 라이브러리를 연결해 사용하는 FFI라는 구조가 있다. 여기서는 C 언어, 파이썬 같은 다른 언어와 러스트를 조합하는 방법을 소개한다.

**여기서 배우는 것**
- FFI
- 동적 라이브러리

## FFI

'FFI(Foreign Function Interface)'는 다른 언어로 만든 라이브러리를 러스트에서 이용하게 해주는 인터페이스다. 가령 C로 만들어진 유용한 라이브러리가 있다면 FFI를 통해 러스트에서 그 라이브러리를 이용할 수 있는 것이다.

### C 언어의 라이브러리를 러스트에서 호출

러스트에서 FFI를 이용하려면 다음과 같이 라이브러리 인터페이스를 러스트 소스 코드 내에 작성한다.

```
[서식] 러스트에서 C 언어의 라이브러리 이용
extern "C" {
    fn C 언어 함수 이름 1(인수);
    fn C 언어 함수 이름 2(인수);
    fn C 언어 함수 이름 3(인수);
}
---
```

```
[서식] 위에서 정의한 C 언어 라이브러리 호출
unsafe {
    C 언어 함수 이름();
}
```

C 언어의 라이브러리를 이용할 때는 unsafe 블록 안에서 호출해야 한다. 다른 언어로 만들어진 외부 라이브러리를 호출하는 것은 러스트의 안전성에 문제를 일으킬 수 있기 때문이다.

## 프로젝트를 만들어 C 언어 라이브러리 사용해보기

실제 프로그램을 만들어 작업을 해보자.

먼저 C 언어로 프로그램을 만든다. ffi_mul이라는 프로젝트를 만들고 해당 디렉터리에서 작업을 한다. 프로젝트의 디렉터리 및 파일 최종 구성은 다음과 같다.

```
.
├── Cargo.toml
├── build.rs
└── src
    ├── main.rs
    └── mycalc.c
```

## C 언어를 컴파일할 수 있도록 Cargo.toml 편집

Cargo로 C 언어를 컴파일할 수 있으므로 여기서는 다른 컴파일 방법을 소개하지 않고 Cargo를 이용한다. Cargo에서 C 언어를 컴파일하기 위해서는 Cargo.toml 파일에 C 언어 빌드용 크레이트를 지정해야 한다. 그리고 의존성 크레이트에도 C 라이브러리 크레이트를 추가해야 한다.

【코드】 file: src/ch6/ffi_mul/Cargo.toml

```toml
[package]
name = "ffi_mul"
version = "0.1.0"
edition = "2021"

[dependencies]
libc = "0.2"

[build-dependencies]
cc = "1.0"
```

C 언어의 소스 코드를 컴파일할 수 있도록 [build-dependencies] 블록에 cc 크레이트를 추가했다. 그리고 [dependencies] 블록에는 'libc'를 추가했다. 이렇게 하면 Cargo로 C 언어의 소스 코드를 컴파일할 수 있다.

## C 언어 라이브러리 작성

간단한 C 언어 라이브러리를 만든다. 다음은 2개의 정수를 받아서 곱하는 함수 mul을 C로 작성한 것이다.

[코드] file: src/ch6/ffi_mul/src/mycalc.c

```c
#include<stdio.h>

int mul(int a, int b) {
  return a * b;
}
```

그리고 이 C 언어 프로그램을 Cargo에서 컴파일할 수 있게 다음과 같은 build.rs 파일을 만든다.

이 파일은 cc 크레이트를 이용해 어떻게 C 언어 소스 코드를 컴파일할지 절차를 지정한 것이다. 러스트 코드로 빌드 절차를 지정하므로 쉽게 만들 수 있다.

[코드] file: src/ch6/ffi_mul/src/build.rs

```rust
extern crate cc;

fn main() {
    // C 언어 소스 코드 컴파일
    cc::Build::new()
        .file("src/mycalc.c") // C 언어 소스 코드 파일 지정
        .include("src")
        .compile("mycalc"); // 출력할 라이브러리 이름 지정
}
```

## C 언어 라이브러리를 이용하는 러스트 메인 프로그램 작성

이어서 C 언어로 만들어진 라이브러리를 이용하는 러스트 프로그램을 만든다.

【코드】 file: src/ch6/ffi_mul/src/main.rs

```rust
// C 언어로 작성한 라이브러리의 이름 지정 ── (※1)
#[link(name="mycalc", kind="static")]
extern "C" {
    // C 언어에서 정의한 함수 지정
    fn mul(a: isize, b: isize) -> isize;
}

fn main() {
    // C 언어 함수 호출 ── (※2)
    unsafe {
        let n = mul(30, 5);
        println!("{}", n);
        let n = mul(8, 80);
        println!("{}", n);
    }
}
```

C 언어 라이브러리를 이용하는 경우 (※1)에서 지정한 것처럼 extern "C" 앞에 어떤 라이브러리를 링크할지 속성으로 지정하고 C 언어의 함수가 어떤 형태인지 작성해야 한다.

그리고 C 언어의 함수를 호출할 때는 unsafe 블록 안에서 호출해야 한다. 프로그램을 실행해보면 C 언어로 작성한 mul 함수가 정상적으로 호출돼 숫자를 계산한 것을 확인할 수 있다.

```
$ cargo run
(생략)
150
640
```

C 언어 소스 코드 빌드는 러스트의 크레이트를 이용하므로 사용 중인 OS에 상관없이 이루어진다.

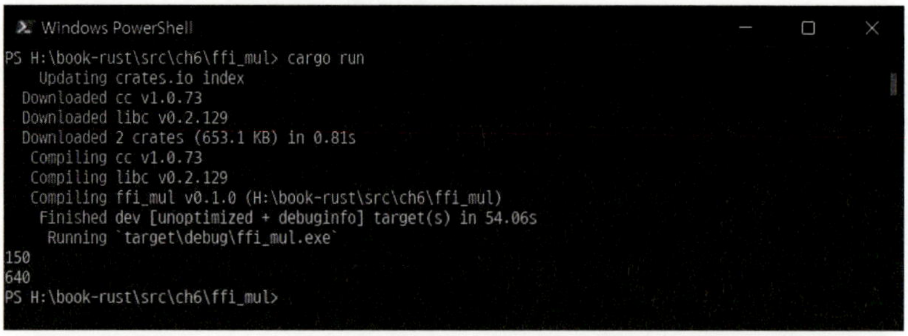

그림 6.5 윈도우에서 빌드

그림 6.6 macOS에서 빌드

> **메모**
>
> **동적 메모리 확보와 해제 주의**
>
> C 언어 라이브러리에서 malloc 등을 사용해 동적으로 메모리를 확보하는 경우 C 언어의 라이브러리에서 메모리를 해제해야 한다. C 언어에서 확보한 메모리를 러스트에서 직접 해제하는 것은 피해야 한다. 그 반대도 마찬가지다. 메모리를 확보한 언어에서 메모리를 해제해야 문제가 발생하지 않으므로 주의해야 한다.

## 러스트에서 만든 라이브러리를 C 언어에서 호출

러스트로 만든 라이브러리를 C 언어에서 호출할 수도 있다. 이번에는 곱셈을 수행하는 rust_mul 함수를 만들고 이 함수를 C 언어에서 호출해본다.

여기서는 다음과 같은 러스트 프로그램을 만들었다.

[코드] file: src/ch6/mycalc.rs

```rust
#[no_mangle]
pub extern "C" fn rust_mul(a: isize, b: isize) -> isize {
    a * b
}
```

C 언어에서 러스트 함수를 호출할 수 있게 하려면 몇 가지 추가해야 할 것이 있다. 먼저 함수에 `#[no_mangle]`이라는 속성을 지정한다. 그리고 함수를 정의할 때 `pub extern "C"`로 지정해야 C 언어에서 러스트 함수를 호출할 수 있다.

러스트 함수를 만들었다면 이번에는 C 언어로 프로그램을 작성한다.

[코드] file: src/ch6/mycalc_test.c

```c
#include<stdio.h>

// Rust로 만든 함수를 정의
int rust_mul(int a, int b);

int main() {
    // Rust로 만든 함수를 실행
    printf("%d\n", rust_mul(10, 8));
    printf("%d\n", rust_mul(9, 9));
    return 0;
}
```

2개의 파일을 모두 만들었으면 러스트 파일을 컴파일해 라이브러리를 생성하고 C 언어 프로그램에서 사용해보자. 윈도우와 macOS/리눅스는 작업 방법에 차이가 있다. 다음 항목을 참고해 실습 중인 OS에 맞게 컴파일해야 한다.

## C 언어에서 러스트 라이브러리 호출 – macOS/리눅스

먼저 러스트 파일을 컴파일해 라이브러리를 생성한다. 다음 명령을 실행하면 'libmycalc.so'라는 파일이 생성된다.

```
$ rustc --crate-type="dylib" mycalc.rs -o libmycalc.so
```

그리고 C 언어 프로그램을 컴파일해야 한다. 다음은 gcc를 이용해 컴파일하는 방법이다. 러스트에서 작성한 라이브러리를 연결해 실행 파일 'mycalc_test'를 생성한다.

```
$ gcc -o mycalc_test mycalc_test.c ./libmycalc.so
```

생성된 실행 파일 'mycalc_test'를 실행해보면 정상적으로 곱셈 함수가 동작하는 것을 확인할 수 있다.

```
$ ./mycalc_test
80
81
```

### C 언어에서 러스트 라이브러리 호출 – 윈도우

윈도우에서 C 언어를 컴파일하는 방법은 여러 가지가 있지만 여기서는 Visual Studio 2017 이후 버전에 있는 C/C++ 컴파일러 cl.exe를 이용하는 방법으로 설명한다. 명령 프롬프트에서 cl.exe를 사용할 수 있는지 확인해보고 찾을 수 없는 명령이라는 에러가 나오면 환경 변수에서 cl.exe 경로를 지정해준다. 그리고 다음 명령을 실행한다.

```
> rustc --crate-type="dylib" mycalc.rs
> cl mycalc_test.c mycalc.dll.lib /source-charset:utf-8
```

윈도우에서는 mycalc_test.exe라는 실행 파일이 생성된다.

## 러스트에서 C 언어 데이터 타입 다루기

러스트는 C 언어와의 연계도 상정해 개발됐다. 그래서 러스트 표준 라이브러리에는 C 언어와 연계할 수 있는 다양한 인터페이스가 준비돼 있다.

### 러스트에서 C 언어의 기본 타입 다루기

러스트의 core::ffi에 C 언어에 대응하는 데이터 타입이 정의돼 있다. C 언어의 데이터 타입을 러스트에서 지정할 때 사용할 수 있다.

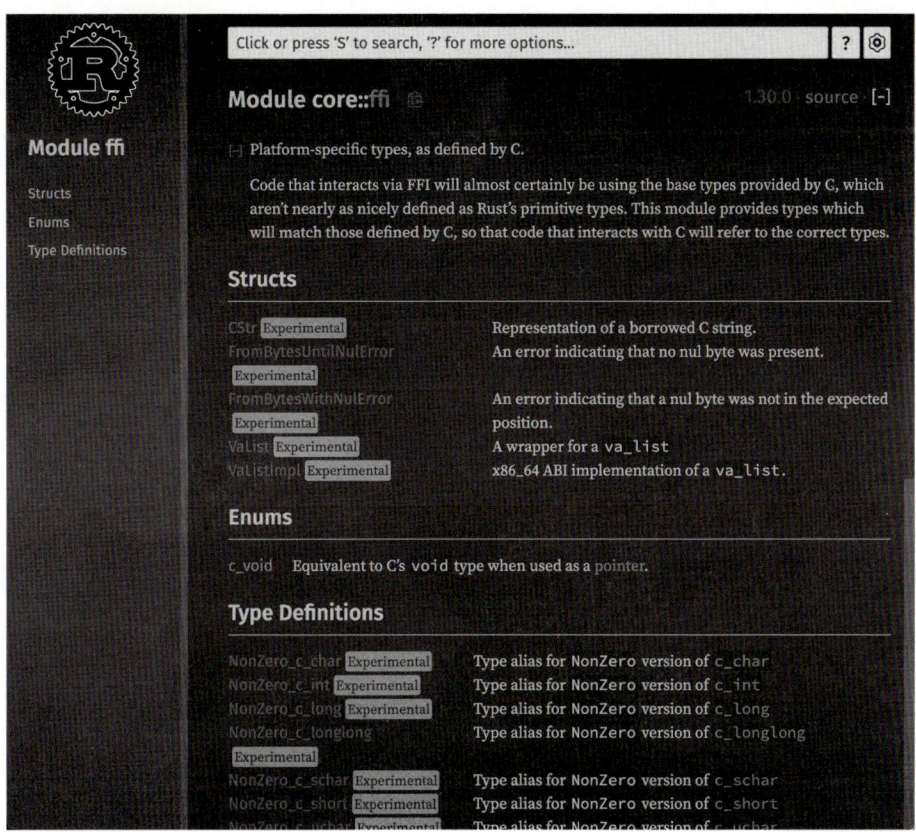

그림 6.7 core::ffi 문서

## C 언어의 포인터 다루기

값 참조를 이용해 C 언어의 포인터를 얻을 수도 있다. '*const 타입 이름'과 같은 타입을 지정하면 포인터 타입을 참조자로 이용할 수 있다.

【코드】 file: src/ch6/pointer_test.rs

```rust
fn main() {
    let val: i32 = 10;
    let val_ptr: *const i32 = &val;
    println!("val={}, *val={:?}", val, val_ptr);
}
```

실행 결과는 다음과 같다.

```
$ rustc pointer_test.rs && ./pointer_test
val=10, *val=0x309f8ff94
```

## C 언어의 문자열 다루기

C 언어와 러스트는 문자열 취급에 차이가 있다. C 언어의 문자열을 다루기 위해 `std::ffi`에 `CString`과 `CStr`을 이용해야 한다. `CString`은 소유권을 가지는 `String` 타입이고 `CStr`은 소유권이 없는 `&str` 타입이다.

【코드】 file: src/ch6/cstr_test.rs

```rust
use std::ffi::CString;
fn main() {
    // Rust 문자열 준비
    let msg = "안녕하세요";
    // C 언어 문자열로 변경
    let msg_cstr = CString::new(msg).unwrap();
    // C 라이브러리 호출
    unsafe {
        // 여기서 C 라이브러리 호출
        // c_lang_lib::print_str(msg_cstr.as_ptr());
    }
}
```

단 러스트의 `CString`은 소유권 시스템이 동작하므로 C 언어의 문자열과는 달리 스코프를 벗어나면 자동적으로 값이 파기되므로 주의해야 한다.

## 동적 라이브러리를 생성해 파이썬에서 사용

이번에는 앞에서 만든 러스트 라이브러리 'mycalc.rs'를 파이썬에서 이용해본다. 파이썬에서 사용할 수 있게 하려면 동적 라이브러리를 만들어야 한다. 윈도우에서는 `dll`, macOS에서는 `dylib`, 리눅스에서는 `so` 파일이 동적 라이브러리다[11].

---

11 (옮긴이) 실행할 때 연결되는 라이브러리로 프로그램은 해당 라이브러리에서 필요한 모듈의 주소 정보만을 가지고 있다가 실제로 실행될 때 해당 모듈의 주소로 이동해 필요한 정보를 가지고 온다. 이 작업은 운영체제에서 이루어진다.

동적 라이브러리는 다음 명령으로 생성한다. macOS라면 `libmycalc.dylib`, 리눅스라면 `libmycalc.so`, 윈도우라면 `mycalc.dll`이라는 파일이 만들어진다.

```
$ rustc --crate--type="dylib" mycalc.rs
```

파이썬에서 동적 라이브러리를 읽어오려면 해당 라이브러리를 파이썬 파일이 있는 디렉터리와 동일한 곳에 배치하고 소스 코드 안에서 해당 파일을 지정하면 된다.

【코드】 file: src/ch6/mycalc_test.py

```python
# 파이썬에서 동적 라이브러리 이용
import platform, os
from ctypes import *

# OS 확인 ── (※1)
pf = platform.system()
print(pf)

# Windows ── (※2)
if pf == 'Windows': libfile = 'mycalc.dll'
# macOS
elif pf == 'Darwin': libfile = 'libmycalc.dylib'
# Linux
else: libfile = 'libmycalc.so'

# 동적 라이브러리 경로 지정 ── (※3)
libpath = os.path.join(os.path.dirname(__file__), libfile)
print("lib=", libpath)

# 라이브러리 로드 ── (※4)
mycalc = cdll.LoadLibrary(libpath)
# Rust 라이브러리 실행 ── (※5)
print(mycalc.rust_mul(100, 8))
print(mycalc.rust_mul(8, 9))
```

파이썬 프로그램을 실행해보면 파이썬에서 러스트 라이브러리의 함수를 불러와 계산한 결과를 확인할 수 있다.

```
$ python mycalc_test.py
(생략)
800
72
```

파이썬 소스 코드를 확인해보자. (※1)에서는 실행 중인 OS를 확인한다. 그리고 (※2)에서 OS별로 분기해 읽어올 라이브러리 파일 이름을 지정한다. (※3)에서는 동적 라이브러리 경로를 지정한다.

(※4)에서는 지정한 경로와 파일명으로 라이브러리를 불러온다. 그리고 (※5)에서는 불러온 라이브러리의 함수를 호출해 계산을 수행한다.

### 파이썬과 러스트의 타입 대응

앞의 예제에서 이용한 곱셈 함수에서는 정수 타입(isize)을 이용했으므로 파이썬에서 타입을 지정하지 않고 이용할 수 있었다. 하지만 정수 이외의 인수나 반환 값을 지정하는 경우 파이썬에서 인수 타입을 지정해야 한다. 자세한 내용은 파이썬 매뉴얼의 ctypes 항목을 참고하기 바란다.

> 파이썬용 외부 함수 라이브러리 ctypes
> URL https://docs.python.org/ko/3/library/ctypes.html

### 러스트와 파이썬을 연계하는 PyO3 크레이트

러스트와 파이썬 연동을 지원하는 PyO3라는 크레이트도 있다. PyO3을 이용하면 쉽게 파이썬용 라이브러리를 만들 수 있다. 반대로 러스트에서 파이썬 코드를 실행하는 것도 가능하다. 문자열도 쉽게 다룰 수 있어 본격적으로 연동을 해야 한다면 이 크레이트를 사용하는 것도 좋다.

> PyO3
> URL https://crates.io/crates/pyo3

**정리**

→ 러스트와 C 언어/파이썬을 연계하는 프로그램을 만들었다.

→ 러스트는 C 언어와의 연계도 고려됐기 때문에 비교적 쉽게 연계가 가능하다.

→ cc 크레이트를 사용하면 C 언어 프로그램도 러스트에서 컴파일할 수 있다.

→ 러스트를 사용하면 각 OS의 동적 라이브러리를 생성할 수 있다.

→ 동적 라이브러리를 만들어 파이썬에서 이용할 수 있다.

Chapter 6 | 응용편 – 메모리 관리 및 다른 언어와의 연계

## Section 06 웹 어셈블리

러스트로 웹 어셈블리(WebAssembly)를 만들 수도 있다. 웹 어셈블리를 이용하면 브라우저에서 러스트 프로그램이 동작한다.

> **여기서 배우는 것**
> - 웹 어셈블리

## 웹 어셈블리란 무엇인가

웹 어셈블리는 브라우저에서 동작하는 바이너리 코드다. 웹 어셈블리를 이용하면 브라우저에서 고속으로 프로그램을 실행할 수 있다. 최신 브라우저는 웹 어셈블리를 지원한다.

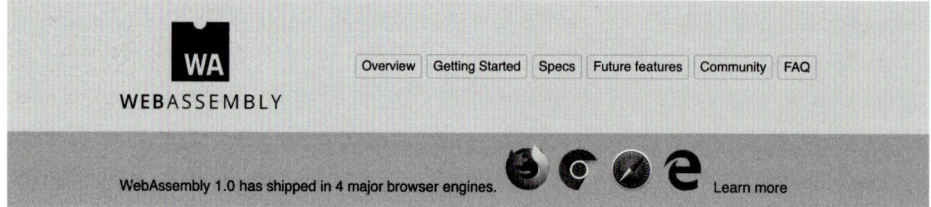

그림 6.8 웹 어셈블리 홈페이지

> **웹 어셈블리 홈페이지**
> URL https://webassembly.org/

현재 다양한 서비스가 웹 어셈블리 형태로 제공되고 있다. 예를 들어 구글의 화상 회의 솔루션인 'Google Meet'은 사람을 제외한 배경을 흐릿하게 처리할 수 있는데 이 기능은 웹 어셈블리로 구현됐다. 실시간으로 동영상을 분석해 배경을 흐릿하게 처리하는 것이다.

기존의 유명한 프로그램을 웹 어셈블리로 만들어 실행하는 것도 가능하므로 임베디드 데이터베이스 SQLite, 비디오 인코더 FFmpeg, 텍스트 에디터 vim 같이 다양한 프로그램이 브라우저에서 실행된다.

C/C++, Rust, C#, F#, Go, Kotlin, Swift, D, Pascal 등 다양한 프로그래밍 언어로 웹 어셈블리를 만들 수 있다. 러스트로 만든 웹 어셈블리는 불필요한 런타임이 포함되지 않아서 크기도 작고 효율적인 프로그램을 만들 수 있다는 장점이 있다.

## 러스트로 웹 어셈블리 사용하기

간단한 프로그램을 만들어 웹 어셈블리를 체험해보자. 러스트에서 웹 어셈블리를 사용하려면 Cargo를 통해 wasm-pack을 설치해야 한다.[12]

```
$ cargo install wasm-pack
```

### 웹 어셈블리용 프로젝트 생성

여기서는 간단하게 인사를 하는 프로젝트 'wasm_hello'를 만든다. 러스트로 웹 어셈블리용 프로젝트를 만들 때는 라이브러리 프로젝트를 만들 때와 같이 'cargo new --lib 프로젝트명' 명령을 실행한다.

```
$ cargo new --lib wasm_hello
```

Cargo.toml 파일에는 '[lib]' 블록을 추가해 'crate-type'을 추가한다. 그리고 의존 크레이트에 'wasm-bindgen'을 추가한다.

---

[12] (엮은이) 윈도우에서 cargo install wasm-pack 명령으로 설치하려면 OpenSSL 바이너리 설치 및 관련 환경변수 설정이 되어 있어야 하며, 그렇지 않으면 오류가 발생한다. 다른 방법으로, 다음 주소에서 wasm-pack-init.exe를 다운로드해서 실행하면 편리하게 설치할 수 있다. https://rustwasm.github.io/wasm-pack/installer/#

[코드] file: src/ch6/wasm_hello/Cargo.toml

```toml
[package]
name = "wasm_hello"
version = "0.1.0"
edition = "2021"

[lib]
crate-type = ["cdylib", "rlib"]

[dependencies]
wasm-bindgen = "0.2"
```

## 웹 어셈블리 프로그램 작성

라이브러리이므로 `lib.rs` 파일에 소스 코드를 작성한다.

[코드] file: src/ch6/wasm_hello/src/lib.rs

```rust
extern crate wasm_bindgen;
use wasm_bindgen::prelude::*;

// 자바스크립트 함수를 러스트에서 사용하기 위해 ── (※1)
#[wasm_bindgen]
extern {
    // 자바스크립트의 alert 함수를 러스트에서 사용하기 위해
    pub fn alert(s: &str);
}

// 러스트로 자바스크립트에서 사용할 함수를 정의 ── (※2)
#[wasm_bindgen]
pub fn hello(name: &str) {
    let msg = format!("Hello, {}!", name);
    alert(&msg);
}
#[wasm_bindgen]
pub fn rust_mul(a:i32, b:i32) -> i32 {
    a * b
}
```

(※1)은 자바스크립트의 함수를 러스트에서 사용하기 위한 선언부다. #[wasm_bindgen] 다음에 extern{ ... }에 자바스크립트의 함수를 러스트 타입으로 정의한다. 이어서 (※2) 부분에서는 러스트의 함수를 정의한다. 여기서 정의한 함수를 자바스크립트에서 사용할 수 있다. 지정한 이름을 알림창에 표시하는 hello 함수와 인수로 지정한 숫잣값을 곱하는 rust_mul 함수를 정의했다.

## 프로젝트 컴파일

wasm-pack을 사용해 프로젝트를 컴파일한다. 명령줄에서 다음 명령을 실행한다.

```
$ wasm-pack build --target web
```

컴파일이 완료되면 다음과 같은 형태의 메시지가 표시된다.

```
[INFO]:   Your wasm pkg is ready to publish at /path/to/wasm_hello/pkg.
```

프로젝트 디렉터리에 pkg라는 디렉터리와 함께 다음 파일들이 생성된다.

```
package.json
wasm_hello.d.ts
wasm_hello.js
wasm_hello_bg.wasm
wasm_hello_bg.wasm.d.ts
```

이 중에서 'wasm_hello_bg.wasm'이 웹 어셈블리 파일이다. 그리고 'wasm_hello.js' 파일은 '.wasm' 파일을 브라우저에서 호출하기 위한 자바스크립트다. 이처럼 wasm 바이너리뿐 아니라 바이너리를 호출할 수 있는 자바스크립트도 함께 생성되므로 편하게 사용할 수 있다.

## 웹 어셈블리를 읽어올 HTML 파일 작성

브라우저의 기본 문서 파일은 HTML이다. HTML 파일에서 자바스크립트 파일을 불러오도록 하고, 그 자바스크립트에서 파일이 웹 어셈블리 바이너리를 이용하는 구조다. 예제에서는 다음과 같은 HTML 파일을 만든다.

[코드] file: src/ch6/wasm_hello/index.html

```html
<!DOCTYPE html>
<html><meta charset="utf-8"><body>
<script type="module">
  // WebAssembly 로드 ── (※1)
  import init, {hello, rust_mul} from './pkg/wasm_hello.js';
  // Promise 사양으로 라이브러리 로드 ── (※2)
  init().then(() => {
    // 초기화가 완료되면 실행 ── (※3)
    // 인사 표시
    setTimeout(() => {
      hello('Rust');
    }, 300);
    // 곱셈을 실행한 결과 표시 ── (※4)
    const a = rust_mul(2000, 3);
    document.getElementById('info').innerHTML = a;
  });
</script>
<h1>index.html</h1><h2 id="info"></h2>
</body></html>
```

HTML 파일 내용을 확인해보자. (※1)에서는 자바스크립트의 import 문을 이용해 앞에서 생성한 'wasm_hello.js' 파일을 로드한다.

(※2)에서 init 메서드를 이용해 웹 어셈블리를 초기화한다. init 메서드는 비동기 처리인 Promise 사양으로 실행되므로 이 메서드가 종료될 때의 처리를 위해 'init().then(처리할 내용)' 형태로 작성한다.

(※3)은 웹 어셈블리 초기화 완료 후에 실행할 처리로 300ms 후에 hello 함수를 호출한다. 그리고 (※4) 부분에서는 rust_mul 함수를 호출해 곱셈 계산 결과를 HTML에서 id="info"인 곳에 출력하는 처리를 수행한다.

## 웹 서버 실행

파이썬으로 간편하게 웹 서버를 만들 수 있다. 다음은 파이썬 스크립트를 이용해 웹 서버를 실행하는 예다.

【코드】 file: src/ch6/wasm_hello/server.py

```python
import http.server, socketserver
# MIME에 application/wasm을 추가
Handler = http.server.SimpleHTTPRequestHandler
Handler.extensions_map['.wasm'] = 'application/wasm'
# 서버 시작
port = 8888
with socketserver.TCPServer(("", port), Handler) as d:
    print("[Running] http://localhost:{}".format(port))
    try:
        d.serve_forever()
    except:
        pass
    finally:
        d.server_close()
```

server.py 파일을 실행하면 웹 서버가 실행된다. 웹 서버를 별도로 동작시키는 이유는 mime 타입 추가를 위해서다. 확장자가 'wasm'인 파일을 이용하려면 MIME 타입에 'application/wasm'을 지정해야 하기 때문이다. 이 외에도 로컬 PC의 HTML 파일을 브라우저에서 열면 보안 문제로 제대로 동작하지 않는 경우도 있어서 이를 피하려는 목적도 있다.

웹 서버를 실행한 뒤 브라우저에서 http://localhost:8888로 접속하면 다음과 같은 화면을 볼 수 있다.

그림 6.9 브라우저에서 wasm_hello 함수 실행

## 기존 웹 서버에서 이용하는 방법

이 예제에서는 러스트로 만든 라이브러리를 웹 어셈블리로 컴파일하고 로컬 서버에서 실행했다. 컴파일 후 실행하는 것이 아니라 서버를 기동해야 한다.

로컬 환경이 아니라 기존 웹 서버에서 동작시키는 것은 조금 더 간단하다. `pkg` 디렉터리의 파일을 서버에 업로드하고 MIME 타입에서 확장자가 'wasm'을 인식하게 변경해주기만 하면 된다. 이미 해당 설정이 돼 있다면 파일을 업로드하는 것만으로 wasm을 이용할 수 있다.

## 토마토 언어 플레이그라운드 만들기

이 장의 섹션 4에서 만든 토마토 언어를 웹 어셈블리 바이너리로 만들어 브라우저에서 작동하게 만들어 보자. 약간의 수정만으로 웹 브라우저에서 토마토 스크립트를 실행할 수 있는 플레이그라운드를 만들 수 있다.

'wasm_tomato'라는 이름으로 라이브러리 프로젝트를 생성하고 `Cargo.toml` 파일을 다음과 같이 수정한다.

【코드】 file: src/ch6/wasm_tomato/Cargo.toml

```toml
[package]
name = "wasm_tomato"
version = "0.1.0"
edition = "2021"

[lib]
crate-type = ["cdylib", "rlib"]

[dependencies]
peg = "0.7"
wasm-bindgen = "0.2"
```

그리고 `peg_tomato`의 src 디렉터리에 있는 `parser.rs`, `runner.rs`, `node.rs` 파일을 `wasm_tomato` 프로젝트의 src 디렉터리에 복사한다. 기본적으로는 이 `runner.rs`의 run 함수에 `#[wasm_bindgen]` 속성을 부여해 자바스크립트에서 실행할 수 있도록 하면 끝이지만 몇 가지 수정이 필요하다.

runner.rs 파일의 print 문은 표준 출력을 이용한다. 하지만 출력 결과를 자바스크립트에 전달해야 하므로 Context에 output이라는 String 타입 필드를 추가해 print 문의 결과를 저장하도록 변경한다.

```
// 프로그램 전체에서 이용할 컨텍스트 정의
struct Context {
    vars: HashMap<String, i64>, // 변수와 값 저장
    output: String,             // 출력 결과(추가)
}
```

print 문을 실행했을 때 결과를 output에 기록하도록 변경한다. 함수 run_node의 Node::PrintStr과 Node::Print를 다음과 같이 수정한다.

```
fn run_node(ctx: &mut Context, node: Node) -> i64 {
    // 어떤 타입의 노드인지 판단
    match node {
(생략)
        Node::PrintStr(v) => {
            ctx.output += &format!("{}\n", v);
            0
        },
        Node::Print(node) => {
            let v = run_node(ctx, *node);
            ctx.output += &format!("{}\n", v);
            v
        },
(생략)
}
```

그리고 run 함수의 반환값을 String으로 변경하고 컨텍스트의 output을 반환하도록 수정한다.

```
pub fn run(src: &str) -> String {
    // 구문 분석
    let nodes = match tomato::parse(src) {
        Ok(res) => res,
        Err(e) => return e.to_string(),
    };
    // 컨텍스트 생성
```

```
    let mut ctx = Context{
        vars:HashMap::new(),
        output:String::new()
    };
    // 실행
    let r = run_nodes(&mut ctx, &nodes);
    // 결과 반환
    // print로 결과를 출력
    if ctx.output == "" {
        return format!("{}", r);
    } else {
        return ctx.output.clone();
    }
}
```

끝으로 lib.rs 파일에 자바스크립트에서 함수를 호출할 수 있도록 wasm_bindgen 속성을 부여한 실행 함수를 작성한다.

[코드] file: src/ch6/wasm_tomato/src/lib.rs

```
extern crate wasm_bindgen;
mod runner;
mod parser;
mod node;
use wasm_bindgen::prelude::*;

#[wasm_bindgen]
pub fn tomato_run(src: &str) -> String {
    runner::run(src)
}
```

lib.rs 파일 작성까지 완료됐으면 웹 어셈블리로 컴파일한다.

```
$ wasm-pack build --target web
```

컴파일이 완료되면 pkg 디렉터리에 관련 파일이 생성된다. 이제 HTML 파일을 작성한다. 텍스트 박스에 토마토 스크립트를 직접 짤 수 있고, 작성된 토마토 스크립트는 '실행' 버튼을 눌러 실행되도록 구성했다.

【코드】 file: src/ch6/wasm_tomato/index.html

```html
<!DOCTYPE html>
<html><meta charset="utf-8"><body>
<script type="module">
  // WebAssembly 로드 ── (※1)
  import init, {tomato_run} from './pkg/wasm_tomato.js';
  init().then(() => {
    window.tomato_run = tomato_run;
  });
</script>
<script type="text/javascript">
  // 실행 버튼을 누르면 입력한 스크립트가 실행 ── (※2)
  function run() {
    if (!window.tomato_run) { // 웹 어셈블리 로드가 완료됐는지 확인 ── (※3)
      alert('WebAssembly 로드가 완료되지 않았습니다.');
      return;
    }
    // 실행 ── (※4)
    // 토마토 스크립트 코드 읽어오기
    const code = document.getElementById('code').value;
    // 스크립트 실행
    const r = window.tomato_run(code);
    // 결과 출력
    const result = document.getElementById('result');
    result.innerHTML = to_html(r);
  }
  function to_html(s) {
    s = s.replace(/&/g, "&amp;");
    s = s.replace(/</g, "&lt;");
    s = s.replace(/>/g, "&gt;");
    s = s.replace(/\n/g, "<br>\n");
    return s;
  }
</script>
<h1>tomato script</h1>
<div>
  <textarea id="code" rows=8 cols=60></textarea><br>
  <button onclick="run()">실행</button>
```

```html
    <hr>
    <div id="result"></div>
  </div>
</body></html>
```

(※1)에서 웹 어셈블리를 로드한다. 로드가 완료되면 `tomato_run`을 사용할 수 있다.

(※2)에서는 실행 버튼을 눌렀을 때의 처리를 정의한다. wasm 파일 로드가 완료되기 전에 '실행' 버튼을 누를 수 있으므로 (※3)에서 웹 어셈블리 로드가 완료됐는지 확인하도록 한다.

(※4)는 토마토 스크립트의 코드를 `tomato_run`으로 실행하고 그 결과를 HTML로 변환해 `div` 태그 안에 넣는 동작을 한다.

웹 서버로 실행할 파이썬 프로그램 'server.py'는 앞의 예제와 동일하므로 해당 파일을 복사해서 이용한다. 웹 서버를 실행한 뒤 브라우저에서 `localhost:8888`로 접속하면 다음과 같이 스크립트를 입력할 수 있는 입력창과 실행 버튼이 표시된다[13]. 다음 화면은 FizzBuzz 문제 해결용 코드를 실행한 결과다.

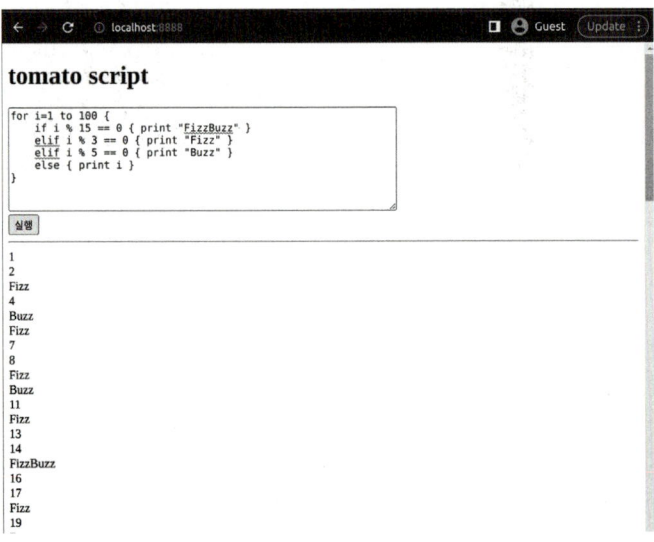

그림 6.10 브라우저에서 토마토 언어 실행

전체 코드는 깃허브에 수록돼 있다. 이해가 되지 않는 부분이 있다면 참고하기 바란다.

---

13  (옮긴이) 이전 예제 화면이 나올 수 있다. 이 경우 포트를 변경해서 웹 서버를 다시 실행하거나 브라우저의 캐시를 삭제하고 다시 접속하면 해결된다.

## 정리

→ 러스트에서 웹 어셈블리를 만들어 브라우저에서 실행하는 방법을 알아봤다.

→ 웹 어셈블리를 컴파일하려면 wasm-pack을 설치해야 한다.

→ #[wasm_bindgen] 속성을 이용해 자바스크립트에서 러스트 함수를 호출할 수 있다.

→ 웹 어셈블리를 로컬 환경에서 테스트하려면 HTTP 서버가 필요하다.

→ HTTP 서버는 확장자 'wasm'을 올바르게 인식할 수 있도록 MIME 타입에 'application/wasm'을 지정해야 한다.

# 비동기 통신과 스크래핑

웹사이트에서 임의의 정보를 스크래핑하는 프로그램을 만들어본다. 스크래핑 처리를 위해 반드시 알아야 할 비동기 처리에 대해서도 설명한다.

> **여기서 배우는 것**
> - 스크래핑

## 자주 쓰는 도구를 러스트로 만들기

프로그래밍에 빨리 숙달되려면 직접 프로그램을 만들어보는 것이 가장 좋다. 자주 쓰는 도구를 러스트로 만들어보자. 여기서는 간단한 웹 스크래핑 도구를 만들어본다.

웹 스크래핑(scraping)은 웹사이트에 공개된 정보 중 원하는 정보를 가공해서 가져온다. 웹 크롤링(crawling)과의 차이는 특정 페이지에서 특정 데이터를 추출하느냐, 웹사이트를 직접 돌아다니며 정보를 수집하느냐의 여부다. 스크래핑은 지정한 특정 웹 페이지의 데이터를 추출하는 것이다[14].

## 비동기 처리

스크래핑 도구를 만들기 전에 비동기 처리에 대해 알아보자. 비동기 처리는 5장의 웹 프로그램 개발에서도 나왔지만 프레임워크를 이용했기 때문에 자세히 다루지는 않았다. 여기서는 러스트의 비동기 처리에 대해 알아본다.

'비동기 처리'의 반대는 '동기 처리'다. '동기 처리'는 프로그램을 순차적으로 실행한다. 작성된 순서대로 실행되므로 직관적으로 이해할 수 있다는 특징이 있다. 하지만 네트워크 처리와 같이 입출력(IO)에 시간이 걸리는 처리를 수행하는 경우 데이터를 받는 동안에는 데이터 수신만을 기다려야 한다. 데이터 수신이 끝나지 않으면 다음 프로세스로 갈 수 없기 때문이다. CPU나 기타 PC 자원에 여력이 있어도 처리 완료를 기다릴 뿐이다. 수신 처리가 완료돼야만 다음 프로세스가 시작된다. 이것이 '동기 처리'다.

---

14 (옮긴이) 웹 데이터 추출(web data extraction), 웹 하베스팅(web harvesting)이라고도 한다.

반대로 '비동기 처리'는 네트워크 처리와 같이 IO에 시간이 걸리는 처리를 실행할 때 처리가 완료될 때까지 기다리지 않는다. 네트워크에서 데이터를 수신하고 있어도 종료를 기다리지 않고 다른 처리를 실행한다. 그리고 수신이 완료되면 그 데이터를 처리하는 프로그램을 실행한다.

네트워크 프로그램에서 '비동기 처리'를 사용하는 이유는 이와 같이 대기 시간에도 별도의 작업을 수행하는 등 프로그램의 효율이 좋기 때문이다.

## 러스트의 비동기 처리

러스트에는 표준 비동기 처리 방법이 없다. '비동기 런타임'이라고 하는 크레이트를 설치해 사용해야 한다. 많이 사용되는 비동기 런타임은 다음 2종류가 있다.

표 6.6 비동기 런타임

| Tokio | 사실상 표준인 비동기 런타임 크레이트로 다양한 환경에서 동작을 보장한다 |
|---|---|
| async-std | 모든 표준 API를 비동기화하는 것을 목표로 개발되고 있는 비동기 런타임 크레이트 |

한 번에 2개 이상의 비동기 런타임 크레이트를 사용하는 것은 추천하지 않는다. 그리고 각 크레이트가 제공하는 API는 서로 다르므로 주의해야 한다. 여기서는 Tokio를 이용해 설명한다.

## 비동기 처리 기본

간단한 비동기 처리 코드를 만들어보자. 'async_test'라는 프로젝트를 만들고 `Cargo.toml`에 tokio 크레이트를 추가한다.

[코드] file: src/ch6/async_test/Cargo.toml

```
[package]
name = "async_test"
version = "0.1.0"
edition = "2021"

[dependencies]
tokio = { version = "1", features = ["full"] }
```

다음은 비동기 처리를 이용해 2줄짜리 메시지를 출력하는 프로그램이다. 소스 코드에 기입된 메시지 순서와 프로그램을 실행했을 때 메시지가 표시되는 순서를 확인해보자.

【코드】 file: src/ch6/async_test/src/main.rs

```rust
// 메인 함수 ── (※1)
#[tokio::main]
async fn main() {
    // 비동기 함수 준비 ── (※2)
    let f = say_later("포기에도 때가 있다.");

    // 메시지 표시 ── (※3)
    println!("아무 때나 포기하지 마라");

    // 비동기 처리 실행 ── (※4)
    f.await;
}

// 비동기 함수 정의 ── (※5)
async fn say_later(msg: &'static str) {
    println!("{}", msg);
}
```

프로젝트를 빌드해 실행하면 다음과 같이 소스 코드의 순서와는 다르게 메시지가 출력된다.

```
$ cargo run
(생략)
아무 때나 포기하지 마라
포기에도 때가 있다.
```

소스 코드를 확인해보자. (※1)의 메인 함수를 정의할 때 '#[tokio::main]'이라는 속성을 부여했다. 이는 해당 함수가 비동기 처리를 한다는 의미다. 그리고 함수 정의 바로 앞에도 'async'를 붙여야 한다.

(※2)는 비동기 처리를 준비하는 부분이다. 여기서 say_later 함수를 호출해 비동기로 실행할 처리를 준비한다.

(※3)은 프로그램 실행 순서를 확인하기 위한 메시지다.

(※4)는 (※2)에서 준비해둔 비동기 처리를 실행하는 부분이다. 비동기 처리 함수에는 '.await'를 붙여야 실제로 처리가 완료된다.

(※5)는 비동기로 실행할 함수다. 비동기로 실행돼야 하므로 이 함수에도 마찬가지로 async를 붙인다.

흐름만 살펴보면 (※2)에서 비동기 함수를 초기화해두고 대기하다가 (※3)이 처리된 뒤 (※4)에서 await를 이용해 처리를 완료한다.

## 연속으로 비동기 처리를 실행해 반환 값 얻기

러스트의 비동기 처리에서는 비동기 처리를 실행한 결과를 반환 값으로 돌려준다. 여기서는 비동기 처리를 실행해 그 반환 값을 출력하는 프로그램을 만들어본다. 앞에서와 같은 방법으로 'async_longtime' 프로젝트를 만들고 Cargo.toml 파일에 Tokio를 추가한다.

그 후 비동기 처리의 반환 값을 출력하는 프로그램을 만든다.

【코드】 file: src/ch6/async_longtime/src/main.rs

```rust
use tokio::time;

#[tokio::main]
async fn main() {
    // 비동기 처리를 연속으로 실행 ── (※1)
    for i in 1..=3 {
        println!("#{} 시작", i);
        // 비동기 처리 함수를 실행해 결과를 얻는다 ── (※2)
        let s = read_longtime().await;
        println!("{}", s);
        // 비동기 처리는 블록에서도 사용 가능 ── (※3)
        let s = async {
            time::sleep(time::Duration::from_secs(1)).await;
            String::from("길게 읽어들이기 완료(block)")
        }.await;
        println!("{}", s);
    }
}

// 시간이 걸리는 함수 ── (※4)
async fn read_longtime() -> String {
```

```
        time::sleep(time::Duration::from_secs(1)).await;
        String::from("길게 읽어들이기 완료(fn)")
}
```

프로그램을 실행하면 1초마다 메시지가 표시된다. 표시되는 메시지는 비동기 함수의 반환 값으로 얻은 문자열이다.

```
$ cargo run
(생략)
#1 시작
길게 읽어들이기 완료(fn)
길게 읽어들이기 완료(block)
#2 시작
길게 읽어들이기 완료(fn)
길게 읽어들이기 완료(block)
#3 시작
길게 읽어들이기 완료(fn)
길게 읽어들이기 완료(block)
```

(※1)에서 비동기 처리를 연속으로 3번 실행하게 설정한다. (※2)에서는 비동기 처리 함수 read_longtime을 실행한다. 실행한 결과를 문자열로 얻어 표시한다.

(※3)은 함수가 아니라 async 블록을 따로 만들어 그 블록을 비동기 처리하는 부분이다. 러스트에서는 블록도 값을 반환할 수 있으므로 이 비동기 블록을 실행한 결과 역시 표시된다.

(※4)는 비동기 처리 함수로 tokio::time::sleep 함수를 사용해 지정한 시간만큼 처리를 대기한다. 이 함수 반환값은 String 타입으로, (※2)에서 이 함수가 실행돼 출력된다.

## 비동기 처리의 병렬 처리

여기서 소개한 내용은 모두 비동기 처리를 직렬로 이용한 것이다. 하지만 비동기 처리를 병렬로도 실행할 수 있다. tokio::spawn 함수나 tokio::join! 매크로를 이용하면 비동기 처리를 병렬로 실행할 수 있다.

다음 프로그램은 지정한 시간(초) 이후 메시지를 표시하는 say_later 함수를 병렬로 실행하는 예다.

【코드】 file: src/ch6/async_spawn/src/main.rs

```rust
use tokio::time;

// sec초 후 msg를 출력하는 비동기 함수 ── (※1)
async fn say_later(sec: u64, msg: &str) {
    time::sleep(time::Duration::from_secs(sec)).await;
    println!("{}: {}", sec, msg);
}

#[tokio::main]
async fn main() {
    // spawn으로 병렬 실행 ── (※2)
    tokio::spawn(say_later(3, "그냥 두었다"));
    tokio::spawn(say_later(2, "콧등이 긁혀서 왔다"));
    tokio::spawn(say_later(1, "마실 나갔던 고양이가"));
    // 병렬 실행 완료까지 대기
    time::sleep(time::Duration::from_secs(4)).await;
    println!("------");

    // join!으로 병렬 실행 ── (※3)
    tokio::join!(
        say_later(2, "내 구두코도 긁혀 있었다"),
        say_later(3, "정성껏 갈색 약을 발라 주었다"),
        say_later(1, "전날 밤 늦게 귀가한"),
    );
}
```

프로그램을 실행하면 1초마다 메시지가 표시된다. 표시되는 메시지는 비동기 함수의 반환 값으로 얻은 문자열이다.

```
$ cargo run
    Compiling async_task v0.1.0
(생략)
1: 마실 나갔던 고양이가
2: 콧등이 긁혀서 왔다
3: 그냥 두었다
```

```
------
1: 전날 밤 늦게 귀가한
2: 내 구두코도 긁혀 있었다
3: 정성껏 갈색 약을 발라 주었다
```

(※1)은 sec 초 후 msg를 출력하는 비동기 함수 say_later의 정의다. 이 함수에서는 time:sleep을 이용해 지정한 초만큼 대기한 뒤 문자열 msg를 출력한다. 메인 처리인 (※2)에서 tokio::spawn을 이용해 비동기 처리를 병렬로 실행한다. 5장에서 소개한 스레드 처리인 std::thread::spawn과 유사하지만 tokio::spawn에서는 스레드를 사용하지 않고 비동기 런타임에서 작업을 관리하므로 보다 효율적으로 프로그램을 실행한다.

여기서 say_later는 지정한 초 이후에 메시지를 출력하므로 숫자가 작은 순서대로 출력된다.

(※3)은 tokio::join! 매크로를 이용한 병렬 처리 실행이다. join!은 단순히 비동기 처리를 실행하는 것이 아니라 join! 매크로 안의 모든 작업이 종료하는 것을 기다린다는 특징이 있다.

## 웹 페이지의 이미지를 연속으로 다운로드하기

비동기 처리의 구조를 이해했다면 스크래핑 프로그램을 만들어보자. 여기서는 필자가 운영하는 사이트에서 이미지를 다운로드하는 프로그램을 만들어본다.

그림 6.11 웹에서 붓글씨를 써서 게시하는 사이트

## 스크래핑 프로젝트 생성

Cargo 명령으로 'scraping_shodou'라는 프로젝트를 만든 다음, `Cargo.toml` 파일에 비동기 런타임 Tokio, HTTP 클라이언트인 reqwest, HTML 분석용 scraper, URL 인코딩용 urlencoding 크레이트를 추가한다.

【코드】 file: src/ch6/scraping_shodou/Cargo.toml

```toml
[package]
name = "scraping_shodou"
version = "0.1.0"
```

```
edition = "2021"

[dependencies]
tokio = { version = "1", features = ["full"] }
reqwest = "0.11.4"
scraper = "0.12"
urlencoding = "2.1"
```

HTML을 읽어온 뒤 구문 분석을 통해 img 요소(이미지가 있는 주소)를 추출하고, 추출된 img 요소를 모두 저장하는 프로그램을 만든다.

【코드】 file: src/ch6/scraping_shodou/src/main.rs

```rust
use scraper::Selector;
use std::{fs::File, io::Write};
use tokio::time;

#[tokio::main]
async fn main() {
    // 특정 제목을 가진 작품 목록을 다운로드 ── (※1)
    for title in ["test", "yiy"] {
        download_images(title).await;
    }
}

// 지정한 제목의 이미지를 다운받는 함수 ── (※2)
async fn download_images(title: &str) {
    let shodou_url = "https://uta.pw/shodou";
    // 제목으로 작품 검색 ── (※3)
    let url = format!(
        "{}/index.php?titles&show&title={}",
        shodou_url,
        urlencoding::encode(title));
    // HTML 취득 ── (※4)
    println!("get: {}", url);
    let html = reqwest::get(url)
        .await.unwrap()
        .text().await.unwrap();
```

```rust
    // HTML 구문 분석 ── (※5)
    let doc = scraper::Html::parse_document(&html);
    // img 태그 추출 ── (※6)
    let sel = Selector::parse(".articles img").unwrap();
    for (i, node) in doc.select(&sel).enumerate() {
        // <img src="***">의 src 속성값 추출 ── (※7)
        let src = node.value().attr("src").unwrap();
        let img_url = format!("{}/{}", shodou_url, src);
        println!("{}", img_url);
        // 파일로 이미지를 저장 ── (※8)
        let filename = format!("shodou_{}_{}.png", title, i);
        let bytes = reqwest::get(img_url).await.unwrap()
            .bytes().await.unwrap();
        let mut file = File::create(filename).unwrap();
        file.write_all(&bytes).unwrap();
        // 대기 시간을 설정(중요) ── (※9)
        time::sleep(time::Duration::from_millis(1000)).await;
    }
}
```

프로그램을 실행하면 다음과 같이 이미지가 다운로드된다.

```
$ cargo run
(생략)
get: https://uta.pw/shodou/index.php?titles&show&title=test
https://uta.pw/shodou/img/28/6414-min.png
https://uta.pw/shodou/img/27/6413-min.png
https://uta.pw/shodou/img/26/6412-min.png
https://uta.pw/shodou/img/25/6411-min.png
get: https://uta.pw/shodou/index.php?titles&show&title=yiy
```

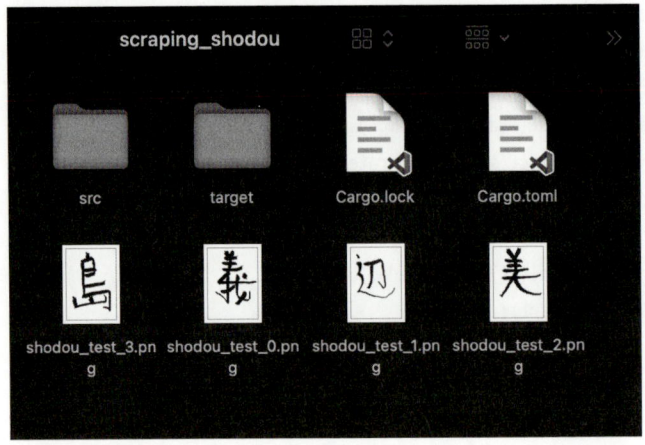

그림 6.12 사이트에서 다운로드한 이미지 파일

파일 다운로드에 사용한 reqwest 크레이트는 비동기 처리가 기본이다. 따라서 메인 함수에 #[tokio::main] 속성과 async를 붙여 비동기 처리를 해야 한다.

(※1)은 여러 제목을 넣어 해당하는 제목의 이미지를 다운로드받기 위한 반복문이다. download_images 함수를 반복해 실행한다.

(※2)는 비동기 함수 download_images를 정의한 것이다. 여기에 이미지를 다운로드할 사이트 주소를 지정한다. 그리고 (※3)에서 다운로드할 사이트 주소와 검색용 URL, 검색어(제목)를 조합해 원하는 이미지를 검색하도록 한다. 이때 urlencoding::encode를 이용해 유니코드 언어도 검색이 가능하도록 한다.

그리고 (※4)에서는 검색한 페이지의 HTML을 html 변수에 담는다. text 메서드를 붙여 이 HTML을 텍스트(String)로 변환한다.

(※5)에서는 scraper 크레이트를 이용해 HTML 구문 분석을 수행한다. (※6)에서 CSS 셀럭터를 이용해 articles라는 클래스 안의 img 요소를 선택할 수 있도록 지정했다. 그리고 for 문을 이용해 구문 분석이 된 HTML 객체에서 img 요소를 찾아낸다.

img 요소를 찾아내면 (※7)에서 img 요소의 src 속성값을 추출한다. img 요소의 src 값은 상대 경로로 표시되므로 src 값 앞에 도메인을 붙여야 전체 주소가 된다. 따라서 format! 매크로를 이용해 (※2)에서 지정한 사이트 주소와 src 값을 결합해 전체 주소로 만든다.

(※8)은 이미지를 저장하는 부분이다. 파일 이름을 지정하고 reqwest를 이용해 이미지 주소의 데이터를 bytes 변수에 저장한 뒤 지정한 파일 이름으로 bytes를 저장한다.

(※9)는 서버의 부하를 낮추기 위해 대기 시간을 설정한 것이다. 스크래핑을 할 때는 이렇게 대기 시간을 넣는 것이 중요하다. 대기 시간 없이 무차별로 다운로드를 하면 서버의 부하가 높아지고 그것을 공격으로 판단하는 경우도 발생한다. 문제 발생을 피하기 위해서는 충분한 대기 시간을 설정하는 것이 좋다.

> **정리**
> - 비동기 처리에 대해 알아봤다.
> - 스크래핑 프로그램을 만들었다.
> - 비동기 처리를 위해서는 별도의 비동기 런타임을 이용한다.
> - 비동기 처리 함수는 async를 붙여야 하고 처리 완료를 위해 await를 이용한다.

Chapter 6 | 응용편 – 메모리 관리 및 다른 언어와의 연계

# Section 08 암호화 도구 만들기

러스트로 AES 암호화, 복호화 도구를 만들어보자. 명령줄 도구에서 동작하는 도구를 만들고 이후 웹 어셈블리로도 만들어 브라우저에서도 사용할 수 있게 해본다.

**여기서 배우는 것**
- AES-256
- SHA-256

## 암호화 도구 만들기

1장에서 다룬 시저 암호는 단순한 치환 암호이므로 중요한 정보를 다루는 데는 부적합하다. 여기서는 실제로 사용되는 암호화 알고리즘을 이용한 암호화 도구를 만들어본다.

암호화 도구를 만드는 데 중요한 것은 이용할 암호화 알고리즘이 충분히 안전해야 한다는 점이다. 이번에 사용할 암호화는 AES-256으로, 256비트 길이의 암호화 키를 이용하는 대칭 키 암호화 알고리즘이다. AES(Advanced Encryption Standard) 암호화 알고리즘 크레이트도 crates.io에 공개돼 있다.

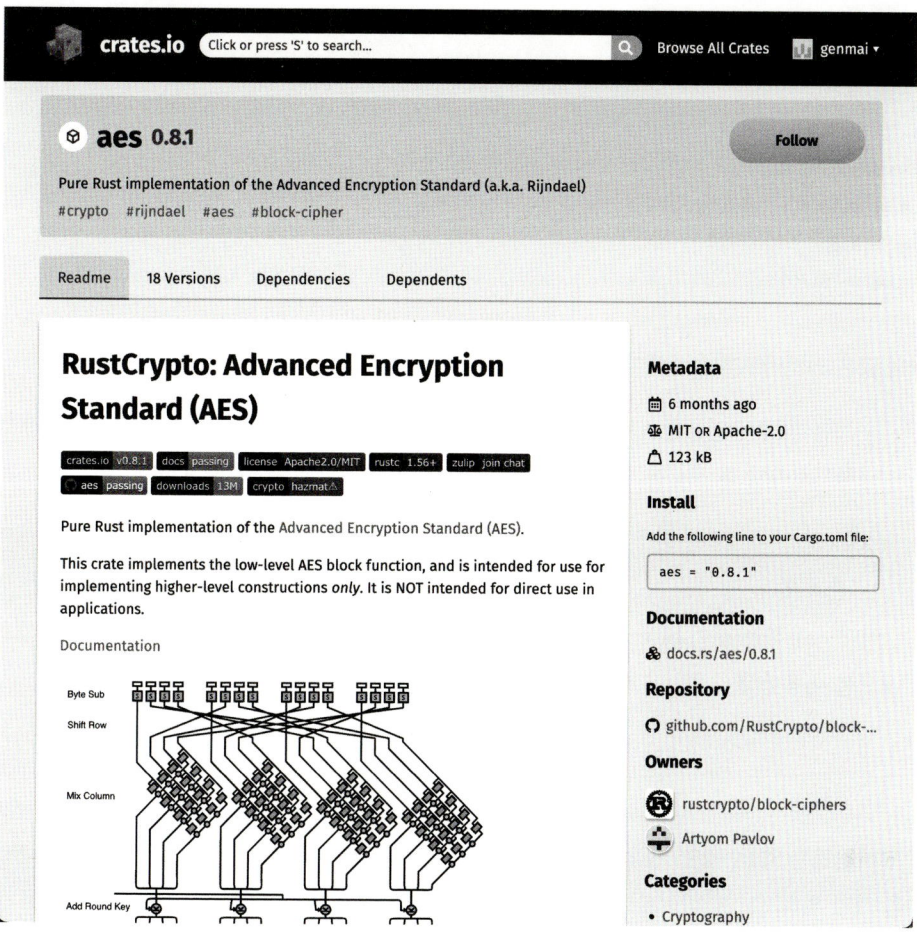

그림 6.13 aes 크레이트 페이지

## 명령줄용 암호화 도구

먼저 명령줄에서 사용할 도구를 만들어보자. 'cipher_cmd'라는 프로젝트를 만들고 `Cargo.toml`에 다음과 같이 암호화 관련 크레이트를 추가한다.

【코드】 file: src/ch6/cipher_cmd/Cargo.toml

```
[package]
name = "cipher_cmd"
version = "0.1.0"
```

```
edition = "2021"

[dependencies]
aes = "0.7.5"
block-modes = "0.8.1"
base64 = "0.13.0"
sha2 = "0.9.8"
getrandom = "0.2.3"
```

생각보다 많은 크레이트를 추가해야 한다. 각 크레이트에 대해 알아보자.

'aes' 크레이트는 앞에서 언급한 AES 암호화 기능을 제공한다. 하지만 aes 크레이트는 최소한의 암호화 기능만 제공하므로 암호화 도구를 만들기 위해서는 다른 크레이트의 기능이 필요하다.

'block-modes' 크레이트는 암호화 모드를 제공하기 위한 것이다. AES-256은 고정 길이 데이터를 암호화하는 '블록 암호' 방식을 이용한다. 블록 길이보다 긴 메시지를 암호화하려면 암호 모드를 변경해야 한다. 이때 사용하는 것이 block-modes 크레이트다. 여기서는 XOR 연산으로 블록을 암호화하는 CBC[15] 모드를 이용한다.

'base64' 크레이트는 바이너리 데이터를 64문자의 영어 숫자 기호로 표현하는 BASE64 인코딩/디코딩 기능을 제공한다.

'sha2' 크레이트는 SHA-256 등의 해시 함수를 계산한다. 해시 함수가 필요한 이유는 AES-256으로 암호화를 하기 위해서는 32바이트의 키와 16바이트의 초기 벡터(IV - Initial Vector)가 필요하기 때문이다. 따라서 여기서는 가변 길이의 패스워드를 32바이트[16]로 만드는 해시 함수를 이용한다.

원래 PKCS #5에 따라 키 도출 함수 PBKDF2(Password-Based Key Derivation Function 2)를 이용하는 것이 바람직하지만 여기서는 처리를 간략화하기 위해 SHA-256과 고정 솔트(Salt)를 사용하도록 구현한다.

'getrandom' 크레이트는 초기 벡터를 무작위로 생성하기 위해 사용한다.

---

**15** (옮긴이) Cipher Block Chaining
**16** (옮긴이) SHA-256 해시 함수는 어떤 길이의 값을 입력하더라도 256비트(32바이트)의 고정된 결괏값을 출력한다.

## 암호화/복호화 수행 모듈

암호화 도구를 만들기 전에 암호화와 복호화가 어떻게 이루어지는지 간단히 확인해두자.

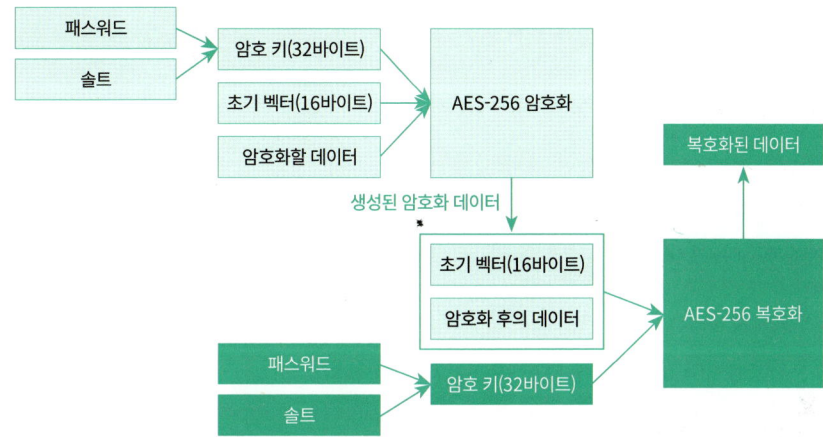

그림 6.14 암호화-복호화 흐름

AES-256 암호화를 하려면 패스워드와 솔트로 만들어진 32바이트 암호 키와 무작위로 초기화한 16바이트 초기 벡터, 암호화할 데이터가 필요하다. 그리고 암호화한 데이터를 복호화할 때도 마찬가지로 암호 키와 초기 벡터, 암호화한 뒤의 데이터가 필요하다.

여기서는 패스워드와 암호화 후의 데이터만을 이용해 복호화할 예정이므로 솔트는 프로그램 안에 저장하고, 초기화 벡터는 암호화 후의 데이터에 추가했다.

위 흐름을 바탕으로 프로그램을 만들어보자. 먼저 암호화 모듈을 만든다.

【코드】 file: src/ch6/cipher_cmd/src/cipher_str.rs

```
use aes::Aes256;
use block_modes::{BlockMode, Cbc, block_padding::Pkcs7};
use sha2::{Sha256, Digest};

// 블록 암호의 종류와 암호 모드 지정 ── (※1)
type AesCbc = Cbc<Aes256, Pkcs7>;
const SALT: &str = "LFsMH#kL!IfY:dcEz9F/dvj17nUN";

// password로 data를 암호화하는 함수 ── (※2)
pub fn encrypt(password: &str, data: &str) -> String {
```

```rust
        // 패스워드를 고정 길이 키로 변환 —— (※3)
        let key = get_key(password);
        let iv = gen_iv(); // 초기 벡터 구하기
        // 암호화 —— (※4)
        let cipher = AesCbc::new_from_slices(
            &key, &iv).unwrap();
        let result = cipher.encrypt_vec(data.as_bytes());
        // 암호화한 결과 앞에 iv를 추가 —— (※5)
        let mut ivres: Vec<u8> = vec![];
        ivres.extend(iv);
        ivres.extend(result);
        // BASE64로 인코딩해 반환 —— (※6)
        base64::encode(ivres)
}

// 초기화 벡터(IV)를 무작위로 생성 —— (※7)
fn gen_iv() -> Vec<u8> {
    let mut res:Vec<u8> =
        vec![0,0,0,0, 0,0,0,0, 0,0,0,0, 0,0,0,0];
    getrandom::getrandom(&mut res).unwrap();
    res
}

// 패스워드로부터 32 바이트 암호 키 얻기 —— (※8)
fn get_key(password: &str) -> Vec<u8> {
    let pw:String = format!("{}::{}", password, SALT);
    let mut h = Sha256::new();
    h.update(pw.as_bytes());
    h.finalize().to_vec()
}

// 복호화 함수 —— (※9)
pub fn decrypt(password: &str, data: &str) -> String {
    // 패스워드로부터 암호 키 얻기
    let key = get_key(password);
    let bytes = base64::decode(data).unwrap();
    // 데이터의 앞에 있는 초기화 벡터 꺼내기
    let iv = &bytes[..16];
```

```rust
    // 복호화
    let cipher = AesCbc::new_from_slices(&key, iv).unwrap();
    let result = cipher.decrypt_vec(&bytes[16..]).unwrap();
    String::from_utf8(result).unwrap()
}

#[cfg(test)]
mod cipher_tests {
    use super::*;
    #[test]
    fn enc_dec_test() {
        // 함수 테스트 ── (※10)
        let password = "wikibooks";
        let data = "IT 도서 전문 출판사 위키북스";
        let enc = encrypt(password, data);
        let dec = decrypt(password, &enc);
        assert_eq!(data, dec);
    }
}
```

이 모듈은 암호화를 수행하는 `encrypt` 함수, 복호화를 수행하는 `decrypt` 함수를 정의했다. 그리고 함수가 올바르게 동작하는지 확인하기 위한 테스트 코드도 구현했다. 'cargo test'로 테스트해 결과를 확인할 수 있다.

```
$ cargo test
(생략)

running 1 test
test cipher_str::cipher_tests::enc_dec_test ... ok

test result: ok. 1 passed; 0 failed; 0 ignored; 0 measured; 0 filtered out; finished in 0.00s
```

소스 코드를 확인해보자. (※1)에서 암호화 종류와 모드를 지정한다. `Cbc<Aes256, Pkcs7>`을 `AesCbc`라는 '타입'으로 만든다. `type`으로 타입의 별칭(Alias)을 만들 수 있다. 그리고 패스워드와 함께 사용할 솔트를 상수로 정의했다. 솔트는 암호화 처리를 할 때마다 다른 값을 쓰는 것이 바람직하지만, 이 예제는 간단한 예제이므로 고정 값을 이용한다.

(※2)는 암호화를 수행할 encrypt 함수의 정의다. 앞에서 설명한 것처럼 AES-256 암호화를 위해서는 32바이트의 암호 키와 16바이트의 초기 벡터가 필요하다. 따라서 (※3)에서 암호화 키와 초기 벡터를 생성한다. 여기서 사용할 각 함수는 (※7)과 (※8)에 정의돼 있다. (※4)에서는 암호화 키와 값을 이용해 AesCbc 객체를 만들고 encrypt_vec 메서드를 이용해 데이터를 암호화한다. 그리고 (※5)에서는 복호화를 할 때 필요한 초기 벡터를 암호화된 데이터의 앞에 추가한다. 완료가 되면 암호화된 데이터를 base64로 인코딩해 반환한다.

(※7)은 무작위 16바이트 초기화 벡터를 생성하는 함수 gen_iv를 정의한 것이다. u8 범위 내에서 나타낼 수 있는 숫자 0~255까지의 난수를 16개 생성해서 반환한다.

(※8)은 패스워드와 솔트를 이용해 32비트 암호화 키를 만드는 함수 get_key를 정의한 것이다. 패스워드와 솔트를 결합한 문자열을 SHA-256으로 해싱한 값을 반환한다. 이 작업은 다음과 같이 진행된다.

1. Sha256::new 함수로 해시 객체 h를 생성
2. 패스워드와 솔트를 결합한 값을 h의 update 메서드에 전달해 해싱
3. h의 finalize 메서드를 이용해 결과를 얻음

(※9)는 복호화 함수인 decrypt의 정의다. 암호 키와 초기화 벡터를 가지고 데이터를 복호화한다. 초기 벡터는 암호화 데이터의 앞 16바이트이므로 암호화 데이터에서 16바이트를 잘라내 초기 벡터로 사용하고, 나머지를 암호화 데이터로 사용한다.

(※10)은 테스트를 위한 코드로 암호화한 뒤 복호화해서 나온 데이터와 원래 데이터를 assert_eq! 매크로로 비교해 동일한지 확인한다.

## 암호화 도구 메인 함수

암호화 도구의 메인 함수를 작성한다. 명령줄에서 인수를 통해 암호화와 복호화를 수행한다.

【코드】 file: src/ch6/cipher_cmd/src/main.rs

```rust
mod cipher_str;
use std::env;

fn main() {
    // 명령줄 인수 확인 ── (※1)
    let args: Vec<String> = env::args().collect();
```

```rust
    if args.len() < 4 {
        show_usage(); return;
    }
    // 명령줄 인수에서 값 얻기
    let method = String::from(args[1].trim());
    let password = String::from(args[2].trim());
    let data = String::from(args[3].trim());
    // 암호화·복호화 ── (※2)
    let result = match &method[..] {
        "enc" => cipher_str::encrypt(&password, &data),
        "dec" => cipher_str::decrypt(&password, &data),
        _ => { show_usage(); return; },
    };
    println!("{}", result);
}

fn show_usage() {
    println!("[USAGE] cipher_cmd (enc|dec) password data");
}
```

암호화 테스트를 해보자. 패스워드는 'wiki', 데이터에는 '위키북스'로 암호화해 본다.

```
$ cargo run enc wiki 위키북스
    Compiling cipher_cmd v0.1.0
(생략)
6U/kN2FNCdwoig0BnqVQaScYILNu2gH3Nzohp6HTjtM=
```

암호화된 데이터에서 복호화가 가능한지 확인해보자.

```
$ cargo run dec wiki 6U/kN2FNCdwoig0BnqVQaScYILNu2gH3Nzohp6HTjtM=
(생략)
위키북스
```

암호화된 데이터를 복호화하면 처음 입력한 값이 표시된다. 소스 코드는 간단하다. 명령줄 인수를 받아 값을 얻은 뒤 match 문을 이용해 암호화인지, 복호화인지 확인해서 그에 맞는 함수를 실행한다. 암호화(enc) 또는 복호화(dec) 옵션이 지정되지 않으면 사용 방법이 출력되도록 했다.

## 배포용 빌드

'cargo run' 또는 'cargo build' 명령으로 만들어진 러스트 실행 파일은 디버그 모드로 빌드된다. 따라서 최적화되지 않은 프로그램이다. 배포용 빌드는 Cargo가 내부적으로 최적화를 수행해 불필요한 라이브러리를 모두 제거하고 최적화하므로 실행 속도와 실행 파일 용량에도 큰 차이가 난다[17]. 배포용 빌드를 위해서는 다음과 같이 '--release' 옵션을 추가한다.

```
$ cargo build --release
```

배포용으로 빌드하면 실행파일은 `target/release` 디렉터리에 생성된다.

## 웹 어셈블리로 만들어 브라우저에서 실행

생성한 암호화 도구를 브라우저에서도 동작하도록 만들어본다. 'cipher_browser'라는 프로젝트를 만들고 `Cargo.toml` 파일에 필요한 크레이트를 추가한다. 웹 어셈블리 프로젝트이므로 '--lib' 옵션을 붙여 프로젝트를 생성해야 한다.

【코드】 file: src/ch6/cipher_browser/Cargo.toml

```toml
[package]
name = "cipher_browser"
version = "0.1.0"
edition = "2018"

[lib]
crate-type = ["cdylib", "rlib"]

[dependencies]
wasm-bindgen = "0.2"
aes = "0.7.5"
block-modes = "0.8.1"
base64 = "0.13.0"
sha2 = "0.9.8"
getrandom = { version = "0.2", features = ["js"] }
```

---

[17] (옮긴이) 현재 예제 기준
디버그 빌드 : 1237112바이트
배포용 빌드 : 545544바이트
2.5배가량 차이가 난다. 최적화 여부에 따라 심하게는 50배까지 차이가 난다.

이번에는 'lib' 블록을 추가해 크레이트 타입을 지정한다. 그리고 getrandom에는 버전뿐 아니라 features도 지정해야 한다. 자바스크립트로 동작하기 때문이다.

## 웹 어셈블리로 만들기 위한 프로그램 작성

암호화 도구를 웹 어셈블리로 만들기 위한 추가 코드를 작성한다. 앞에서 만든 모듈 'cipher_str.rs'는 수정하지 않고 그대로 사용해도 된다. 그리고 다음과 같이 lib.rs 파일을 작성한다.

【코드】 file: src/ch6/cipher_browser/src/lib.rs

```rust
extern crate wasm_bindgen;
use wasm_bindgen::prelude::*;

mod cipher_str;

#[wasm_bindgen]
pub fn encrypt(password: &str, data: &str) -> String {
    cipher_str::encrypt(password, data)
}
#[wasm_bindgen]
pub fn decrypt(password: &str, data: &str) -> String {
    cipher_str::decrypt(password, data)
}
```

모듈 내의 함수를 자바스크립트에서 사용할 수 있도록 지정해주기만 하면 된다. '#[wasm_bindgen]'으로 encrypt와 decrypt 함수를 지정한다.

이상으로 암호화 라이브러리를 웹 어셈블리로 만들기 위한 준비는 끝났다. 웹 어셈블리로 컴파일한다.

```
wasm-pack build --target web
```

## 브라우저에서 표시하기 위한 HTML 작성

암호화 툴을 브라우저에서 사용하기 위한 HTML 파일을 작성한다.

【코드】 file: src/ch6/cipher_browser/index.html

```html
<!DOCTYPE html>
<html><meta charset="utf-8"><body>
```

```
<script type="module">
  // WebAssembly 로드 ── (※1)
  import init, {encrypt, decrypt} from './pkg/cipher_browser.js';
  init().then(() => {
    window.encrypt = encrypt;
    window.decrypt = decrypt;
  });
</script>
<h1>AES 256 블록 암호화</h1>
<div>
  입력:<br>
  <textarea id="inbox" rows=8 cols=60></textarea><br>
  패스워드:
  <input type="password" id="password"><br>
  <button onclick="enc_click()">암호화</button>
  <button onclick="dec_click()">복호화</button><br>
  출력:<br>
  <textarea id="outbox" rows=8 cols=60></textarea>
</div>
<script>
  const q = (query) => {
    return document.querySelector(query);
  };
  // 암호화 버튼을 클릭했을 때 ── (※2)
  function enc_click() {
    console.log(q("#inbox"));
    q("#outbox").value = window.encrypt(
      q("#password").value, q("#inbox").value);
  }
  // 복호화 버튼을 클릭했을 때 ── (※3)
  function dec_click() {
    q("#outbox").value = window.decrypt(
      q("#password").value, q("#inbox").value);
  }
</script>
</body></html>
```

'wasm_hello' 프로젝트에서 만든 파이썬 웹 서버 파일인 'server.py'를 프로젝트 디렉터리에 복사해 웹 서버를 실행한다.

브라우저에서 'localhost:8888'로 접속한 뒤 적당한 문자열을 암호화하고 복호화해보자.

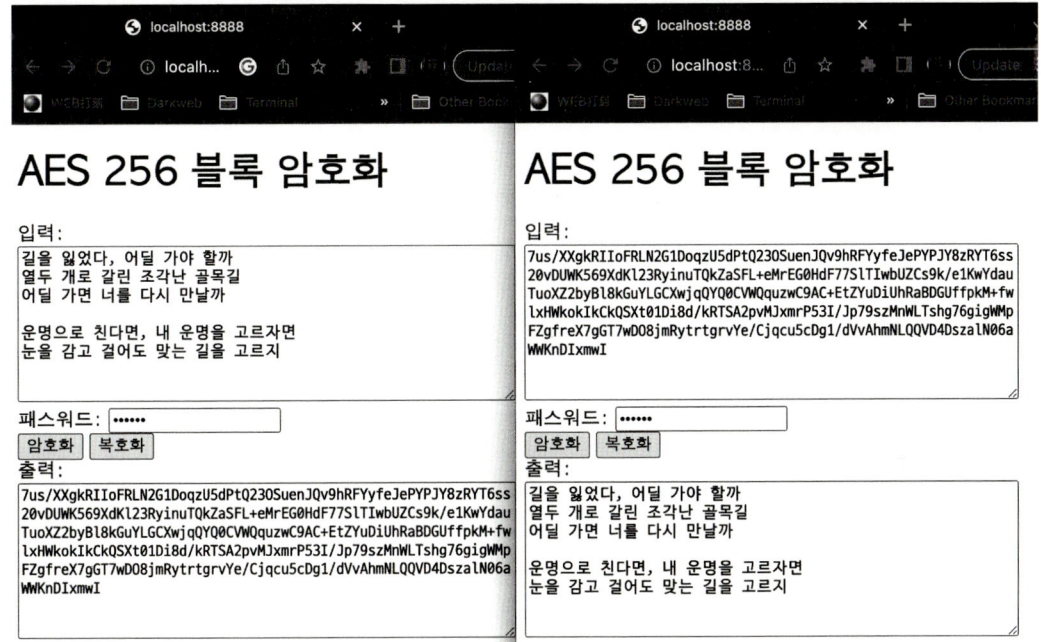

그림 6.15 브라우저에서 암호화 도구 동작

HTML 파일 내용은 앞의 웹 어셈블리 내용과 비슷하다. (※1)에서는 웹 어셈블리를 로드하고 초기화가 완료되면 window 오브젝트에 함수를 설정한다.

(※2)는 암호화 버튼을 클릭했을 때의 동작이다. 텍스트 박스와 패스워드 값을 읽어 암호화한 뒤 아래쪽 텍스트박스에 암호화된 결과를 출력한다.

(※3)은 복호화 버튼을 클릭했을 때의 동작이다. 역시 텍스트 박스와 패스워드의 값을 읽어 복호화한 뒤 아래쪽 텍스트박스에 복호화된 결과를 출력한다.

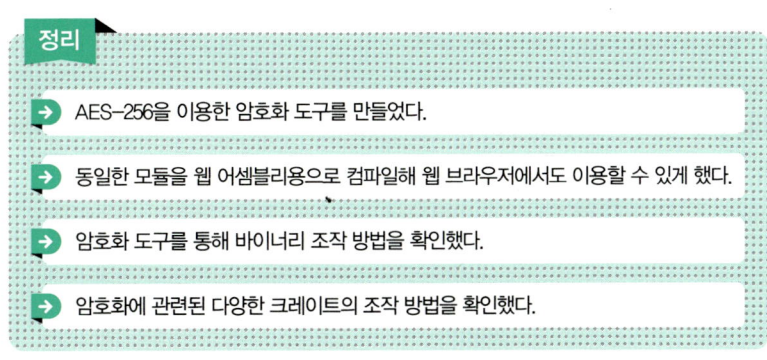

# 부록

부록

# A 오류 메시지와 해결 팁

러스트 학습을 시작하면 많은 사람들이 오류로 고생한다. 안전하고 효율적인 실행 결과를 얻으려면 어쩔 수 없지만, 오류가 많이 발생해서 당황하는 사람도 많을 것이다. 여기서는 이러한 오류 중에서 자주 발생하는 사례와 대처 방법을 소개한다.

## 러스트가 왜 작동하지 않나요?

러스트는 안전성을 개발 목표 중 하나로 내걸고 있다. 따라서 컴파일 시 프로그램의 문제점을 지적하는 메커니즘이 우수하다. 컴파일을 무사히 통과하면 안전하게 프로그램을 실행할 수 있다.

이것을 뒤집어 생각하면 러스트의 동작 방식을 제대로 이해하지 못하면 컴파일 단계에서 수많은 오류가 발생할 수도 있다는 의미가 된다. 물론 컴파일이 되지 않으므로 실행도 할 수 없다. 여기서는 실행될 것 같으면서도 실행되지 않는 러스트 프로그램을 살펴본다. 소스 코드와 컴파일을 할 때 표시되는 에러를 보며 소스 코드를 어떻게 고쳐야 할지 설명한다.

### 문자열 리터럴에서 오류가 발생합니다

[사례] 다음과 같이 문자열을 화면에 표시하는 프로그램을 만들었습니다. 그러나 컴파일을 해보면 에러가 발생합니다. 어떻게 하면 좋을까요?

[코드] file: src/apx1/str_quote_err.rs

```rust
// 문제가 있는 프로그램
fn main() {
    // 에러
    let s = 'Hello, World!';
    println!('{}', s);
}
```

컴파일하면 다음과 같은 "unterminated character literal"(문자 리터럴이 닫히지 않음)이라는 오류가 발생합니다.

```
D:\rust-main\src\apx1>rustc str_quote_err.rs
error[E0762]: unterminated character literal
 --> str_quote_err.rs:4:27
  |
4 |     let s = 'Hello, World!';
  |                           ^^
error: aborting due to previous error

For more information about this error, try `rustc --explain E0762`.
```

그림 A.1 문자 리터럴 오류가 발생

**[대처 방법]** 이 책에서는 러스트에서 문자와 문자열을 구별해야 한다는 점을 배운다.

'문자'는 'a'와 같이 작은따옴표로 표현하고, '문자열'은 "abc"와 같이 큰따옴표로 표현한다. 다음과 같이 작은따옴표를 큰따옴표로 수정하면 문제없이 컴파일된다. 이 책의 1장에서 자세히 설명한다.

[코드] file: src/apx1/str_quote_fix.rs

```rust
fn main() {
    let s = "Hello, World!";
    println!("{}", s);
}
```

## i64형에 i32형의 값을 대입할 수 없음

**[사례]** i32(32비트 정수)형 값을 i64(64비트 정수)형 변수에 대입하는 부분에서 컴파일 에러가 발생합니다. C 언어에서는 i64가 i32보다 크기 때문에 문제없이 대입할 수 있는데 왜 러스트에서는 에러가 발생합니까?

[코드] file: src/apx1/i64_i32_err.rs

```rust
fn main() {
    // i32 타입의 변수를 정의
    let n: i32 = 100;
    // i64 타입에 i32 타입의 값을 대입
    let m: i64 = n; // ← 에러
    println!("{},{}", n, m);
}
```

컴파일하면 다음과 같은 오류가 발생합니다.

```
D:\rust-main\src\apx1>rustc i64_i32_err.rs
error[E0308]: mismatched types
 --> i64_i32_err.rs:5:18
  |
5 |     let m: i64 = n; // ← 에러
  |            ---   ^ expected `i64`, found `i32`
  |            |
  |            expected due to this
  |
help: you can convert an `i32` to an `i64`
  |
5 |     let m: i64 = n.into(); // ← 에러
  |                   +++++++
error: aborting due to previous error
For more information about this error, try `rustc --explain E0308`.
```

그림 A.2 타입 오류가 발생

[대처 방법] 러스트는 타입에 엄격한 언어다. 같은 정수형이어도 암묵적인 형 변환은 이뤄지지 않는다. 다음과 같이 as를 이용하여 형 변환을 명시하는 것으로 변환할 수 있다. 자료형에 대해서는 이 책의 1장에서 설명한다.[1]

[코드] file: src/apx1/i64_i32_fix.rs

```rust
fn main() {
    // i32 타입의 변수를 정의
    let n: i32 = 100;
    // i64 타입에 i32 타입의 값을 대입
    let m: i64 = n as i64; // as를 이용해 i64 타입으로 변환
    println!("{},{}", n, m);
}
```

## 문자열 참조를 반환 값으로 반환하고 싶습니다

[사례] 정수를 문자열로 변환하고 그 참조를 반환하는 다음과 같은 int_to_str 함수를 정의해 보았습니다. 그러나 컴파일할 수 없습니다. 어떻게 고치면 좋을까요?

[코드] file: src/apx1/int_to_str_err.rs

```rust
// 문제가 있는 프로그램
fn int_to_str(value: i64) -> &str {
```

---

[1] (옮긴이) 에러 메시지에서 표시된 것처럼 .into() 메서드를 붙여도 해결할 수 있다.

```
    let s = format!("{}", value);
    return &s;
}
fn main() {
    let s = int_to_str(256);
    println!("{}", s);
}
```

이 코드를 컴파일하면 다음과 같은 오류가 표시됩니다. 빨간 글씨로 표시된 오류를 확인하면 "expected named lifetime parameter"(명명된 라이프타임 매개변수 필요)가 표시됩니다.

```
D:\rust-main\src\apx1>rustc int_to_str_err.rs
error[E0106]: missing lifetime specifier
 --> int_to_str_err.rs:1:30
  |
1 | fn int_to_str(value: i64) -> &str {
  |                              ^ expected named lifetime parameter
  |
  = help: this function's return type contains a borrowed value with an elided lifetime, but the lifetime cannot be derived from the arguments
help: consider using the `'static` lifetime
  |
1 | fn int_to_str(value: i64) -> &'static str {
  |                              ~~~~~~~~~~~~

error: aborting due to previous error

For more information about this error, try `rustc --explain E0106`.
```

그림 A.3 수명과 관련된 오류가 발생

**[대처 방법]** 컴파일 에러 메시지에서는 라이프타임 지시자가 잘못 지정돼 있다고 표시된다. 하지만 이 프로그램의 문제는 라이프타임 지시자가 아니라 타입과 소유권 시스템에 있다. int_to_str 함수에서는 String 타입 변수 s를 만들고 그 참조 값을 반환한다. 하지만 변수 s는 함수가 종료될 때 파기되기 때문에 참조 값 역시 무효화된다. 이와 관련된 내용은 3장의 소유권과 참조에 대한 부분에서 자세히 설명한다.

이 함수가 올바르게 동작하게 만들려면 소유권이 올바르게 이동할 수 있도록 반환 형식으로 &str 대신 String을 지정한다.

[코드] file: src/apx1/int_to_str_fix.rs

```
// 정수를 문자열로 변환하는 함수
fn int_to_str(value: i64) -> String {
    let s = format!("{}", value);
    s
```

```
}
fn main() {
    let s = int_to_str(256);
    println!("{}", s);
}
```

프로그램을 컴파일하고 실행해 보자. &str 형은 소유권이 이동하지 않지만 String 형이면 소유권이 이동하므로 반환값으로 String 형을 지정함으로써 올바르게 값을 돌려줄 수 있다.[2] 자세한 내용은 이 책의 3장에서 설명한다.

```
$ rustc int_to_str_fix.rs && ./int_to_str_fix
256
```

## 문자열을 분할해서 문자열 벡터를 만들고 싶습니다

【사례】 쉼표로 구분된 문자열을 배열 형태로 만들기 위해 Vec<String> 형태로 변환하려고 합니다. 하지만 컴파일을 하면 에러가 발생합니다. 어떻게 하면 좋을까요?

[코드] file: src/apx1/split_err.rs

```
// 문제가 있는 프로그램
fn main() {
    let target = "aaa,bbb,ccc";
    let lines:Vec<String> = target.split(",").collect();
    println!("{:?}", lines);
}
```

컴파일을 할 때 표시되는 에러는 다음과 같습니다.

---

[2] (옮긴이) String 형의 값을 지정하고 소유권도 이동해야 하므로 반환 값 역시 참조(&)를 하지 않는다.

```
D:\rust-main\src\apx1>rustc split_err.rs
error[E0277]: a value of type `Vec<String>` cannot be built from an iterator over elements of type `&str`
 --> split_err.rs:3:47
  |
3 |     let lines:Vec<String> = target.split(",").collect();
  |                                               ^^^^^^^ value of type `Vec<String>` cannot be built from `std::iter::I
terator<Item=&str>`
  |
  = help: the trait `FromIterator<&str>` is not implemented for `Vec<String>`
  = help: the trait `FromIterator<T>` is implemented for `Vec<T>`
note: required by a bound in `collect`

error: aborting due to previous error

For more information about this error, try `rustc --explain E0277`.
```

그림 A.4 split 후의 collect가 이상하다는 지적이 나온다.

【대처 방법】잘 살펴보면 오류 부분에 대해 친절하게 도움말이 표시되어 있다. "the trait FromIterator ⟨&str⟩ is not implemented for Vec⟨String⟩"(Vec⟨String⟩에 대해 트레잇 FromIterator⟨&str⟩가 구현되지 않음)

즉, String::split 메서드는 FromIterator<&str>을 반환하지만 Vec<String> 형으로 변환하는 기능은 없다는 것이다.

파이썬의 split 메서드는 문자열 리스트를 반환하지만, 러스트의 split 메서드는 문자열을 분할하는 반복자를 반환한다. 게다가 분할한 문자열은 String이 아닌 참조형의 &str를 반환한다.

따라서 for 문이나 map 메서드를 써서 다음과 같이 수정할 수 있다.

[코드] file: src/apx1/split_fix.rs

```
fn main() {
    let target = "aaa,bbb,ccc";
    // for 문을 사용해 Vec<String>으로 변환
    let mut lines = vec![];
    for line in target.split(",") {
        lines.push(line.to_string());
    }
    println!("{:?}", lines);
    // map을 사용해 Vec<String>으로 변환
    let lines:Vec<String> =
        target.split(",").map(|s| s.to_string()).collect();
    println!("{:?}", lines);
}
```

프로그램을 실행하면 split 메서드로 문자열을 분할하고 Vec<String> 형식의 데이터를 얻을 수 있다.

```
$ rustc split_fix.rs && ./split_fix
["aaa", "bbb", "ccc"]
["aaa", "bbb", "ccc"]
```

## 스코프 내에서 2개 이상 가변 참조를 선언하고 싶습니다

**[사례]** 다음 소스 코드와 같이 가변 변수 s를 2개 이상의 참조자에서 참조하려고 하면 에러가 발생합니다. 어떻게 수정하면 좋을까요?

[코드] file: src/apx1/ref2_err.rs

```rust
// 문제가 있는 프로그램
fn main() {
    // 문자열 생성
    let mut s = String::from("벼는 익을수록 고개를 숙인다");
    // 참조 값 얻기
    let ref1 = &mut s;
    let ref2 = &mut s; // ← 에러 발생
    // 값 출력
    println!("ref1={}, ref2={}", ref1, ref2);
}
```

이 프로그램을 컴파일하려고 하면 다음과 같은 오류가 발생합니다.

```
D:\rust-main\src\apx1>rustc ref2_err.rs
error[E0499]: cannot borrow `s` as mutable more than once at a time
 --> ref2_err.rs:6:16
  |
5 |     let ref1 = &mut s;
  |                ------ first mutable borrow occurs here
6 |     let ref2 = &mut s; // ← 에러 발생
  |                ^^^^^^ second mutable borrow occurs here
7 |     // 값 출력
8 |     println!("ref1={}, ref2={}", ref1, ref2);
  |                                  ---- first borrow later used here

error: aborting due to previous error

For more information about this error, try `rustc --explain E0499`.
```

그림 A.5 두 번째 참조에서 오류가 발생

**[대처 방법]** 러스트는 메모리 충돌(데이터 레이스)을 방지하기 위해, 한 스코프에 2개 이상의 가변 참조자를 만들 수 없게 되어 있다. 따라서 중괄호를 통해 각 스코프를 만들어 이 문제를 해결할 수 있다. 다음과 같이 수정하는 것이 좋다.

[코드] file: src/apx1/ref2_fix.rs

```rust
fn main() {
    // 문자열 생성
    let mut s = String::from("벼는 익을수록 고개를 숙인다");
    // 연속으로 가변 참조를 사용하려면 범위를 나눈다
    {
        let ref1 = &mut s;
        println!("ref1={}", ref1);
    } // 여기서 ref1은 파기된다
    {
        let ref2 = &mut s;
        println!("ref2={}", ref2);
    }
}
```

실행하면 올바르게 가변 참조를 얻을 수 있어 참조 내용을 표시할 수 있다.

```
$ rustc ref2_fix.rs && ./ref2_fix
ref1=벼는 익을수록 고개를 숙인다
ref2=벼는 익을수록 고개를 숙인다
```

또는 다음과 같이 clone 메서드를 이용할 수도 있다.

```rust
fn main() {
    let mut s = String::from("벼는 익을수록 고개를 숙인다");
    let ref1 = &mut s.clone();
    let ref2 = &mut s;
    println!("ref1={}, ref2={}", ref1, ref2);
}
```

부록

# 러스트 용어집

러스트를 배우다 보면 낯선 용어를 많이 보게 된다. 여기서는 러스트와 관련된 용어를 요약해 보겠다. 이 책을 읽고 모르는 부분이 있으면 이 용어집을 참조하기 바란다. (가나다 순)

## 가변(mutable)/불변(immutable)

변숫값을 바꿀 수 있는 것을 '가변'이라 하고, 변숫값을 바꿀 수 없는 것을 '불변'이라 한다. 러스트에서는 'let 변수'를 사용해 변수를 정의하면 기본적으로 불변 변수가 되고, 가변 변수를 정의하려면 'let mut 변수'와 같이 가변임을 명시한다.

## 가비지 컬렉션(garbage collection, GC)

프로그램이 동적으로 확보한 메모리 영역 중 불필요해진 영역을 자동으로 해제하는 기능이다. 이 책에서 러스트와 비교하는 프로그래밍 언어인 파이썬이나 자바/C#/Go 등 많은 프로그래밍 언어가 가비지 컬렉션을 채용하고 있다. 반대로 러스트는 가비지 컬렉션이 아닌 소유권 시스템을 채택했다.

## 구조체(structure)

러스트의 데이터 타입 중 하나다. 구조체를 사용하면 여러 값을 함께 저장할 수 있다. 구조체를 사용해 자체 데이터 타입을 정의할 수 있다. 자세한 내용은 3장 섹션 4에서 설명한다. 또한 구조체를 조작하는 방법을 정의할 수 있다. 방법은 4장 섹션 1에서 설명한다.

## 널(null) / 널 안전

C 언어나 자바 같은 여러 프로그래밍 언어에서 값이 없음을 나타내는 데 null을 사용한다. 그러나 많은 시스템에 null을 유발하는 취약점이 존재한다. null을 허용하지 않는 언어를 'null 안전'이라고 부르며, 러스트도 null 안전한 언어다.

## 라이프타임(lifetime – 수명)

러스트에서는 값의 참조가 유효한 범위(스코프)를 나타낸다. 수명을 표현하려면 <'a>와 같은 수명 주석 기법을 사용하자. 자세한 내용은 3장 섹션 5에서 소개한다.

## 람다 식(lambda expression)

굳이 함수를 정의하지 않고 함수를 정의하여 이용하는 프로그래밍 언어의 기능이다. 익명 함수라고도 하며 러스트에서는 클로저라고 한다.

## 러스트업(rustup)

러스트 프로젝트에서 공식적으로 제공하는 설치 프로그램이다. 윈도우에서 러스트를 실행하려면 rustup 외에도 마이크로소프트에서 제공하는 빌드 도구를 설치해야 한다.

## 리눅스용 윈도우 하위 시스템(Windows Subsystem for Linux, WSL)

윈도우에서 리눅스를 실행하는 OS 표준 기능이다. WSL에서 러스트를 실행할 수도 있다.

## 매크로(macro)

프로그램의 소스코드를 미리 정의한 규칙에 따라 변환하는 기능이다. 그러나 러스트의 매크로는 간단한 프로그램의 대체 처리에 머무르지 않는다. 매크로에 대한 자세한 내용은 6장에서 설명한다.

## 문자열 리터럴(string literal)

프로그램 내에 기술되는 문자열을 나타내는 상수다. 러스트에서는 큰따옴표로, "abc…"와 같이 기술한 것이 문자열 리터럴이 된다. 상수이므로 불변이며 변경할 수 없다. 문자열과 문자열 리터럴에 대한 자세한 내용은 3장에서 설명한다.

## 반복자(iterator)

배열 등 여러 요소를 가진 집합적 데이터 구조에 대해 각 요소의 반복 처리를 수행하기 위해 사용하는 추상 표현이다. 자세한 내용은 4장에서 설명한다.

## 배열형(array)과 벡터형(vector)

배열형도 벡터형도 여러 개의 값을 정리해 관리하는 데 이용한다. 러스트의 배열 타입은 크기가 고정돼 있으며, 나중에 크기를 변경할 수 없다. 이와 달리 벡터 타입은 요소를 추가로 삭제할 수 있다. 자세한 내용은 2장 섹션 3에서 설명한다.

## 병렬 처리(parallel processing)

프로그램에서 여러 처리 내용을 동시에 실행하는 것을 '병렬 처리'라고 부른다. 병렬 처리를 사용하면 여러 개의 처리 내용을 동시에 수행할 수 있으므로 컴퓨터의 처리 속도를 향상시키는 방법으로도 유효하다. 특히 멀티 코어 프로세서가 탑재된 시스템에서는 처리 속도가 상당히 향상될 것으로 예상된다. 또한 네트워크 프로그램을 만들 때 병렬 처리가 필요하다. 자세한 내용은 이 책의 5장 섹션 4를 참조한다.

## 비주얼 스튜디오 코드(Visual Studio Code, VSCode)

마이크로소프트에서 개발한, 윈도우/리눅스/맥OS용 소스코드 편집기다. 이 책을 쓸 때 주로 사용했다. 자세한 내용은 1장에서 소개한다.

> Visual Studio Code 웹사이트
> [URL] https://code.visualstudio.com/

## 비트(bit)와 바이트(byte)

1비트는 컴퓨터가 처리하는 데이터의 최소 단위다. 1비트로 표현할 수 있는 것은 0과 1의 2개의 값뿐이다. 그리고 1바이트는 8비트이며, 8비트가 있으면 $2^8$개의 값(0~255)을 표현할 수 있다. 자세한 내용은 1장에서 설명한다.

## 빌림(Borrow/Borrowing)

러스트의 소유권 시스템에서 값의 소유권을 일시적으로 대여하는 메커니즘이다. 주로 함수 호출에서 발생한다. 함수의 인수에 참조를 취하면 소유권이 이동하지 않고 값을 빌릴 수 있다.

## 소유권 시스템(ownership)

러스트의 메모리 관리는 소유권 시스템에서 수행된다. 또 다른 메모리 관리 기술인 가비지 컬렉션이 프로그램이 실행되는 동안 메모리의 불필요한 영역을 감지하고 해제하는 것과 달리, 소유권 시스템은 컴파일 시 메모리 확보 및 해제를 관리한다. 따라서 소유권 시스템은 가비지 컬렉션보다 빠르고 효율적인 것이 특징이다. 자세한 내용은 이 책의 3장에서 설명한다.

## 스레드 안전(Thread-safe)

병렬 처리를 수행하는 프로그램을 작성할 때 문제가 발생하지 않는 사양이나 설계가 적용되었음을 말한다. 병렬 처리는 메모리 읽기와 쓰기를 동시에 수행할 수 있지만 이로 인해 메모리 위반이 발생할 수 있다. 러스트는 병렬 처리를 할 때 메모리 위반이 발생하지 않도록 배려된 라이브러리를 제공한다. 자세한 내용은 이 책의 5장 섹션 4를 참조하자.

## 스택(stack)

스택은 기본 데이터 구조로, 데이터 넣기(PUSH)와 꺼내기(POP)를 할 수 있다. 데이터를 넣을 때는 저장 영역의 끝에 데이터를 추가하고, 꺼낼 때는 저장 영역의 끝에서 값을 꺼낸다. 예를 들면, 좁은 책상 위에 문서를 쌓는 상황과 비슷하다. 자료를 A, B, C 순으로 쌓았으면 자료를 꺼낼 때는 C, B, A 순서로 해야 하며, 그렇게 하지 않으면 문서 더미가 무너져 버린다. 추가(PUSH)가 자료를 책상 위에 놓는 것, 꺼내기(POP)가 맨 위에 있는 자료를 꺼내는 것에 해당한다. 이 책의 4장에서는 스택을 사용해 RPN 계산기 프로그램을 작성한다.

## 스택 영역(stack memory), 힙 영역(heap memory)

스택 메모리와 힙 메모리는 둘 다 런타임 시 프로그램이 사용할 수 있는 메모리 영역이지만, 메모리 관리 방법이 다르다. '힙 영역'은 자유롭게 메모리의 확보와 해제가 가능하다. 한편 '스택 영역'은 메모리를 확보한 순서로 메모리를 해제해야 하는 제약이 있다. 러스트의 소유권을 배우려면 이 차이점을 기억해야 한다. 자세한 내용은 3장과 6장에서 설명한다.

## 슬라이스(slice)

러스트에서 배열이나 문자열·벡터형의 데이터의 일부를 참조하는 형태다. 참조이므로 소유권이 없는 것이 특징이다. 덧붙여 문자열의 참조를 의미하는 &str 형도 슬라이스다.

## 역참조(dereference)

참조에서 실제 값을 얻는 것이다. 러스트에서 참조를 얻으려면 '&변수명'으로 기술하고, 역참조하려면 '*변수명'으로 기술한다. 자세한 내용은 3장 섹션 2에서 소개한다.

## 오픈소스(open source)

소스코드가 공개돼 있어 자유롭게 이용할 수 있는 소프트웨어다.

정확한 오픈소스의 정의는 "상용, 비상용 목적을 불문하고 소스코드의 이용, 수정, 배포를 허용하고, 이를 이용하는 개인이나 단체의 노력이나 이익을 저해하지 않아야 한다"라고 되어 있다.

러스트도 오픈소스 프로젝트이며, 라이선스는 'Apache 라이선스 버전 2.0'과 'MIT 라이선스'의 이중 라이선스다.

> 러스트 라이선스 정보
> [URL] https://www.rust-lang.org/policies/licenses

### 유니코드(Unicode)

세계 각국에서 사용되는 문자를 하나의 문자 코드로 표현하기 위해 전 세계 문자를 수록하는 문자 코드 규격이다. 전 세계의 다양한 언어의 문자에 일련 번호를 할당하므로 유니코드로 작성된 문서에는 한국어, 일본어, 중국어, 러시아어 등 여러 언어의 문자를 혼합할 수 있다.

### UTF-8

유니코드/UCS에서 사용할 수 있는 8비트 부호 단위의 문자 부호화 형식이다. 러스트 문자열에서는 UTF-8이 표준 문자 인코딩으로 사용된다. ASCII 문자와의 호환성을 위해 반각 영숫자를 포함하는 ASCII 부분은 1바이트, 그 밖의 부분을 2~6바이트로 표현한다. 자세한 내용은 3장 섹션 5에서 설명한다.

### 인터프리터(interpreter)와 컴파일러(compiler)

컴퓨터에서 프로그램을 실행하는 방식의 차이다. 소스코드를 순차적으로 해석하고 실행하는 방법이 인터프리터다. 이에 대해 프로그램을 한 번 기계어로 컴파일하고 나서 실행하는 방식을 컴파일러라고 부른다. 파이썬은 인터프리터 언어이고 러스트는 컴파일러 언어다. 덧붙여 더 자세한 내용을 1장에서 설명한다.

### 제네릭(generics)

추상적인 타입을 지정해 다양한 자료형의 조작을 가능하게 하는 프로그래밍 기법이다. 자세한 내용은 4장에서 설명한다.

### 참조(reference)

값 자체가 아닌 값을 나타내는 참조 정보를 참조로 제공할 수 있는 기능이다. 러스트에서 변수 참조라고 하면 변수에 대한 참조 정보를 의미한다. C 언어의 포인터에 해당한다. 자세한 내용은 1장과 3장 섹션 2에서 설명한다.

### 카고(Cargo)

패키지 관리 시스템이자 러스트 프로그램 빌드 도구다. 프로그램이 의존하는 라이브러리를 다운로드하고 라이브러리를 빌드한다. 자세한 내용은 2장 섹션 1에서 설명한다.

### 크레이트(crate)

러스트의 모듈은 트리 구조로 표현되며, 모듈 그룹을 모아서 크레이트라고 한다. 크레이트는 러스트 라이브러리의 기본 단위다. 자세한 내용은 4장 섹션 6에서 설명한다.

### 클로저(Closure)

러스트에서 사용하는 익명 함수를 말한다. 1장에서 설명한다.

### 타입 추론(type inference)

러스트의 강력한 기능 중 하나로, 컴파일러가 자동으로 프로그램을 해석하여 변수 및 함수 타입을 적용하는 기능이다. 명시적으로 변수 선언이 필요하지 않으므로 코드의 양을 줄일 수 있다는 이점이 있다.

### 통합 개발 환경(IDE)

애플리케이션 개발에 필요한 소프트웨어를 한꺼번에 제공하는 패키지다. 러스트의 통합 개발 환경으로는 이클립스(Eclipse)와 IntelliJ IDEA가 준비돼 있다. 그렇지만 러스트 개발에 반드시 통합 개발 환경을 써야 하는 것은 아니다. 자세한 내용은 1장에서 소개한다.

### 튜플(tuple)

튜플이란 여러 데이터를 쌍으로 해서 정리해 관리할 수 있는 자료형이다. 배열 타입과 달리 서로 다른 타입의 데이터를 조합할 수 있다. 자세한 내용은 3장 섹션 3에서 설명한다.

### 트레잇(trait)

공통 동작을 정의하기 위한 것이다. 러스트의 트레잇은 다른 타입에 대한 공통 동작(메서드)을 정의하는 데 사용된다. 자바나 C#에 있는 인터페이스의 기능과 비슷하다. 자세한 내용은 4장에서 설명한다.

## 트리 구조(tree structure)

데이터 구조 중 하나다. 대표적인 예로, OS의 파일 시스템이 트리 구조로 표현된다. 또한 XML이나 JSON 등의 데이터도 트리 구조다. 부모 요소가 여러 개의 자식 요소를 갖고, 자식 요소는 또다시 자신의 자식 요소를 갖는 구조다. 나뭇가지가 자라나는 모습과 비슷하기 때문에 이와 같은 이름을 붙였다.

## TOML

설정 파일을 기술하기 위한 언어다. 가독성이 높은 것이 특징이며 필요한 최소한의 기능을 갖추고 있어, Cargo의 설정 파일은 TOML로 기술하도록 되어 있다. TOML 사양은 다음 URL에 공개돼 있다. 자세한 내용은 이 책의 2장 섹션 1에서 설명한다.

> **TOML 사양**
> [URL] https://toml.io/en/v1.0.0

## 표준 입력(standard input)과 표준 출력(standard output)

표준 입력이란 프로그램이 표준적으로 데이터를 입력받는 곳이고, 마찬가지로 표준 출력이란 프로그램이 표준적으로 데이터를 출력하는 곳이다. 러스트를 명령줄 환경에서 사용하는 경우 터미널의 콘솔 화면(명령행 환경)에서의 입출력이 이에 해당한다.

러스트에서 표준 출력으로 출력하려면 `println!`을 사용한다. 또한 표준 입력에서 입력을 얻으려면 `std::io::stdin()`을 사용해 표준 입력을 얻은 후 `read_line` 메서드를 사용한다. 자세한 내용은 2장 섹션 4를 참조하자.

## 피즈버즈(FizzBuzz) 문제

영어권에서의 단어 놀이인 Fizz Buzz를 프로그래밍 언어로 기술하는 문제다. 1장에서 자세히 설명한다.

## 해시맵(hash map)/연관 배열(associative array)

러스트의 HashMap을 이용하면 연관 배열을 구현할 수 있다. 파이썬의 딕셔너리 타입과 같이 문자열에서 임의의 값을 검색할 수 있는 데이터 형식이다. 2장 섹션 5에서 설명한다.

# 부록 C 러스트의 기본 구문 요약

러스트의 기본 구문은 책에서 자세히 설명하지만 목록이 있으면 찾아보기 쉽다. 그래서 여기에 정리했다.

## main 함수의 작성 방법

러스트 프로그램은 main 함수로 시작한다. main 함수는 다음과 같이 작성한다.

```rust
fn main() {
    // 프로그램을 여기에 작성
}
```

## 주석

한 줄 주석과 범위 주석을 사용할 수 있다.

```rust
// 한 줄 주석

/*
범위 주석
*/
```

## 조건 분기

조건에 따라 처리를 분기하는 if 구문은 다음과 같이 작성한다.

```
if 조건 {
    // 조건이 참일 때
} else {
    // 조건이 거짓일 때
}
```

여러 개의 조건을 순차적으로 분기하려면 다음과 같이 작성한다.

```
if 조건1 {
    // 조건1이 참일 때의 처리 내용
} else if 조건2 {
    // 조건2가 참일 때의 처리 내용
} else {
    // 조건1과 조건2가 모두 거짓일 때의 처리 내용
}
```

또한 표현식의 값으로 if 문을 지정할 수 있다. 다음과 같이 작성한다.

```
let 변수명 = if 조건 { 참일 때의 값 } else { 거짓일 때의 값 };
```

## for 문

특정 범위를 순서대로 반복하고 싶다면 for 문을 사용할 수 있다.

```
for 변수 in 시작값 .. 종료값+1 {
    // 반복 처리 내용
}
```

덧붙여 for 문의 in 이후에는 반복자를 지정한다. 따라서 배열 타입과 벡터 타입을 지정할 수 있다. 반복자에 대한 자세한 내용은 4장 섹션 4를 참조하자.

## 변수 및 상수 선언 및 초기화(바인딩)

변수 선언으로 초기화하려면 let 문을 사용한다. 덧붙여 타입 추론 기능에 의해 ': 타입명'은 생략할 수 있다.

```
// 불변 변수의 선언
let 변수명: 타입명 = 값;

// 가변 변수의 선언
let mut 변수명: 타입명 = 값;
```

상수를 선언하려면 const를 이용한다. 상수 선언에서는 타입명을 생략할 수 없다.

```
const 상수명: 타입명 = 값;
```

변수 타입을 변환하려면 as를 사용한다.

```
변수 = 변수 as 타입
```

## 배열 변수의 정의와 초기화

특정 개수의 요소로 구성된 배열을 지정한 값으로 초기화하려면 다음과 같이 작성한다.

```
let mut 변수명 = [초깃값; 배열 요소 수];
```

배열 변수의 타입과 요소 개수를 지정하려면 다음과 같이 작성한다.

```
let 변수명: [요소 타입; 요소 수];
```

## 함수를 정의하는 방법

함수를 정의하려면 fn을 사용한다. 반환값이 필요한 함수를 선언할 때는 반환값 타입을 생략할 수 없다. 반환값이 없는 함수라면 생략해도 된다.

```
fn 함수명(인수 선언) -> 반환값 타입 {
    // 함수 내용
}
```

클로저(익명 함수)는 다음과 같이 정의한다.

```
let 이름 = | 인수 | 정의;
```

## 패턴 매칭의 match 문

조건에 따라 처리를 분기하기 위해 match 문을 사용할 수 있다. 다음과 같이 작성한다.

```
match 조건 {
    값1 => 값1일 때의 처리 내용,
    값2 => 값2일 때의 처리 내용,
    값3 => 값3일 때의 처리 내용,
    _ => 기타 처리,
}
```

match 문은 Result 형이나 Option 형 등을 판정하는 데 편리하다. Option 형을 사용하는 경우 다음과 같이 작성할 수 있다.

```
match Option 형의 값 {
    None => 값이 없을 때의 처리 내용,
    Some(v) => 값이 있을 때의 처리 내용,
}
```

match 문도 if 문과 같이 식의 값을 반환할 수 있다.

```
let 변수명 = match 조건 {
    값1 => 값1 처리 내용 및 값,
    값2 => 값2 처리 내용 및 값,
    _ => 기타 값
};
```

## 구조체 정의

구조체는 다음과 같이 정의할 수 있다.

```
struct 구조체명 {
    필드1 : 타입1,
    필드2 : 타입2,
    필드3 : 타입3,
    ...
    필드N : 타입N, // ← 끝의 쉼표는 생략할 필요가 없다.
}
```

그리고 구조체를 초기화하려면 다음과 같이 작성한다.

```
let 변수명 = 구조체명 {
    필드1: 값1,
    필드2: 값2,
    필드3: 값3,
    ...
};
```

구조체의 메서드를 정의하려면 다음과 같이 작성한다.

```
impl 구조체명 {
    // 생성자 정의
    fn new(인수1, 인수2, ...) -> Self {
        Self { 초깃값 }
    }
    fn 메서드1(&self, 인수1, 인수2, ...) {
        // 메서드1의 정의
    }
    fn 메서드2(&self, 인수1, 인수2, ...) {
        // 메서드2의 정의
    }
    // ...
}
```

## 트레잇 정의

트레잇을 정의하려면 다음과 같이 작성한다.

```
trait 트레잇명 {
    fn 메서드명1(&self, 인수1, 인수2, ...) -> 반환값 타입;
    fn 메서드명2(&self, 인수1, 인수2, ...) -> 반환값 타입;
    ...
}
```

구조체에서 트레잇을 구현하려면 다음과 같이 작성한다.

```
impl 트레잇명 for 구조체명 {
    fn 메서드명(&self, 인수1, 인수2, ...) -> 반환값 타입 {
        // 메서드 처리 내용
    }
    ...
}
```

## 기호

| | |
|---|---|
| .await | 515 |
| .await? | 419 |
| .into_iter() | 302 |
| ::MAX | 67 |
| ::MIN | 67 |
| &mut | 201 |
| &self | 274 |
| #[test] | 264 |

## A – E

| | |
|---|---|
| Actix Web | 416 |
| Advanced Encryption Standard | 524 |
| AES | 524 |
| Arc⟨T⟩ | 192, 468 |
| as_bytes | 164 |
| assert_eq! | 264 |
| Binary tree | 107 |
| bind | 191, 409 |
| bit shift | 255 |
| BNF | 470 |
| borrow | 194 |
| Borrow checker | 184 |
| borrowing | 194 |
| Box⟨T⟩ | 445 |
| BufReader | 410 |
| BufWriter | 164 |
| build-dependencies | 490 |
| bytes | 229 |
| Caesar cipher | 71 |
| Call by Reference | 202 |
| Call by Value | 202 |
| Cargo | 13 |
| cargo-expand | 442 |
| Cargo.toml | 94 |
| chars | 80, 229 |
| Closure | 50 |
| collect | 80, 242 |
| const | 112 |
| Constructor | 274 |
| Copy 트레잇 | 192 |
| core::ffi | 494 |
| count | 234 |
| crate | 320 |
| Crate | 93 |
| crates.io | 93 |
| create | 166 |
| CStr | 496 |
| CString | 496 |
| Dangling pointer | 184 |
| Debug | 270 |
| declarative macro | 432 |
| dependencies | 98 |
| edition | 328 |
| encoding_rs | 251 |
| Entry point | 31 |
| enumerate | 240 |
| expect | 133, 174 |
| extern crate | 328 |

## F – L

| | |
|---|---|
| FFI | 488 |
| field init shorthand | 276 |
| find | 242 |
| FizzBuzz | 37 |
| fn | 41 |
| for | 40 |
| Foreign Function Interface | 488 |
| Formal Grammar | 470 |
| Garbage Collector | 16 |
| GC | 16 |
| generic | 9 |
| generics | 122 |
| HashMap | 137 |
| i8 | 65 |
| i16 | 65 |
| i32 | 65 |
| i64 | 65 |
| i128 | 65 |
| if~else | 40 |
| if let | 167 |
| impl | 272 |
| input | 126 |
| into_owned | 251 |
| isize | 65 |
| iter | 234 |
| iterator | 80, 299 |
| join | 50 |
| Lambda Function | 78 |
| let | 34 |
| Lifetime | 16 |
| List comprehension | 50 |

## M – R

| | |
|---|---|
| Macro | 33 |
| macro_export | 435 |
| macro_rule! | 433 |
| main 함수 | 31 |
| map | 50, 80 |
| match | 113, 167 |
| match guard | 317 |

| | |
|---|---|
| matplotlib | 378 |
| method | 9 |
| MML | 365 |
| mod.rs | 328 |
| module | 320 |
| move | 398 |
| mpsc | 399 |
| mpsc::channel | 400 |
| Music Macro Language | 365 |
| mut | 58 |
| mutable | 58 |
| Mutex⟨T⟩ | 468 |
| new 함수 | 274 |
| None | 176 |
| Null 안전성 | 6 |
| Null 포인터 | 7 |
| Option 타입 | 141, 176 |
| Overhead | 16 |
| package | 320 |
| panic! | 339 |
| PartialEq | 270 |
| Path | 174 |
| PathBuf | 174 |
| PBKDF2 | 526 |
| PEG: Parsing Expression Grammar | 469 |
| pip | 13 |
| PowerShell | 29 |
| Preprocess | 33 |
| println! | 33 |
| procedural macro | 432 |
| Progammable Sound Generator | 374 |
| Promise | 504 |
| PSG | 374 |
| push | 241 |
| PyO3 | 498 |
| PyPI | 13 |
| Rc⟨T⟩ | 192, 457 |
| read_dir | 174 |
| read_to_string | 157, 166 |
| recursive | 169 |
| RefCell⟨T⟩ | 460 |
| Reference Counting | 457 |
| replace | 244 |
| Repository | 14 |
| reqwest | 522 |
| Result | 132 |
| Result 타입 | 166 |
| return | 77 |
| Reverse Polish Notation | 335 |
| RPN | 335 |
| rust-analyzer | 25 |
| rustc | 29 |
| rustup | 18 |

| S – Z | |
|---|---|
| self | 273 |
| set_blocking(true) | 410 |
| set_nonblocking(false) | 410 |
| Shadowing | 245 |
| sleep_print | 398 |
| slice | 212 |
| Some | 176 |
| split_at | 248 |
| split_off | 248 |
| split_whitespace | 340 |
| start_thread | 409 |
| 'static | 235 |
| static | 256 |
| str | 226 |
| String | 226 |
| structure | 9, 216 |
| super | 331 |
| take | 242 |
| TCP 소켓 서버 | 409 |
| TcpListener | 409 |
| TcpStream | 410 |
| thread | 396 |
| thread::spawn | 398 |
| Tide | 423 |
| Tokio | 513 |
| tokio::join! | 516 |
| tokio::spawn | 516 |
| TOML | 94 |
| to_str | 176 |
| to_string_lossy | 176 |
| trait | 9 |
| trait bound | 294 |
| try … except | 145 |
| Unicode | 13 |
| unsafe | 253 |
| unwrap | 133, 166 |
| unwrap_or | 166 |
| use | 101 |
| usize | 65 |
| ValueError | 145 |
| Vec⟨u8⟩ | 226 |
| VSCode | 25 |
| wasm_bindgen | 508 |
| wasm-pack | 501 |
| Weak⟨T⟩ | 462 |
| where | 295 |
| while | 84 |
| Windows Subsystem for Linux | 18 |
| write_all | 165 |
| WSL | 18 |
| XOR 연산 | 255 |
| Xorshift | 254 |

## ㄱ – ㅂ

| | |
|---|---|
| 가변 변수 | 58 |
| 가비지 컬렉터 | 16 |
| 값 호출 | 202 |
| 강한 참조 | 462 |
| 구문 분석 표현 문법 | 469 |
| 구조체 | 9, 216 |
| 대입 | 191 |
| 댕글링 포인터 | 184 |
| 동적 타입 언어 | 15 |
| 라이프타임 | 16 |
| 람다 함수 | 78 |
| 리스트 내포 | 50 |
| 리터럴 타입 | 226 |
| 리포지터리 | 14 |
| 매니페스트 파일 | 94 |
| 매치 가드 | 317 |
| 매크로 | 33 |
| 메서드 | 9 |
| 모던 언어 | 12 |
| 모듈 | 320 |
| 바이트 코드 | 12 |
| 반복문 | 40 |
| 반복자 | 80 |
| 벡터 타입 | 120 |
| 변수 | 58 |
| 부동 소수점 | 65 |
| 부호가 없는 정수 | 65 |
| 부호가 있는 정수 | 65 |
| 불변 변수 | 57 |
| 비트 시프트 | 255 |
| 빌림 | 194 |
| 빌림 확인 | 184 |

## ㅅ – ㅈ

| | |
|---|---|
| 상수 | 58 |
| 생성자 | 274 |
| 섀도잉 | 245 |
| 선언적 매크로 | 432 |
| 소수 판별법 | 81 |
| 소유권 시스템 | 16 |
| 속박 | 191 |
| 수명 | 16 |
| 스네이크 방식 | 225 |
| 스레드 | 396 |
| 스레드 안전 | 6 |
| 스코프(범위) | 59 |
| 스택(stack) 영역 | 191 |
| 슬라이스 | 212 |
| 시저 암호 | 71 |
| 약한 참조 | 462 |
| 에라토스테네스의 체 | 81 |
| 에포크(Epoch) 시간 | 259 |
| 엔트리 포인트 | 31 |
| 역참조 | 201 |
| 역 폴란드 기법 | 335 |
| 열거형 | 311 |
| 오버헤드 | 16 |
| 유니코드 | 13 |
| 이진 트리 | 107 |
| 이터레이터 | 299 |
| 익명 함수 | 78 |
| 인터프리터 | 10 |
| 재귀 | 169 |
| 전역 변수 | 256 |
| 전처리 | 33 |
| 절차적 매크로 | 432 |
| 정적 타입 언어 | 15 |
| 제네릭 | 9, 122 |
| 조건 분기문 | 40 |
| 주석 | 41 |

## ㅊ – ㅎ

| | |
|---|---|
| 참조 | 85 |
| 참조자 | 197 |
| 참조 카운트 | 16 |
| 참조 카운팅 | 457 |
| 참조 호출 | 202 |
| 카멜 방식 | 225 |
| 컴파일러 | 10 |
| 크레이트 | 93, 320 |
| 클로저 | 50 |
| 타입 추론 | 8 |
| 타입 힌트 | 15 |
| 터미널 | 29 |
| 튜플 | 207 |
| 트레잇 | 9 |
| 트레잇 경계 | 294 |
| 트레잇 바운드 | 294 |
| 패키지 | 320 |
| 패키지 관리 시스템 | 13 |
| 포인터 | 85 |
| 필드 초기화 축약법 | 276 |
| 형식 문법 | 470 |
| 힙(heap) 영역 | 191 |